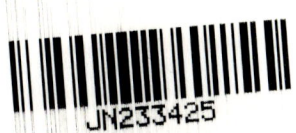

戦後日本の女性政策

横山文野

YOKOYAMA Fumino

勁草書房

はじめに

本書は，日本の女性に関わる公共政策が，総体として「一定の家族モデル」をもとに構築，展開され，状況に応じて変遷してきたことを実証し，それら公共政策の特質をジェンダーの視点から明らかにすること目的としている。戦後の社会状況の変化は次の3点にまとめうる。それは，第一に家族の構造・構成の変化，第二に女性の就労状況の変化，第三に男女平等社会への志向，である。これらの社会的変化と公共政策，家族と女性の相互関係を視野に入れ，様々な公共政策がどのように交錯し，女性の社会的地位に影響を与えてきたのかの解明を試みる。

これは行政学の研究であるが，労働政策や家族政策を中心として，複数の政策領域を分析対象とするため，いくつかの学問分野と密接な関連を有することになる。基本的な問題設定の段階で最も大きな影響を受けたのは女性学からである。そのほかに，経済学の女子労働研究，民法学の家族法研究，労働法学の雇用平等法研究，社会学の家族研究，社会政策学の家族政策研究などの分野における先行研究も本書の重要な基礎となっている。

日本の女性学においては，政治や行政活動との関連を視野に入れた研究はほとんどなく，国家によって展開される「政策」という視点は乏しい。国家と社会という視点から見ると，日本の女性学研究は，女性の日常的経験から議論をスタートさせ，それを「社会」の中で完結させ，「国家」の存在，あるいは「社会」と「国家」の相互作用に注意を払わないことが多い。国の政策は女性に対する一方的な働きかけと見られるか，まったく所与の問題状況として認識されることが多い。誰かによって形成・決定されたもの，という見方は乏しく，そのような実証研究も少ないのである。その理由はさしあたり2点挙げられる。第一に，女性学は第二波フェミニズム運動のアカデミズムにおける展開形態であるため，現状分析とその問題点を告発するタイプの研究が主流になりがちだった。因果関係を実証するような理論的な研究はあまり進まなかった。第二に，女性学は，様々な分野の女性研究者が自己の問題関心に基づき発展させてきたものである。したがって，もともと女性研究者の少なかった政治学・行政学の分野では女性学は発達しえなかったのである。本書は文学や社会学的な研究が主体となっている日本の女性学に新たな領域を開くことをめざしている。

女性と職業労働に関しては，女性の就労の増加と雇用機会均等法の制定を背景として多数の著書・論文が発表されている。それらのうち，本書は女性労働の特質や雇用関係に日本的経営や企業体質との関連から分析を加える女子労働論に基本的な点で依拠する。従来，この領域の中心的なテーマは，雇用における男女平等をめざして性差別の多様な実態を解明することだった。しかし，1980年代以降，家族と労働市場を貫く性別役割分業の連関構造への関心が高まり，活発な議論がなされている。本書が注目するのは，結果としての不平等よりも，その連関構造を構築した具体的な政治・行政のプロセスである。

家族政策については，特に欧米のフェミニスト社会政策学（feminist social policy）の成果を応用したい。一般に家族政策といった場合，通常かなり広い政策領域を包摂する。カマーマンとカーンは「政府が家族に対してあるいは家族のために行う政策のすべて」を「家族政策」と定義し，明示的家族政策（explicit family policy）と黙示的家族政策（implicit family policy）に区別している。カマーマンらによれば，明示的な家族政策には，家族における個人の役割や家族そのもののあり方に意図的に働きかける政策とプログラムのすべてが含まれる。他方，黙示的な家族政策に含まれるのは，直接に家族に働きかけることを意図しない他の領域の政策で，結果として家族に影響を与えるもの，である。本書が考察の対象とするのは，前者の明示的家族政策である。これには所得保障政策，雇用及び労働政策，育児及び保育政策，住宅政策，保険・医療政策などが含まれる。このうち家族政策の研究としては前三者が多いが，それぞれ別個に行われる傾向が強い。本書では特にこの三つの政策領域の連関を重視する。

以上をまとめると，本書の独創性は，政策形成過程への関心とジェンダーの視点を導入した複数の政策領域の統合の試みにある。すでに述べたが，現在の日本の女性学においては政治・行政という視点は乏しく，結果として現れた政策だけではなく，その政策が形成されていく過程を詳細に論じた研究はほとんどない。また行政学は比較的若い学問であり，研究者の数も少なく，ジェンダーという視点を自覚的に導入している研究者はさらに少ない。本書がこれら二つの学問領域に対する知的貢献となることを希望する。

本書は六つの章から構成される。序章では本書の分析の基盤となるモデルの整理を行い，分析対象を確定し，各政策領域におけるジェンダーにまつわる問題の所在を概観する。第 1 章から第 4 章では，序章で提示したモデルに従い，日本の公共政策の展開をジェンダーの視点から跡づける。各章は，戦後復興期から1960年代，1970年代，1980年代，1990年代という四つの時代に対応する。終章では，それらの分析をふまえて，全体として日本における公共政策とジェンダー関係の特質を考察し，今後の課題と進むべき方向性を提示したい。

戦後日本の女性政策

目　次

はじめに

序　章　公共政策のジェンダー分析に向けて……………… 1
1　福祉国家論の系譜………………………………………… 1
1.1　メインストリームの福祉国家論
1.2　フェミニスト・リサーチ
1.3　フェミニズム福祉国家論の論点
2　福祉国家レジーム論とその批判……………………………… 7
2.1　エスピン・アンデルセンのレジーム論
2.2　エスピン・アンデルセンモデルへの批判
2.3　ジェンダー感応的なモデル
3　本書の分析手法………………………………………… 18
3.1　分析対象政策領域の設定
3.2　各政策領域の考察の視点

第1章　経済成長と「戦後家族」の確立
――1945年～1960年代―― ……………………………… 25
1　1945年から1960年代の社会状況………………………… 25
2　標準化する「戦後家族」………………………………… 26
3「被扶養配偶者」概念の定着 …………………………… 35
4　配偶者控除の創設………………………………………… 41
5　私事としてのケアワーク ……………………………… 51
5.1　高まる保育ニーズ
5.2　育児休業の先駆的取り組み
5.3　児童手当制度の構想
6　経済成長と変貌する女性労働…………………………… 80
7「現代主婦」と家族単位モデルの形成…………………… 90

第2章　男女平等の胎動と「戦後家族」の揺らぎ
——1970年代—— …… 93
1　1970年代の社会状況 …… 93
2　性差別撤廃の動きと家族観 …… 96
3　年金制度体系見直しの動き …… 102
4　課税単位をめぐる議論 …… 108
5　ケアワークの社会化と私事化 …… 110
5.1　保育需要と家庭保育原則
5.2　育児休業制度の限定的法制化
5.3　児童手当制度の創設
6　拡大する女性労働と雇用平等 …… 137
7　低成長への転換と家族単位モデルの堅持 …… 145

第3章　性差別撤廃のうねりと「戦後家族」の強化
——1980年代—— …… 149
1　1980年代の社会状況 …… 149
2「戦後家族」体制への異議申し立て …… 151
3　年金改革と「女性の年金権」確立 …… 164
4　配偶者特別控除の創設 …… 176
5　転換期のケアワーク …… 185
5.1　揺らぐ「家庭保育原則」
5.2　育児休業法制化への取り組み
5.3　児童手当改廃論の高まり
6　男女雇用機会均等法の成立 …… 210
7　変わる国際環境と家族単位モデルの強化 …… 232

第4章　少子化の衝撃とジェンダー平等への志向
——1990年代——　……235
1　1990年代の社会状況　……235
2　家族の変容と変わる家族観　……237
3　財政構造の悪化と年金改革論議　……256
4　控除見直しをめぐる議論　……268
5「1.57ショック」とケアワーク　……272
5.1　保育対策と児童福祉法改正
5.2　育児休業法の成立
5.3　育児支援策としての児童手当
6　多様化する労働と改正雇用機会均等法　……297
7　家族単位モデルの動揺と改革の予兆　……340

終　章　ジェンダー公正な社会をめざして　……343
1　家族単位モデルに依拠する日本の公共政策　……343
2　現状の何が問題か　……355
2.1　家族イデオロギー
2.2　年金
2.3　税制
2.4　保育政策
2.5　育児休業制度
2.6　児童手当制度
2.7　労働
3　ジェンダーの主流化　……393
4 ジェンダー公正な社会をめざして　……402

注 ……………………………………………………………… 405
参考文献 ……………………………………………………… 419
あとがき ……………………………………………………… 432
索引 …………………………………………………………… 437

序　章

公共政策のジェンダー分析に向けて

本章では，次章以下の公共政策の分析のための枠組みを構成していく。そのために有用と思われる福祉国家論の二つの潮流を概観し，ジェンダーを福祉国家論に取り込もうという新しい研究の地平を明らかにしながら，分析のための観測ポイント，指標となる政策を確定する。

1　福祉国家論の系譜

スウェーデンの社会政策学者 D. セインズベリー（Sainsbury 1994 : 1）の整理によれば，欧米を中心に展開されてきた福祉国家論にはメインストリームとフェミニスト・リサーチの二つの潮流があるという。この二つは別々のパラダイムの下でそれぞれに重要な業績をあげてきているが，相互の交流は未だ十分とは言えない。フェミニストの福祉国家論とはジェンダーを分析の概念として重視する立場であり，メインストリームとは，フェミニストから見て，ジェンダーに注意を払っていない諸研究のことである[1]。

1.1　メインストリームの福祉国家論

◇総支出アプローチと収斂理論

初期の福祉国家研究の焦点は，福祉支出の総額にあった。福祉支出の大きさは国によって多様であり，その違いの説明要因を探ることが求められていたのである。この流れの代表的な研究は，H. ウィレンスキーの『福祉国家と平等』

である。彼は福祉国家の発展を促す要因として，経済発展，人口高齢化，制度の経過年数という三つの変数を掲げた。その主な主張は，社会福祉発展を最もよく説明するのは経済発展であり，イデオロギーや党派性は重要性をもたないというものである（Wilensky 1975）。こうした議論は1950年代から60年代にかけて，マルクス主義に対する批判から生み出された「収斂理論」の影響下にあった。収斂理論は，産業化がもたらす「豊かな社会」を前提とし，政治イデオロギー・体制選択の重要性を否定し，福祉国家は党派を超えた合意となっていると説いた。この議論によれば，経済が発展していけばどのような社会も同様の形態に収斂していくのである。このような福祉国家の非政治化・脱イデオロギー化の背景には，第二次大戦後30年に及ぶ先進資本主義国の経済的繁栄があった。

◎権力リソース動員アプローチ

福祉国家の理論化がめざましく進んだのは，1970年代後半から80年代にかけてである。社会民主主義モデル，あるいは権力リソース動員モデルと総称されるアプローチが盛んになり，すぐれた研究成果が次々に発表された[2)]。これらの研究においては，先進資本主義諸国が一つの福祉国家形態へと収斂しておらず，様々な福祉国家の形態が存在することが確認された。権力リソース動員アプローチでは，そのような多様性をもたらす要因として，政治的要因を重視する。個々の論者によってその強調する点は多少異なるが，基本的には社会民主主義政党の政治的影響力と労働の組織化が最も重視された。

福祉国家の推進要因を社会経済的なものに求め，社会保障支出の大きさや国民所得に占める社会保障支出の割合などを指標にして福祉国家の発達の程度を比較検討する従来の研究では，福祉国家発展の質的側面や国ごとの特殊性が的確に把握できなかった。福祉国家が単線的に発展するという見方が否定され，その多様性とそれを規定する要因への関心が高まると，福祉支出だけではなく福祉国家の内容を比較しようという新しい比較福祉国家研究の流れが生まれ，多様な福祉国家像を把握するための類型化の議論へとつながっていった。それらの一つの基礎となったのがR.M. ティトマス（Titmuss 1958, 1974）の社会政策類型である。彼は，「残滓的モデル」「産業業績達成モデル」「制度的再分配モデル」という三つのモデルを提唱し，これを発展させたのが後述するG.エスピン・アンデルセンの福祉国家レジーム論である。

1.2　フェミニスト・リサーチ

◇フェミニズム福祉国家論

ジェンダー・アプローチを用いたフェミニストによる福祉国家研究が盛んになるのは1980年代に入ってからである[3)]。欧米のマルクス主義経済学の分野では，フェミニズムの影響を受けて，資本主義経済の下で，家族と市場・国家の三者がどのように女性を抑圧する物質的基礎として機能しているのかを解明しようという研究が1960年代末から始まった[4)]。初期の研究で関心が向けられたのは，まず家族の内部構造と女性の抑圧の関係であり，女性による無償の家事労働と資本制システムとの連関構造の解明が課題とされた[5)]。

やがて，1970年代後半から80年代にかけては，関心が私的家父長制から公的家父長制へ移り，企業や労働組合，国家など，資本主義市場経済の主要なアクターのジェンダー化された行動が分析されるようになった[6)]。同時に，経済のグローバル化を背景に，世界システムの下での「開発と女性」の関係へも関心が寄せられるようになり，ドイツ・マルクス主義フェミニストらによるグローバルな資本主義体制の重層的な搾取構造に関する優れた研究が出された[7)]。

1980年代から90年代にかけては，マルクス学派だけではなく，新古典派経済学の領域でもジェンダー・アプローチの導入と，それによる理論や概念の再検討が始まった[8)]。こうしたフェミニスト経済学の研究動向は，家族・市場・国家のあらゆる分野での既存の研究の再検討につながっていき，性別役割分業家族を支える福祉国家の社会政策への批判的視座を提供することになった。

福祉国家とジェンダーの関係の研究は，まず，個々の国の社会福祉政策をジェンダーの面から検討することから始まり，1980年代には次第に関心が福祉国家自体が内包しているジェンダー・バイアスに向けられるようになった。そのころからメインストリームの福祉国家論では，福祉国家類型論が盛んになってきていた。フェミニストはそれらの福祉国家論のジェンダー視点の欠如を指摘し，それを乗り越える新たな理論を模索しはじめた。

1.3　フェミニズム福祉国家論の論点

1980年代以降のフェミニストによる福祉国家論の主要な研究テーマは，福祉国家をジェンダーの視点から批判的に検討すること，ジェンダー視角の欠如したメインストリームの福祉国家論の諸概念を批判的に検討し，新たなモデルを構築すること，の二つである。

◎フェミニストの福祉国家批判

欧米先進諸国における福祉国家化の進展にもかかわらず，フェミニストたちは福祉国家に対して懐疑的である。その福祉国家批判の要点は三つにまとめうる。一つは，福祉国家のサービス供給が不十分であるという批判，二つ目は福祉国家の政策決定プロセスから女性が排除されているという批判，そしてもう一つは，福祉国家が性役割の固定を促進しているという批判である。

戦後，先進諸国の多くは大きな社会的変化を体験した。女性の労働力化が進み，家族の構造が変わった。離婚が増え，両親がいて子どもがいるという核家族が基本形とは言えないような状況が生まれ，人口の高齢化が進行している。これら様々な社会的変化は，特に女性に重大な影響を及ぼしている。このような状況に福祉国家は対応しきれていない，とフェミニストは批判する。社会の変化に対応した女性固有のニーズに対して福祉国家は応えていないというのである（George and Wilding 1994 : 141）。例えば，「貧困の女性化」（feminisation of poverty）がよい例である（Pearce 1978）。これは貧困層に占める女性比率が高いことをさす。アメリカで顕在化した現象であるが，程度の違いはあっても貧困が「女性世帯」に代表的に出現する傾向は普遍的である。労働市場での性差別や社会福祉政策の不備によって，特に母子家庭，高齢女性，中高年独身女性，女性障害者等の「女性世帯」が貧困に陥る危険性が高いことが明らかになっている（Smeeding et al. 1988 ; Goldberg and Kremen 1990 ; Glendinning and Miller 1992）。

第二に，政策決定過程からの女性の排除とは，福祉国家の政策形成のプロセスが男性によって支配され，女性の意見が汲み上げられにくいということである。女性が主要な福祉サービスの消費者であり，かつパブリック・セクターでそれらの業務に従事する公務員の大半も女性であるにもかかわらず，政策決定の場からは概して排除されている。R. リスターはそのような状況を評して，「女性は福祉政策の対象ではあるが，創造者ではない」と述べている（Lister 1990 : 445)。女性の政治参加はこれまでにもまして増加の傾向にあり，オーストラリアではフェミニストの女性官僚をさす，「フェモクラット」(femocrat) という語も生まれたが[9]，それでも全体としてみると依然として女性は権力の領域では少数者である。

第三の批判は，国家の政策が伝統的な家族像と性役割を補強してきた，あるいは現在もその規範の維持に貢献している点をさしている。福祉国家のプログラムや福祉政策が「一定の家族モデル」を前提として組み立てられているということは，フェミニスト・リサーチに共通する認識である。その家族モデルとは，男性が賃金を稼ぎ，女性が家事・育児を担って経済的には男性に依存する家族である。フェミニスト・リサーチは，そのような家族像を前提とした社会保障プログラムや社会的権利が，男性と女性では異なったインパクトを与えてきたことを明らかにしてきた。

M. アブラモヴィッツ（Abramovitz 1988）は「家族倫理」(Family Ethics) という概念を用いて，アメリカにおける女性と福祉国家の関係を論じた。福祉国家は男性に対して「勤労倫理」を強制し，女性に対しては「家族倫理」で規制する。「勤労倫理」は，働ける者は公的福祉に依存することなく就業し，経済的に自立すべきという価値観であり，「家族倫理」は，女性は結婚し，家庭内で家事と育児し，男性に対して従順であるべきという価値観である。アブラモヴィッツは，アメリカの社会福祉がこの二つの原理で組み立てられ，「家族倫理」が女性にどう作用したかを明らかにした。

N. フレイザー（Fraser 1989）は，アメリカの福祉システムに内在する「男性的」プログラムと「女性的」プログラムのデュアリズムを指摘した。前者の受給者は社会的権利としてサービスを受け，あるいは購入する「所有者」であるのに対し，後者の受給者は依存的な顧客で，「所有者」の影である。この二者の分断は人種，文化，そしてジェンダーの違いにリンクしている。B. ネルソン（Nelson 1990）も同様にこの二層の福祉国家に言及し，アメリカの社会保障制度の中に編成原理を異にする二つの社会福祉プログラムが存在することを明らかにした。それは，社会保険を中心にした「男性的方法」と，ミーンズ・テストをともなう給付を中心とした「女性的方法」である。福祉国家の受給者としての立場はジェンダーによって異なるのである。T. スコッチポル(Skocpol 1992) は，このようなアメリカの「父性的」社会政策と「母性的」社会政策の異なった展開を20世紀初頭を対象に跡づけ，その要因を論じた。

◎福祉国家類型論の検討

メインストリームの研究では，福祉国家の形成において経済的プロセスが重視されてきた。特に「収斂理論」の下では，産業化が福祉国家化の決定的な要因とみなされたため，フェミニストが重視するような家族と国家，市場の相互関係にはほとんど注意が払われなかった。これは，「収斂理論」を批判し，福祉国家の形成プロセスでの政治的要因，特に労働勢力の強さを重視する権力リソース動員アプローチでも同様だった。

1980年代以降盛んになった福祉国家類型論においても，家族，ジェンダーへの配慮は乏しい。分析の単位は一見ジェンダー中立的だが，その実，男性を起点にして概念化されており，女性固有の状況は概念化のプロセスから排除されていた。例えば，エンタイトルメント (entitlement) の問題，すなわち，社会的な権利や受給資格を得るための根拠について概念化する場合，男性と女性では状況が異なる。メインストリームの研究では，エンタイトルメントが発生する根拠として，ニーズ，労働市場でのステイタス，市民権の三つが挙げられる。例えば，貧困状態にあれば生活保護が受けられ，労働者が失業すれば失業保険の給付が得られるというように。これに対してフェミニストは，これらの権利は男女に等しく付与されるのではなく，ジェンダー化されていることを明らかにしてきた。例えば，扶養家族である妻の立場から派生する権利 (被用者の妻の年金権など)，母親であることから生じる権利 (母親に給付される家族手当など) などについて注目してきた。一般に，男性は労働市場でのステイタスに応じて得る権利が多いが，女性の場合は男性 (夫) との関係を通じて得るものが多い。ジェンダーで分解しなければ，これらの違いは見えてこない。

福祉国家類型論の代表作であるエスピン・アンデルセンの研究が発表されて以来，分析単位のジェンダー・バイアスを批判し，よりジェンダーへ配慮した福祉国家分析の試みが出てきている[10)]。

2 福祉国家レジーム論とその批判

2.1 エスピン・アンデルセンのレジーム論

欧米を中心とする福祉国家の比較研究は1980年代後半頃から新しい段階に入った。その一つの到達点が1990年に出版されたG. エスピン・アンデルセンの『福祉資本主義の三つの世界』である。彼は独自の方法論により，福祉国家体制の3類型を提唱した。その研究は，メインストリームとフェミニスト・リサーチの両方に知的刺激を与え，その後の研究動向は彼の議論を一つのベースにしていると言える。

エスピン・アンデルセンの類型論の特徴は，分類のための指標，すなわち，複数の福祉国家体制が何をもって区別されうるか，という点にある。彼は明示的かつ一定の操作の下で数値化可能な指標として，以下の二つのものを挙げている。

①脱商品化指標（de-commodification index）

資本主義社会では労働者は自己の労働力を商品として販売することによって生存を図っている。その意味で人々は「商品化」されている。そこに社会的な権利が導入されると，市場への依存度が緩和され，人々の商品としての地位が弛緩することになる。つまり，「脱商品化」である。「市民が，仕事や所得あるいは一般的な福祉の受給権を喪失する可能性なしに，必要と認めた際に自由に労働から離脱することができる」(Esping-Andersen 1990 : 23)。「脱商品化は社会サービスが人々の権利とみなされるようになり，人が市場に依存せずに生計を維持できる場合に生じてくる」(Esping-Andersen 1990 : 21-2) ものであり，公的扶助制度や社会保険制度があるからといって，それ自体が必ずしも脱商品化を促進するわけではない。ミーンズ・テスト（資力調査）付きの少ない給付で受給者に強い屈辱感（stigma）を感じさせるような公的扶助制度の下では，人々は背に腹は代えられない時以外は，かえって市場に参加するようになるからである。また，社会保険制度も，その受給資格などが労働市場上の地位によって規定される仕組みになっていることが多いため，かえって市場への依存度を高めることになる場合もある。「脱商品化」の程度は，18カ国の老齢年金，疾病手当，失業手当の給付水準と受給資格要件から数値化されている。

②社会的階層化指標（stratification index）

エスピン・アンデルセンは，福祉国家は不平等の構造に干渉し，是正するシステムであるだけではなく，それ自体が一種の階層化のシステムであるという。福祉国家の社会政策によって促進される社会的階層化は一元的尺度で測られるものではなく，次の三つの原理が考えられる。

第一は，保守的な社会政策における階層化（stratification in conservative social policy）である（「階層化の保守的原理」）。そこでは社会統合のために伝統的な職種や職業上の地位（status）の保持が最優先される。この階層化の程度は，具体的には職域別年金制度の数と公務員年金支出の対GDP比で測定される。

第二のモデルは，リベラルな社会政策における階層化（stratification in liberal social policy）である（「階層化のリベラル原理」）。リベラル原理の強さは，残滓的な福祉国家観とミーンズ・テストの頻度によくあらわれる。階層化の具体的な数値は，社会支出全体に占めるミーンズ・テストをともなう給付の割合，年金や医療の分野でのプライベート・セクターの比率で測定される。リベラル原理の特色は，保守的原理による階層化への反対にあり，伝統的なリベラリズムでは普遍主義や平等が高く評価される。しかし，ミーンズ・テストをともなう給付は，受給者に一種の「烙印」を捺すことになり，受給者と非受給者の間での社会的デュアリズムを生み出すという矛盾を抱えている。

第三のモデルは社会主義的な社会政策における階層化（stratification in socialist social policy）である（「階層化のソーシャリスト原理」）。ソーシャリスト原理は普遍主義の程度によくあらわれる。測定の指標としては，老齢年金，疾病手当，失業手当の分野での報酬比例ではないフラット・レートの普遍的制度の普及率と給付の格差が用いられている。

脱商品化と階層化の二つの指標にもとづいて，三つのレジームタイプが導出される。それぞれの特長を整理すると以下のようになる。

①「自由主義的」福祉国家体制（liberal regime-type）

このレジームタイプでは，社会保障給付全体に占めるミーンズ・テストをともなう給付の割合が高く，低所得者層（労働者階級が多い）への重点的な給付が特徴である。また，社会保険制度のウェイトが低く，伝統的なリベラリズムの勤労倫理が根強く残っている。社会保障の給付水準は控えめで，受給の資格要件は厳密であり，しばしば恥辱感をともなう。脱商品化の程度が低く，政府は最低の生活水準を保障するのみで，市場を通じての私的福祉システムが推奨されている。そのため，社会保障の受給者と非受給者の間での社会的デュアリズムが進む。このような自由主義的福祉国家レジームの代表国として挙げられているのは，アメリカ，カナダ，オーストラリアである。

②「コーポラティズム的」福祉国家体制（corporatist regime-type）

このタイプの国では，諸権利は階級（status）に付属しており，地位の格差の保持が重視されるため，公的給付による垂直的所得再配分効果は小さい。私的保険や職域福祉の役割は小さい。伝統的な家族のあり方を維持する傾向がある。家族給付を通じて母親の役割が強調されるが，保育サービスなどは未発達である。家族による各種扶養サービス機能がうまくいかなくなった場合のみ国家が介入するという「補足性」の原則が強い。このレジームタイプの代表国としては，オーストリア，フランス，ドイツ，イタリアが挙げられている。

③「社会民主主義的」福祉国家体制（social democratic regime-type）

このタイプの国では，高度に脱商品化された普遍主義的な福祉プログラムが整備されている。国民の各階層が単一の普遍的な社会保険制度に組織されている。低所得階層間での平等化ではなく，より高水準での平等化が推進されている。労働者階級と中間階級のデュアリズムは存在しない。政府は家族を営むための費用を社会化し，個人の自立能力を高めようとする。また，家族構成員のニーズを充足するための給付・サービスの提供を行い，女性の就業を奨励，支援する。「福祉と労働の融合」が顕著である。このレジームでは国家が完全雇用の保障に責任を持ち，その達成と維持に体制の存続をかけている。代表例はスカンジナビア諸国（デンマーク・スウェーデン・ノルウェー）である。

以上のように，エスピン・アンデルセンの福祉国家類型論は，「福祉後進国」から「福祉先進国」へという直線的な世界観を否定し，現実の福祉国家レジームのもつ多様性を反映できる多元的・立体的な分類基準を提出し，比較社会政策研究の分野に大きな貢献をした。1990年の発表以来，その業績の重要性を認めつつも，多くのフェミニスト研究者が彼の研究手法を批判し，彼の議論の修正，克服の試みを続けている[11)]。

2.2　エスピン・アンデルセンモデルへの批判

エスピン・アンデルセンの議論は，フェミニスト研究者の議論をおおいに刺激した。批判は，特に彼がジェンダーに注意を払っていないことに集中し，次のような点が問題とされた。

①レジーム論は，市場よりも国家による福祉の供給の程度を分析することに偏っている。私的な福祉供給者としての家族（特に女性）やインフォーマル・ケアの存在を軽視することにつながっている。歴史的に見ても，家族は福祉の最大の提供者であったし，現在もそうである。

②社会的階層化（stratification）の概念は，もともと資本主義社会の階級構造と結びついた社会的不平等との関連で定義されるものだったため，それ以外の不平等，特にジェンダーの次元による不平等を過小評価することになっている。社会階層は階級と人種的側面と同時にジェンダー的な側面をもっている。

③脱商品化（de-commodification）の概念はジェンダー・ブラインドである。M. ランガンとL. オストナー（Langan and Ostner 1991）はエスピン・アンデルセンの研究に対し，フェミニズムからの最初の全面的な批判を行った。彼は「商品化／脱商品化」という概念を極度に単純化，あるいは抽象化して使用しており，商品化／脱商品化される個人はすべて等しく扱われている。どの階層やグループに属するか，特にジェンダー・カテゴリーが異なる場合，商品化／脱商品化のプロセスもおのずと異なったものになってくるはずである。つまり，エスピン・アンデルセンが考えている労働者は男性なのであり，その男性は福祉政策に依存するとともに，家庭で女性が行う無償労働にも依存することによって「脱商品化」されうるのである。ランガンらは，福祉国家が女性の生活と福祉システムへの関わり方を規定するメカニズムを理解するための，フェミニストの視点からの比較研究の枠組みが必要だと主張する。

J. ブッセメーカー（Bussemaker 1997 : 184）は，そのような新たな比較の枠組みへの道筋として二つのものを提示する。一つは,「脱商品化」のような分析の中心概念を拡張し，再定義していくことであり，もう一つは，ジェンダーの視点から新たな類型論を作り出していくことである。

◇概念の拡張・再定義

前者を選んだのが，J. S. オコンナー（O'Connor 1993）とA. S. オーロフ（Orloff 1993）である。オコンナーは,「脱商品化」概念を補完するものとして,「個人的自律」（personal autonomy）という概念を提案する。これは,「個人的な，あるいは公的な依存からの遮断のことであり，国家と市場，家族の複雑な関係を解きほぐすもの」（O'Connor 1993 : 515）である。つまり，脱商品化が市場圧力からの自由なのに対し,「個人的自律」はその自由をより幅広くとらえ，家族間の依存関係からの脱却まで射程に入れるものである。従来の権力リソース動員モデルが，市場と国家の関係に焦点を置いていたのに対し，家族との関係に対してはほとんど注意が払われてこなかった。「個人的自律」概念は，直接的に生産と再生産の関係につながるものなので，このようなアンバランスを回復するのに役立つだろうとオコンナーは主張する（1993 : 514-5)。

これに対し，オーロフはエスピン・アンデルセンの研究をふまえ,「脱商品化」概念にさらに①有償労働への女性のアクセス（access to paid work)，②自律的な世帯を形成し，維持する女性の能力（capacity to form and maintain an autonomous household）という二つの次元を加え，新たな比較のためのジェンダー的指標を提案する（1993 : 312-9)。最初の「有償労働への女性のアクセス」とは，国家が女性の労働市場への参入を奨励，あるいは阻害する程度のことである。「脱商品化」概念は市場における有償労働の重要性を前提にしている。しかし福祉国家化の過程では，多くの社会で男性が外で働いて賃金を得，女性が家庭に残るか，あるいは家事と仕事の両方を行う，という形が一般的だった。男性は労働市場への参加を当然のこととし，そこからの離脱として「脱商品化」を考えられるが，女性の場合はまず労働市場への参加の権利が必要なのである。もうひとつの「自律的な世帯を形成し，維持する女性の能力」については，オーロフは次のように説明する。これは「家事とケアワークの大半をする者——ほとんどすべての女性——が自律的な世帯を形成し，維持する能力のこと。つまり，パンの稼ぎ手の収入にアクセスするために結婚をすることなく，自分と子どもの生活を保っていける能力のこと」である（Orloff 1993: 319）。ブッセメーカー（Bussemaker 1997: 186）はオーロフのこの第二の次元を「脱商品化（de-commodification）」概念と対になる「脱家族化（de-familisation）」概念であると評する。それは，「脱商品化」が労働市場の強制から賃金労働者が自由になることを指すのに対し，オーロフの概念は，経済的な脆弱性ゆえの結婚と家族関係の強制から女性が自由になることを指しているからである。

◎新たな類型論の試み

第二のルートをとったのは，J. ルイスら（Lewis 1992, 1993; Lewis and Ostner 1994, 1995）である。彼女らは様々な福祉国家におけるジェンダー構造に着目する。社会政策がどのような家族像を想定して構築されているかを見るのである。ルイスは，夫が外で賃労働に従事して家計を支え，妻が家庭を守るという男性稼得モデル（male breadwinner model）は程度の違いはあってもどの国にも見られる考え方であり，福祉国家レジームを再構成するのに役に立つと指摘し（Lewis 1992: 159），このモデルの強弱に応じて福祉国家を3種類に分類する。それぞれの福祉国家体制での伝統的な男性稼得モデルの強弱は，①社会保障制度の中での女性の扱われ方　②社会サービス，特に保育サービスの給付の程度　③労働市場における既婚女性の位置づけに反映される（Lewis 1993: 15）。

福祉国家の3類型とは，「強い」（strong）男性稼得国家，「修正された」（modified）男性稼得国家，「弱い」（weak）男性稼得国家，である。イギリスは伝統的に男性稼得モデルが強い国であり，福祉に対する公私の責任の区別が厳密で，社会保障制度における男女及び夫と妻の間の不平等が長く残っている。公的保育サービスの乏しさと母親の権利保障の不十分さは顕著である。このような男性稼得モデルが強固な国でも女性は就業するが，大半はパートタイムである。このカテゴリーに属する他の福祉国家として，アイルランドが挙げられる。「修正された」男性稼得国家では，女性の労働市場への参加がより進み，社会保障上の権利もより付与されている。フランスが例とされる。第三の類型，「弱い」男性稼得国家の特徴は，女性のフルタイムでの就業率が高いこと，保育サービスが整備され，育児休業制度が整っていることである。スウェーデンが代表例である。

同じ考え方で分析対象国を拡大した1995年の研究では，オランダ・ドイツ・イギリス・アイルランドが「強い」男性稼得国家，ベルギーとフランスが「修正された」男性稼得国家，デンマークとスウェーデンが「弱い」男性稼得国家に分類されている。エスピン・アンデルセンのレジーム論と対照すると，彼の議論では「コーポラティズム的」福祉国家体制に含められたフランスとドイツが，ルイスらの議論では別々のカテゴリーになることがわかる。

エスピン・アンデルセンの3類型を修正するもう一つの興味深い試みがA. シーロフ（Siaroff 1994）によってなされている。彼は，OECD 23ヵ国を対象に，仕事と福祉のジェンダー間不平等を指標化することで新たな福祉国家類型論を提起した。具体的には，横の軸に女性の就業促進度（female work desirability）を，縦軸に家族福祉への志向度（family welfare orientation）をとり，各国の座標を決めた。横軸の指標化は，女性の就業機会，賃金のジェンダー格差，管理的な職業従事者のうちの女性比率などを用いて行い，縦軸は，社会保障支出，家族政策の総支出，保育サービスや出産・育児休暇の充実度で指標化している。

この二つの指標を組み合わせることで四つの福祉国家類型，「プロテスタント社会民主主義的福祉国家」（protestant social democratic welfare states），「プロテスタント自由主義的福祉国家」（protestant liberal welfare states），「先進キリスト教民主福祉国家」（advanced Christian democratic welfare states），「後発女性動員福祉国家」（late female mobilization welfare states）が導き出される。前三者はそれぞれ，エスピン・アンデルセンの「社会民主主義的」レジーム，「自由主義」レジーム，「コーポラティズム的」レジームにほぼ対応する。エスピン・アンデルセンの分類ではタイプが明確ではないスイスと日本がギリシャ，スペイン，イタリアなど南欧の国々に類似している，というのがシーロフの発見であり，これらの国が「後発女性動員福祉国家」群を構成する（1994：98）。

2.3　ジェンダー感応的なモデル

エスピン・アンデルセンの研究に喚起された以上のような新しい研究の流れは，ジェンダーの視点を導入することで福祉国家研究の進展に貢献するだろう。しかし，本書での分析のツールとして採用するには問題がある。まず，オーロフやオコンナーが提案するような，新たな概念は，政策の展開を観察する指標としては抽象的すぎてとらえどころがないように思われる。ルイスらの分類の試みは，政策主体が前提とするジェンダー化された家族像を明らかにするもので興味深いが，男性稼得モデルの強弱による分類は，その基準が強い—弱い，と直線的であり，ある福祉国家の全体像を描くには単純すぎる。比較研究の分類の指標はある程度シンプルであるべきだろうが，相当多くの多様な福祉国家が一様に「強い」国家に分類されることになると思われる。エスピン・アンデルセンのレジーム論と比べてみると，精緻さにおいて劣ることは否めない。労働政策と社会保障政策を総合的に捉え，ジェンダーの視点を取り込もうとしたシーロフの試みは重要だが，これも一国の分析には向かない。家族福祉志向度は支出を基準としており，支出の大きさをジェンダー不平等の減少に単純に結びつけるわけにはいかない。また，女性就業促進度は，結果として表れてきている状態であり，政策の歴史的経緯にはふれられない。政策のもたらした現状あるいは表面的な形態だけではなく，そこに至る経緯を描き出す骨格となるような記述モデルが必要である。そこで参考になるのがD. セインズベリーのモデルである。

◎セインズベリーの社会政策モデル

セインズベリー（Sainsbury1994, 1996）は，ルイスらの分類を批判し，新たにジェンダー感応的な福祉国家の分析枠組を提示した。ルイスらの議論の欠点は，男性稼得モデルの強さ弱さという一元的な次元のみに基づくため，分類の基準が明確に定式化されていない点である。セインズベリーはこれを克服するため，メインストリームの類型論では無視，あるいは軽視されがちだったジェンダーの問題を別個に扱うことにし，ジェンダー関係に関わりの深い指標を抜き出し，二つの理念型からなるモデルを提案した（表0-1）。

表0-1　セインズベリーの社会政策の二つのモデル

指　標	男性稼得モデル	個人モデル
家族イデオロギー	結婚の推奨 厳密な性別役割分業 夫 ＝ 稼ぐ人 妻 ＝ ケアする人	特定の家族像なし 役割の共有 父＝稼ぐ人・ケアする人 母＝稼ぐ人・ケアする人
社会保障の受給資格	夫婦間で異なる	夫婦間で同一
受給資格の根拠	家計支持者であること	市民権または住民権
給付の受給者	世帯主	各個人
給付の単位	世帯あるいは家族	各個人
拠出の単位	世帯	各個人
税制	合算課税 扶養家族に対する控除	個人ごとに課税 平等な控除
雇用と賃金政策	男性優先	男女同様に対象にする
ケアワークの領域	基本的に私的領域で処理	国の強力な関与
ケアワーク	無償	有償

資料出所：Sainsbury（1996：42）

彼女は男性稼得モデル（male breadwinner model）と個人モデル（individual model）を次のように説明する（1994：152-3)。

男性稼得モデルでは，「家族イデオロギーは結婚と夫婦間の性に基づく分業を奨励する。夫が世帯の長であり，フルタイムで働いて家族（妻子）を養うのが彼の務めである。妻の義務はよい家庭をつくり，夫と子どもの世話をすることである。このような性別分業は家族法，社会法，労働法や税制度の中に成文化されている。福祉の受給単位は家族であり，最低限の社会保障と賃金は家族賃金の考え方を具体化するようになっている。福祉の受給資格は稼ぎ手のステイタスと扶養の原則にもとづく。福祉に対する妻の権利の大半は，夫の扶養家族としての彼女の家庭内でのステイタスから派生する。結果として，既婚女性は個人として福祉に対する資格を持たない。最も純粋な形態では，家族あるいは世帯は，社会保障の拠出と課税の単位でもある。妻と子どもを扶養していることへの補償として，夫は税の控除を受ける。家族イデオロギーに規定された性別役割分業はまた，男性の雇用と所得を優先することを支えて，賃金・労働市場政策に影響を与える。公私の境界は厳密に強制される。ケアワークと再生産は私的領域で，基本的には家庭で行われ，それは無償の労働である」。

これに対して，個人モデルでは，「家族イデオロギーが特定の家族形態を奨励するようなことはなく，家族内での役割の共有を規定する。成人は自分自身の扶養に責任を持ち，父親と母親は経済的なサポートと育児の責任を共同で行う。福祉の受給資格の本質的な基礎は市民権や住民権にある。それは，個人は人生において，賃金労働に限られない，多様な役目を果たすからである。稼ぐことが家族の世話をすることより有利に扱われることはなく，稼ぎ手としての務めと世話をする人としての務めが調和している。福祉の受給，拠出，税金の単位は個人であり，扶養家族に対する控除や給付はない。労働市場政策は両性に対して平等である。公私の境界も厳密ではない。再生産活動の多くがパブリックセクターで行われる。家庭で行われるケアワークであっても有償労働になり，各種社会保障の資格を得ることができる。」

この二つの社会政策のモデルは理念型であり，現実にそのような福祉国家が存在するわけではない。しかし対照的なモデルを措定することで，各国をその連続するスペクトラムの中に位置づけ，相対的な関係を考察するのである。

セインズベリーのモデルが有効だと考えるのには以下のような理由がある。第一に，このモデルを用いることで，メインストリームとフェミニスト・リサーチが交錯する福祉国家論の流れの中に本研究を位置づけられる。第二に，このモデルは国，体制の違いを超えて多国間比較を可能にする普遍性を有している。第三に，時系列的な分析にも適合的である。そして第四に，フェミニストが着目してきたエンタイトルメントの問題をモデルの中に取り込んでいる。

しかし，もちろん短所もある。まず，各指標と具体的な政策領域との対応関係がわかりにくい。彼女自身のアメリカ，イギリス，オランダ，スウェーデンを比較した実証研究（1996）でもこのモデルの指標が有効に活用されていない。多くの次元が設定されているにもかかわらず，実際の分析はケアワークとエンタイトルメントの議論が中心となっている。このモデルを活用するためには，指標に対応する政策領域を設定し，各政策領域を幅広く分析しなければならない。

◎シングル単位論

セインズベリーのモデルを修正し，有効に活用して日本の現実を分析するには，伊田広行（1995，1997，1998 a，1998 b，1998 c）が提唱している「シングル単位論」[12)]が参考になる。伊田は，現在までの社会をカップル（家族）単位社会と呼び，これにかわるべきシステムとしてのシングル（個人）単位社会と対比させる（1995：9）。「カップル単位社会」とは，「個人ではなくカップル（夫婦・家族）が社会・生活・経済の単位になっている」社会であり，「個人を見る上で性差や結婚というファクターが非常に重要な意味を持っている社会（性別秩序）」である。これに対し，「シングル単位社会」とは，「性差や結婚というものが一人の人間を見る上で無関係になる社会（性無関係秩序）」である。カップル単位社会では，家族共同体が「単位」とみなされ，男性がその単位の代表と見なされ，その中の女性は「シャドー化」され，「一人の人間としての顔をもつ物的基盤がなくなる」。「単位」はそれ以上分解が不可能ということを意味し，一体であるから，その中に個人は存在せず，当然葛藤も生じないものとされる。その「単位」からある者が外に出て働き，ある者が残って家事を担当し，その単位が再生産されているかぎり，問題はなんら存在し得ない。性による分業は正当化され，葛藤は隠蔽される。したがって，家族が単位であること自体が性差別を生み出しており，フェミニズムは表面的な性別役割分業を批判するだけではなく，カップル（家族）単位の視点自体を問わなければならないと伊田は指摘する。

伊田のいう「カップル（家族）単位モデル」と「シングル（個人）単位モデル」の特徴を整理したのが表0-2である。 伊田の議論の長所は，「カップル単位」「シングル単位」という概念で，ジェンダーの視点から見た，現行制度の問題点を網羅している点にある。また，それゆえに彼の考える改革の方向性は明確である。首尾一貫した説明で市場と国家と家族の連関構造が個人に及ぼす影響を把握している。しかし，日本の現状を前提とした記述モデルであり，具体的すぎるためモデルとしての普遍的適用可能性は低い。また，カップル単位モデルは現時点の日本の状況を列挙したものであるので，このままでは時系列的な分析はしにくい。そこで，次節でセインズベリーモデルと折衷し，本書の分析のツールとしてより使いやすく改良する。

表0-2　伊田モデルの整理

領域	カップル（家族）単位モデル	シングル（個人）単位モデル
市場（労働）領域	男性世帯主の年功型家族賃金 男性の長時間労働化，会社人間化 女性の周辺労働力化 同一価値労働同一賃金原則違反	年功型家族賃金の廃止 男女平等労働（時短） 性別職務分離解消 同一価値労働同一賃金原則
国家領域	家族関連法が家族単位 社会保障制度が家族単位 税制度が家族単位	家族関連法が個人単位 社会保障制度が個人単位 税制度が個人単位
家族領域	家族単位を内面化 経済力格差による権力関係 役割の強制 家事労働の無償性	脱家族単位 個人賃金による生活 脱性別役割分業 家事労働の平等化，社会化

3　本書の分析手法

3.1　分析対象政策領域の設定

伊田の描く「カップル単位社会」である現実の日本はセインズベリーの「男性稼得モデル」に近似していると思われる。また彼が提唱する「シングル単位社会」はセインズベリーの「個人モデル」である。そこで，セインズベリーの理念型に抽象度を保ったまま伊田の描く日本の現実を加味し，分析の枠組みとする。セインズベリーでは欠如していた指標に対応する具体的政策領域も設定する。

表0-3は，政策をスケッチするための骨組みである。これを政策分野ごとにまとめ，「家族単位モデル」と「個人単位モデル」にわけて特徴をまとめたのが表0-4である。 表0-3の①家族イデオロギーを明らかにするため，家族関連法と教育政策を分析する。②～⑥の指標は社会保障制度のうち，年金制度を分析する。⑦は所得税制，⑧⑪⑫はケアワークのうち，育児にかかわる政策を対象とする。⑨⑩は労働政策を分析する。

表0-3　指標と二つのモデル

領　域	指　標	家族単位モデル	個人単位モデル
国家領域	①家族イデオロギー	法律婚の推奨 性別役割分業 夫＝賃金労働 妻＝家事労働	特定の家族像なし 役割の共有 父＝賃金・家事労働 母＝賃金・家事労働
	②社会保障の受給資格	夫婦間で異なる	夫婦間で同一
	③受給資格の根拠	家計支持者であること	市民権または住民権
	④給付の受給者	世帯主	各個各個人
	⑤給付の単位	世帯あるいは家族	人
	⑥拠出の単位	世帯	各個人
	⑦税制	合算課税 扶養控除あり	個人ごとに課税 扶養控除なし
	⑧ケアワークの領域	基本的に私的領域で処理	国の強力な関与
市場領域	⑨雇用の方針	男性優先 性別職務分離あり	男女とも雇用促進目指す 性別職務分離なし
	⑩賃金構造	家族賃金 男女で賃金差別	個人賃金 コンパラブルワース原則
家庭領域	⑪役割分担	性別役割分業	役割の強制なし
	⑫ケアワーク担当者	無償で女性が担当	社会化すすみ有償に

表0-4　指標と分析対象政策領域

指　標	家族単位モデル	個人単位モデル	政策領域
①家族イデオロギー	法律婚の推奨 性別役割分業 夫＝賃金労働 妻＝家事労働	特定の家族像なし 役割の共有 父＝賃金・家事労働 母＝賃金・家事労働	・家族法 ・教育政策
②社会保障の受給資格 ③受給資格の根拠 ④給付の受給者 ⑤給付の単位 ⑥拠出の単位	夫婦間で異なる 家計支持者であること 世帯主 世帯あるいは家族 世帯	夫婦間で同一 市民権または住民権 各個人 各個人 各個人	・年金制度
⑦税制	合算課税 扶養控除あり	個人ごとに課税 扶養控除なし	・所得税制
⑧アワークの領域 ⑪役割分担 ⑫担当者	基本的に私的領域で処理 性別役割分業 無償で女性が担当	国の強力な関与 役割の強制なし 社会化すすみ有償に	・育児政策
⑨雇用の方針 ⑩賃金構造	男性優先 性別職務分離あり 家族賃金 男女で賃金差別	男女とも雇用促進目指す 性別職務分離なし 個人賃金 コンパラブルワース原則	・労働政策

3.2　各政策領域の考察の視点

次章以降では，前節の表0-4で挙げた政策領域を分析し，家族単位モデルと個人単位モデルのどちらにより接近していたのか，時代ごとに相対的位置づけを確認し，変遷をたどり，その要因を考察する。そのために，本節では，それぞれの政策領域での考察の視点を若干敷衍する。

◎家族イデオロギー

家族法はその社会における家族のあり方，家族イデオロギーを規定する大きな枠組みである。ある特定の家族の形を基本とし，保護することで，それ以外の結びつきを例外的なものとする。基本とされた家族以外の形態を選択することには，規範から逸脱するという精神的な負担感，スティグマ，時には実際的な不利益が付随する。それが拘束力となって法はその想定する家族のあり方へ，国民を誘導していく。

日本の法制では，民法，戸籍法，住民台帳法が家族の範囲を画し，家族構成員相互の権利義務関係，対外的代表関係を規定する。

こうした家族を把握・規制する家族関連法をめぐる議論と，判例からその時代の家族イデオロギーを読みとる。

教育システムも家族イデオロギーの形成，維持，再生産に大きく関わる。学校はジェンダー形成に重要な役割を果たす場である。学校教育は男女の平等化と男女の差異化という二つの方向性を持ち，そこで教えられる教育内容がそのどちらの方向に進むかを決める。そこで，本書では，家族イデオロギーが特に反映されやすいと思われる小中高校の家庭科の教育課程を分析の対象とする。具体的には，教育課程審議会をはじめとした公的な場での議論と学習指導要領の改訂をめぐる動きを中心に取り上げる。

◎年金制度

年金制度では年金権の構成単位に注目する。年金権の構成単位には個人単位と世帯単位がある。個人単位とは，年金給付額が被保険者本人の生計維持のみを目的とし，世帯員の有無を考慮しない方式のことである。個人単位であれば名義や支給額に配偶者や扶養家族の有無は影響を及ぼさない。離婚も配偶者の死亡も関係なく加入年数に対応した年金を受給できる。

これに対して世帯単位とは，年金の名義は被保険者個人であるが，老後の生活保障をその被保険者の扶養家族を含めて世帯単位で考慮し，年金支給額を設定する方式である。世帯単位の場合，被保険者の配偶者の年金権は婚姻上の地位に連動することが一般的である。つまりその配偶者の年金権は，被保険者である夫（妻）と婚姻しているということから派生する権利であり，その個人に直接付与される権利ではない。このことはしばしば年金の受給資格にジェンダー・バイアスをもたらす。一般に，年金制度は労働市場でのステイタスと関連しているため，男女の就業状況と労働条件が同一ではないところでは，女性のほうが独自の年金権をもてない可能性が高くなる。年金権の分割が認められていなければ，離婚により無年金化する危険性も女性のほうが高い。

本書では，制度改革論議および実際の制度改革，年金水準の変遷などから日本の公的年金制度における年金権の構成単位と受給資格をジェンダーの視点から考察する。

◇所得税制

所得税制では，課税単位と人的控除に着目する。課税単位とは，税額計算の人的単位のことである。人的控除とは，個人の属性を税金計算上考慮して納付税額を減額する制度である。

課税単位は，個人単位と世帯単位に大別されるが，両者を取り入れた折衷方式もある。個人単位の課税とは，夫婦を単位として扱うのではなく，個人に分解し，各人の担税力に応じて課税する方法である。このタイプの純粋形態では，配偶者に所得がない場合は，それがどのような理由に基づくものであっても税制上はゼロと計算され，何の考慮もされない。しかし実際問題として，育児や介護のために働けないため所得のない配偶者などがいるので，控除などの形を設けて対処する国が多い。

夫婦・世帯単位の課税とは，夫婦２人で１単位とし，２人分の所得の合計額に従って課税する方式である。純粋な形態では，夫婦の所得を合算し，そのまま課税するが，家族の状況に応じられるよう修正した形態もある。夫婦２人の

表0-5　課税単位の比較

		①個人単位	②合算非分割	③二分二乗	④n分n乗
公平	世帯間の公平	×	○	○	× 世帯員多いと有利
	個人間の公平	○	× 既婚者に不利	× 単身者に不利	× 単身者に不利
中立	結婚への中立性	○	× 結婚へのペナルティ	× 結婚へのギフト	× 結婚へのギフト
	就労への中立性	○	×	×	×

資料出所：太田（1997：10）

所得の合計を基本にしつつ夫婦１人あたりの所得額に従って課税する「二分の二乗法」や，家族１人あたりの所得額に従って課税する「n分のn乗法」等がある。

世帯間の公平，個人間の公平，結婚への中立性，就労への中立性など，どの課税単位を採用するかによってそれぞれ異なった影響が生じる。

日本の税制では，基礎的な人的控除として，基礎控除，扶養控除，配偶者控除，配偶者特別控除，の四つがある。このうち，ジェンダーの視点から問題となるのが配偶者控除及び配偶者特別控除である。生計をともにする配偶者（妻）の合計所得金額が一定額以下の場合は，相手方配偶者（夫）の所得から控除が受けられる。これを「配偶者控除」という。配偶者控除制度の下では，妻の収入が一定額以上になると，本人の収入に所得税がかかり，さらに夫の所得からの配偶者控除が受けられなくなる。世帯全体としてみると，配偶者控除の限度額を超えると，税引き前の収入は増えても逆に税金が増え，税引後の世帯全体の手取額が減少するという「逆転現象」が生じるようになった。この逆転の問題を解消することを目的の一つとして設けられたのが「配偶者特別控除」である。

このようにわが国の所得税制は，妻（配偶者）の立場の違いが本人のみならず夫（相手方配偶者）の納付税額にも影響を与える仕組みになっている。

こうした配偶者控除制度と課税単位をめぐる言説と制度改革に焦点を当て，日本の所得税制が家族単位モデルと個人単位モデルのどちらにより近づいていたのかを，時代ごとに考察する。

◎ケアワーク

ケアという語は「介護」「看護」から，「世話」，「配慮」，「気遣い」というような情緒的要素をともなう極めて広範な意味をもつ。ケアワークとは，ケアに関わる労働であり，物理的な身辺介助と精神的な援助の両方を含む幅広い概念である。ケアワークの対象は，乳幼児，病人，障害者，要介護高齢者など自力で生活を営むことが難しい人である。本書では，分析の対象を乳幼児に対するケアワーク，すなわち育児に関わる労働に限定する[13)]。保育政策，児童手当制度，育児休業制度のそれぞれについて，歴史的展開を跡づけることで，ケアワークに関する考え方の変化を分析する。

具体的には以下の諸点を検討する。保育政策については，保育所の整備状況と保育所予算の推移，中央児童福祉審議会をはじめとする関係審議会の答申を分析する。育児休業制度については，制度の整備状況，育児休業制度をめぐる言説を検討する。児童手当制度についても，同様に，審議会答申を中心として児童育成に関する言説，児童手当支給の実績に焦点を置く。

◎労働政策

労働政策については，女性労働に基点をおいて検討する。それは女性労働の変化をたどることで，雇用と性別役割分業の関係が明確になるからである。理念的な労働政策のモデルでは，家族単位モデルは男性世帯主への年功型家族賃金，男性優先の雇用，性別職業・職務分離を特徴とする。これに対し，個人単位モデルは男女共通の職能型個人賃金，男女平等な雇用方針，性別職業・職務分離の解消がその特徴である。戦後の各時期で，日本の労働がどちらのモデルにより合致していたのかを明らかにするため，以下の諸点を分析する。

第一に，各種の統計から女性の就業構造と賃金構造を読みとる。具体的には，就業構造については，女性労働者の従業上の地位，雇用の形態，配偶関係，年齢層別の労働力率などを検討する。賃金構造については，男女の賃金格差，正規労働者と非正規労働者の賃金格差を中心に検討する。

第二に，企業の女性雇用管理の方針を分析する。これは産業界全体の動向を視野に入れつつ，労働裁判にあらわれた具体的事例を検討することを中心とする。

表0-6　本書の分析モデル

政策分野	家族単位モデル	個人単位モデル
家族イデオロギー （家族関連法，教育政策）	法律婚の推奨 性別役割分業	特定の家族像なし 役割の共有
社会保障 （年金）	受給資格にジェンダー格差 拠出・受給が世帯単位	受給資格はジェンダーフリー 拠出・受給が個人単位
税制（所得税制）	世帯単位，人的控除あり	個人単位，人的控除なし
ケアワーク （育児政策：保育所，児童手当，育児休業）	私的領域における無償労働 性別役割分業 低額・短期間の救貧的給付 育児休業制度が未整備	公的認知，社会化がすすみ有償 役割の共有 高育児休業制度の法制化額・長期間 の育児支援的給付
労働政策 （雇用，賃金）	男性世帯主への年功型家族賃金 男性優先の雇用 性別職業・職務分離あり	男女共通の職能型個人賃金 男女同様に雇用 性別職業・職務分離なし

以上からわかる女性労働の変化と政府の経済政策，労働市場政策の関連を検討するのが第三の課題である。

以上の各政策領域に対する考察の視点をまとめると，表0-6のようになる。

第一に，家族イデオロギーについては，戸籍・婚姻・扶養・相続など，家族を把握・規制する家族関連法と判例や，家族イデオロギーを反映しやすい家庭科教育の教育課程を考察することで，戦後の家族イデオロギーが家族単位モデルと個人単位モデルの間でどのように動いたのかを考察する。第二に，年金制度については，妻の年金権，第三号被保険者制度を中心に，年金権の構成単位がどのように想定されてきたかを検討する。第三に，税制については，配偶者控除制度を中心として，課税単位をめぐる言説と改革の動向を考察する。第四のケアワークは，保育政策，育児休業制度，児童手当の三つの政策領域を対象とし，児童育成の責任がどのように捉えられてきたのか，を検討する。保育政策については，公的保育サービスの整備状況と受け入れの条件，育児休業制度については，制度の整備状況と対象範囲，児童手当については制度の整備と手当給付の対象とその性格，を中心に考察する。第五に，労働政策については，女性労働の実情を統計指標を中心に把握し，労働判例などから企業の女子雇用管理の方針を考察する。そして政府の労働政策の展開と関連づける。

第1章

経済成長と「戦後家族」の確立

──1945年～1960年代──

1　1945年から1960年代の社会状況

終戦からの数年間は，アメリカの主導で，日本の非軍事化と民主化の徹底を図るためにさまざまな改革が断行される。GHQは1945年10月婦人の解放・労働組合の助長・教育の自由主義化・圧政的諸制度の撤廃・経済の民主化という五大改革の指令を発した。農地改革が行われ，財閥は解体された。各種の労働立法が行われ，教育制度も民主化政策の一環として改革され，教育基本法の新しい教育理念のもと新学制がしかれた。新憲法が公布され，その精神に基づいて民法をはじめとする多くの法律が改正された。

経済的には苦しい時期がしばらく続く。GHQは予算の均衡・徴税の強化，賃金の安定，物価の統制など経済安定九原則を実行するよう日本政府に求めた。戦後の激しいインフレを収束させるため，1949年アメリカ政府は銀行家のドッジを公使として日本に派遣し，ドッジ・ラインに基づく超均衡予算を作成させた。また，同じ年，税制の専門家であるシャウプ団長率いる税制調査団が来日し，日本の税制を徹底的に調査し，合理的税制のあり方を示した勧告書を発表する。この勧告はその後の日本の税制に大きな影響を与えた。

やがて，米ソの対立を背景に，占領政策は転換され，日本の封じ込めよりも自立が求められるようになり，1951年に戦勝国との間でサンフランシスコ平和条約が調印された。独立達成後，政府は基幹産業に積極的に資金を投入し，電力・造船・鉄鋼などの産業を中心に設備投資を進めていく。1950年代半ばには神武景気を迎え，日本経済は急速に成長した。長く続いた国民の苦しい生活もようやく緩和され，1956年の経済白書は「もはや戦後ではない」と述べる。1950年代末にはさらに岩戸景気が到来し，1968年には日本のGNPはアメリカに次ぐ規模となり，未曾有の経済成長が1970年代初頭まで続いた。

高度経済成長は産業構造を急激に変えた。第一次産業就業者が急速に減少し，第三次産業の就業者が大幅に増加した。若年層を中心とする労働力不足は賃金上昇率を引き上げた。全般的に国民の所得水準が上昇し，国民生活は大きく変わった。都市化や核家族化が進行し，都市部にはサラリーマン家族が増加した。

2　標準化する「戦後家族」

◎家制度の廃止と新しい家族像

戦後の家族イデオロギーの大きな転換は，新憲法の制定と民法・戸籍法の改正によって始まった。明治民法の家族法は「家」制度を基本的理念としている。「家」制度は，家長が家族を統率･扶養し，家産を所有し，それを長男子が相続するという家名の永続を重視するシステムで，家族は長幼・性別で厳密に序列化されている。男尊女卑がその基調であり，民法の諸規定も女性を差別するものが多い。例えば，妻は単独で法律行為を行えない無能力者として規定され，貞操義務は妻に対してより厳格に要求されている。親権についても，父親と母親では区別があった。

戦後の新憲法はこのような制度を廃止し，婚姻及び家族に関する法律が個人の尊厳と両性の本質的平等を基本原則として制定されるべきことを宣言する（憲法24条）。憲法と並行して改正された民法では，「家」制度の柱であった戸主制度・家督相続が廃止された。また夫婦の平等，父母の平等，配偶者相続権の承認，諸子均分相続などが新たに規定された。しかし，改正過程では保守勢力の根強い反対があったため，妥協が図られ，「家」解体としての民法改正は不徹底なものとなった。

「家」制度を温存させる規定とされるものとして，六親等に及ぶ広範な「親族」の規定，三親等に及ぶ「扶養親族」の規定（民法725条），親族間の互助（同730条），祭祀財産の特別承継（同897条，769条，817条），成年養子制度（同

792条，793条），夫婦同氏・親子同氏の規定（同750条，790条）などがある。

民法の改正は，内閣に設けられた臨時法制審議会の第四部第二小委員会が担当した。民法改正要綱の起草委員会には，当時としては最も近代的感覚のある研究者とみられていた中川善之助，我妻栄が参加した。中川は起草委員会で夫婦別姓論を主張したが，賛同者は少なかった。それでは夫婦同姓論の枠内で，「婚姻の際には夫が妻の氏を称する」としてはどうか，という半ば反対を見越した彼の提案はやはり受け入れられなかった（二宮1996：9-10）。結局，夫婦の氏を統一するというのは，夫の氏を称することが前提とされていたわけである。中川は，「どちらにすることも民法は強制せず，夫婦が自由平等の協議で決めるという，公平といえば公平，ずるいといえばずるい方法で，夫婦の氏の制度を定めたのである」と述べている[1)]。氏に関する規定は戸籍制度と結びつくことによって家意識を温存する要となった（金城 1996：75）。

「家」制度の廃止にともなう戸籍法の改正過程では，「世界に冠たる戸籍制度」をできるだけ維持しようという傾向が強かった。そのため，GHQの「戸籍を廃止して，個人別登録制に」という要請に対し，日本側は紙不足を理由に，現時点で個人別の戸籍を採用するのは困難と説明し，改革に消極的な姿勢を示した。GHQの強い要請で，かろうじて三代戸籍は廃止され，家族の範囲を縮小し夫婦と未婚の子を単位とすることとされる。しかし，家族全員を同一戸籍に記載するという「同一家族同一戸籍の原則」，同一の戸籍に記載されている者は同一の氏を称するという「同一戸籍同氏の原則」はそのまま引き継がれた。従来の「戸主」が「戸籍筆頭者」に，「戸主との続柄」が「父母との続柄」に改められただけで，戸籍筆頭者を基準に，戸籍の記載・入籍・除籍が繰り返されるシステムは「家」制度下のものと変わらない。しかも「続柄」の欄では，嫡出子の場合は「長女」「二男」等，非嫡出子の場合は「女」「男」，養子は「養女」「養子」と区別して記載することとされたため，嫡出子と非嫡出子，養子と実子の差別，戸籍の記載事項にこだわる意識を温存することとなった。さらに，従来の戸籍を漸進的に新しい戸籍に編成替えしていく方法をとったため，戸籍が全面的に新しいものとなるには10年以上の年月が必要だった。

このように，家族法の改正には不完全さが見られるが，それでも「家」制度を廃止し，家族関係における個人の自立と平等の権利を規定したことは画期的

図1-1　民法改正に対する世論調査（1947年）

「家」の廃止の是非

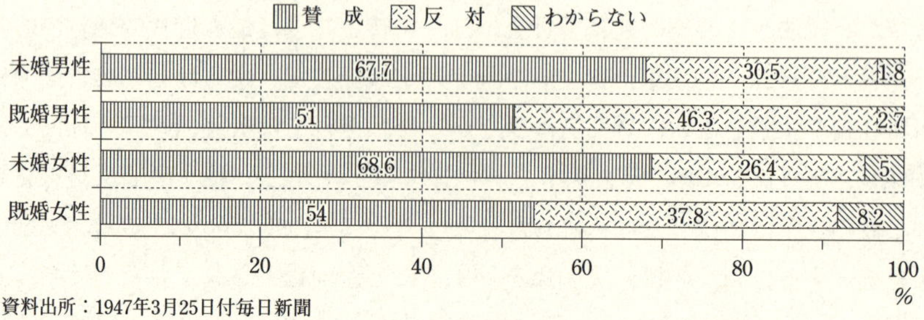

資料出所：1947年3月25日付毎日新聞

であった。「家」に代わる戦後の新しい家族像は夫婦と未成熟の子からなる「近代的小家族」とされる。

このような民法改革を国民はどのように受けとめたのだろうか。毎日新聞社が新民法施行の前年に世論調査を実施した[2)]。それによると既婚，未婚，男女で顕著な違いが見られる。「家」制度の廃止を最も歓迎したのは未婚女性，ついで未婚男性である。既婚男性は反対が多い。戸主の権限がなくなり，財産管理や相続，結婚・離婚などが男女平等になるわけなので，既得権を失う者の反対が強いのはある意味当然のことだったと言える。

父子の世代的連続を軸とする直系家族制から，一代限りの夫婦を単位とする婚姻家族制への転換は，教育政策にも反映された。新憲法にもとづき，1947年には教育基本法が公布され，同時に学校教育法が施行され，新しい教育の土台がつくられる。教育基本法には第3条で教育の機会均等，第5条で男女共学が明記された。「民主的な家庭建設」を担う新しい教科として，家庭科が誕生した。戦前の家事・裁縫教育は一貫して女子のための科目であり，国家公認の女子教育思想である良妻賢母思想を浸透させる重要な教科だった。戦後の家庭科は，「家事・裁縫の合科ではない，技術科ではない，女子教育ではない」という「三否定の原則」にもとづき，男女が協力して新しい家庭をつくりあげていくための教科と位置づけられた。

◎「戦後家族」体制の形成

1950年代半ばになると，アメリカの占領支配の終結と共に台頭してきた改憲論と結びついて，一度は廃止された「家」制度の復活論が浮上してくる。自由党憲法調査会は，親への孝養義務と家産制の導入をうたった「日本国憲法改正要綱案」を発表した。戦後10年たたないこの時期には，国民の中でも戦前の「家」制度を懐かしむ層がかなり残っていた。そのような状況のもと，法務大臣は1954年の法制審議会総会において，「民法に改正があるとすれば，その要綱を示されたい」と諮問した。これを受けて，民法部会身分法小委員会が具体的な検討作業に入った。その結果が1955年「仮決定及び留保事項」として発表された。その内容は民法親族編について，大部分が単に対立する意見を整理し，将来の検討事項として抽象的な方向性を提示したものである。「家」制度復活論の高まりとは対照的に，そこには明治民法への逆行的な傾向はない。むしろ現代的な改革の萌芽ともいえるいくつかの提案が見られた。例えば，夫婦同氏の問題については，夫婦異姓を認める案が留保事項とされた。

結局，この時の「家」制度復活論は強い反対運動の前に具体化されることなく姿を消した。その後も改憲論は登場するが，正面切って「家」制度の復活が主張されることはなかった。あからさまな封建的「家」制度への回帰は反発が強かった。しかし，共同体としての家族の一体感や絆を尊重する考え方が否定されたわけではない。

旧戸籍から新しい戸籍への編成替えは徐々に進んだ。新しい戸籍は，夫婦と子どもから成る婚姻家族が家族の基本であり，社会の単位であることを眼に見える形で示したので，そのような規範的家族観は国民の抱く家族イメージとして次第に浸透した（二宮1997：141)。多くの場合，結婚すれば夫を筆頭者とする戸籍に妻が「入籍」する。二人の間に生まれた子どもは順次そこに加えられ，成人して結婚すれば「除籍」される。夫婦が離婚してもやはり妻が「除籍」される。それは単なる便宜的な身分変動の記録ではない。戸籍という同じ用紙に記載された者の共同体を筆頭者が統率し，「入籍」「除籍」はその共同体への出入りであると考える実態が今日に至るまである。「家」制度は廃止されたが，戸籍制度が身分登録制度として存続したため，観念としての「家」はその構成員の規模が縮小されただけで国民の中に温存されたと言える。

1951年に成立した住民登録法は戸籍を補完し，家族を単位として把握する仕組みを強化した。住民登録の制度は，住民の現実の居住状態を把握するという行政上の要請から，戸籍とは別に1886年に設けられ，1914年の寄留法により法的根拠を得ている。戦時中には配給制度のために寄留簿とは別に世帯台帳がつくられるようになり，これが戦後まで存続した。この制度を法的に根拠づけたのが住民登録法である。寄留簿の時代と同様に，住民票は世帯毎に編成され，世帯主とそれ以外の世帯員及びその人と世帯主の続柄を記載することとされた。「家」制度の「戸主」は消えたが住民登録上の「世帯」とその長である「世帯主」は残ったのである。こうして戸籍法の家族一体主義は住民登録法の世帯主義として社会保障や税制の基本的枠組みとなっていく。

1950年代以降の経済成長は，急激な核家族化をもたらした。そこに出現した家族は，高度経済成長に適合的な性別役割分業家族である。それは，夫が外で働き，妻は家事と育児を担当するという，性による固定的な役割分担を基本構造としている。このような家族のあり方は教育にも現れた。民主的な家庭を築くために誕生した家庭科ははやくもその位置づけが揺らぎはじめた。

男女共学の必須科目として始まった小学校の家庭科は，男子が家庭科を学ぶことへの父母の無理解もあって，1950年頃には廃止すべきという意見が強まった。家庭科教師の全国組織による存置請願運動により，最終的には存置が決定したが，発足後数年で教育課程審議会（以下，教課審）において廃止が取りざたされるという教科の位置づけの脆さを露呈した出来事だった。1958年の学習指導要領改定では新教科として道徳が設けられる。これにより家庭の役割や家族における民主的な人間関係の在り方という，戦後家庭科が課題にした教育は道徳教育の領域へ移され，技術教育が家庭科の中心となっていく。

中学校の家庭科は必修科目である職業科の中の分科として発足し，一時的に「職業及び家庭科」と並列され独立の教科になるが，その後再び「職業・家庭科」としてひとつの教科になった。男女共に履修可能な教科だが，もっぱら女子教科として想定されている。1950年代になり，戦後の復興を背景に産業教育の必要性が高まると，産業界の要望を受けて中学校の家庭科は「技術・家庭科」となり，技術中心の教科として男女で全く異なった教育内容をもつようになった。1958年の学習指導要領は男女の差異を強調し，外で働く男子には技術が求められ，家を守るべき女子には衣食住を中心とした教育がなされるようになったのである。高等学校の家庭科は男女共に選択して学ぶ実業科（農・工・商・水産・家庭）の中の一科目として誕生する。しかし，女子なら当然家庭科を学ぶべきという発想が根底にあったため，期待したほどに女子の履修がなかったことに関係者は不満をもった。小中学校での家庭科の状況も危機感を高める。そのような家庭科教育関係者の危機感が高等学校女子家庭科必修の主張へとつながった。そこでは家庭科は女子の特性ゆえに必要な教科であるという論旨が展開される。全国家庭科教育協会を中心とする必修化運動により，1956年の学習指導要領には女子に履修させることが「望ましい」という言葉が入れられた。

◈「戦後家族」体制の確立

高度経済成長期は性別役割分業家族という「家族の戦後体制」の確立期である（落合 1997：94）。1975年まで女性の労働力率は低下し続け，専業主婦が増加した。農業などを中心とする自家労働者に代わって雇用労働者が大幅に増えたことにより，労働が家庭の外で行われる職住分離の形をとるようになり，男女の性別役割分業を一層明確にした。家庭から離れた場所で行われる雇用労働は，家事・育児との両立を困難にし，妻はこれらの家庭内労働に専念することがますます求められる。このような状況の下，家庭科教育は性別役割分業を促進し，そのような家族イデオロギーを再生産する有効な手段となった。

1960年代の教育を表現する言葉は「進路と特性に応じた配慮」である。特性という言葉は，個人の特性ではなく，男女の性による違いを強調するために用いられた。男性と女性は生まれながらにして，その性格，体力，知力などを異にするそれぞれの「特性」をもっている。この異なった「特性」にもとづいてそれぞれの「特性」を伸ばすための異なった教育を与えることが「特性に応じた教育」であり，それは合理的なことであって差別ではないと主張された。

「特性」という言葉が家庭科教育に関連して用いられたのは1951年の学習指導要領においてだったが，その後「女子はその特性ゆえに家庭科を履修すべきである」という文脈で頻繁に現れてくるようになった。履修規定の変化が最も明確なのは高等学校の家庭科である。1949年の学習指導要領では「男女にひとしく必要なことであるが，特に女子はその将来の要求にもとづき，いっそう深い理解と能力を身につける必要がある」と述べられている。1956年の学習指導要領は，先に述べたように「女子については，4単位を履修させることが望ましい」とし，「高等学校の発達段階では，幸福な家庭生活を営むに必要な資質を形成することが，生徒の現在の立場においてばかりでなく，将来みずから営む家庭生活のために大切なことである」と続ける。1960年の学習指導要領では，それまでの「望ましい」が「原則として必修」に変化し，女子は原則として4単位必修することとされた。

このような規定の変化を当時の文部省中等教育課長は次のように説明している[3)]。

「『望ましい』という形でも，家庭科を履修しているのであるが，なお残された女子生徒もあり，これらの生徒を最小限にまで，ねらいとしては絶無にまでしたいというねらいが一つある。それとともに，家庭一般を必修科目にすることにより，家庭に関する教科，科目が女子にとって本質的に必要な教科，科目であるとの認識と自覚を高め，深め，家庭に関する教科，科目を軸として，高校における女子教育の在り方を改善したいという点に根本的なねらいがある。」

このように考える理由は，

「簡単に言えば，女子の進路，特性にもとづくというべきである。女子も高校卒業後も相当数の者が職場につき，あるいは大学に進学する。しかしその後においては若干の例外はあるにしても，結婚し家庭の主婦となるのが常態である。……高校段階の生徒は教育的に見ても陶冶性に富む時期といわれるのである。そこで，この時期において，将来の家庭生活に対する態度や基礎的な理解・技術を与えておくことが本質的に必要であり，適切な措置となるのであり，この時期を逸してはならないというわけである。」

「女子の特性」ゆえに家庭科の履修を求める，という論理をより直截に表現したのが1962年に出された中央産業教育審議会の「高等学校家庭科教育の振興方策について」という建議である。この建議は，経済成長期における女子を対象としたあらゆる教育政策の基底をなす「女性像」を明確に示している。建議は「元来男女は，身体的，精神的にも異なるところがあるので，基本的には平等であるという基礎の上に立ちながら，それぞれの特性に応じた教育が必要である」と男女の特性について述べる。そして，家庭は「女子がその経営にあた

表1-1 1960年代までの家庭科

	年度（学習指導要領改訂年）	科目名（分科）	履修規定
小学校	1947-1955年度（1947. 5.15）	家庭	男女共学必修
	1951-1955年度（1951.11.20）	家庭生活指導(非教科)	男女共学必修
	1956-1960年度（1956. 2.24）	家庭	男女共学必修
	1960-1970年度（1958.10.10）	家庭	男女共学必修
中学校	1947-1950年度（1947. 5.15）	職業（家庭）	男女とも履修可
	1951-1956年度（1951.12.25）	職業・家庭	男女とも履修可
	1957-1961年度（1956. 5.28）	職業・家庭	男女とも履修可
	1962-1971年度（1958.10. 1）	技術・家庭	男子は技術系列，女子は家庭系列を履修
高等学校	1947-1948年度（1947. 7.16）	実業（家庭）	選択科目，男女とも履修可
	1949-1955年度（1949. 7. 4）	家庭	選択科目，男女とも履修可
	1956-1962年度（1956.11. 1）	家庭「家庭一般」	男女とも履修可，女子の4単位履修望ましい
	1963-1972年度（1960.11. 1）	家庭「家庭一般」	原則女子のみ「家庭一般」4単位必修

ることはおのずから要請される」ので，「女子の特性が顕著に現れ，かつ近い将来みずから家庭生活を営むという心構えが芽生えつつある高等学校の段階において」家庭科を学ぶことは「女子にとって一般教養として不可欠なものである」と断言している。同様の論旨は1966年の中央教育審議会答申「後期中等教育の拡充整備について」においても見られる。

こうして，女子の将来像はその「特性」ゆえに主婦・母親に限定化され，そのために必要な教育として家庭科が位置づけられるようになった。家庭科＝女子教育，主婦準備教育となり，創設当初の「民主的家庭の建設」のため男女共に必要な学習という考え方は薄れていく。

戦後から1960年代までの家庭科の科目名と履修規定の変化は，表1-1のようにまとめられる。

家庭のことに責任をもつ「家庭の経営者」は女性であるという考え方は，1960年代に特に強調されるようになった[4)]。文部省は1968年に婦人教育指導者に対して「家庭生活に関する学習」についての資料提供を行う意味で『家庭の設計』と題する冊子を作成した。この資料は女性の役割を五つにまとめている（文部省社会教育局 1968）。第一は，家庭管理者としての「主婦の役割」，第二はストレスの多い社会に生きる夫に，よりよき生理的・心理的再生の場を与える「妻としての役割」，第三は子どもの成長を正しくあらしめる「母としての役割」，そして第四は，みずからも働く「勤労者としての役割」，最後は社会活動に参加してよりよい社会をつくる「市民としての役割」である。これによれば女性には勤労者や市民としての側面もあるが，それは主婦・妻・母役割に優先するものではないわけである。

この資料は家庭内の役割分担について次のように述べる。「家族には，元来，チーフリーダーとサブリーダーが必要であり，さらに生活の基礎となる所得を得る役割と，貨幣を具体的なものに換えて衣食住の必要を現実に満たす家事労働の役割，それに家族を統括して対外的に家族を代表する役割の，それぞれの担当者が必要である。」その分担は，「核家族においては，チーフリーダーとしての役割と家族の代表としての役割は夫と妻の共同で，所得を得るのは夫，サブリーダーと家事労働は妻が担当する。」このように，対外的には家族をひとつの単位として誰かが統括し，家族の内部では性による分業を行うという家族像が提示されている。

1967年には家族を単位として把握する仕組みの一つである住民登録法に代わって住民基本台帳法が制定された。手続きが不統一だった選挙人名簿，国民健康保険，国民年金等の被保険者資格等を統一して事務上の便宜を図るためである。世帯主及び世帯主との続柄の記載は住民登録法と同様である。法律には世帯主の定義はないが，「世帯とは，居住と生計をともにする社会生活上の単位である。世帯を構成する者のうちで，その世帯を主宰する者が世帯主である」「世帯を主宰する者とは主として生計の維持を担当する者であって，その世帯を代表する者として，社会通念上妥当と認められる者」との通達が出された[5)]。多くの場合夫が住民票上の世帯主となっている状況では，これは夫＝「世帯主」（世帯の代表，主たる生計維持者）という解釈につながった。

◎1960年代までの家族イデオロギー

戦後改革による「家」制度の解体は女性にとって二面的なものである。民法改正による種々の権利の確立は戦後の女性の地位向上の前提条件となったが，同時に「家」の不徹底な解体と「家」意識の温存は女性を個人として解放せず，あらたに家族に取り込む体制を形成することとなった（戒能 1997：132）。それは家計支持者の夫と扶養される妻の組み合わせによる性別役割分業が家庭と社会を貫徹する体制である。

新しい家族法は一代限りの夫婦を単位とする婚姻家族を中心に据え，同じ戸籍を編成する法律婚を保護した。そのため，法律婚以外から生じる関係を差別する。戸籍上では嫡出か非嫡出かが区別できる形で明記され，遺産相続にあたっては非嫡出子の権利は嫡出子の半分とされた。刑法の姦通罪が廃止されたにもかかわらず，民法上では不貞の相手方に配偶者に対する不法行為責任が認められた。婚姻の尊重は配偶者の地位を強固なものとした。1952年の俗に言う「踏んだり蹴ったり」判決[6]において最高裁は，有責配偶者からの離婚請求に対し，こうした請求を是認すると，「妻は俗に言う踏んだり蹴ったりである。法はかくのごとき不徳義勝手気侭を許すものではない」と棄却した。これは1987年の判例変更までリーディングケースとなる。

高度経済成長期には，性別役割分業型の家族が標準的な家族のあり方であるという家族イデオロギーが一層強まった。分業型家族は経済成長の産物であり，それに適合的な家族形態である。都市化や核家族化，職住の分離と労働管理の合理化などが進むにつれ，夫婦が分業しなければ家庭が成立しなくなる状況がうまれてきたからである。既婚女性に対しては家事を担当し家族の世話をする主婦，子どもを生み育てる母親という役割が与えられ，未婚女性はその予備軍と見なされるようになった。そのような性による役割分担は「特性論」によって正当化され，教育内容に織り込まれていった。

3 「被扶養配偶者」概念の定着

◇国民皆保険体制の成立

わが国の公的年金制度は，公務員に対する恩給制度に始まる。明治初頭から軍人・官吏等に定められていた恩給制度は，1923年の「恩給法」の制定によって，単一の法律の下に統合された。また，恩給制度の適用のなかった政府雇傭人に対する制度として，明治末期以降，共済組合が各省庁の現業部門毎に設立されるようになった。これらの官業共済組合は，第二次大戦後の旧国家公務員共済組合に引き継がれていく。

民間労働者に対する公的年金制度は，1939年の船員保険の発足が最初である。続いて一般労働者に対する労働者年金保険制度が1941年に発足した。これは男性労働者のみが被保険者とされた。労働者年金保険制度は，1944年に厚生年金保険と名称が改められ，女性および事務職員にまで適用対象が拡大される。

戦後の混乱期には，インフレーションの激化，被保険者の減少，制度への信頼の喪失などにより，厚生年金制度は危機に瀕したが，政府は保険料の引き下げなど緊急措置で対応した。その後1954年に抜本的な改革が行われ，現行の厚生年金制度の原型が形作られた。その年金給付は「定額部分」と「報酬比例部分」からなり，配偶者と子どもには「加給年金」を支給するものだった。

一般の被用者に対する年金制度である厚生年金は，徐々に整備されつつあったが，零細企業の従業員，自営業者などに対する年金制度は長く未整備のままだった。そこで1950年代半ばから，国民皆年金体制の創設が求められるようになる。厚生省は1957年に国民年金委員を設置し，翌1958年には社会保障制度審議会（以下，制度審）が答申を行った。同年９月，厚生省はこれらの委員会が示した案を基礎に，国民年金の構想を発表する。これは制度審の答申を経て閣議決定された。法案は1959年２月国会に上程され，４月に国民年金法として公布された。こうして無拠出の福祉年金は1959年から，拠出制の国民年金は1961年から実施される。

拠出制の国民年金は20歳から59歳までの農林漁業従事者や自営業者等を対象とした。保険料月額100円（35歳以上150円）を最低25年以上拠出し，25年拠出で月額2000円，最高の40年拠出で月額3500円の老齢年金を65歳から支給するものである。保険料の納付義務者は世帯主だったが，保険料は個人単位だったので，世帯単位の老齢年金は夫婦それぞれの年金額を合計して支給することになっていた。

被用者年金の加入者以外の一般国民を対象とする国民年金制度の創設にあたり，問題となったのは妻の扱いである。妻に対して夫と独立した固有の権利または地位を認めるか，妻に保険料拠出能力があるか，妻を国民年金の適用対象とした場合の事務上の問題などが検討された（社会保険庁 1990：54)。制度審は，家庭経済は夫婦の協力に基づき営まれるものであるから，妻の保険料が夫婦協同の経済から負担され，妻自身の拠出として扱われるのは自然である，として妻にも独立の地位を与えるべきことを主張した。保険料については，所得能力が低く，その把握も困難で徴収も容易でない人が多いため，原則として定額制にする，とした（社会保障研究所 1975a：239）。

検討の結果，自営業者等の無業の妻は，夫とは別に保険料を拠出する独立の被保険者とされる。その理由を厚生省の当時の年金課長であった小山進次郎は以下のように説明している（小山 1959：37）。

①妻にも老齢になった場合，夫とは別な他のものによっておかされることのない老齢年金を与える現実の必要がある。

②妻には所得がなくても，夫婦の共同生活が夫が所得を得，妻が家庭内労働を分担するということによって営まれている以上，その必要経費の一部として妻の保険料が夫婦協同の経済により負担され，妻自身のものとして拠出されるのは，むしろ生活の実際からみて自然である。特に農業，商業等の自営業者の場合には夫の所得が妻の家族労働に依存する度合いが特に高いので，この関係はさらに決定的である。

③妻のみを適用除外とすることは，結婚前の女子，離婚又は死別後の女子との関係上技術的にも難点が多く，この考えを徹底させれば，結局女子全体を適用除外とせざるを得なくなる。

自営業者等の妻は国民年金に強制加入するとしても，それでは被用者年金に加入する被保険者の被扶養の妻をどうするか，というのがもう一つの問題である。被用者の無業の妻は，1954年の厚生年金法改正により，夫の年金に加算される加給年金によって一定の年金的な保護を受けていたが，離婚による無年金化，障害年金や遺族年金の問題などはすでにこの当時から認識されていた。そういった問題に対処するため，これらの妻にも国民年金を適用するかどうか意見が分かれていた。当初はこれらサラリーマンの無業の妻も国民年金に強制加入させる方針で作業が進められていた（坂口 1993：143）というが，結局，厚生年金との調整の問題もあり，これらの者に対しては任意加入とするにとどまった。「被扶養者たる妻などは，なんらかの形で一応各制度によって守られており，不十分な点はこれらの各制度を改善することによって国民年金の支給額に見合う金額を保障するなどの措置をとればよい」（社会保険庁 1990：55）と考えられたからである。

◇1965年改正―1万円年金

国民年金ができたことにより一応国民皆年金体制となったが，その給付水準は低い。1962年から厚生年金の被保険者に対し老齢年金の支給が開始されたが，支給額は共済年金の3分の1程度と低い水準にとどまっている。厚生年金制度の充実を求める声を受けて，1965年改正では給付水準が大幅に引き上げられることになった。いわゆる「1万円年金」の実現である。国民年金についても，1966年に大改正が行われる。この改正により，25年間拠出した場合の年金（標準年金）が月額5000円，夫婦で1万円に引き上げられた。ただしこれらは「モデル年金」であり，実際に支給されていた額はまだ極めて低かった。

1961年の国民年金制度創設の際には，専業主婦の年金権は確立されず，被用者年金制度内での改善を期待して問題は先送りされた。この時の改正でも無業の妻は独自の年金権を得ることがなかった。改正作業に先立って審議を行った社会保険審議会（以下，保険審）の厚生年金保険部会は，被用者年金の妻の年金権について問題点を次のように整理する（厚生省 1968：269-70）。

①国民年金への強制加入案は，厚生年金において妻に対する遺族年金や加算制度の廃止の検討を必要とする。また，国民年金の側でも強制加入の妻に対する経過的保障を図る調整措置が必要となる。

②厚生年金において妻にも独自の老齢年金や障害年金を支給する制度改正もありうるが，その場合は拠出と給付をどの程度にするかという問題がある。

③夫と離別した妻にも通算年金の上で持ち分を移譲・確保する考え方がある。しかし持ち分の比率をどのように設定し，国民年金の任意加入分とどのように調整するかという問題がある。

④当面，国民年金への任意加入を認め，厚生年金においては妻に対する加算と遺族年金の改善を行う，という考え方もある。

厚生年金保険部会は，以上のような論点について検討した結果，1963年「中間報告」で被用者の妻が離婚しても無年金にならないよう，被用者の妻の期間を有効な通算年金として生かすような制度改正を行うよう答申した。しかし，この答申はさらに検討されることなく，妻の年金権の問題は再度先送りされる。厚生年金における妻に対する加給年金は月額400円（1954年決定）に据え置かれた。

1965年改正により厚生年金の給付体系と水準が大幅に見直されたことに対応し，保険料率も改定される。男子の保険料率は２％引き上げられ5.5％となったが，女子は0.9％の引き上げで3.9％となった。保険料率に男女格差があるのは，女子が定年まで勤めることが少なく，短期間の加入で脱退手当金を受給して厚生年金から早期脱退するケースが多かったからである。その格差はこの時の改定でさらに拡大された。

◇1969年改正—２万円年金

１万円年金実現後も給付水準引き上げの要請は依然強かったため，政府は1969年に再度大幅改正を行った。これにより，厚生年金では２万円年金，国民年金では夫婦２万円年金が実現する。

この改正にあたり，制度審は1968年10月に「厚生年金保険制度改正に関する意見」を答申した。被用者の妻の年金権の問題については，「妻の扱いについては，すでに国民年金において任意加入制度が設けられており，被用者の妻は公的年金制度上被用者以外の者の妻よりも優遇されているという見方もあった。結局，公的年金制度上妻の地位をどう扱うかは，さらに根本的に検討を要するものと認められた。なおこれに対しては，とりあえず加給年金額を増額してその地位の向上を図るのも一つの方法であろう」(社会保障研究所 1975b：96) と述べている。

こうして被用者の妻に対しては加給年金が従来の月額400円から1000円に引き上げられた。当初，厚生省は月額2000円を考えていたが，大蔵省との折衝過程で引き下げられたという (坂口 1993：146)。制度審は，「意見」から採られなかった点が少なくなかったことは「甚だ遺憾である」との答申を1969年3月に行った。

保険料率については，男女とも同じ上げ幅で引き上げられ，男子は6.2％，女子は4.6％となる。依然として男女格差はあったが，この時の改正では少なくとも格差を拡大することはなかった。

表1-2　国民年金の水準―1960年代

改正年	政　策　目　標	標準的老齢年金	夫婦の年金額
1966年	夫婦１万円年金の実現	月額5,000円	月額10,000円
1969年	夫婦２万円年金の実現（付加年金含む）	月額8,000円	月額20,000円

表1-3　厚生年金の標準的な年金額（モデル年金）と諸指標―1960年代（月額）

改正年度	標準的な年金額	加給年金	直近男子の平均報酬月額	老人夫婦の平均現金支出額	生活保護水準
1965年度（65.5）	10,000円（20年加入）	400円（４％）	27,725円（36.1％）	21,746円	11,371円
1969年度（69.11）	19,997円	1,000円（５％）	44,851円（44.6％）	31,180円	19,882円

1.直近男子の平均標準報酬月額は，各年３月末。（　）内はこれに対する標準的な年金額の比率。
2.1969年度の標準的年金額は改正後新たに老齢年金を受ける20年以上加入の男子の平均年金額。平均24年４カ月加入。
3.加給年金は年金額に含まれる。（　）内は加給年金の標準的な年金額に占める比率。
4.老人夫婦（夫65歳以上，妻60歳以上）の平均現金支出額は，厚生行政基礎調査及び国民生活基礎調査による。
5.生活保護基準は老人夫婦（夫72歳，妻67歳）の最低生活保障水準（２級地の生活扶助，住宅扶助，老齢加算），各年度当初。
資料出所：久野（1983），『国民の福祉の動向』各年版より作成

◎1960年代までの年金制度

この時期に夫婦単位の年金制度概念が定着した。1954年の厚生年金保険改正では，老齢給付に配偶者に対する扶養加算が導入される。それ以前の厚生年金制度に設けられていた扶養加算が，未成熟の子と疾病年金1級に該当する配偶者に対する加算だったのに対し，この時導入された加算は配偶者一般に対するものだった。「被扶養配偶者」という概念が年金制度の中に位置づけられた。

1961年の国民年金創設で国民皆年金体制となった。国民年金保険料の納付義務者は世帯主だったが，個人単位の設計で，妻にも独立の被保険者としての地位が与えられた。一方，被用者年金は世帯単位で設計された。被用者年金制度被保険者の被扶養の妻については，国民年金に任意加入できるとされ，強制加入とはならなかった。その後の年金改正も，被用者の妻に対し独自の年金権を付与することなく，加算額の引き上げに終始した。このことは，妻は被用者年金加入者である夫を通じて年金的保護が与えられ，夫に扶養される「被扶養配偶者」であるという考え方を，年金制度の概念として定着させる要因となる（村上 2000：201）。

4　配偶者控除の創設

◇シャウプ勧告

戦争が終わると急激なインフレが進行した。このインフレを収束させる強力な政策として，1949年，米大統領の全面的な委任を受けたドッジ公使の超均衡予算路線が実行に移された。この時期，戦時税制からの引き継ぎによる税制上の混乱もあり，大規模な税制改革も必要とされた。そこで，コロンビア大学教授シャウプを団長とする調査団が1949年，1950年の二度にわたって来日し，日本の税制を徹底的に調査し，勧告書を発表した。このシャウプ勧告は，均衡財政の基盤として，国と地方とを通じて税収を安定的に確保する公正な税制を提示しようとしたものである。

シャウプ勧告以前の1946年に施行された所得税法では，基本的に戦前の税制を踏襲し，課税単位については同居親族の所得を合算して税額を決める「世帯単位方式」がとられている。しかし，シャウプ勧告は，「この措置は形式的には伝統的な日本家族制度に従うものである。しかし実際においては，これは幾多の好ましからざる効果を伴っている」と指摘し，「したがって，同居親族の所得合算は，これを廃止して各納税者が独立の申告書を提出し，他の所得を合算することなく各人の所得額に対する税額を別々に納めさせるよう勧告する」と，個別申告制の稼得者単位課税方式の採用を勧めた。

勧告の言う「好ましからざる効果」とは，次のような点である（大武 1993：49）。

①所得額を合算すると，合算しない場合に生活水準と担税力が同じである納税者に適用する税率より高い税率で課税されることになる。税負担が不公平になり，納税者が不満をもち，納税道徳の退廃をまねく。

②合算による税負担の増加は，大世帯を小世帯に分割する人為的誘因となる。

③2人以上の納税者が現実に同居の親族の関係にあるか否かの判定は困難なことが多く，また基準の適用は統一性を欠いている。

④税額を決定して世帯員に案分する手続きは複雑で時間がかかる。

表1-4　控除額の変遷　1946年—1959年

(円)

	基礎控除	配偶者控除（扶養控除1人目）	青色専従者控除
1946年	1,800-2,400		
1947年	4,800	240-480	
1948年	10,325	1,195	
1949年	15,000	1,800	
1950年	25,000	12,000（税額控除から移行）	
1951年	38,000	17,000	
1952年	50,000	20,000	
1953年	60,000	35,000	
1954年	70,000	40,000	80,000
1955年	80,000	40,000	80,000
1956年	80,000	40,000	80,000
1957年	87,500	47,500	80,000
1958年	90,000	50,000	80,000
1959年	90,000	65,000	80,000

翌1950年，政府はシャウプ勧告に基づいて税制改革を行い，課税単位は原則として個人単位となった。

1951年から1955年にかけてはシャウプ税制を日本風土にあうよう再調整する期間となった。政府は1953年，シャウプ税制以後の税制全般を総点検する税制調査会の設置を決定する。税制調査会は，租税負担が限界を超えていること，歳出膨張がインフレを招き，その結果国民の負担が重くなっていることを基本的認識として明らかにし，減税の実施を提言した。

1953年11月に出された税制調査会の勧告では，所得税については，基礎控除額，扶養控除額，給与所得控除額等の各種控除額の引き上げ及び税率の引き下げ等を行うことが述べられた。この時期の所得税減税は主として①基礎控除，扶養控除の引き上げ，②税率改正，③各種所得控除の創設及び拡大，④その他の制度改正による減税という四つのルートで行われた（大蔵省財政史室 1990：17-8）。

所得税減税の中心となったのが基礎，扶養控除の引き上げである（表1-4）。この二つの控除は毎年のように引き上げられる。当時の物価上昇も影響しているが引き上げの幅は大きく，1950年から1955年で基礎控除は３倍以上に引き上げられた。扶養控除は1950年に扶養親族１人につき一律1万2000円の所得控除とされたが，その後，扶養家族間で差を付ける方向が打ち出された。税率の引き下げによる減税も行われたが，その規模は基礎控除及び扶養控除の引き上げには及ばなかった。相次ぐ控除の創設と拡充も減税効果をもった。1950年のシャウプ税制当時，基礎，扶養，勤労という三つの控除の他，五つの特別控除で合計八つしかなかったが，1955年までに15に増加する。

◎課税単位の考え方

シャウプ税制で課税単位は稼得者個人単位方式に代わったが，課税単位をめぐる議論はその後も続いた。1961年の配偶者控除新設は課税単位のあり方と関わる問題なので，ここで課税単位をめぐる考え方を簡単に見てみる。

課税単位は，個人単位（稼得者単位）と世帯単位（家族単位，消費単位）に大別されるが，両者を取り入れた折衷方式もある。諸外国で採用されている課税単位を類型化すると表1-5のようになる。

大蔵省主税局によれば，課税単位の背景には四つの考え方がある[7]。それは，所得税や住民税の課税単位を考える際，つぎのいずれの要素を重視するか，というものである。

①所得を稼得する単位ごとに担税力を見いだす考え方

②稼得された所得が統一意思に従って支配ないし処分される単位ごとに担税力を見いだす考え方

③多数のものによって稼得された所得でも消費を全部又は一部共同にする

表1-5　課税単位の類型

類型			考え方
個人（稼得者）単位			稼得者個人を課税単位とし，稼得者ごとに税率表を適用する。特例として資産所得については合算が行われることもある
夫婦単位／世帯単位	合算分割課税	均等分割法（二分の二乗課税）	夫婦を課税単位とし，夫婦の所得を合算し均等分割（2分2乗）課税を行う。この場合、独身者と夫婦に対して同一の税率表を適用する単一税率表制度と，異なる税率表を適用する複数税率表制度がある
		不均等分割法（n分のn乗課税）	夫婦及び子ども（家族）を課税単位とし，世帯員の所得を合算し，不均等（n分n乗）課税を行う
	合算非分割課税		夫婦を課税単位とし，夫婦の所得を合算し非分割課税を行う。妻の勤労所得について分割課税の選択が認められる

場合には生活費が逓減する点に着目し，消費世帯単位ごとに担税力を見いだす考え方

④資産所得や世帯主の営む事業から得られる所得はその分割の容易さ等にかえりみ，これらの所得については世帯主単位ごとに担税力を見いだす考え方

①の考え方に立てば，完全分離課税制度を採ることになり，②なら協同体的合算課税制度，③の考え方では消費世帯合算制度が選択される。日本では基本的に④の考え方にたち，原則として個人単位だが所得の種類に着目した部分合算制度を採ってきた。シャウプ勧告に基づく1950年の税制改正で，例外として設けられた三つの合算制度のうち，資産所得の合算と扶養親族所得の合算制度は1951年に税制簡素化の理由から廃止された。家族専従者の労働報酬を事業主の所得に合算する制度については，1952年に青色申告者に対する専従者控除を認める例外が設けられ，世帯での合算が一部緩和された。

シャウプ税制実施後，改めて本格的に課税単位の問題を取り上げたのは1956年の臨時税制調査会である。同調査会は12月に出した答申の中で次のように述べ，基本的に個人単位を原則としつつも事業所得については世帯合算を維持すべきであるとした[8)]。

「所得税の累進課税の単位として，個人をとることがよいか世帯をとることがよいかという問題は，所得税制の基本に関する問題であるが，給与所得，事業所得，退職所得等所得者の独立の活動によって得られるいわゆる勤労所得については，現行法の建前を維持し，個人単位の課税を続けるのが適当である。」

「個人事業所得の課税上，生計を一にする他の親族の所得を事業主の所得に合算するという現行の制度は，わが国の個人企業で世帯員への給与支払等の慣習が熟していないことから考えても，また企業の所得を事業主とその家族たる従業員に分割して課税すべきか否かについて疑問があることからみても，なおこれを維持継続すべきである。」

そして資産所得についても「同居親族の資産所得は合算して累進税率を適用することにした方が，かえって担税力に応じた公平な負担になると考える」と述べ，資産所得合算制度の復活を主張した。

このような答申を受け，1957年資産所得は再び世帯で合算することとなる。

その後も，税制改正の度に「稼得者個人単位」から「世帯単位」の合算課税への移行の是非が論じられた。特に注目されたのが二分二乗方式である。1960年12月，税制調査会は「第一次答申」の中で以下のような理由を挙げ，二分二乗方式採用を否定する。

①アメリカや西ドイツでこの制度を採用したのは，前述のような両国それぞれの特殊の事情があったからであり，わが国にはこのような事情がない。

②夫の所得の半分は妻に帰属するという考え方は，擬制にすぎること，妻の家事労働等を通ずる夫の所得の稼得に対する貢献は大きいとしても，その半分が妻に帰属するという考え方は，当然には出てこない。このことは，たとえば夫が巨額の資産所得を持っている場合などを考えれば，いっそう明らかであろう。

③二分二乗方式の採用によって大きな利益を受けるのは累進税率の適用が大幅に緩和される高額所得者であり，少額所得者にとっては，配偶者控除による減税の利益と大差がない。

1964年の税制調査会答申も以下のように述べ，現行制度の改正には消極的である[9]。

「わが国の現行法は所得稼得者単位の課税を基本的なたてまえとしているが，これについては夫婦が一体となっている家庭生活の実態や，夫婦共稼ぎ世帯と夫婦の一方が所得を得ている世帯との税負担のバランスの面から，夫婦の所得を合算し，さらにアメリカの税制等にみられるように合算所得を二分二乗して税額を計算する方式を採用すべきであるとする考え方がある。しかし二分二乗課税方式には，高額の所得者に累進税率適用緩和による受益が偏しがちであるという問題があり，また，この問題提起の一因となっている夫婦共稼ぎ世帯と夫婦の一方が所得を得ている世帯との税負担のバランスの問題についても，比較的低額の所得者が多い夫婦共稼ぎ世帯の実態からみて，特に共稼ぎより得た所得を合算して課税し，夫婦の一方が所得を得ている世帯との税負担のバランスを図る必要もないと認められるので，夫婦合算二分二乗方式を採用することは適当でないと認めた。」

1966年の税制調査会答申もこの姿勢を踏襲し，1968年7月の「長期税制のありかたについての答申」も，制度変更に前向きな態度をみせつつも，結論を留保し，実際の制度改正には慎重な姿勢を崩さなかった。

合算課税の問題はたびたび議論されたが，夫の稼得に対する妻の貢献をどう評価するか，合算課税に移行した場合の家計間の税負担の増減をどうするか，所得の種類による税負担の均衡をどうするか，など問題点が多く，結局，1960年代を通じて制度改正がなされることはなかった。

◎配偶者控除の創設

そもそも課税単位が検討課題となったのは，世帯類型と所得種類の違いによる税負担の差が問題となったからである。個人単位課税方式のもとでは，世帯として同一の所得水準でも，片働きと共働きでは税負担に差があった。また，1950年代後半から，所得税制度の問題として所得種類間のアンバランスがある。

図1-2は各種の所得と控除の関係を示したものである。所得の種類による税負担のアンバランスの問題は，次の四者の間に存在する（大蔵省財政史室 1990：145）。

①個人企業の事業所得と法人企業の法人所得

②事業所得者中の青色申告者と白色申告者

③白色申告者と給与所得者

④給与所得者と事業所得者

まず，同一の課税ベースでも個人形態と法人形態では，後者の税負担が軽い。1952年から青色申告者に対して専従者控除が認められ，1954年には，配偶者もこの控除の対象とすることができるようになっている。そしてその専従者控除の限度額も毎年引き上げられていたが，個人事業者の税負担に対する不満はなお強く，個人企業の「法人成り」が増大していた。

同じ個人事業者でも，青色申告者と白色申告者では税負担が異なる。個人事業者で青色申告者でない場合は，家族の事業専従者に対し給与を支払っても，これを経費として控除することが認められず，個人事業主の所得として累進課税されていたため，白色申告者の不満が高まっていた。特にこの問題は，農

図1-2　各所得間の税負担のバランスと諸控除

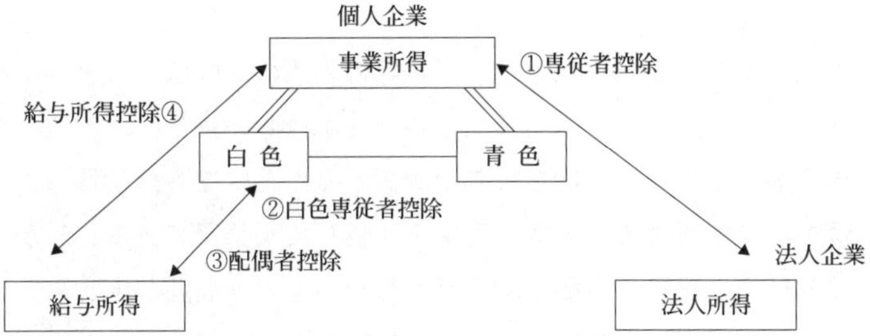

資料出所：大蔵省財政史室（1990：145）

家の家族労働報酬の扱いとして問題化した[10]。

こうした問題に対処するため，税制調査会においても，白色申告者に新たな専従者控除を認める方向が示された。しかし，事業所得者だけに家族専従者控除を認めることは，給与所得者の反発を招く。そのため，白色申告者との均衡を図るべく，1960年の第一次答申において，税制調査会は給与所得者に対する配偶者控除の創設もあわせて，次のように提言する（税制調査会 1960：43-9）。

「当調査会は，専従者控除の拡充を適当と考えている。しかし，その税制上の理由はともかくとして，それが事業所得者に対して特別の利益を与える減税であることはさけられない。

そこで，実際問題として現在でも負担が重いといわれている給与所得者の負担とのバランスが一層問題となるが，配偶者控除の創設は，給与所得者を含む多くの納税者に広く減税の利益を及ぼし，専従者控除の拡充により，事業所得者が受ける減税の利益との差を薄める実際的効果を持っている。

また，専従者控除の拡充，ことに家計と企業との分離があいまいな白色申告者に対しても一定の外形的基準により専従者控除を認めることは，事業所得者の家族の家事労働の部分にまで控除を認める危険と事業に従事した正当の労働報酬が控除されない危険との双方の可能性を持つと同時に，給与所得者の家庭からみれば，その家族ことに主婦の家事労働との関係が微妙な関係となる。

配偶者控除の創設は，配偶者についてこの点に対する安全弁的な機能を果たし，事業所得者と給与所得者の双方にとって実質的公平をもたらすことが期待される。」

やや回りくどい表現だが，配偶者控除の創設の意図は次のように解することができるだろう。白色申告者に対する専従者控除の拡充は，実態は専業主婦である申告者の妻の家事労働を税制上評価することになる危険性もある。そうであれば，給与所得者の妻の家事労働と比較して不公平である。しかし拡充を認めなければ逆に正当な労働報酬を評価しないという問題が生じる。そこで，給与所得者の配偶者にも控除を認めれば均衡がとれるだろう，という考え方である。

答申は「配偶者は家庭生活が営まれる上の役割において他の親族とは同等に論ずべきものではなく，ひいては所得形成の上に大きな貢献をなしている点を考慮し，配偶者控除を認め，納税義務者に配偶者がいる場合には，第一人目の扶養控除に代えて9万円（又は8万円）の控除を行うものとする」と述べる。

答申に基づき1961年に実施された税制改正のポイントは四つある。

①配偶者控除の創設

扶養控除から独立して配偶者控除を創設し，その額は基礎控除と同額にした。

②扶養控除の引き上げ

扶養控除に年齢差を設け，満15歳以上の扶養親族の控除額を引き上げた。

③専従者控除の拡充

白色申告者について新たに専従者控除を設け，一定の要件に該当する家族専従者について控除を認めた。

④給与所得控除の引き上げ

給与の収入金額から定額控除を行い，その残額についても所得に応じ段階的に控除を行うようにした。

配偶者控除の創設は事業所得者との均衡上出てきた側面があり，必ずしも「内助の功」を評価するためだけではなかったが，税制上の妻の地位が認められたと当時は受けとめられ，研究者も評価している[11]。

配偶者の貢献に対する税制上の配慮の背景には，主婦の労働をどのように考えるかという問題がある。女性の社会進出が進む一方でサラリーマン家庭の妻の専業主婦化も進むという状況を反映し，1950年代後半から1960年代初頭にかけて主婦という存在と主婦の行う家事労働についての論争があった[12)]。1955年から1957年にかけて行われた第一次主婦論争の端緒となったのは，石垣綾子が1955年に発表した「主婦という第二職業論」である。石垣は，主婦業とは社会的な職業を持った上でなすべき第二の職業であると主張し，女は主婦になるという「特権」に甘えてはいけないと述べた。これに対し，女性が家庭を守るという性別役割分業を肯定する家庭重視議論，家庭婦人と職業婦人の連帯を説く主婦運動論などが出され，『婦人公論』誌上で多くの論者が議論に参加した。

第二次主婦論争は『朝日ジャーナル』に載った1960年の磯野論文に始まり，1961年まで続く。第一次論争の争点の一つは「主婦の社会進出は是か否か」についてだったが，第二次主婦論争の争点は「家事労働の評価」である。磯野富士子は「婦人解放論の混迷」と題した論文の中で，家事労働は有用であるがなぜ価値を生まないのか，経済学者に教えを乞いたい，と問題提起を行った。これに対し，マルクス主義経済学の側は，家事労働は私的労働ゆえに経済的評価の基礎となる剰余価値は生まないと回答し，家事労働について十分に議論がつくされないまま論争は終結する。

家事労働＝主婦の労働と捉え，その評価が「内助の功」といった伝統的な専業主婦の保護と被扶養の妻の座の強化につながり，ひいては被扶養の妻を持つ男性の優遇措置となる税法上の仕組みは，この1961年税制改正で創設され，今日まで続いている。

◎1960年代までの所得税制

1950年代から60年代にかけては，経済成長に伴う増収を背景に，所得税減税が頻繁に行われた。税制改正の特徴は3点ある。第一に，所得税の負担を緩和するため，主要四控除（基礎，給与所得，扶養，配偶者）引き上げによる減税というパターンが多かった（表1-6）。

第二に，創設された控除はその重要性が消失しても廃止されない，自己増殖的に新しいものが横並びで付け加えられるという現象があった（大蔵省財政史室 1990：136）（表1-7）。

表1-6　控除額の変遷　1960年代

（円）

	基礎控除	配偶者控除	白色専従者控除	青色専従者控除
1960年	90,000	70,000（扶養控除一人目）		80,000
1961年	90,000	90,000（配偶者控除創設）	70,000	80,000
1962年	100,000	100,000	70,000	120,000
1963年	110,000	105,000	75,000	125,000
1964年	120,000	110,000	90,000	150,000
1965年	130,000	120,000	120,000	180,000
1966年	140,000	130,000	150,000	240,000
1967年	150,000	150,000	150,000	240,000
1968年	160,000	160,000	150,000	給与額相当
1969年	170,000	170,000	150,000	給与額相当

表1-7　諸控除の変遷

	1950	51	52-58	59-60	61	62-63	64-66	備　　考
雑損控除	（創）	……	……	……	……	……	……	1950年創設
医療費控除	（創）	……	……	……	……	……	……	1950年創設
社会保険料控除			（創）	……	……	……	……	1952年創設
生命保険料控除		復活	……	……	……	……	……	1947年廃止、51年復活
損害保険料控除							（創）	1964年創設
寄付金控除						（創）	……	1962年創設
障害者控除				……	……	……	……	1959年不具者控除から改称
（不具者控除）	……	……	……					1959年障害者控除に改称
老年者控除		（創）	……	……	……	……	……	1951年創設
寡婦控除		（創）	……	……	……	……	……	1951年創設
勤労学生控除		（創）	……	……	……	……	……	1951年創設
配偶者控除					（創）	……	……	1961年扶養控除から独立
扶養控除	……	……	……	……	……	……	……	
基礎控除	……	……	……	……	……	……	……	
給与所得控除	……	……	……	……	……	……	……	1952年までは勤労控除
専従者控除（青色）			（創）	……	……	……	……	1952年創設
専従者控除（白色）					（創）	……	……	1952年創設

資料出所：大蔵省主税局（1988）より作成

そして最も重要なことは，所得種類間のバランスを図るための控除拡充がなされてきたことである。青色申告の専従者控除は青色申告奨励の見地から導入された。それが配偶者に拡大され，やがて白色申告者の専従者控除と給与所得者の配偶者控除へとつながっていく。所得種類間のバランスをとるためにどんどん拡大していったのである。そしてこれ以降，所得税制度は給与所得者，青色申告者，白色申告者のバランスと配偶者の取扱いに拘束されて推移していく

(石塚 1995: 97)。

5 私事としてのケアワーク

5.1 高まる保育ニーズ

◎児童福祉法制定

終戦後，戦争孤児や浮浪児，非行児童への対策が緊急の課題となった。戦争で大量に生まれた母子家庭や貧困家庭の児童のため，常設の保育所を求める声も高まっていた。こうした背景のなか，1947年に児童福祉法が制定され，保育所が設置されることになった。戦前の「託児所」が専ら救貧対策として運営されていたのに対し，戦後の「保育所」は保護者の所得に関係なく子どもを保育する児童福祉施設としてスタートする。

児童福祉法第39条は「保育所は日日保護者の委託を受けて，その乳児又は幼児を保育することを目的とする施設である」と規定し，すべての乳幼児に門戸を開いた。厚生省児童局は『予想質問答弁資料』(1947年) で保育所の目的について次のように述べている。

> 「第一に保育所は，児童の環境を良くするために入所させるところであって，乳幼児を有する保護者が安心して働き，労働能率を高めることによって生計が補助され，子の生活と発育を保障することになります。第二は，乳幼児が共同生活をすることによって正しい社会性と心身の健康な育成をすることができます。第三は，いままで恵まれなかった勤労大衆の母が時間的に養育の任務より解放され，国家の経済，文化並びに政治的活動に参加し，又は，教養をうけ，休養することによって家庭生活の向上を図りその結果は乳幼児の福祉を増進させる基盤となります。」(児童福祉法研究会 1978: 871)

母親の勤労権を保障することが児童の健全育成にも資する，集団生活は児童の健全育成にプラスになる，という考え方はきわめて現代的である。戦後の厳しい生活状況では母親の就労は選択の余地のないものであり，そこから必然的に保育を社会的に保障していくことが必要になったのだろう (寺脇 1980: 219)。

しかし，民主主義の理念，男女平等といった崇高な理想が憲法に謳われ，高揚した空気の中だからこそこういう説明が可能だったのだと思われる。保育所に係る費用は国が8割負担し，残りを都道府県と市町村が半分ずつ負担することとされた。

この時期，民間保育団体も活動を開始する。1946年10月に結成された民主保育連盟は東京を中心に保育所づくりを展開した。1947年11月には幼稚園と保育所の関係者が集まり，全国保育連合会の結成大会が開催された。研究者も新しい保育学の建設を目指して日本保育学会を1948年10月に設立した。官民ともに新しい保育所づくりへの息吹が感じられる時代だった。

◎保育政策の変容

1950年代に入ると，政府の保育政策は少しずつ変化しはじめた。当初は全ての児童を対象にしていた保育所は，財政難を背景に，その範囲を狭めはじめた。1950年 4月，児童保護措置費は地方財政平衡交付金制度に移行する。国の直接補助から平衡交付金に繰り入れられたことにより，市町村の中には保育所予算を削減するところも出てきた（岡田 1980a：520）。

1951年の児童福祉法改正で39条に「保育に欠ける」の字句が挿入される。これにより，保育所は「保育に欠ける」児童を対象にするとして，厚生省は幼稚園と保育所の区別を明確にするようになった。1951年当時の厚生省児童局長は，「保育所と幼稚園はその本質においてまったく目的をことにするもの」として両者の違いを次のように説明する（高田 1951：478-9）。幼稚園は「学校教育法の規定に基づき，幼児の教育の一環として設けられている施設である。したがって，それは教育可能な満3歳から小学校就学前までの幼児のみを対象としている。また現在の日本では，幼稚園における保育は幼児の義務とはされていないので，幼稚園に入園費を全額負担して幼児の教育をしてもらいたいという家庭の申し込みにたいして（のみ）サーヴィスを提供する施設である。したがって保育を必要とするからといって，公の機関が行政処分によって，その幼児を幼稚園に入所させるという福祉活動はなされていない（もっぱら私的契約である）」。これに対し，保育所は「保護養育を必要とするにもかかわらず，保護者の労働，疾病等のために保育してもらえない児童を入所させて，児童の必要とする保育をあたえる社会福祉施設であって，児童の必要とするものは端緒的には教育という高度の要求をみたす以前のものであって，児童の生活権に密接につながるものである。そしてそうした端緒的に『健康にして文化的な最低限度の生活』につながる要求は，国または地方公共団体がこれを充足し，保障する責任をもつものであって，児童福祉法では市町村長という公的機関がこれを保育所に入所させるという行政処分をして，その福祉をまもるという建前がとられている。」

児童局長の説明によれば，幼稚園と保育所の相違点の一つは，幼稚園が学校教育法の定める学校の一種であり，保育所は児童福祉法の定める児童福祉施設であるということである。そのため，幼稚園は私的契約により自由に入園できるが，保育所は公的機関による行政処分により入所することになる。また，提供されるサーヴィスが幼稚園では「教育」であるのに対し，保育所は「保育に欠ける」児童に対する「保育」である。

戦前のわが国では，子どもの保育施設として幼稚園と託児所・保育所が併存していた。託児所・保育所は父親が出征した家族や遺族への支援策としての側面もあり，救貧対策的で，保育条件も幼稚園に比べると劣っていた。一方，幼稚園は比較的裕福な家庭の児童を対象とし，両者は差別的な二元的構造になっていた（田村 1992: 26)。この幼稚園と保育所の二元的構造を改革しようという「幼保一元化」の動きも出てきていたが，結局実現することなく，終戦を迎える。1947年に学校教育法が制定された段階では，幼保一元化が検討されたが，大量に生まれた戦災孤児や母子家庭の児童に対処することが先決とされ，当面は両制度を並列し，一元化は将来の検討事項とし，まずは量的拡大をめざすこととされた。幼稚園は学校教育法（1947年)，保育所は児童福祉法（1948年）によって定められる。所管官庁はそれぞれ，文部省と厚生省である。しかし，先送りにされた一元化の問題は，時間がたつにつれ，むしろ峻別の方向へ流れていく。

保育対象児童の範囲を「保育に欠ける」で限定しようとしたのには，そもそも設置目的が異なるという理由の他に，保育所予算の膨張を抑えるという財政上の理由もあったと言われる。鷲谷（1967: 89）は次のようにこの間の事情を説明する。

図1-3　入所児童数の推移

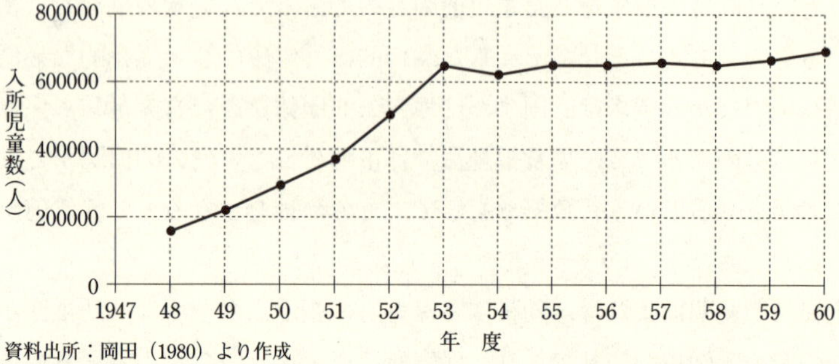

資料出所：岡田（1980）より作成

「この改正は公的責任を果たす上で，必要な保育所の増設が入所希望者の増加に追いつけなかったばかりでなく，国民の間に法に照らしすべての子どもは当然保育所に入る権利があるという主張が芽生え，幼児保育一元化の立場から『全村保育』を実施する地域もあらわれたこと，さらには昭和24年のシャウプ税制使節団の税制勧告によって，25年度から保育所の措置費が国庫負担から地方財政平衡交付金に組み入れられたことによって，地方自治体の間に保育所予算の著しい格差が生まれ，そして全体として保育予算が朝鮮戦争の影響を受けたことと関係がある。このため対象児を『保育に欠ける』児童に限定し，それによって国民の保育要求をそらし，公費の支出をおさえ，運営に対する監督の強化をはかったのである。」

図1-3に見るように，この改正の効果は1953年度以降の保育所入所児童数に大きな影響を与えた。1948年から急速に増加していた入所児童数の伸びが鈍化し，以後は緩やかに増加していることがわかる。

1950年代後半になると財政当局から保育所予算に対する削減の圧力が強まった。一方，1956年に初めて開催された働く婦人の中央集会や日本母親大会を契機に，高まる保育ニーズは保育所づくり運動へと発展していった。国民の保育所を求める声と大蔵省の間で厚生省は板挟みになっていた。1957年の保育所措置費予算は24億8361万7000円である。厚生省は1958年度保育所措置費予算として約34億円を要求していたが，大蔵省が内示した額は18億2900万円で，行政管理庁と会計検査院の「家庭負担保育料の不適正」の指摘を理由に，前年度比約6億5000万円削減という厳しいものだった。この予算大幅削減に対して，労組や婦人団体，保育団体などが団結し，「働く母と子を守るための保育所を守る国民大会」を開催し，反対運動を展開する。氷雨の降りしきる中，東京の日比谷野外音楽堂に30余りの団体が集まり，大規模なデモを行った。マスコミも前年の「童謡デモ」につづく「雨傘デモ」と書き，この大衆行動を大きく報じている。

この抵抗運動により1958年度保育所予算については大蔵原案は撤回されたが，伸びはわずかに5000万円弱にとどまった。これ以後も予算抑制の圧力は強く，保育所の設立は鈍化する。

◎『保育問題をこう考える』

1960年代初頭の数年間は，日本が経済大国への道を自覚的に歩みだした時期である。日米安保条約改定をめぐる混乱の後，岸内閣は退陣し，「寛容と忍耐」をスローガンに掲げた池田内閣が登場した。池田内閣は所得倍増計画を推進するための基盤として，社会資本の整備とならんで「人づくり政策」を打ち出す。特に重視されたのが将来の労働力となる子どもの健全育成である。

1960年８月，中央児童福祉審議会（以下，中児審）は「児童福祉の刷新強化に関する意見」を発表する。その中で，児童福祉行政の刷新強化のため，第一に「人口の資質向上対策」が挙げられている。そして「最近の要保護児，非行児の激増は，家庭の崩壊が各階層を通じて増大しつつある証左」であるとして，「戦後の家族制度の崩壊とともに，夫婦と子どもを中心とする家族の健全化についてまで，社会の関心が薄れた感がある」と指摘する。そこから「新しい家庭のモラルの確立，健全な家庭を守るための総合的な対策」が必要であると論じている。

このような家庭重視の流れは，家庭保育の重要性の強調となり，1963年７月に発表された中児審保育制度特別部会中間報告『保育問題をこう考える』で明確に示された。この報告は，「保育問題の背景にあるもの」を分析した上で，「保育はいかにあるべきか」として以下のようないわゆる「保育七原則」を提示する。

第一原則　両親による愛情にみちた家庭保育

第二原則　母親の保育責任と父親の協力義務

第三原則　保育方法の選択の自由と，子どもの母親に保育される権利

第四原則　家庭保育を守るための公的援助

第五原則　家庭以外の保育の家庭化

第六原則　年齢に応じた処遇

第七原則　集団保育

政府の保育政策を考える上で，特に重要なのは第一原則と第二原則である。第一原則は「子どもの精神的，身体的発達にとっては，両親による愛情に満ちた家庭保育が最も必要なものであり，これを保育の第一原則と考えたい」と家庭保育の重要性を述べ，第二原則で「健全で，愛情の深い母親が，子どもの第一の保育適格者でありまた保育適格者になるよう努力することが要望されている，というべきであろう。父親その他の家族は，母親が妊娠出産など重要な役割をになっていることを考慮し，その保育責任を十分果たせるように協力し，保育適格者になろうとする母親を援助する義務があるのは当然であるが，母親により大きい責任がある，と考えなければならない」と母親を第一の保育責任者としている。そして，保育所などの集団保育は原則の最後に位置づけられている点も重要である。

中間報告の起草にあたった後藤貞次委員はこの保育七原則について次のように説明する（岡田 1980c：195-6)。

> 「これは，家庭で子どもを保育するよりも，外に出て働くのが女性としての母親の権利であり，子どもを保育する責任は公にある，という考え方，保育所における保母の保育よりも，家庭での母親の直接的な保育を低く評価する考え方，一律無差別に家庭保育から保育所保育への移行を促進すべきであるという考え方，あるいは低所得階層でなくても保育所を利用したほうが，経済的にプラスになるような政策を支持する考え方などに対して強い反対と批判の態度をしめしたものとみることができる。」

家庭保育強調の論調は同じ年の8月に出された中児審家庭対策特別部会「家庭対策に関する中間報告」にも共通してみられる。同報告は，まず家庭はなぜ守られなければならないのかを論じ，考えられる問題点は何か，その対策と当面の目標について検討している。

> 「……児童が家庭における養育を受けなかった場合には，普通の家庭の

親密な人間関係の形を学ぶことのないため，その児童の性格として，そのような人間関係を将来自らつくりあげることが困難となる。良い親からの養育を受けた児童が，将来良い親となるのであって，このことは循環するということを注目すべきである。」

同報告はこのように述べ，家庭保育の妨げになっているものとして，低所得，住宅事情とならんで母親の就労を挙げている。

翌1964年に発表された中児審保育制度特別部会の『いま保育所に必要なもの』も補説において，「母親たちに，一律に，無条件に，家庭に帰るべきであるとか，家庭にとどまるべきである，などという考えはない」としながらも「女性の先天的特性にもとづくもの」と母性愛を強調し，家庭保育の重要性を説いた。

こうした家庭での保育を重視する論調の背景の一つには，1960年代に入ってから少年非行が激増していたことがある。1963年5月に発行された厚生省児童局編『児童福祉白書』は，経済成長の中で日本の子どもは危険な状況に置かれていると，危機感を示す。

「経済成長の目的とするところは，もちろん人間の福祉を増進し向上させるところにあるのであるが，実際にはそれが逆の作用を結果し，そのことがむしろ児童の福祉を阻害しつつある。たとえば，最近における児童の非行事犯，情緒障害や神経症，自殺その他による死傷の激増，婦人労働の進出傾向に伴う保育努力の欠如，母性愛の喪失，年間170万～180万件と推計される人工妊娠中絶，精薄児，心身障害児や奇形児の増加現象などからみて，わが国の児童は，いまや天国は愚か危機的段階におかれている。」

児童福祉白書の指摘がどれほど根拠のあるものだったのかは疑問だが，当時一般に，非行の原因として，共働きと離婚[13)]による単親家庭の増加が挙げられた。また，WHO の報告書を通じて日本に入ってきたイギリスの心理学者 J.ボウルビィ（Bowlby）に代表される「母子関係論」の影響が大きい。ボウルビィは精神的なホスピタリズム[14)]の原因は母性剥奪（maternal deprivation）にあると説明し，母親の不在が子どもの健全な発達を損い，生涯にわたって影響を及ぼすと論じる。彼の議論は世界的な反響を呼び，日本においては，彼の議論が多少ゆがめられる形で「母性神話」となって普及した[15)]。この母性神話とは，

「女性には生まれつき子どもを愛する母性本能が備わっている」という考えと，「子どもは少なくとも３歳までは母親の手で育てるべき」という育児観を未分化に包摂した母性を絶対視する見方のことである（金田 1997：102）。

ボウルビィ自身は家庭保育と集団保育を機械的に対置し，後者を否定する主張を行っていたわけではないが，日本では彼の理論が保育所等の集団保育に対する否定的論拠として用いられることになった。それが明確に現れたのが先に紹介した「保育七原則」である。保育の最適任者である母親の手による家庭保育が最善，とする考え方は保育政策に大きく影響し，「母性神話」としてその後の政策展開にも折に触れて顔を出すことになる。

◎保育需要の増大

1964年，厚生省は児童局を家庭児童局に改組し，児童と家庭の問題への取り組みを本格化する。各地の福祉事務所の中に「家庭児童相談室」を設け，在宅児童の健全育成を目標に訪問，通所による相談指導を開始した。1966年には児童館と家庭児童相談室を増設し，「カギっ子」対策を実施していく。

家族構成の変化や共働きの家庭の増加は，このような児童福祉対策だけではなく，やはり保育ニーズへの抜本的な対応を不可避のものとした。1966年中児審答申「児童福祉施策の推進に関する意見」は，保育対策について保育所の増設と保母の確保を提言する。それをうけて1967年４月から厚生省は保育所緊急整備五ヵ年計画を開始する。それは，1971年度までの５年間に保育所を3690ヵ所新設し，250ヵ所増築することにより，約36万人の乳幼児を新たに入所させることができるようにする，というものであった。表1-8は1960年代の保育所数の状況である。五ヵ年計画が始まる前は，私立保育所数の伸びは非常に小さかった。しかし，計画が実施された1967年度前後から大幅に増えていることがわかる。

この時期，量的保育ニーズだけでなく，質的に多様なニーズへの対応もまた求められるようになる。都市部の共働きの核家族が増加し，ゼロ歳児保育に対する需要が高まっていたのである。家庭保育を原則に，保育所の役割を限定したいという考え方と，現実に共働きが増加し，女性の就労形態も多様化し，乳児保育の必要性を認めざるを得ないという状況が1968年12月の中児審「当面推

表1-8　1960年代の保育所数とその増設状況

年　度	保育所数（カ所）			増加数（カ所）		
	公　立	私　立	計	公　立	私　立	計
1960	5,571	4,211	9,782	211	3	214
1961	5,792	4,226	10,018	221	15	236
1962	5,992	4,255	10,247	200	29	229
1963	6,259	4,265	10,524	267	40	307
1964	6,536	4,286	10,822	277	21	298
1965	6,907	4,292	11,199	371	6	377
1966	7,190	4,429	11,619	283	137	420
1967	7,593	4,565	12,150	403	136	539
1968	8,001	4,731	12,732	408	166	574
1969	8,399	5,017	13,416	398	286	684
1970	8,817	5,284	14,401	418	267	685

資料出所：厚生省児童家庭局（1979）より作成

進すべき児童家庭対策に関する意見具申」によくあらわれている。

「『保育問題をこう考える』に示されているように，『2～3歳以下の乳幼児期においては，先ず家庭において保育されることが原則でなければならないし，それが不可能な場合においても親密で暖かい養護が与えられるよう処遇を手厚くする必要がある』ということを基本原則とすべきである。乳児について母親による愛情に満ちた家庭保育が最も望ましいというのは，母子の持続的な一対一の関係の中でこそ乳児の安定した情緒の発達が期待できるという理論によるものである。」

「しかし，職業を持つ女性にとっては，職場における仕事と家庭保育の両立は現実的に極めて難しく，そのように家庭保育のみに依存することが不可能な場合においても乳児の福祉が阻害されないように社会的に援助する必要が生じてくる。ここに保育所における乳児保育が積極的にとりあげられる所以があると思われる。」

中児審は，このように述べ，従来は否定的だった乳児保育に対しても限定的ではあるが受け入れる方向を示す。しかし，同時に母子関係論にもとづく家庭保育の重視も忘れてはいない。

「とくに３ヶ月未満の乳児を保育所で委託することは原則として避けるべきであると思われる。また乳児の発達と人間関係の理論から考えると，両親と乳児の関係，とくに母子関係は極めて具体的，継続的である必要がある。すなわち，長時間にわたる母子分離は，その関係の発展を稀薄にする危険性を有し，そのために乳児の情緒的発達を阻害することも憂慮されるので，保育所における乳児の保育時間は，極力短時間にとどめるべきであり，乳児を持つ婦人の労働のあり方については，児童福祉の立場からも考慮される必要がある。」

厚生省は1969年度から都市部を対象に特別乳児保育対策の実施を開始した。これは，都市とその周辺で，所得税非課税世帯の乳児を９人以上入所させている保育所に対し，保母の他に看護婦または保健婦を配置し，乳児に対する職員の比率を高める施策である。初年度には全国で約33ヵ所，400人の乳児が入所できるよう予算措置がとられた。

◎革新自治体の保育政策

政府の保育所増設計画は，増大する保育需要に対して，一定の効果をもった。しかし，なお必要数に追いつかず，延長保育やゼロ歳児保育など，フルタイムで働く親にとって切実な対策は不十分だった。こうした中，1950年代半ばから始まっていた保育所づくり運動は，この時期急速に展開し，行政への働きかけを強めていった。その運動のピークは革新自治体の誕生とそれによる自治体レベルでの保育政策の転換である（後 1990：2719）。

大阪市では1963年に保育所整備を公約に掲げた社共推薦候補が当選し，「大阪市保育所整備五ヵ年計画」を発表した。東京では1967年に社共両党推薦の美濃部亮吉が都知事に当選し，いわゆる革新都政が誕生する。美濃部都政は，保育行政を「働く婦人の職場進出は社会的要請であり，積極的に保育事業の充実を行い，働く母親の要望に応える必要がある」と規定し，最重要施策の一つとして保育対策を打ち出した。

その内容は，①保育所増設対策，②無認可保育所対策（認可化の促進と運営費・施設改善費の助成），③保育事業の充実（ゼロ歳児保育，保育時間延長，保母の増配置，完全給食，障害児保育等），④職員給与の公私格差是正，などで

図1-4　東京都の保育所数の推移

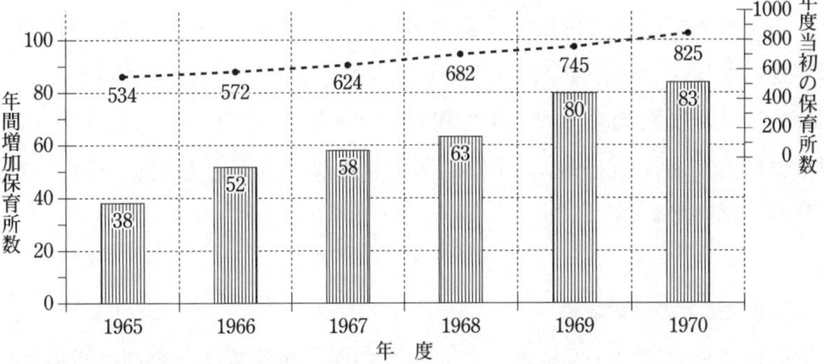

資料出所：寺脇（1980）を一部加工

表1-9　保育所の職員配置基準（定員100人施設のケース）

		国の基準	東京都の基準	その差
施設長		1	1	0
保母	一般保母	8	10	2
	充実保母	0	1	1
	特例保母	0	2	2
	小計	8	13	5
調理員		2	4	3
用務員			1	0
保健婦（看護婦）		0	1	1
計		11	20	9

※職員は常勤職員のみ

ある。これらの保育対策のうち，とりわけ，無認可保育所・保育時間延長・ゼロ歳児保育の三対策はそれまでに例のないものであり，全国的にも反響を呼んだし，反対も大きかった（寺脇 1980：264）。

まず，無認可保育所への助成は，「公の支配に属しない慈善，教育若しくは博愛の事業」への公金支出を禁じた憲法89条に違反するのではないか，と予算編成過程で問題になった。保育時間の延長については保育関係者，組合の反発が強かった。ゼロ歳児保育は，都下の保育所で全面的に実施するというのではなく，当面はモデル保育所での限定的な実施だったが，これに対しても特別区，市町村や保育関係者からの根強い反対があった。

保育所の増設とゼロ歳児保育は，「東京都中期計画――1968年」の中に働く婦人への支援という形で位置づけられる。こうして東京都では1960年代後半から70年代にかけて，図1-4のグラフのように保育所が増設されていった。美濃部都政では，全国平均を上回る率で保育所が増設されていったが，保育所の職員配置に関しても，表1-9のように，国よりも高い基準を設定し，職員の労働条件改善を図っている。

◇1960年代までの保育政策

児童福祉法の成立により開始された戦後の保育所政策は，当初は所得に関係なくすべての児童を対象とする高い理念に基づくものである。しかし，乏しい財政と施設の不足から，保育所に入れる児童の範囲は徐々に狭められていった。保育所は児童の生存権と母親の労働権を保障するものという考え方も次第に変化していく。

終戦後の改革により，民法をはじめとする法制度は改められたが，生活環境，意識は戦前から継承されているものが多い。家族はまだ三世代家族が多く，子どもの数も多かった。母親も外で働かなければ一家が餓死してしまうような切迫した状況下では，母親の就労が児童の成長に及ぼす影響をとやかく言う余裕などなかったのである。児童福祉法の成立により，戦前の託児所は保育所となったが，国の保育政策は，まずは戦災孤児，母子家庭対策が緊急の課題で，他の福祉施策同様，救貧的，戦後処理的施策が中心だった。

やがて，経済状況がよくなるにつれ，家庭保育の重要性が強調されるようになり，女性の就労に対する否定的意見，育児の社会化を抑制する論調が強まる。1951年に児童福祉法に挿入された「保育に欠ける」の語句は，幼稚園との混同を避け，多すぎる入所希望者を制限するためだったといわれる。また，保育所予算の膨張を抑制しようという財政上の理由もある。その後，「保育に欠ける」の解釈は徐々に限定されていく。1951年の厚生省児童局長の解説によれば，「一般の家庭であるなら当然期待しうる保護養育を受けることのできない」という意味だとされ，「親がしばしば外出し，児童の世話をみるものがほとんどいない」ということも含まれていた（高田 1951: 145)。しかし，次第に親の就労状況や疾病の程度がかなり厳密に問われることになったのである（柴田

1956：33)[16]。そして，1961年の児童局長通達で入所措置基準が詳細な7項目に規定された。それによれば，「保育に欠ける」とは，①母親が居宅外で労働する場合，②母親が居宅内で労働する場合，③母親のいない家庭，④母親の出産・疾病等の場合，⑤母親が病人等の看護に従事している場合，⑥災害等の場合，⑦その他で子どもの保育ができない状態をいうとされた。これらの基準では，父親の状況に関わりなく，母親が保育できないことが重視されていたと言える。

中央児童福祉審議会をはじめとして，公的文書は両親と子どもからなる核家族を前提に，家庭での母親による養育を優先し，保育所の利用には消極的な姿勢を示した。しかし，現実には，家族形態の変化と女性の労働力化の進行により保育ニーズは高まる一方である。量，質ともに不十分な行政の保育対策に対し，自ら保育所をつくろうという共同保育所運動が1950年代から始まる。公立の保育所が対応しきれなかったゼロ歳児保育なども実践するその運動は1960年代に入ってさらに高まり，それらの人々のニーズをくみとって誕生した革新自治体では，より積極的な保育対策が展開されていく。

この時期の国の保育政策は，当時一世を風靡した母性剥奪理論の影響を受け，母親による家庭保育を最善とし，育児に対する公的な役割を限定的なものにしようという傾向が強い。しかし，現に増大する保育ニーズへの対処の必要性も認識しており，育児責任に対する考え方の揺らぎが見られる。

5.2　育児休業の先駆的取り組み

◇電電公社と日教組

日本で育児休業の制度化要求が本格的になされるようになったのは1960年代のことである。雇用されて働く女性が増加するにつれ，彼女たちの仕事と家庭の両立が問題になった。結婚しても出産までは働きたい，出産しても仕事を続けたい，という女性が徐々に増えていったからである。働きながら子育てを行うために不可欠なのは，保育所と育児休業制度である。これらの整備を求める女性の声は次第に強くなっていく。そんな中で先駆的な取り組みを行ったのが，日本電信電話公社（電電公社）の組合である全国電気通信労働組合（全電通）

と日教組婦人部である。

電電公社では，電話交換手を中心として多くの女性を雇用している。1953, 54年頃からこれらの女性職員の間で，結婚しても子どもが生まれるまではやめない風潮が広まり，やがて子どもができても働き続けたいと希望する女性が増加した。女性たちは，託児所設置要求を開始するが，電電公社側は否定的だった。それは，若年労働力を安価に活用したい公社は，託児所をつくれば既婚者がさらに増加すると警戒したからである。しかし，根強い要求に対し，1955年頃から試験的に託児所が数ヵ所設置される。不十分な託児施設にもかかわらず，女性職員はさらに増加した。既婚女性の定着率は高まったが，やはり出産は大きな壁であり，特に30代女性の出産による退職は減少しなかった。当時の状況を知る全電通幹部は，「当時，7000人が出産し，このうち育児のために退職する人が1500人という現実，そして30歳を越えてもなお働き続けることを望む人が80％以上もあり，婦人の働く権利を保障することも労働組合の任務であることが強く求められました」と述べている[17]。

1961年，全電通では，出産休暇，育児時間枠の拡大と希望する婦人の育児休職制度，労働時間短縮を要求していくことの提案がなされた。育児休業制度の制度化を要求することに対しては，賛否両論があった。

反対意見には，①育休は合理化攻撃，なし崩しに退職に追い込まれる，②社会保障の問題である育児を個人の責任に転嫁することになる，③無給であることは資本家にプラスになるだけ，経済的必要から働いている人には意味がない，④保育所運動に水をさす，⑤「婦人よ家庭に帰れ」思想と一致する，等があった（田尾・河村 1966：20）。

職場内で議論を重ね，全電通としての態度を固め，1964年には，電電公社側に育児休業制度化の要望書を提出した。公社側は逆に再雇用制度を提案してきたが，全電通側はこれは一時帰休制度につながるものとして拒否し，交渉を継続した。こうして1965年３月，女子労働者約７万人を対象とした「育児休職」が協約化され，５月から実施される。

制度内容は，以下のようなものだった（田尾・河村 1966：18）。

①生後２年までの子どもを持ち，育児のため休職を申し出た希望者を対象とする。

休職期間は6ヵ月，1年，1年6ヵ月，産休に引き続き子どもが2歳に達するまでの期間と四つに区分する。

②休職中は無給，定期昇給は延伸する。

③原則としてもとの職場職種に復帰する。

④1年以上の休職者には次期昇給期間が3ヵ月短縮され，さらに休職期間の半分は勤続年数に加算される。

当時としては画期的なこの制度は，1965年5月から実施され，1968年からは恒久化された。この取り組みは他の民間企業にも影響を及ぼし，富士電気，沖電気，日本毛織など，女子の多い企業で同様の制度が実施される（糸久 1990：51）。しかし全体から見ればそのような企業はまだまだ少数派だった。

同じ頃，教員の組合である日教組でも育児休業制度への取り組みが始まっている。学校現場，特に小中学校に占める女性教職員の比率は，戦後年々高まっていた。そこで当然出てくる問題が家庭生活との両立である。日教組婦人部は，女子教育職員が働き続けるための職場づくりに取り組んだ。その成果が「女子教育職員の産前産後の休暇中における学校教育の正常な実施に関する法律」（1956年7月）と「女子教育職員の出産に際しての補助教育職員の確保に関する法律」（1961年11月）である。これによって，少なくとも出産に当たってはきちんと休むことができるようになった。

産休を取るための環境整備に並行し，保育所づくりの運動も行われる。しかしなお「出産・育児のために退職せざるを得ない教職員が5人に1人はいる」という状況である（広田 1979：352）。学校現場では女性教師が増加したが，保育所は不足していた。女子教職員たちは仕事を継続するのに大きな困難に直面していた。そこで，育児休業制度が求められれていく。

1963年の日教組大会で，静岡県教組が初の「育児休暇」要求を提出する。全電通の場合と同様，日教組内部でも「育児休暇」に対し賛否両論があった（糸久 1990：51-5）。「育児休暇の制度化は資本の論理にのせられた危険な制度」「保育所増設一本でいくべき」という意見もある。討論を重ねた結果，1966年の日教組大会は，「選択制」（本人の自由意志）「有給制」（休業中の所得保障）「先任制」（休業前の既得権の継承）の三原則に基づく育児休暇の法制化を運動方針に決定した。

この時期に，教師（日教組）と電話交換手（電電公社）から育児休暇の要求が提起された理由を広田寿子（1979：356）は次のように説明する。第一に，有配偶者で出産頻度の高い年齢層が大きな割合を占めていた。第二に，公務員，準公務員で労働条件が比較的安定していたが，同じ条件での再就職が難しい職種だった。第三に，勤務が特殊で，心身の負担が大きいが，出産後働き続ける環境条件が不備だった。第四に，同一の職業集団を形成し，単一の労組に組織されていた。女性教師と電電公社の女性職員たちは働き続ける必要性と可能性を職場で共有していたのである。

◇最初の育児休暇法案

国内で育児休業制度の先駆的な取り組みが始められた頃，国際的にも育児休業制度の必要性が認められるようになっていた。1965年６月ILO「家庭責任を持つ婦人の雇用に関する勧告」（第123号勧告）が採択された。同勧告は前文で「女性の多くは，その家庭と労働とに対する二重の責任を調和させる必要から生ずる特殊な問題に直面している」と述べ，その解決のために，雇用上の差別の撤廃，保育施設の充実などを勧告している。育児休業制度については次のように述べる。

> 「出産に起因する家庭責任のため，法律又は慣行によって確立された出産休暇の通常の期間が経過した直後に職場に復帰することのできない婦人については，その雇用を失わせることなく，適当な措置をできる限りとるべきである。」

翌1966年１月には，ILO・ユネスコの教員の地位に関する特別政府間会議において，「教員の地位に関する勧告」が採択された。同勧告は，「子のある女子教職員は，失職することなく，かつ雇用に基づくすべての権利を十分に保護されて産後一年以内の無給の追加休暇を要請によりとることができるような措置によって，教職にとどまることを奨励されるものとする」（第103項）としている。教職員については「産後１年以内」と具体的な期間を明記し，前年の勧告よりさらに踏み込んだ内容となっている。しかし，この勧告は，家庭責任を有する女性教員についてその地位を守るためのものであり，男女ともに家庭責任を有するというという認識はまだみられない。

国際的な動向を受け，国内で育児休業制度法制化の具体的な取り組みが始められたのは1967年のことである。同年５月，社会党は日教組の方針を受け，以下のような「女子教育職員育児休暇法案」を参議院に提出する。

①対象は，国公立の幼稚園から高校までの諸学校の女子教育職員

②生児が１歳に達する日までを育児休暇期間とする

③期間中の給与は８割を支給する

④休業中はその身分は保有するが職務に従事しないものとする

⑤休業中の期間は退職手当の計算上は全期間が在職期間として算入される

⑥育児休暇中の勤務校の教育職員の職務を補助させるため正式採用の教育職員を配置しなければならない

この法案は審査未了，廃案となったため，社会党は，1968年３月に同じ法案を参議院に再度提出する。しかしそれも審査未了，廃案となった。

◇1960年代までの育児休業制度

働く女性の増加を背景に，家庭と仕事の両立を支える育児休業制度の必要性が認識されるようになった。しかし一部の先進的企業や専門職の組合の取り組みにとどまった。法制化の試みも実現しなかった。それは，育児は女性本来の役割であり，仕事は二次的なものとする考えが強かったからであり，またコストを負担してまで個人的な育児を国や企業が支援するという発想は乏しかったからである。そして，家庭責任を男女で担うという考え方はまだ国際的にも現れてきていなかったのである。

5.3 児童手当制度の構想

◇児童手当の胎動

戦後，最初に児童手当の創設に言及したのは，大河内一男や近藤文二ら社会政策学者が参加した社会保障研究会である。1946年，この研究会は「社会保障案」として，妻と義務教育終了前の児童全部に対する「家族手当」を提案した。祖父母などを排除し，核家族に限定したのは，「我が国の民主化のため」としている（児童福祉研究会 1978：426)。翌1947年には，社会保険制度調査会が

「社会保障制度要綱」を発表した。全国民を対象とした総合的な社会保障制度の創設を勧告した同要綱は，制度の保障する事故として，傷病，傷害，死亡，出産，老齢，失業に加えて育児を挙げている。義務教育終了年齢以下の子女に対し，「児童手当金」を支給することを提言しているが，その優先順位は低く，老齢年金の創設に次いで6番目の事項となっている。

制度審の「社会保障制度確立のための覚え書き」(1949年)，「社会保障制度研究試案要綱」(1950年）の中でも「家族手当」に関する記述があったが，最終的に採択された「社会保障制度に関する勧告」(1950年）からは「家族手当」は消えている。当時は，焼け跡からの復興の時代であり，より緊急性の高い施策を優先させなければならないという事情があった。また，戦後のベビーブームの到来による人口の急激な増加への懸念もあったため，家族（児童）手当の具体的検討にはいたらなかったのである（厚生省児童家庭局 1992：14)。イギリス的な社会保障制度を好まなかったGHQの意向もあったといわれている。この時期，児童手当の萌芽はまだ地中にあり，地表にその姿を現すのは約10年後のことになる。

警戒されていた人口の増加は，1948年に優生保護法が施行されると，次第におさまった。神武景気（1955-57年）や岩戸景気（1958-61年）を経て，日本経済は上り調子で，かつての労働力過剰は労働力の不足が懸念される状況へと変化していた。こうしたなか，児童手当は新たな政策課題として再び注目されるようになる。

1960年5月，厚生省は児童手当制度の検討に入った。この年から各種審議会を中心に，児童手当制度の創設が求められるようになる。最初の口火を切ったのは中児審である。中児審は，「児童福祉行政の刷新に関する意見」(1960年8月）で，「国民皆保険・国民皆年金が整備された今日，諸外国におけると同様，すみやかに児童手当を実施するための検討を急ぐべきである」と述べる。続いて，同年11月に出された経済審議会の「国民所得倍増計画」も「年功序列賃金制度の是正を促進させ，これによって労働生産性を高めるためにも」児童手当制度の確立が必要である，と全世帯に対する一律の給付を提言した。この答申は，若年労働力不足が懸念される中で，労働力増強のため，経済サイドから出された児童手当創設要求の最初のものである。

翌1961年の『厚生白書』は，初めて児童手当創設の必要性についてふれる。国会では児童手当の検討を実現を要請する附帯決議がなされ[18]，厚相は閣議の了承を得て中児審に特別部会として児童手当部会を設置し，児童手当の審議が開始された。これにより，児童手当制度の導入はより現実味を帯びてくる。

1962年には，人口問題審議会が「人口資質向上に関する決議」の中で次のように述べる（社会保障研究所 1975a：692)。「雇用構造が近代化されず，労働力の適正有効な配置がなされていない我が国の現状をかえりみれば，……若壮年人口の死亡率を極力引き下げると共に，体力，知力及び精神力において，優秀な人間を育成することによって，将来の労働人口不足に対処する必要がある。……児童手当制度は，いまだ設けられていないが，児童手当は，幼少人口の資質向上の観点からも労働力の流動性を高める見地からも，きわめて有意義であって，このさい，その創設について真剣に検討する必要がある。」これは，労働力不足に対処し，労働力の資質向上のための手段として児童手当制度をとらえる見方である。これに対し，制度審「社会保障制度の総合調整に関する基本方策についての答申及び社会保障制度の推進に関する勧告」は，次のように，多子家庭の貧困を防止するために児童手当の創設を求めている（社会保障研究所 1975a：249)。

「……多子による貧困を防止するための施策は，ながらく放置されてきた。母子福祉年金の創設が契機となって，生別母子家庭等に対する児童扶養手当制度が始められたけれども，これだけでは多子による貧困は防止しがたく，西欧諸国に対しておおきなたち遅れがある。いまや，本格的な児童手当を発足させるべき時期であろう。」

このような児童手当制度創設の要望を受け，厚生省は1962年と63年の二度にわたり，「児童養育費調査」を実施した。その結果明らかになったのは，児童養育費が個々の家計を圧迫していることだった。特に，上級学校への進学率が上昇し，教育費が家計に占める割合が増大していた。

1963年になると，児童手当を求める声が経済サイドから再び出てきた。経済審議会の「人的能力政策に関する答申」である。同答申は，児童手当は「単に児童の福祉増進に役立つだけでなく，賃金体系の合理化により職務給への移行を促進する意味もあり，生活水準の実質的な均衡化，中高年労働力の就労化促進等人的能力政策の方向に沿った多くの役割を果たすものと思われる」と述べ，早期実現を求めた。この答申によれば，児童手当は以下の4点に貢献すると考えられた。第一に，職能給への移行による賃金合理化，第二に中高年労働力の流動化，第三に，扶養児童数と収入の不均衡の是正，そして第四に将来の労働力となる児童の資質向上，である。明らかに，労働市場との関連で児童手当が重視されている。

◎**中児審児童手当部会の中間報告**

児童手当の役割とは何か。1961年に設置されて以来，3年あまりの審議期間を経て，1964年，中児審児童手当部会が中間報告を行った。中間報告「児童手当制度について」は，経済審議会をはじめとする他の審議会の意向も汲みつつ，児童手当の目的をどのようにとらえるべきか初めて明確にした。それは次の四つの視点にまとめられる。第一に，児童福祉の視点，第二に社会保障の視点，第三に，賃金体系の視点，第四に，所得格差是正と人間能力の開発の視点，である。

①児童福祉の視点　児童の福祉を積極的に向上させるため，児童手当によって経済的に保障しようとする立場である。この立場では，児童手当は児童の生計費を給付し，その健全育成を社会的に保障しようという制度と位置づけられる。児童福祉の視点からは，すべての児童を平等に取り扱うということが求められる。

②社会保障の視点　社会保障の視点は，子どもを持つこと，特に多子は貧困の主要な要因であるという考え方に立脚している。児童手当は，家計を圧迫する児童養育費を補助するものということになる。この立場からは，児童手当は社会保険形式によって最低限必要な養育費をカバーすることが適当ということになり，原則としてミーンズテストなどで制限を加えるべきではないとされる。また，多子ゆえの貧困を防止する，という立場からは，第1子，第2子に対しては非給付，減額措置もありうるということになる。

③賃金体系の視点　労働者の賃金が生活給的年功序列型賃金になっており，家族給（「賃金形態としての家族手当」）[19]が存在することがわが国の賃金体系の大きな特徴である。しかし，労働力不足が懸念される状況の中で，経済成長に対

応した技術革新，優秀な労働力の供給，労働力化率の向上を図ることが必要となっている。そのため，終身雇用制を緩和し，労働力の流動化を図ることが重要となってきた。その手段として児童手当制度をとらえようというのがこの視点である。この立場は，賃金のうち社会保障に相当する部分を児童手当として切り離し，職務給への切り替えをめざす。このように児童手当をとらえると，支給は第1子から，できるだけ広範囲に行うのがよいということになる。
④所得格差是正と人間能力開発の視点　生活給的年功序列型賃金体系が見られるのは主として大企業においてであり，小零細企業の被用者，自営業者等の所得との間には大きな格差が存在する。この所得格差を是正するため，家計における最大の負担というべき児童養育費を全国民的に給付する児童手当によって補助しようという立場である。これは同時に，人間能力の開発ないし，将来の優秀な労働力を確保するということにもつながる。

この中間報告では，財源については，被用者については事業主負担を中心とすべきとし，その理由を次のように述べる（社会保障研究所 1975a：322）。

「事業主負担の根拠について考える必要がある。……事業にとって労働力の再生産，すなわち将来の優秀な労働力を確保することは，その存続，発展のうえからいっても，きわめて重大な問題であることはいうまでもない。……若年労働力の減少が予想される状態においてはなおさらのことであろう。また，児童（家庭）手当制度は，家庭に対する経済的援助を通じて現在の大人たちの労働力の再生産にプラスになり，現在における生産の向上に寄与することろ少なしとしないであろう。」

「児童の健全な育成は将来の優秀な労働力の確保の見地から企業側にとって重要問題であり，このためにも，また防貧の目的の十分な達成上給付額を実質的ならしめるためにも，企業側の十分な拠出が望まれる。」

自営業者や農民等を含める場合には，「大企業の被用者だけでなく，中小企業零細企業の被用者のほか，すべての自営業者，農林漁業従事者を包せつすることになるから技術的にはいろいろむずかしい問題にぶつかるであろうし，それぞれの負担能力に応じた負担の限度を見極める点にも心しなければならない。」

費用負担の期待がかけられた財界と財政を預かる大蔵省は，この中間報告については，それぞれの立場から費用負担の点で難色を示した（根本 1984：159）。この両者の反対が，その後の児童手当制度創設の政策過程を規定することになる。

これに対し，政府は，1965年１月に閣議決定された「中期経済計画」の中で「児童手当の創設」検討を提唱し，厚生省内に児童手当準備組織を発足させた。こうして，1966年度の制度発足をめざし，本格的な動きが始まる。しかし，厚生省は早くも1965年末には児童手当の創設を翌年から検討し直すことを決定した。この方針転換の背景には次のような事情がある。まず，必要な財源を確保する見通しが立っていなかった。それに加えて，児童手当の位置づけ，あるいはその目的についての国民的合意ができていないとの認識が厚生省側にあった。そして何よりも財界を中心とした時期尚早論が強かった。厚生省は児童手当制度を確実に実施できる次の機会を待つことにしたのである。

◎高まる児童手当制度創設要求

政党や各種団体，審議会など，各方面からの児童手当創設を求める声は1966年に入るとさらに高まった[20)]。それを受け，政府は厚生省内に児童手当準備室を設置し，いよいよ本腰を入れはじめた。1966年度初頭には，鈴木厚相が国会において「児童手当制度は，昭和43年頃までに実施する心組みで準備を急いでいる」と答弁し，初めて具体的な実施年次を示した。翌1967年には，衆院選，統一地方選において，各政党が児童手当制度の導入を公約した。この年には，東京都武蔵野市や岩手県久慈市など，独自の児童手当を実施する先駆的自治体があらわれ，この流れは他の自治体に広がっていく。そうしたなか，厚生大臣は私的諮問機関として「児童手当懇談会」を11月に発足させ，８名の学識経験者による本格的な検討が開始された。

児童手当懇談会は具体的な制度構想の検討に取りかかり，それは約１年後に報告されることになっていた。その間にも児童手当問題は盛んに論議された。1967年度末の第57回臨時国会では，園田厚相は「昭和44年度にはぜひやるというめどで実現したい」と答弁する。1968年の第58回通常国会でも園田厚相は「明年度はぜひやるということを目途にして計画をすすめている」と答弁し，佐藤首相も「厚生大臣の答えたことをさらに督励したい」と答弁している。このような答弁は第59回臨時国会及び第60回臨時国会でも繰り返されている[21)]。1966年の段階では，1968年度実施をめざすと厚相は答弁していたが，1967年末には1969年からの実施をさらに先送りしている。その理由は，制度実施のための財政難，制度化に対する国民的合意形成が不十分，という二つの点にある（根本 1984：165）。特に問題だったのは 財源調達である。依然として，財界は児童手当制度に難色を示し，大蔵省は消極的だった。

1968年には独自の児童手当を実施する自治体が急増する[22)]。富山県，富山県滑川市，新潟県三条市，新潟県北蒲原郡豊浦町，千葉県市川市，東京都府中市などで新しい条例が施行された。自治体からの児童手当制度創設要請はさらに高まった。神奈川県川崎市や山梨県甲府市が児童手当法の早期実現に関する要望書を政府に提出し，同様の要望書を提出した自治体は20団体近くにのぼった。全国知事会や全国市議会議長会も児童手当の早期実現を要望し，総評等の労働団体も活動方針に「児童手当の実現」を掲げ，全国社会福祉大会でも児童手当制度の早期実現が決議された。

こうして，児童手当創設の要望が全国的に盛り上がるなか，12月20日に児童手当懇談会は「児童手当制度に関する報告」を提出した。この報告書では児童手当の意義は次のようにとらえられている（社会保障研究所 1975b：371）。

「……児童手当制度の創設は，少ない幼少人口を健全に育成し，将来の有為な経済人，社会人にするために，きわめて重要な意義を有する。さらに現在直面しつつある雇用問題に関しては，労働力の流動化を促進し，中高年層の雇用を助長し，賃金形態をより望ましいものとするのに寄与することも確かである。」

制度内容は，全国民を対象とし，義務教育終了前のすべての児童を養育するものに支給するとされた（表1-10）。費用に関しては原則として拠出制とし，暫定的に一部無拠出にするとした。つまり，被用者については社会保険方式による拠出制，自営業者・農民等に対しては暫定的に全額国庫負担という二本立ての制度である。財源に関しては，拠出制では80％を事業主負担，20％を国庫負担としている。この点について報告書は次のように述べる。

「被用者に対する児童手当の場合である，被用者は，賃金によって生活を維持するものであるが，この賃金は，労働の対償であると同時に，その

表1-10　児童手当懇談会報告（1968.12.20）

項目		内容
制度構想		①適用対象を被用者と非被用者（自営業者・農林漁業従事者）に区分し，二本立ての制度とする。 ②被用者については拠出制，非被用者については暫定的に無拠出制とする。
給付	支給対象児童	義務教育終了前のすべての児童
	支給額	①拠出制児童手当は月額3000円 ②無拠出制児童手当は月額1500円
	所得制限	拠出制児童手当については行わず，無拠出制児童手当についてのみ行う。
	他制度との調整	①公的年金制度の加給制度は，児童手当に吸収する方向で検討する。 ②生活保護世帯にも児童手当の利益が及ぶよう，なんらかの措置を考える。 ③家族給とは調整するのが適当。 ④税制における扶養控除制度は，改善措置が必要。
財源		①拠出制児童手当　事業主8/10　国2/10 ②無拠出制児童手当　全額国庫負担
実施機関		社会保険と同様政府が直接行う。

なかには，次代の労働力の生産に必要な額が含まれなければ，労働力の供給は十分に行われないことになろう。……したがって，この財源は，原則として事業主が負担すべきものである。もっとも，そのごく一部を，社会連帯の意味を込め 被用者に負担させることも考えられる。」

「自営業者・農民等被用者以外の者に対する児童手当の場合である。これらのものに対する社会保険の財源は，これらの者が負担するのが原則であり，これらの者についても，拠出制の児童手当制度を創設することを目指すべきである。……本格的な拠出制児童手当の円滑な実施を期するためには，拠出制児童手当が被用者についてまず実現し，その意義が自営業者・農民等にも十分に理解されるようになる時期まで若干の日時を要するであろう。そこでこの案では，……とりあえず，これらの者のために無拠出制による児童手当制度を設けることとする。」

支給内容は，拠出制では月額3000円，無拠出制では1500円とし，これを義務教育終了前のすべての児童に支給すべきこととした。

このように，児童手当懇談会が具体的な制度構想を世に問うたことは意義があったが，6000億円程度の財源問題など，実現にはさらに具体的な検討が必要ということになり，厚生省は公式の場を設けることにした。児童手当懇談会は発展的に解消し，新しく児童手当審議会が発足する。この審議会には，広く国民各層の声を反映するため，財界や労働界，自治体からも委員が任命された。

審議会は7月から審議を開始する。第一回の会合では，斉藤厚相がいわゆる斉藤大臣構想を示した。審議会はこの構想と前年の児童手当懇談会報告をたたき台として検討を開始するが，審議会としての案を1969年度中にとりまとめることはできなかった。斉藤大臣構想は，財源については国，事業主，自治体の三者分担とし，企業負担を軽減し，支給額は3000円に一本化するというものである。事業主負担の軽減と月額3000円の確保に主眼がおかれたため，支給対象児童の範囲に関しては柔軟に対応するという案だった。これは児童手当懇談会案よりも規模を縮小した内容で実現可能性を重視し，財界の理解を得ようとしたものだが，経営者代表の委員らの事業主負担に対する反対は依然として強く，審議は空転した。

審議会と並行し，厚相は財源問題への理解を得るため，財界団体と個別折衝を試みた。しかし，経済同友会代表も日経連代表も財源負担への抵抗の姿勢を崩さず，制度創設への反対の姿勢を明らかにした。審議会内においても財界代表委員は全額国庫負担を主張し[23]，結局，1969年度中には審議会内の意見をとりまとめることができず，審議は翌年に持ち越されることになった。

この間にも児童手当実施を求める各方面からの動きが続く。7月には全国市長会と全国都道府県議会議長会が児童手当の速やかな実施を政府に要望し，8月には人口問題審議会が「わが国人口再生産の動向についての意見」中間答申で，「児童手当制度の創設など児童の扶養負担の軽減が年少人口の健全育成という見地から積極的に考慮されなければならない」と述べた。また，国会では児童手当制度実施促進に関する請願が採択された。10月には全国市議会議長会からの要望があり，労働者福祉中央協議会も児童手当の早期実施について決議し，政府に要望した。11月には，総評，中立労連が同様の申し入れを厚相に行い，12月には全国市長会が「児童手当制度を国の責任において早急に実施すること」を要望している。

◎児童手当をめぐる構図

1960年代初頭から政策の表舞台に再び登場した児童手当制度創設問題は，導入を求める多くの声にもかかわらず，その実現は先送りされた。ここで，児童手当制度創設をめぐる推進勢力と反対勢力の構図を俯瞰してみる。

児童手当の導入に熱心だったのは内閣，厚生省と地方自治体である。彼らが説得しなければならなかった反対勢力の代表は，財政負担にかかわる大蔵省と財界であり，この二者と密接な関係にある自民党内の反対派である。

まず，財政制度審議会第二部会が1968年11月に発表した「社会保障における費用負担についての報告」を参考に，大蔵省の立場から見てみよう。この「報告」は，社会保障制度に関して，国庫負担など費用負担のあり方を中心に財政的側面について検討したものである。総論で現状の分析を行った後，各論で医療保険，年金保険，失業保険及び児童手当の各分野を取り上げている。児童手当制度について検討すべきとされた事項は次の３点である。第一に，児童手当制度には，多子による貧困の防止，児童福祉の向上，賃金制度の合理化，人口の増加などの目的ないし意義があるとされているが，その効果は必ずしも明らかではない。社会保障を充実させていく際に，児童手当制度を優先させることには疑問がある。第二に，既存の児童扶養手当，年金における加給，賃金体系における家族給，税制上の扶養控除などと児童手当をどのように調整するかについて検討を尽くさなければならない。第三に，児童手当には何らかの意義・効果があるにしても，国民が負担に耐えうるかという問題がある。事業主がどの程度の負担に耐えうるのか，どの程度の租税財源が投入可能なのか，目途が立っていない。

園田厚相はこの報告書に対して，翌日の閣議で「財政は社会保障に従属すべきである」と反論したが，大蔵省としてはこの３点が解決されない限り，積極的な協力はしえなかった。水田蔵相は財政審議会の報告書に先立って，この年の通常国会で次のように答弁している。「……児童手当制度を創設するとなるとこれまで積み上げてきた社会保障全体を根本的に改めなければならないし，税制面での扶養控除のあり方も再検討しなければならない。そのうえ，民間企業でも家族手当を導入している賃金体系に大きな影響を及ぼすことになる。このような大変革にはよほどの決心が必要だが，事実上，実現できる問題ではなく，理論だおれとなるだろう。」[24)]

次に財界の見解を見てみよう。日経連は1969年11月に「児童手当制度に対する見解」を発表し，児童手当の創設については，その緊急性，実効性，財政負担などの面で多くの問題が残っており，直ちには同意しがたいとした。また，児童養育は基本的に親の責任であり，児童手当をあえて実施するならばそれは国の責任で公平な負担によって行うべきであるとして次のように述べる。

「児童の養育は，本来親の義務でもあり，しかも最近の所得水準の上昇に伴って大部分の家庭については，養育費の負担を困難にしているとは考えられない。養育費中には，教育費の比重が高いことからすれば，むしろ直接教育費の軽減を図る施策の方がより実効的であろう。児童の健全な育成は，もとより重要な問題であるが，それには，児童福祉対策をはじめ，教育，生活環境の改善等総合的対策が必要である。」

「本制度の創設には，これに人口確保の期待をかけているようであるが，人口対策としては本制度の実施以前に解決すべき問題が山積している。……ただわが国の人口問題が現在重大な転機に立っていることは事実である。特に生活の楽しみを主として多子をきらうごとき最近の風潮もあるところから，あえて総合的な人口対策の一つとして本手当の実施を考えるならば，それは，社会保険などより高い次元に立った人口政策という国策の一環として理解すべきものであろう。したがってその必要財源は，国税，地方税等により，国民の負担能力に応じ，企業を含めたすべての国民が公平にこれを負担することを建前とすべきである。」

財界の立場としては，児童手当の意義の一つとして従来から挙げられていた賃金体系の合理化と労働力人口の増大には賛成できる。しかし，児童手当の財源を財界が負担するとなると，すでに「賃金形態としての家族手当」を支給している企業は二重負担を負わされることになるかもしれないと警戒する。また，児童手当によって良質の若年労働力が確保できるかどうかは分からない。結局，児童手当が企業にとってどれだけメリットがあるか分からない時点で，企業のコスト増になる拠出を認めるわけにはいかなかった。

それでは，自民党の立場はどうだったのだろうか。首相や厚相は児童手当制度の創設に積極的だったが，自民党内では積極派が多数を占めていたわけではない。それは次のような事情によると思われる。第一は，党内政治である。児童手当問題が主として論議されたのは政務調査会の社会部会だったが，この時期の社会部会メンバーの党内での影響力はそれほど大きくなかった（根本 1984：168-9）。第二に，財界とのつながりである。自民党は結党以来，多額の政治献金を財界から受けている。財界が児童手当に積極的でない以上，財界の意向を無視してことをすすめるわけにはいかない。そして第三は，野党の動きへの反発である（根本 1984：169）。1963年の衆院選において，民社党，共産党が児童手当制度の創設を公約したのを皮切りに，各党が児童手当の導入を政策として掲げている。

中央政治のアクターとは対照的に，制度創設に非常に熱心だったのが地方自治体である。1966年，神奈川県秦野市は「秦野市出産祝金贈与条例」を制定し，最初の出産手当を実施した。これに続いて，1967年には岩手県久慈市や東京都武蔵野市がそれぞれ「久慈市児童手当支給に関する条例」「武蔵野市児童扶養手当条例」を制定した。その後，名称は異なるが類似の条例を制定し，独自の手当給付を行う自治体が全国に増えていく。自治体が国に先駆けてこのような制度を創設していったのは，急速な都市化と核家族化の進行によって児童を養育する家庭環境が大きく変化し，それへの対処が求められたからである。国の児童福祉政策は未だ貧弱であり，高まる住民の公費助成要求には住民のニーズにより敏感な自治体が対応せざるを得なかった。

◎1960年代までの児童手当

日本において児童手当がなかなか制度化されなかったのは次のような要因による。第一に，賃金体系中に家族手当が存在すること，第二に年功序列型賃金が堅持されていたこと，第三に児童手当が人口増加をもたらすと懸念されていたこと，第四に消費者物価が比較的安定していたこと，である（横山・田多 1991：385）。

1960年代後半にはこれらの諸条件に変化が生じた。年齢別賃金格差が縮小し，労働力供給源が変化し，消費者物価が上昇したのである。高度経済成長により若年層を中心とした労働力の不足が生じる。このことが若年層の賃金水準を上昇させ，中途採用者や女子労働者の増加も相まって年齢別賃金格差は縮小した。

第一次高度経済成長期の中頃から消費者物価の上昇は顕著になり，実質賃金は低下する。生活費の構造も変化し，教育費や住宅関連費などの負担が中高年層になってから増大する傾向が強まった。こうして児童手当が必要とされる状況が生まれてきたのである。

この時期の児童手当をめぐる言説は，児童手当を多子家庭の防貧という社会保障の観点と賃金・雇用の観点からとらえるものが主流である。特に，年功序列型賃金体系の是正と労働力の流動化による労働生産性の向上が重視されている。1960年代の児童手当に関する審議会の意見や報告書，政府の施策の中で賃金・雇用問題との関連は次のように触れられている。

○閣議決定の国民所得倍増計画（1960年）

「年功序列型賃金制度の是正を促進し，これによって労働生産性を高めるには，すべての世帯に一律に児童手当を支給する制度の確立を検討する要があろう」

○人口問題審議会「人口資質向上に関する決議」（1962年）

「児童手当は，幼少人口の資質向上の観点からも労働力の流動性を高める見地からもきわめて有意義」

○経済審議会「人的能力に関する答申」（1963年）

（児童手当は）「児童福祉増進だけでなく，生活水準の実質的な均衡化，中高年労働力の流動化促進等，人的能力政策に多くの役割を果たすことになる」

○中央児童福祉審議会・児童手当部会「中間報告」（1964年）

「児童手当制度の創設は，賃金のうち，社会保障に相当する部分は児童手当として分化させ，職務給への切り替えを目指すものである。児童手当の創設は，賃金関係において，政府が積極的に法律的に介入できる唯一の方策で，当面する労働力の流動化，特に中高年齢層に対する要請に応え，あわせて職務給の確立に寄与するものであることを正しく評価すべきものである」

この時期の児童手当構想では，所得制限は設けず，支給対象児童の範囲を義務教育終了前までとするなど，ユニバーサルな家族手当になりうる可能性があった。しかし児童手当の目的は，純粋に児童の生活保障や児童を養育する家庭の経済的安定のためではなく，将来の労働力になる児童の資質向上であった。年功序列型賃金体系の是正など，雇用・賃金の観点と相まって，労働力政策として捉えられる傾向が強かったと言える。

6　経済成長と変貌する女性労働

◎戦後の労働改革

戦後の民主的改革はあらゆる分野にわたって断行されたが，その中でも特に急激な改革が展開されたのは労働関係においてである。まず，1945年に労働組合法が制定され，次いで労働関係調整法，労働基準法が制定され，いわゆる労働三法が出揃った。労働組合の結成はGHQの五大改革指令の一つで，労働組合法が制定されたことにより，1945年からの1948年までは労働組合の組織率が飛躍的に伸びた。全逓をはじめ，婦人部を結成する組合も増加した。

労働基準法（以下，労基法）は労働者の基本的な労働条件の最低基準を明文化している。戦前にも労働者保護法として工場法（1911年）が制定されていたが，これは保護の対象を女性と年少者に限定し，保護水準も極めて低いザル法である。労働基準法は，第３条で「使用者は，労働者の国籍，信条または社会的身分を理由として，賃金，労働時間その他の労働条件について，差別的取扱いをしてはならない」と均等待遇を定め，第４条で「使用者は，労働者が女性であることを理由として，賃金について，男性と差別的取扱いをしてはならない」と男女同一賃金の原則を示している。これらは憲法14条の法の下の平等原則を労働関係において具体化するための規定である。平等取扱の原則は国家公務員法27条，地方公務員法13条にも盛り込まれた。

労基法は，女性はその生理的・身体的機能ゆえに特殊な配慮が必要であり，一般労働者とは区別して保護すべきであるとの考えに立脚している。そのため妊娠・出産保護規定（直接母性保護）と一般女性保護規定（間接母性保護）を設けた。女性保護の主要な項目は次のようなものである。第一に，18歳以上の女性には，１日２時間，１週間６時間，１年150時間を超えて時間外労働をさせてはならない。第二に，休日労働をさせてはならない。第三に，深夜業に従事させてはならない。第四に，産前6週間産後6週間の女性を就労させてはならない。第五に，女性が生理休暇を請求したときは就労させてはならない。このような労基法の規定は女性労働者の地位と待遇を大きく改善した。

◎高度経済成長と女性労働

敗戦により日本の産業は壊滅的被害を受けた。政府は石炭・鉄鋼・電力などの重要産業の増産にあらゆる政策を傾斜させる「傾斜生産」の考えを打ち出し，産業の復興を図る。さらに1950年に勃発した朝鮮戦争が日本に利益をもたらした。アメリカの軍需物資調達が急増し，日本の産業がドッジライン後の停滞から立ち直るのを助けた。

1955年鳩山内閣が「経済自立五ヵ年計画」を決定した。この年は世界的にも好景気の年であり，日本では1955年から56年にかけての好景気は「神武景気」と呼ばれる。その後，鍋底不況の1958年があったものの，1959年には岩戸景気が訪れた。すでに1956年以後は船舶建造高が世界一になり，日本の工業生産力の伸びは顕著であった。社会全体が上昇気流の中にあった。1958年岸内閣は経済成長による生活の向上と完全雇用を目標に掲げた「新長期経済計画」を策定する。「自立」に代わってこのころから「成長」が目標となった。

1960年代のはじめの数年間は日本が経済大国への道を自覚的に歩みだした時期である。日米安全保障条約の改定をめぐる混乱の後，岸内閣は退陣し，池田内閣が成立した。池田は1960年９月「所得倍増計画」を打ち出し，国民の目を経済成長に向けさせることを図った。「政治の季節」から「経済の季節」への見事な転換である。計画では10年間で国民所得の総額がちょうど２倍になるよう成長率が7.2%に設定され，国民生活の向上と完全雇用を目標に，各種の政策課題が掲げられた。結果として，設定された成長率を上回る世界に類を見ない高度経済成長がこの後1973年まで展開されていくことになる。

1950年代後半からの日本経済のめざましい発展を背景に，女性労働は新しい展開を見せる。その変化の特徴は第一に女性労働者の就業構造の変化，第二に職業別及び産業別構成の変化，第三に年齢別構成の変化，である。

人口の増加もあって労働力人口が増加した。就業者の従業上の構成を見てみると，1955年から1970年にかけて，家族従業者の比率が大きく低下し，代わって雇用者の割合が高まった。自営業主についてはあまり大きな変化は見られな

表1-11　女性労働者の就業構造

年	労働力人口（万人）	就　業　者（万人）（％）			
			自営業主	家族従業者	雇　用　者
1955	1,740	1,700（100）	267（15.7）	902（53.4）	531（31.2）
1960	1,838	1,807（100）	285（15.8）	784（43.4）	738（40.8）
1965	1,903	1,878（100）	273（14.5）	692（36.8）	913（48.6）
1970	2,024	2,003（100）	285（14.2）	619（30.9）	1,096（54.7）

資料出所：総務庁統計局「労働力調査」より作成

図1-5　女性雇用者数の推移

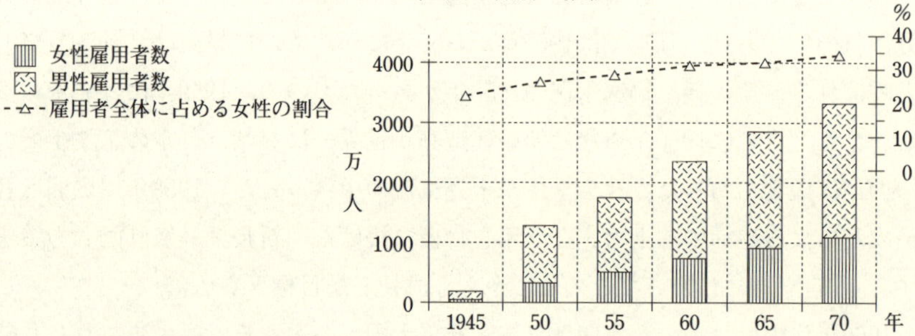

資料出所：総務庁統計局「労働力調査」より作成

図1-6　職業別女性雇用者構成の推移

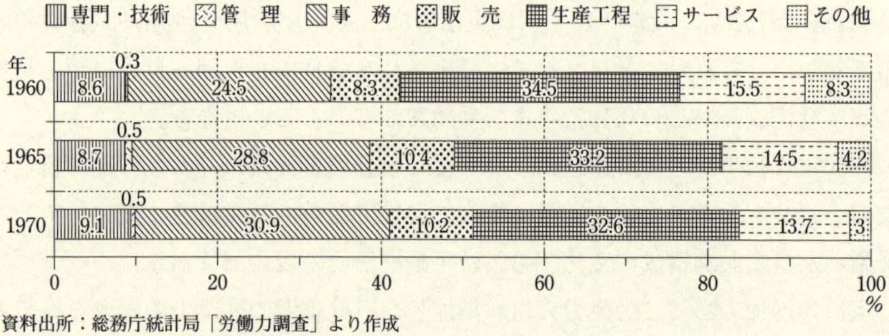

資料出所：総務庁統計局「労働力調査」より作成

表1-12　産業別女性雇用者数の推移

年度	雇用者総数（万人）	鉱業	建設業	製造業	電気・ガス・水道業	運輸・通信業	卸・小売業	金融・保険・不動産業	サービス業	公務
1955	531			193			112		127	
1960	738	4	29	269	26		166		182	23
1965	913	3	40	333	31		239		219	25
1970	1,096	2	45	390	3	40	257	57	265	25

資料出所：労働省女性局『女性労働白書』より作成

表1-13　女性生産労働者の主要産業分布　（%）

	1956年	1961年	1970年
製造業計	100	100	100
金属機械*	14	24	42
繊維	43	32	18

* 金属機械には，鉄鋼，非鉄金属，金属製品，一般機器，輸送用機器，電気機器，精密機器，武器が含まれる。
資料出所：竹中（1989：233）

い。雇用されて働く女性労働者の数は，1955年から1970年の間に531万人から1096万人へと倍増し（表1-11），雇用者全体に占める女性雇用労働者の比率も27.9%から33.2%へと高まった（図1-5）。

女性雇用労働者の職業別構成を見ると，比率が上昇した部門は事務部門である（図1-6）。それに販売部門，専門・技術部門が続く。管理職はほとんど変化がなく，ごくわずかである。生産工程に従事する女性雇用労働者の比率は微減している。しかし，産業別構成の絶対数で見ると，製造業に従事する女性労働者の数は増加している（表1-12）。製造業の内部構成は1970年までに大きく変わっており，明治以来，伝統的な女性雇用分野であった繊維産業で働く女性が減少し，代わって金属機械産業に働く女性が増加した（表1-13）。これは経済成長が輸出産業の中心を軽工業から重工業へ移行させていったことに対応する。これらの産業では技術革新により作業工程の細分化，労働の単純化が進められ，不足する男性労働者を女性労働者が代替することが可能になった。

第三の変化は，労働力供給構造の変化である。高度成長期以前の女性労働者は若年者が中心だった。しかし，経済成長と共に急増した労働力需要に対応し

表1-14　年齢階級別女子雇用率の推移

(%)

年	計	15～19	20～24	25～29	30～34	35～39	40～54	54～64	65歳～
1955	16.5	30.5	36.2	17.8	12.4	12.4	10.0	4.2	1.3
1960	21.0	39.2	46.7	21.9	16.6	16.4	14.0	6.0	1.6
1965	24.4	33.4	55.6	24.3	19.0	22.9	20.9	9.8	2.3
1970	27.0	30.3	59.8	27.1	21.3	26.0	26.5	13.5	2.9

資料出所：総理府「国勢調査」，総務庁統計局「労働力調査」

て，1960年半ば以降，既婚女性の賃労働者化が進行する（表1-14)。女性労働者の供給源の中心は，戦前の新規学卒者から，戦後に賃労働者化した家族従業者を経て，主婦へとその比重が移っていく。若年労働力市場の逼迫を背景に，政府の労働力政策もこうした既婚女性の労働力化を促進した。所得倍増計画にもとづく一連の政策の中で，「婦人労働力の積極的活用」が提唱された。

1963年経済審議会は「経済発展における人的能力開発の課題と対策」を答申した。答申は「婦人労働力の活用」という項目を立てて論じている。ここでは第一に婦人労働力に適した職業分野の拡大が主張され，第二に高度の専門教育を受けた婦人の活用の必要性が述べられ，そしてアメリカの婦人労働にならって，既婚者の再雇用，特にパートタイム制度が提起されている。ここで取り上げられたパートタイム制は，ライフサイクルから見て「特性」のある婦人労働力の有効な活用形態として，以後の婦人労働力政策の中に位置づけられていく。すなわち，学校卒業後，結婚して子どもが生まれるまで働き，子どもが生まれると育児と家事に専念するために退職する。そして子どもから手が離れたら再び働きに出る。しかし男性と伍して働くのではなく，ほどほどに便利で雇用調整可能な労働力としてパートタイムで働く，というM字型就労形態の推進である。女性のこのような労働のあり方は，この後さまざまな公文書の中で繰り返し述べられる[25]。

M字型就労が推奨されたのは，それが二つの政策目的に合致するからである。第一の目的とは労働力の確保である。日本では，1955年以降の高度成長過程において，成長政策による完全雇用がめざされた。しかし，それは労働力の不足による賃金騰貴の危険性を孕んでいる。したがって，政府は一方で完全雇用をめざしつつ，他方で労働力需要の拡大が供給の不足によって賃金の上昇を招き，資本蓄積の阻害要因とならないように，追加労働力の創出を行わなければならない。この追加労働力として労働市場に吸収されたのが女性労働者である。しかし，家事・育児が社会化されていない状態で女性を家庭から引き出し，労働力化する政策を堅持すると，性別役割分業イデオロギーの下で女性が負う家族責任と仕事との緊張関係が高まり，家庭の崩壊を招く。社会の基礎単位である家庭の崩壊は体制の安定を脅かす。そこで，政府は女性の労働力化を進めつつも家族責任を強調するわけである。景気調節弁的労働力としての労働力の確保と，女性に対し家庭責任を強調する家族政策，この二つの一見矛盾する政策に合致するのが女性を若年未婚時と子育て終了後に低賃金で雇用することだったのである。

◇女性雇用管理の特徴

経済成長期に女性労働者，特に雇用労働者が激増した。こうした女性雇用労働者はどのような労働条件の下で働いていたのだろうか。

労基法は男女同一賃金の原則を謳っていたが，現実には女性の賃金は男性の半分程度であり，その格差はきわめて大きかった（表1-15)。オートメーションなど経済成長期の技術革新により，女子にも新しい職種が開けたが，どの産業分野でも女性の賃金は低い（図1-7)。なぜ賃金の男女格差は高度成長期にも縮小せず，女性の賃金は低いままだったのか。次の諸点が理由として指摘できるだろう。

第一に，女性は短期勤続である。これは女性と企業の双方に原因がある。家事・育児の負担が大きい状況で，結婚・出産後も働き続けることは難しい。女性自身が内面化している性別役割分業規範も，若年退職を促進する。そして安い労働力を短期間で回転させたい企業は女性の就業が長期化することを望まない。したがって，女性については男性労働者のような賃金の年功体系が否定され，賃金は低レベルに固定される。また，男性に与えられる家族扶養のための家族賃金も女性には適用されない。

第二に，労働条件の悪い産業に女性労働者が多い。卸・小売業などのように高度成長期に女性の比率が高まった職種は，一般に小零細企業が多く，雇用が不安定で労働条件が悪い。こうした産業で女性が担ったのは主として単純・補助的労働であり，やりがいを感じる余地は少なく，短期勤続となりがちである。

表1-15　常用労働者の平均月間現金給与額

年　度	現　金　給　与　額		男女間格差 男性＝100
	女　性（円）	男　性（円）	
1962	16,000	35,012	45.7
1963	18,039	38,780	46.5
1964	19,877	42,551	46.7
1965	22,275	46,571	47.8
1966	24,867	51,856	48.0
1967	27,494	57,817	47.6

資料出所：労働省「毎月勤労統計調査」

図1-7　産業別賃金の男女格差（1965年）

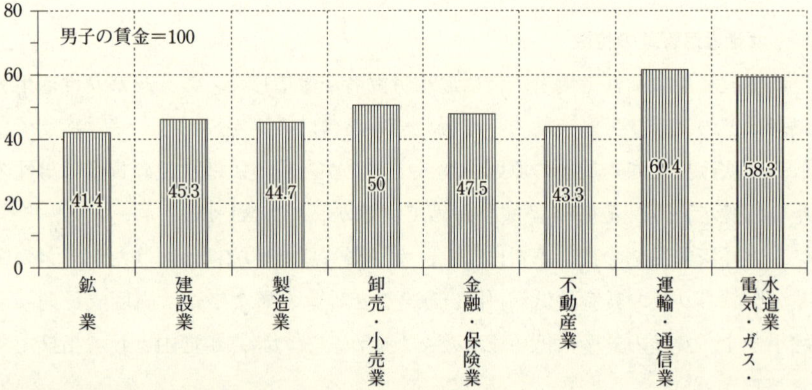

資料出所：労働省「毎月勤労統計調査」

第三に，評価の低い女性職への固定が見られる。伝統的に女性の仕事である看護婦，保健婦，保母などは仕事の内容とは関係なく，女性職であるがゆえに低賃金となっている。また，事務職などでも，女性には昇格の機会が与えられず，評価の低い職種に固定される傾向が強い。これらの職種は女性が多いため，賃金は低く据え置かれる。

以上のような要因は相互に関連している。単純労働，短期勤続，低賃金の各要素が相互に他を規定する「三位一体の構造」（熊沢 1995：56-8）と評する論者もいる。要するに，家庭責任を負う女性であるため就業の選択肢が少なく，昇進・昇格の機会が少なく，モラールも低下し，勤続年数が短くなる。長期勤続を望んでも実際には難しい。そして勤続年数が短いことが女性の低賃金の理由にされる。女性＝短期勤続を前提とし，女性の多い職種の賃金は低い水準に抑えられるのである。

女性の雇用が増大したとはいえ，その位置づけは基本的に若年短期補助労働力である。1964年に日経連が出した『女子従業員管理の考え方と実際』は，「一般論としては，既婚者より未婚者が適当であり，有夫有子の女性よりも独身の女性が歓迎されることは常識」であるが，根本的には「主婦としての家事，母や妻としての諸責務」が働きながら片手間でも果たせるというようにならない限り，「既婚女性がそのまま職務に就くことは，無理であり，不自然である」と述べている（中川 1964：26）。性別役割分業体制のもと，常用労働者としての女性の就業は結婚までの短期間に限られるとされ，女性のみに適用される結婚退職制・若年退職制が女性の就業継続を妨げた。

女性の働く権利を認めないこれらの不合理な差別に対して，1960年代後半から女性たちの闘いが裁判の場で本格的に開始された。その最初の訴訟が1964年の住友セメント事件である[26)]。「結婚又は満35歳に達したときには退職する」旨の念書を差し入れて住友セメントに雇用された原告が，結婚しても退職しないことを理由に会社から解雇された，というケースである。原告は「結婚の自由」を制限し「性別による差別」である結婚退職制の不当性を訴え訴訟を提起した。会社側は「比較的労働能率の高い結婚前のみ雇用し，企業の経営の効率的な運用をはかることにした」とし，結婚退職制の合理性を主張する。1966年，裁判所は原告の主張を認め，次のように指摘し，結婚退職制を無効とする判決を下した。①労働条件について合理的理由なしに性差別を定める労働契約は公序良俗（民法90条）に違反し，無効である。②結婚退職制は，結婚しても働きたいと願う女性に対し，結婚するか働き続けるかの二者択一を迫るものであり，女性差別であると同時に結婚の自由を侵害する。③結婚退職制には合理的な理由がない。会社側が控訴しなかったため判決は一審で確定する。

当時，労基法は男女の賃金差別を禁止していたものの，退職や解雇について性差別を禁止する明文の規定はなかった。憲法の人権保障も，企業と従業員という私人相互の関係について直接に効力を及ぼすものではなかった。そこで裁判所は民法の規定を使って公序良俗の問題として対処したのである。この住友セメント事件の勝訴判決以後，民法90条違反を理由に結婚退職制を無効とする判決が続く[27)]。

女性の本来の居場所は家庭であり，働く女性も結婚すれば家庭に入るのだ，という社会通念を巧みに利用した雇用管理を企業は行っていた。女性を安上がりの補助労働力として短期間の雇用で回転させ，不必要になれば家庭に戻そうとした。既婚・未婚にかかわらず，女性にも働く権利と自由があるという発想は乏しかった。既婚女性は夫がいるので解雇されても生活の困窮度が低いとして優先的に人員整理の対象にした小野田セメント事件は，そうした発想に基づく解雇の合理性が争われた典型的な例である。

1965年，小野田セメントは業績不振のため人員整理を行うこととなり，「有夫の女子及び満30歳以上の女子」という指名解雇基準を設けた。既婚女性である原告はそれ以前から退職するよう有形無形の圧力を受けており，自分が被解雇者リストに記載されていることを知ってやむなく退職することとした。しかし，その後退職願を撤回した。盛岡地裁は「有夫の女子」「満30歳以上の女子」という指名解雇基準は性差別であり，民法90条の公序良俗に反し無効であるとし，その基準にもとづく退職もまた無効であると判断した[28)]。

小野田セメントの場合は，「有夫の女子」というような明白に男女差別の解雇基準を掲げていたため，民法90条に反するとされた。このようなあからさまな形ではなく，人員整理はどうしても必要であり，合理的に選定した対象者がたまたま「有夫の女子」だったと企業が主張することがある。1970年の古河鉱業事件判決では，公正な立場で諸般の事情を考慮して選んだ解雇者がたまたま既婚女性だったという会社側の主張が認められ，当該解雇は違法ではないと判断された[29)]。第一審の前橋地裁は，会社側の主張する人員整理の必要性を認め，さらに原告の場合は夫の収入だけで一家の生計を維持することが可能であり，原告をそのまま残留させることは自発的退職した他の従業員との兼ね合いもあり，労務管理上好ましくないので，解雇には合理性が認められるとしている。この判決は既婚女性であることによる差別待遇を是認したのではなく，「諸般の事情を考慮した」結果の既婚女性の整理解雇は有効である，としたものである。しかし，その「諸般の事情」が問題であった。

古河鉱業事件判決のようなケースもあったが，1960年代以降，働き続けるための女性たちの訴訟が次々に展開され，退職や解雇に関する明白な差別を認め

表1-16　産業別の定年制比較（1968年）

組　合 (対象組合数)	電機労連 (90)	ゴム労連 (13)	ゴム労会議 ・労協 (38)	食品労連 (48)	金　属 (112)	繊維労連 (35)
男女差なし	56	9	17	23	95	26
男女差あり	34	4	21	25	17	9
5歳内	25	3	16	10	2	4
10歳内	2	1		10	10	2
15歳内	2		5	3	4	2
20歳内	2			2	1	1

資料出所：藤井（1995：84）

ない判例が重ねられていく。そのため制度上は結婚・出産退職制や若年定年制が徐々に姿を消していった。しかし，「寿退社」慣行に見られる事実上の結婚退職制や共働きの妻への退職勧奨，比較的高い年齢での男女定年差別はその後も続く（表1-16）。裁判による効果が直接に及ぶのは当該裁判で敗訴した特定企業だけだからである。

企業は1960年代半ばから，従来の未婚の若年女性に加えて，中高年の既婚女性も雇用の対象に含めるようになった。しかし，女性を基幹労働力ではなく，あくまで補助労働力とみなす企業の雇用管理には大きな変化はなく，女性に対するさまざまな差別的取扱いが続いた。

◇1960年代までの労働

長期にわたる高度成長期には，女性の雇用労働は飛躍的に増大する。しかし，性別役割分業イデオロギーを背景に，若年未婚女性労働者と中高年既婚女性が安価な労働力として単純未熟練労働に利用され，労働の合理化が進められた。男女の賃金格差は大きく，就業分野にも偏りがみられる。男性は基幹労働力として年功型賃金体系に組み込まれたが，女性労働者は低賃金産業，低賃金職種に固定された。男性職と女性職の分離が明確で，後者は女性職であることがそのまま低水準の労働条件につながっている。雇用における差別を禁じる法制も不備で，判例の積み重ねにより若干の改善が図られていたが，男性の雇用が優先される体制に変わりはなかった。

7 「現代主婦」と家族単位モデルの形成

以上のような1960年代までの公共政策の展開を，序章で提示した分析枠組に当てはめて考察すると，1960年代まではすべての政策領域で家族単位モデルが強いことがわかる（表1-17）。家族イデオロギーについては，特性教育によって性別役割分業が強化された。年金は名義が個人のため個人単位的要素が見られるが，実態は世帯を中心として設計，運用されている。税制も課税単位は個人だが，配偶者控除制度があり，課税最低限も夫婦と子ども2人の標準家庭を前提に決められているため，発想は家族単位モデルに近い。ケアワークは基本的に，女性が私的領域で行うものとされ，公的保育サービスは国民が普遍的に享受できる権利とは考えられていない。児童手当や育児休業制度も整備されず，育児を社会的に支えるという発想は乏しい。労働政策も男性世帯主労働者の雇用を保障することが中心であり，女性労働者は縁辺的な存在である。

こうした政策の動向を規定した最大の要因は，「現代主婦」の誕生である。主婦の誕生と変遷を基礎に，日本を含めた東アジアの社会を比較し，ジェンダーの視点から見たその特質を考察した瀬地山角は，「現代主婦」をそれ以前の「近代主婦」と区別する（瀬地山 1996：60-76）。瀬地山によれば，「近代主婦」は，「産業化によって生産と，消費または労働力の再生産とが明確に分離され，そこにすでに存在した性分業規範に基づいて男と女が外と内に配分されるという構造が成立したとき」誕生した。再生産労働だけに専従できる「近代主婦」は恵まれた存在であり，一部の女性にのみ許された地位だった。夫婦共稼ぎで何とか生活を維持していた大部分の労働者にとっては，妻が家事に専従できる性別役割分業家族は憧れの家族像である。母親のみが育児の責任者となり，子どもとの間に深い情緒的関係を結ぶのは「近代主婦」が誕生してからのことである。日本ではこのような「近代主婦」は量的に拡大しなかった。

戦後に登場した「現代主婦」は，「再生産労働だけで1日が飽和しないだけの時間的余裕をもつようになった主婦」である。このような主婦は単なる「近代主婦」の量的拡大ではなく，多くの場合，再生産活動だけでなく，生産領域にまで進出するか，あるいは潜在的にその可能性を持つ。したがって，専業主

表1-17 1945年～1960年代の公共政策

政策分野	特徴	対応モデル
家族イデオロギー ・家族関連法 ・教育政策	 法律婚家族が規範 性別役割分業，特性教育	家族単位モデル
年金制度	受給資格にジェンダー格差 拠出・受給は世帯単位と個人単位の制度が分立	家族単位モデル
所得税制	課税単位は個人，配偶者控除あり	家族単位モデル
ケアワーク ・保育政策 ・児童手当 ・育児休業	私的領域における無償労働 公的保育は限定的，家庭保育原則 なし 未整備	家族単位モデル
労働政策	男性世帯主への年功型家族賃金，男女賃金格差，男性優先の雇用，差別的労働条件，性別職務分離	家族単位モデル

婦と兼業主婦の両方を含む。

「現代主婦」を成立させた要因は，産業化のさらなる進展と，日本の家父長制の変化，女性の側の心性の変化，の3点である（瀬地山 1996: 185)。産業化の進展で大量の家電製品が普及することにより，家事の省力化が進んだ。それは家事労働に要する時間を大幅に短縮させ，女性が家事以外の活動を行うことを可能にする。家父長制とは，瀬地山（1996: 45）によれば「性と世代に基づいて，権力が不均等に，そして役割が固定的に配分されるような規範と関係の総体」である。近代日本の家父長制は，「母」役割を強調する良妻賢母主義を中核とし，男性に生産労働を，女性に再生産労働を割り振ってきた。性により活動領域を振り分ける規範は，戦後の経済発展の中でその厳密さをやや緩和し，女性が再生産役割を達成した上でそれ以外の活動に従事することを許容するようになった。そして，女性自身が家事は自分だけにしかできない聖なる仕事ではなく，他の者によって代替可能な「労働」であることを発見すると，家事労働時間の短縮を受け入れるようになる。こうして，「現代主婦」は誕生した。そして，家事労働時間の短縮は「現代主婦」が就業する潜在的条件になる。

日本における「現代主婦」は一つの生活様式として1960年代に一般化し，大衆化する。家事労働プラスアルファの「現代主婦」と会社人間の夫が組み合わさってつくる性別役割分業家族が「戦後家族」である。高度経済成長期にはそれが最も合理的な家族のあり方だったため，雇用者の家族はその形に収斂していった。滅私奉公型の企業戦士が必要とされ，その戦士のエネルギー充電の場が家庭だった。妻の役割は夫が全力で働けるよう健康管理を行うこと，未来の労働力である子どもを育成すること，だったのである。この分業の組み合わせによって企業は収益を上げ，国の財政を潤した。

公共政策はこの家族の形を基準にして展開される。「現代主婦」は生産領域にも参入するが，それは再生産領域での役割を果たすことが前提となっており，その役割規範は強い。家庭科教育はその役割を強調する手段となった。公的年金における夫婦単位の制度設計と税制の配偶者控除は，こうした主婦の保護制度である。ケアワークが社会化されにくいのは，再生産活動の中核である育児を「労働」と考えることに抵抗が強いからである。そして，政府の女子労働政策がパートタイムを推進したのは，女性は再生産領域での責任を果たした上でのみ，それ以外の活動を行うべき「現代主婦」であるからである。女性が完全な形で労働市場に参加したら，次世代の労働力である子どもと基幹労働者である男性の安定的な再生産が損なわれる。労働市場での女性の待遇が男性に比べて著しく劣ることも，企業側がその役割分担を前提にして，不完全な労働力と見ているからである。労働組合も妻が専業主婦でいられるだけの家族賃金を男性に保障することを目標とし，女性の賃金は単身分でよしとした。

第2章

男女平等の胎動と「戦後家族」の揺らぎ

——1970年代——

I　1970年代の社会状況

10年余り続いた高度成長の結果，豊かさとともにそこにはあらたな歪みが生じてきた。過疎化と過密化が同時進行し，環境の悪化が進む。70年までに19.3%まで減少した第一次産業人口は80年までにさらに半減した。第二次産業人口は1970年代を通じて34%程度，第三次産業人口は70年代前半には50%を超え，その後も増加が続く。雇用されて働く人間が急速に増加し，より有利な職や地位につくための進学競争が激化の一途をたどった。生活体験が乏しく，靴紐が結べない，雑巾がしぼれないというように発達に問題のある子どもが見られるようになった。

生活水準の向上により，女性の進学率も上昇する。高校への進学率は1950年代には約50%で，女子の進学率は男子に比べて低い。しかし1960年代を通じて上昇し，その後もこの傾向が続いた。1975年には女子の高校進学率は93%（男子は91.0%）となる。女性の職場進出も年々進んだ。経済成長期には企業も労働力を必要としたため，結婚後もフルタイムで，あるいはパートとして働く女性が増え，70年代半ばには有配偶の女性雇用者が過半数を超えた。こうした家庭では妻の世帯への寄与率が次第に上昇し，純然たる「男は仕事，女は家庭」という図式は成り立たなくなっていた。しかし，意識の上では家庭責任を負うのは相変わらず女性である。

経済成長のもたらすマイナス面に対する批判と，経済成長自体への疑問が生まれてきたのが70年代前半である。そしてその疑問は社会全体のあり方を問う視点へとつながっていった。アメリカからやってきたウーマン・リブの波は女性たちの眼を劇的に開かせた。彼女たちは，なぜ男性は家庭責任を免除されるのか，社会も家庭も男女が共同で担うべきものであって「男は仕事，女は家庭」と分けるのはおかしいのではないか，という疑問を社会に向かって提起しはじめた。生理学や社会学，文化人類学等の諸成果も性別役割分業の根拠とされた特性論を揺るがしはじめた。こうした動きがやがて日本における男女平等を求める大きな流れとなっていく。

その流れを加速させたのが，国連国際婦人年を端緒とする男女差別撤廃の世界的潮流である。国連は，結成以来，性に基づく差別をなくすためのさまざまな努力を行ってきたが[1)]，依然として女性に対する差別と事実上の不平等が存在していた。そこで1963年，国連第18回総会は，「女子差別撤廃宣言」を作成することを決定し，同宣言は1966年第23回総会で採択された。

この宣言は，政治・教育・雇用・婚姻と家族制度などの各分野について，国連婦人の地位委員会が行ってきた詳細な調査・研究にもとづいて作成されている。同宣言は，「男性と同等の権利を事実上否定又は制限する婦人に対する差別は基本的に不正であり，人間の尊厳に対する犯罪を構成する」（第1条）と規定して，男女平等権を女性の人権の中心に据える。そして「婦人を差別的に扱う現行の法律・慣習・規則・慣行を廃止し，男女の権利の平等に対し，十分な法的保護を確立するために，すべての適切な方策がとられなければならない」（第2条）と定めた。さらに，宣言は参政権と公職に就く権利（第4条），国籍を取得，変更，保持する権利（第5条），婚姻及び家族法における権利（第6条），差別的刑法規定の廃止（第7条），人身売買及び売春からの搾取禁止（第8条），教育を受ける権利（第9条），労働における権利と母性保護（第10条）など，さまざまな分野で，男女平等を実現していくための法のあり方や方策について，詳細に規定している。

1968年には，この宣言を実施していくため，国連経済社会理事会は報告制度を発足させた。これは，加盟国，国連の各専門機関，NGO等が事務総長に対し，宣言の広報とその実施のためにとった措置について報告書を提出し，事務総長はこれをまとめて婦人の地位委員会に報告するというものである。

1972年第27回国連総会は，1975年を「国際婦人年」(International Year of the Women) とすることを決定した。国際婦人年にはメキシコで133ヵ国の政府と国連諸機関が参加して国際婦人年世界会議が開催された。そこでは「世界行動計画」と「メキシコ宣言」をはじめとする34の決議と世界会議報告が採択された。メキシコ宣言は女性問題の解決のためには伝統的な性別役割分業の変革が必要なことを明らかにした画期的なものである。同宣言は，「家庭内で伝統的な夫婦のそれぞれに割り当てられてきた役割を状況の変化に応じ，絶えず再検討，再評価する事」が必要であるとし，「家庭の中の役割，家事，育児を男性も同等に分担」すべきであるとしている。

その宣言を具体化する国際的な行動指針である「世界行動計画」は序章で次のように述べ，男女共同の家庭責任について言及する。

「男女平等の達成とは，両性がその才能及び能力を自己の充足と社会全体のために発展させうる平等な権利，機会，責任をもつべきことを意味する。そのため，家庭及び社会の中で両性に伝統的に割り当てられてきた機能及び役割を再検討することが肝要である。男女の伝統的役割を変える必要性を認識しなければならない。女性をあらゆる社会活動に同等に参加させるためには，家事の負担を軽減するような社会的に組織されたサービスが設立，維持され，特に子どものためのそれが提供されなければならない。家庭と子どもについて，男女の共同責任が受け入れられるためには，主に教育を通じ，社会の通念を変えるためのあらゆる努力が，払われるべきである。」

1960年代には家庭責任はまだ女性が負うものであり，その負担を軽減することが必要であると考えられていた。1970年代には男女ともに家庭責任を有するのだという考え方が次第に認められるようになっていく。世界行動計画にそのことが明記されたのは画期的である。

国連は1975年の総会で1976年から1985年までの10年を「国連婦人の10年」と決定し，世界規模で女性問題へ取り組むこととなる。日本では，国際婦人年世界会議に先立ち，国会で「国際婦人年にあたり，婦人の社会的地位の向上をはかる決議」がなされた。続いて，1975年9月，政府は「国際婦人年世界会議における決定事項の国内施策への取り入れ，その他婦人に関する施策の総合的かつ効果的な推進を図る」ため，総理府内に「婦人問題企画推進本部」を設置した。同推進本部は内閣総理大臣を本部長として各省事務次官によって構成される。同時に有識者による婦人問題企画推進会議も設置され，事務局として婦人問題企画担当室が業務を始める。婦人問題企画推進本部は1977年2月に「婦人の十年国内行動計画」を策定し，10月には「国内行動計画前期重点目標」を発表した。

民間レベルの婦人運動も国際婦人年を契機に盛り上がりを見せた。1975年には，41団体が協同し，「国際婦人年日本大会」を開催し，大会決議を採択した。この大会の実行委員会がこの後「国際婦人年日本会議の決議を実行するための連絡会」(以下，「連絡会」)と名称を改め，政府の女性政策の推進に対して積極的に働きかけを展開していく[2)]。

2　性差別撤廃の動きと家族観

◎家族法の改正

1976年に家族法が改正され，離婚復氏後に離婚時の氏を称することを認める規定が新設される。婚氏続称制度の創設は，男女平等の見地から離婚復氏規定への批判が高まったことに対応するものである。国連をはじめとした国際的な動向も背景にあった。

民法751条は「夫婦の一方が死亡したときには，生存配偶者は，婚姻前の氏に復することができる」と死別の場合の任意的な復氏を規定している。一方，離別の場合は「婚姻によって氏を改めた夫又は妻は，協議上の離婚によって婚姻前の氏に復する」(767条)と規定している。すでに1947年の全面改正の時点でこの規定への批判があった。子どもの立場や妻が結婚後の姓で社会的地位を築いている場合もあるので，離婚によって当然に姓を戻すのではなく，どちらでも選べるよう任意の規定にすべきではないかという指摘もあった。しかし，離婚後に婚姻当時の姓を使うのは国民感情からみて受け入れがたい，ということで検討は先送りになっていたのである（山岸・加藤 1998：44)。

この改正により，原則として離婚によって氏は変わるが，離婚後も引き続き婚姻中の氏を称したい場合には離婚後3ヵ月以内に届出をすればよいことになった（民法767条２項）。これに合わせて戸籍法も改正され，離婚の際の氏を称する場合の規定が新たに設けられた（戸籍法77条の２）。この問題をめぐる国会審議の過程では，婚氏続称制度自体への反対はなかったが，氏についての本質的な検討を回避して離婚の際の氏の問題だけを取り上げることに批判があった。しかし，法務省は「夫婦親子の氏は社会の伝統や習俗と密接な関係があり，これを法律的にどうするかは社会の必要に応じて考えるべきである。離婚後氏が変わることで不利益を被る者を救済すれば足りる」との立場で，夫婦同氏を定めた民法750条自体が検討されることはなかった。参議院法務委員会では社会党の佐々木静子議員が夫婦同姓それ自体の問題点を指摘した。それに対し，答弁に立った政府委員は，「通称使用の自由があるから，社会的に活動している女性が不利益を受けているとは考えない，妻が社会的に活動していれば，お互いの立場を考えて協力するという姿勢が男性側にもなければならず，そうした協力で多くの場合は解決されていると思う」と答えている[3)]。

婚氏続称制度創設は民法に「民法上の氏」と「呼称上の氏」という二つの氏の概念を持ち込み，制度を複雑なものにした。「民法上の氏」とは，出生または婚姻・離婚・養子縁組などの身分行為の結果取得したり変動したりする氏である。「呼称上の氏」とはやむを得ない事由があって戸籍法の手続で氏を変更する場合や婚氏を続称する場合のように出生や身分行為と無関係に変動する氏である。

この時になされた主要な改正として他に嫡出出生届の届出義務者の順位の変更がある。従来は父を第一順位，母が第二順位としていたが，両性の本質的平等に基づき父母を同順位とすることとされた（戸籍法52条）。

◎家庭科男女共修運動

1970年の学習指導要領改定では，高等学校家庭科については従来の「原則として女子のみ必修」が「すべての女子に家庭一般を履修させるものとすること」に変化し，女子必修はさらに強化された（表2-1）。女子が家庭科を学ぶ根拠としてしばしばあげられた特性論に対する疑問が高まっていた折，このような改定には強い反発があった。家庭科の男女共学問題に対する関心が急速に高まっていく。

表2-1　1970年代の家庭科

	年度（学習指導要領改訂年）	科　目　名	履　修　規　定
小	1971-1980年度（1968.7.25）	家庭	男女共学必修
中	1972-1980年度（1969.6.14）	技術・家庭	男子は技術系列，女子は家庭系列を履修
高	1973-1981年度（1970.11.1）	家庭「家庭一般」	全ての女子に「家庭一般」4単位必修

この反発を組織化して運動を起こしたのが「家庭科の男女共修をすすめる会」（以下，「すすめる会」）である。市川房枝，雑誌『家庭科教育』の編集主任だった半田たつ子らが中心となって「男女共修の家庭科を実現する」という一点で一致する者が集結した[4)]。「すすめる会」の結成を機に，家庭科男女共学への動きが盛り上がった。これを加速させたのが先に述べた性差別撤廃の国際的な動きである。国際婦人年日本大会のために結成された「連絡会」も数度にわたって政府に家庭科の男女共学について働きかけた。「すすめる会」は積極的にマスコミに接触し，問題の所在を世論に訴え，支持者・理解者を増やすことに努めた。また政府の「国内行動計画」策定を受けて，都道府県レベルでも行動計画の策定がすすめられていたため，そこに家庭科の男女共修を明記するよう知事に要望書を送るなど働きかけた。

このような状況で次の教育課程改訂の作業が開始される。女性差別撤廃を求める内外の動きにもかかわらず，1978年の学習指導要領でも高校家庭科の女子のみ必修は変わらなかった。ただ前年に告示された中学校の学習指導要領では，従来の男子向き・女子向きが廃止され，男女はそれぞれ技術系列及び家庭科系列の学習を一部行うことができるようになった。技術・家庭科成立以来20年，男女で全く別系列の学習となっていたため，この変化は画期的なものである。

高校家庭科が女子のみ必修にとどまった背景には，「家庭科を女子必修のまま残して欲しい」という家庭科教師の署名・陳情がある。そしてこれに高等学校長協会家庭部会の意向が加わった。同部会は従来から女子に対する家庭科教育の必要性を主張し，家庭科教育のあり方に影響を与えてきたが，1976年11月の総会で女子必修を支持する決議を行う。その理由として，総会で採択された文書でこう述べている。すなわち「高等学校の女子生徒は女性として，特に母性の自覚と使命に目覚めるときである」から「家庭一般」は「母性教育」として必要である。共修を実施した場合，「母性教育としての実質を失い」，レベルの低下が予想され，「家庭の健全性」が衰弱し「家庭の本来的機能を危うくするおそれがある」ので女子のみ必修として残すべきである。同部会の幹部はこの時期，子殺しや子捨てなどが多発する荒廃した社会状況は，母性教育の欠如に起因するとして，母性教育＝家庭科の重要性をしきりに強調する[5)]。

この問題に対し，政府はどのように考えていたのだろうか。家庭科男女共学問題は，国会でも賛否両論の立場から論議を呼んだ。1975年3月25日の参議院予算委員会での市川房枝議員の質問に対し，永井文相は「共修の問題は教育課程審議会で審議中であり，結論を急ぐべきものではない。男女にはある種の役割分化があり，他方，平等，協力というものがある。共修，必修というのも一つの考え方だが，選択という角度も含めて，審議会で討論してほしいと思っている」と述べている[6)]。

市川は同じく永井文相に対して1976年4月30日にも質問する。家庭科の男女共修について大臣は賛成し，実現に努力するかと問われ，文相は次のように答えている。

「機械的に何でもただ共修が望ましいわけではない。中学の男子向き，女子向き系列はもう少し随意に相互に交流しながら勉強できる方向を検討してみたい。高校の『家庭一般』についても，もう少し弾力的にという教課審の考え方を尊重したい。女子にも男子と同じようにいろいろな個性があるから，小学校から高校まで共修という機械的な取扱いではなく弾力的にする方向が教課審で出ているのでそれを尊重したい。」[7)]

社会労働委員会でもこの問題は取り上げられた。1976年10月2日に発表された労働大臣の私的諮問機関「就業における男女平等問題研究会議」の報告書は，男女平等の問題の背景と問題点にふれ，その根本に役割分担意識があることを指摘し，家庭や学校の教育，特に高校における女子のみ必修は問題であると述べている。10月14日の社会労働委員会ではこの点について社会党の粕屋議員が政府の考えを質した。答弁に立った文部省の奥田真丈審議官は「男女相互の理解や協力の問題は学校全体の中で留意するようになっている」とのみ述べ，家庭科問題に対しては回答を避ける[8)]。

1976年10月28日には教課審の「審議のまとめ」を受けて文教委員会で検討が行われた。社会党の宮之原議員が家庭科共修について教課審の高村象平会長に質問する。高村会長は「男女共修運動関係者からの抗議等々でずいぶんいじめられてやりきれないという感じ」「私は，やはり男と女は違うという感触から離れるわけにはいかない。年のせいだとご了承いただきたい」「私自身はネガティブなご返事しかできない。委員会全体としてもそっちの方向へ偏っているような気配」「家庭科に関しては努めて耳をふさいでいた」などと述べ，家庭科問題への消極的姿勢を明らかにした[9)]。

翌1977年3月16日，決算委員会で市川議員は教育における男女平等の問題について文相に問うた。海部文相は「教育における男女の機会均等は憲法にも明記されているものであり，当然守られなければならないし，現実に守られている」と答える。そこで，市川はさらに教育における男女差別の例として高校における家庭科の女子のみ必修を挙げ，次第に女子の履修が強化されてきている履修規定の変化の趣旨について尋ねる。文部省の諸沢初中局長は「それぞれの改定にあたりましては，文部省に教育課程審議会を設けまして，いろいろな方のご意見を聞き，社会一般の動き，要望というものを反映し取り入れながら，今言ったような改定になってきたというふうに承知しているわけでございます」と答え，答申を行った教課審の役割を強調した[10)]。この時期，教課審は男女共修に消極的であり，文部省もそれにあえて働きかけようという動きはなかったと言える。

◇1970年代の家族イデオロギー

強固な現行体制の背後に変革の流れが垣間見えるというのが1970年代の日本の状況である。経済成長の矛盾が露呈しはじめ，ウーマンリブの思想は男女のありかたを問いはじめた。国際婦人年世界会議は，実質的な男女平等を達成するためには性別役割分業の改革が必要であることを宣言した。その流れは日本にも伝わり，女性団体の活動と政府への働きかけが活発化する。こうした動きを受けていくつかの改革がなされた。その一つが離婚後の婚氏続称制度の新設である。

しかし性別役割分業を規範とし，法律婚の家族を単位とする家族政策の基調は強固だった。高等学校では男性と女性は生来異なる特質を持っているという特性論を根拠に家庭科の女子必修化が行われ，次の改定でもそれは維持される。

家族を一つの紙にまとめる戸籍の家族主義と，氏と戸籍が直結して戸籍筆頭者の氏の下に家族員を序列化する仕組みに変更はなかった。それは法律婚以外の関係を差別する仕組みである[11)]。廃止された「家」が形を変えて戸籍の中に生き続けていた。事実婚や非婚の関係から生まれた子どもは公開が原則とされる戸籍上で明白に区別される。このことは，原則と異なる表記の戸籍を「みっともない」とか「汚れた」と考える人々に法律婚を選択させる役割を果たす(榊原 1992：237)。戸籍は単なる身分登録の手段を超えて家族を統制する機能をもっていたのである。

このように，家族に関わる政策の大きな転換はなく，性別役割分業をさらに強化するような動きがみられた。国民はどのように考えていたのだろうか。1972年10月，総理府にもうけられた婦人に関する諸問題調査会議（議長・中川善之助）は婦人に関する施策の基礎資料とするため，戦後初めての女性に関する総合的な調査を実施した[12)]。この結果をまとめた「婦人に関する諸問題の総合調査報告書」は，日本の女性の意識と行動，特に家庭と仕事についての考え方を浮き彫りにしている。「夫婦の役割」については「夫は外，妻は内」という伝統的な考え方が支配的だった。報告書は「伝統的立場を支持するものが八割に対し，新しい考え方をとるものは一割にすぎない。この結果から夫婦の役割分担に関する伝統的な意識は完全に固定したものであると考えるべきであろう」として「男女を問わず，このような大勢は動かないもの」と述べる。しかし，男女の役割分担は不変ではない。漸進的ではあるが確実に人々の意識は変化しつつあった。

図2-1は1976年と1979年に実施された「婦人に関する世論調査」の結果である。「男は仕事，女は家庭」という考え方に同感するか，という質問に対して，1976年の調査では「同感する」が女性回答者の48.8％でほぼ半数となっている。これに対して1979年の調査では「同感する」「同感しない」が共に減少して「どちらともいえない」が11.2％から30.0％に増加している。

女性が職業を持つことについての考え方にも変化がみられる。表2-2は1972年と1979年の「婦人に関する世論調査」の結果である。女性は家庭に専念すべきで職業を持つべきでないという伝統的な考え方の人にあまり変化はないが，子どもができてもずっと仕事を続ける方がよいと考える人が11.5％から20.1％

図2-1「男は仕事、女は家庭」か

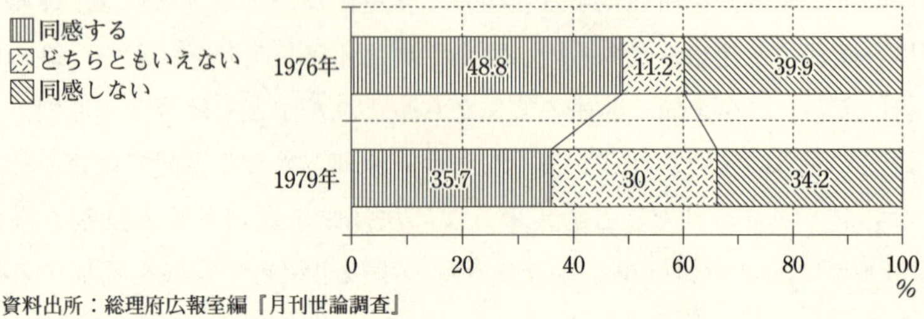

資料出所：総理府広報室編『月刊世論調査』

表2-2　女性が職業を持つことについて

(%)

	女性は職業を持たない方がよい	結婚するまでは職業を持つ方がよい	子どもができるまでは職業を持つ方がよい	子どもが大きくなったら再び職業を持つ方がよい	子どもができても職業を続ける方がよい	わからない
1972年	7.8	18.6	12.3	39.5	11.5	10.3
1979年	7.0	11.3	10.0	39.2	20.1	11.6

に増加しているのは注目に値する。

こうした男女の役割分業意識が流動化し始めたことは，この後1980年代に入るとより明確になっていく。1970年代の家族政策は基本的に家族単位モデルに依拠していたが，70年代半ばからの内外の性差別撤廃の動きは性別役割分業への疑問を提起し，国民の家族観にも徐々に影響を及ぼしはじめたといえるだろう。

3　年金制度体系見直しの動き

◇1973年改正― 5 万円年金

1970年代に入り，高齢化社会の到来，核家族化の進行などを背景に，国民の年金制度に対する期待は高まっていた。年金の給付水準は国際水準に達してはいたものの，さらなる引き上げが求められていた。また，折からの「調整インフレ」のもとで物価が急上昇していたので，年金の再計算期を待たずに緊急の改正が1971年に行われる。

それにもかかわらず，物価は引き続き上昇したため，1973年にさらに大幅の

改正が行われる。1973年改正では，現役労働者の賃金の一定割合を年金の水準にするという新しい考え方が採用され，厚生年金額水準の引き上げが図られた。いわゆる「５万円年金」の実現である。国民年金についても厚生年金との均衡を図るため，大幅に引き上げられ，25年加入の場合で付加年金を含めて夫婦５万円となった。また，経済変動に対して年金額の実質的価値を維持するため，消費者物価が５％以上上昇した場合には年金額をこれにスライドさせて改定する物価スライド制が導入された。

妻の年金権については大きな変更はない。制度審は配偶者の地位の立ち後れを指摘するにとどまり，保険審も妻への加給年金額の引き上げの必要性を指摘しただけである。年金制度における「被扶養配偶者」という存在の是非が問われることはなかった。この時期の標準的な老齢年金額では加給年金は月額2400円である。これは標準的な老齢年金額の約4.6%にあたる。これでは妻の老後を保障するものとはとうてい言えない。妻は夫の被用者年金という傘の下で保護されるということを前提として制度は設計されていたのである。

保険料率については，男子は1.2%引き上げて7.6%に，女子については１％の引き上げで5.8%になった。政府原案ではともに1.5%の引き上げとなっていたが，国会審議の過程で修正された。

◇1976年改正

1976年改正では，厚生年金の定額部分の上限が30年から35年になった。従来の制度では，所得再分配の見地から，加入期間が20年に満たなくても20年と計算し，30年を超える場合は30年と計算していた。しかし，加入期間が30年を超える被保険者が増えてきたため，定額部分の計算の対象となる被保険者期間の上限を35年に延長したのである。

また，この時の改正で障害年金と遺族年金の通算制度が創設された。厚生年金における障害年金及び遺族年金については通算制度がなかったため，制度移行直後に障害者となったり死亡した場合に，障害年金又は遺族年金が支給されないという問題が生じていた。この制度の谷間を埋めるため，公的年金制度間の通算措置が設けられた。

妻の年金については，厚生年金給付水準の引き上げにともない，加給年金が

表2-3　厚生年金の標準的な年金額(モデル年金)と諸指標－1970年代　(月額)

改正年度	標準的な年金額	加給年金	直近男子の平均報酬月額	老人夫婦の平均現金支出額	生活保護水準
1973年度 (73.11)	52,242円 (27年加入)	2,400円 (4.6%)	84,801円 (61.6%)	52,560円	34,670円
1976年度 (76.8)	90,392円 (28年加入)	6,000円 (6.6%)	141,376円 (63.9%)	83,900円	58,804円

1.直近男子の平均標準報酬月額は，各年3月末。(　)内はこれに対する標準的な年金額の比率。
2.加給年金は年金額に含まれる。(　)内は加給年金の標準的な年金額に占める比率。
3.老人夫婦（夫65歳以上，妻60歳以上）の平均現金支出額は，厚生行政基礎調査及び国民生活基礎調査による。
4.生活保護基準は老人夫婦（夫72歳，妻67歳）の最低生活保障水準（２級地の生活扶助，住宅扶助，老齢加算），各年度当初。
資料出所：久野（1983），『国民の福祉の動向』各年版より作成

表2-4　国民年金の水準－1970年代

改正年	政策目標	標準的老齢年金	夫婦の年金額
1973年	夫婦５万円年金の実現（付加年金含む）	月額20,000円	月額50,000円
1976年	オイルショックへの緊急対応	月額32,500円	月額75,000円

月額2400円から6000円へと大幅に引き上げられた（表2-3)。これは，被用者年金における妻の取扱いはいろいろと問題があるが当面は加給年金額を大幅に引き上げて対応すべき，とする保険審の「意見書」(1975年）に対応している。この引き上げの結果，配偶者に対する加給年金は夫婦の標準的な老齢年金額の約6.6%となる。被用者年金は夫婦２人を単位に設計され，加給年金はそれを補完するものであって，妻独自の年金権の保障ではなかったが，有配偶者の年金水準引き上げとして歓迎された。なお，妻の年金権については，その整備に努めることが衆参両院で付帯決議された。

厚生年金の引き上げに対応し，国民年金の年金額は，25年加入の場合で付加年金を含めて夫婦で７万5000円に引き上げられた（表2-4)。

保険料率については，政府原案では男女とも同一で1.8%引き上げることが検討されたが，国会審議の過程で上げ幅は1.5%に止められた。その結果，男子の保険料率は9.1%，女子は7.3%となった。

◇制度見直しへの動き

1970年代後半になると，分立している年金制度を統合し，制度を総合的に見

直そうという年金改革論議がさかんになった。まず，1975年８月に社会保障長期計画懇談会が「今後の社会保障のあり方について」という提言を行い，制度の統合を含めて年金制度の枠組みを検討し直す必要性を指摘した。

1977年には年金制度基本構想懇談会が「中間報告」で厚生年金の支給開始年齢の引き上げと年金制度体系の見直しを提案し，1979年に最終的な報告をとりまとめた。また1977年12月に制度審も「皆年金下の新年金体系」と題する建議を行い，基礎年金の創設などを提案した。さらに1979年10月に「高齢者の就業と社会保険年金－続・皆年金下の新年金体系」という建議を行った。

年金制度基本構想懇談会は，1976年に発足した厚相の私的諮問機関である。同懇談会の報告は女性の年金権についてもまとまった審議を行った。以下，その報告書「わが国年金制度の改革の方向－長期的な均衡と安定を求めて」を検討する。

報告書はまず，婦人の年金権保障について，欧米先進諸国の例をひいて二つの考え方を示す。一つは，無業の妻も独自の被保険者とし，老後に独自の年金受給権を付与しようという個人保障的考え方である。もう一つは，無業の妻は独自の被保険者とはせず，夫の年金の被扶養者給付という形で保障を行い，夫の死後は遺族年金として妻独自の給付を行うという世帯保障的な考え方である。すでに述べたように，わが国の年金制度は，被用者の無業の妻は夫の被用者年金でカバーし，自営業者の妻等の場合は独自に国民年金に加入するという仕組みになっている。そして被用者の妻が独自の年金権を取得する途として国民年金への任意加入が認められている。報告書は，このような仕組みは諸外国にもあまり例のないわが国独自の制度であり，婦人に対してはかなり手厚い保障が行われる仕組みであると評価している。

その上で，被用者年金の遺族年金の水準設定に問題があること，国民年金に任意加入しなかった妻が夫と高齢で離婚すると年金の保障が受けられない場合があること，世帯類型間で給付水準に不均衡が見られること，等を問題点として指摘した。

被用者の妻の国民年金任意加入制度について，今後の問題点として次のように指摘している。

①今後，被用者年金制度の世帯保障的性格を強めていった場合，それに伴

表2-5　被用者の妻の国民年金任意加入被保険者数の推移（単位：万人，％）

	女子若齢任意加入者数（A）	全被保険者数（B）	A／B
1970年度末	292.2（100）	2,434	12.0
1975年度末	556.4（190）	2,588	21.5
1976年度末	618.8（212）	2,647	23.4
1977年度末	681.3（233）	2,720	25.0
1978年8月	706.3（242）	2,766	25.5

1.（　）内は1970年度末を100とした指数である。
2.女子若齢任意加入者には，学生，他制度の年金受給権者等も含まれるが，きわめて少数であり，ほとんどが被用者の妻の任意加入者である。
資料出所：厚生省年金局編（1979）

表2-6　被用者の妻の公的年金加入状況（単位：1,000組，％）

夫が被用者年金に加入している夫婦の合計組数	妻が被用者年金に加入しているもの	妻が国民年金に加入しているもの	妻が年金に加入していないもの
15,352 （100.0）	3,491 （22.7）	7,003 （45.6）	4,858 （31.6）

1.夫婦とも15歳以上の夫婦組数を示しており，「加入していない」ものは，年金受給権者，20歳未満の者等である。
2.（　）内は，夫が被用者年金に加入している夫婦の合計組数を100とした場合の構成比である。
資料出所：厚生省年金局編（1979）

って夫の被用者年金給付と妻の国民年金給付との間で，世帯給付と個人給付の重複が生じると考えられる。制度の成熟化に伴う年金額の上昇に伴い，これらの給付の重複が給付の過剰へと転じていく可能性がある。

②任意加入した者と任意加入しない者との間で将来の年金給付の保障に大きな開きが生じる。年金制度全体の費用負担増の傾向を考えると，このような特定の者に対する給付の負担について世代間の合意が困難になる場合も考えられる。

③強制的な社会保険制度の中に，このような任意加入・脱退の仕組みが埋め込まれていることが制度全体の整合性の問題を生じている。

報告書は，以上のような問題に対し，次の二つの方向を提示する。

①いわゆる無業の妻を国民年金に強制加入させ，婦人に対しても個人保障の年金給付を図って行く方向

②被用者年金の世帯保障的性格を強め，被用者の妻についても国民年金の保障からむしろ被用者年金の保障へ順次移していく方向

そして，このような二つの選択肢の現実的な問題点としては，次の２点を挙げる。

①無業の妻は一般に独自の収入をもたない者である。これら無所得者を強制的に制度に取り込むと年金財政の不安定傾向が拡大する恐れがある。さらに被用者年金による保障との関係をどのように考えるかという問題がある。

②既に被用者の妻の任意加入者が650万人余りでさらに増加傾向にある。任意加入制度そのものの改廃は困難である。

国民年金制度が創設されたときに，すでに発足していた被用者年金との間で，被用者の妻について十分に調整しないまま先送りしてきた問題がここにきて表面化しつつあった。被用者の妻で国民年金に任意加入する者は年々増加している（表2-5，2-6)。世帯保障的性格の厚生年金と個人保障的性格の国民年金が併存し，被用者の妻が国民年金に任意加入する制度は，厚生年金の水準が低く，単身・夫婦の給付水準が未分化である状況ではそれほど問題がなかった。妻の国民年金は補完的給付としての役割を果たしてきたからである。しかし，厚生年金の水準が上がってくると制度間の給付の重複が生じる。これを調整するためには，制度をまたがる被保険者及び受給権者の管理が必要となるが，技術的に困難だった。国民年金に被用者の妻を取り込むにしろ，被用者年金による保障を妻に拡大するにしろ，やはり難しい問題があった。そのため報告書は，考え得る選択肢とその問題点を整理し，改革の方向を提示したが，女性の年金権について具体的な改革案にまでは踏み込まなかった。制度改革に向けて大きな動きが始まるのは1980年代に入ってからである。

◇1970年代の年金制度

年金制度については，経済的な変動に対応して年金水準が引き上げられたが，女性の年金に関して大きな変化はなかった。女性の年金権の確立を含めた年金制度改革を行うべきだという議論が高まりつつあったが，本格的な検討段階には至らなかった。被用者年金は依然として世帯を単位として設計されており，専らその水準引き上げが課題とされていた。

4　課税単位をめぐる議論

◎現行制度の維持

1960年代に引き続いて，所得税における課税単位の問題は税制改正のたびに言及されたが，大きな争点となることはなかった。この時期の税制調査会の答申から課税単位に関する箇所を振り返ってみる。

1971年8月の税制調査会答申『長期税制のあり方についての答申』は課税単位の問題について次のように述べ，制度改正の検討を行うことの必要性にふれるが，調査会自身としての結論は留保している。

「課税単位の問題は，社会生活の実態からみて担税力をどのような単位で測定すれば最も実質的負担の公平を期しうるかという所得税の基本問題である。現行の稼得者単位課税方式と二分二乗課税方式をはじめとする各種の消費単位課税方式とのそれぞれについて先に述べた利害損得や制度の改変に伴う各種の問題点を掘り下げ，さらに諸外国における現行課税単位の採用に当たって背景となった社会生活の実態や歴史的事情等の検討を行ったうえで結論を下すべきである。その際，課税単位の変更は，税率，諸控除当制度の各般にわたって多くの影響を与えることに留意し，早急にその結論を得るよう努めることが望ましい。」

1977年の答申は，再び改正に対し消極的な姿勢を示す。

「課税単位については，所得稼得者単位とするか，あるいは，夫婦ないし世帯を課税単位とするかについて諸外国の制度が一つの方向に固まってきている状態にはない。また，わが国において所得稼得者単位の課税を基本的建前とする現行制度を変更しなければならない状況にあるとは認められない。したがって，税負担関係に著しい変動をもたらす課税単位の変更については，いましばらく事態の推移を見守っていくのが適当である。」

そして翌年12月に出された『昭和54年度改正に関する答申』は二分二乗制の採用を否定している。

「所得稼得者単位とするかあるいは夫婦ないし世帯単位とするかの考え方があるが，現行制度を変更する状況にあるとは考えない。いわゆる二分二乗方式を採用せよとの意見があるが，この方式を採る場合共稼ぎ世帯や独身世帯との権衡という基本問題があり，かつ夫婦別産制をとる民法との関係もあるので，その採用は適当でない。」

結局，二分二乗課税への移行に伴う税制の混乱に対する不安が強く，1970年代の税調答申は課税単位について現行制度を維持することを望んだ。こうして，給与所得者の所得と青色申告事業者及び同族企業の家族所得との間の不均衡を，課税単位の改正によって是正する道は選択されなかった。そのため，所得種類間のアンバランスの是正はもっぱら配偶者控除をはじめとする諸控除の引き上げを通じてなされた。配偶者控除は10年間で6回引き上げられたのである。

◇1970年代の所得税制

高度成長期以降，税収の中心は所得税・法人税だったが，ことに所得税の伸びは著しい。そのため，国民の税負担も大きく，減税は例年の懸案事項となっていた。オイルショック後は，経済が低迷し，税収は減少し，従来のような自然増収の伸びも期待できなくなっていた。大量の公債や借入金への依存度も高まっている。そのような状況と同時に，高齢化社会の到来による社会保障負担も増え，表2-7のように「国民負担」が増大していた。

1970年代半ばには，課税をめぐる不公平を是正要求が急速に高まったが[13]，すでにみたように，課税単位や人的控除に関して大きな制度変更はなく，もっ

表2-7 国民負担率の推移 1970年代

年度	国税 ①	一般会計税収	地方税 ②	税負担 ③=①+②	社会保障負担 ④	国民負担 ⑤=③+④	国民所得 (NI)
	(%)	(%)	(%)	(%)	(%)	(%)	(兆円)
1970	12.7	12.0	6.1	18.9	5.4	24.3	61.0
1971	12.8	12.0	6.4	19.2	5.9	25.2	65.9
1972	13.3	12.5	6.4	19.8	5.9	25.6	77.9
1973	14.7	13.9	6.8	21.4	5.9	27.4	95.8
1974	14.0	13.4	7.3	21.3	7.0	28.3	112.5
1975	11.7	11.1	6.6	18.3	7.5	25.7	124.0
1976	12.0	11.2	6.8	18.8	7.8	26.6	140.4
1977	11.8	11.1	7.1	18.9	8.3	27.3	155.7
1978	13.5	12.8	7.1	20.6	8.5	29.2	171.8
1979	13.7	13.0	7.7	21.4	8.8	30.2	182.2

資料出所：『図説日本の税制平成10年度版』

表2-8　控除額の変遷

(円)

	基礎控除	配偶者控除	白色専従者控除	青色専従者控除
1970年	180,000	180,000	150,000	給与額相当
1971年	190,000	190,000	170,000	給与額相当
	200,000	200,000		
1972年	200,000	200,000	170,000	給与額相当
1973年	210,000	210,000	200,000	給与額相当
1974年	240,000	240,000	300,000	給与額相当
1975年	260,000	260,000	400,000	給与額相当
1976年	260,000	260,000	400,000	給与額相当
1977年	290,000	290,000	400,000	給与額相当
1978年	290,000	290,000	400,000	給与額相当
1979年	290,000	290,000	400,000	給与額相当

ぱら諸控除の引き上げによる減税で重税感の緩和が図られた（表2-8)。

5　ケアワークの社会化と私事化

5.1　保育需要と家庭保育原則

◇対立する二つの理念

1970年代の前半は，第二次ベビーブームで児童数が大幅に増加した。また女子就業者数も増加を続け，母親の家庭外での就労が進み，労働形態も多様化した。以前にも増して保育需要が増大し，かつ多様化したため，保育所の不足が深刻な問題になった。この時期の中児審答申にはその点への認識がみられる。

1971年6月に発表された中児審「緊急に実施すべき児童福祉及び母子保健施策について」は，女子の就業増大に対応して，事業所内保育施設について，指導，助成など積極的に関与すべきことを述べている。

同じ時期に出された中児審保育対策特別部会報告「保育と教育はどうあるべきか」は，保育に欠ける児童の数は増加し，保育所の増設に対する社会的要請はますます高まるだろうとする。保育所はそのような社会的要請に的確に応えるため，その独自の機能と性格を損なうことなく，教育の機能を充実していかなければならないと述べる。さらに，10月に出された中児審「保育所における幼児教育のあり方について」意見具申は，保育所は，児童福祉の観点から，保育に欠ける児童のために，母親に代わって養護と教育を一体化して，望ましい人間形成を促進することを目的ないし主たる役割とする，と述べた。

このように，女性の就労増加を背景として，保育需要増大への保育所の対応を積極的に認めるような論調が見られる一方で，従来からの家庭保育の理念を強調する論調も併存している。

1972年から73年にかけて，殺した嬰児をコインロッカーに捨てるというショッキングな事件が連続して起きた。マスコミは「母性喪失」とセンセーショナルに書き立てた。なぜ母親が子殺しまで追いつめられるのか，父親はどうしていたのか，そうした分析は乏しく，安易な母性責任の強調とその喪失への非難がなされたのである。

そうした「母性喪失」への危機意識が，中児審答申にもかいま見える。1973年11月，中児審は「当面推進すべき児童福祉対策について」中間報告を行い，次のように述べ，乳児保育に抑制的な見解を示している。

「保育需要の多様化の中で特に乳児保育に対する社会的要請は，近来ますます増大しつつあるが，乳児にとっては，その両親による家庭保育が最も望ましいという原則をこの際改めて確認する必要がある。とりわけ最近のように子どもの出生を欲しない風潮，育児に対する意欲と努力を放棄する親が増加しつつある社会情勢の中においては，特に乳児期における心身の健全な発達に不可欠な両親と子どもとの関係，母子の安定した人間関係の継続性を保障する家庭保育の重要性は，この際，改めて強調されなければならない。」

このように，家庭保育の原則を確認したものの，核家族の働く母親がいる以上，乳児保育の必要性は否定できない。そこで，報告は「保育所における乳児保育は，社会経済的理由から，真に必要な場合を中心にして現行の特別対策の拡大を図るべきである」と限定的に乳児保育対策の拡大を提言する。それに続けて，「しかし，上記のような観点に立つならば，母親が家庭において乳児を保育できるように保障することをもっと真剣に考え，そのための対策を確立する必要がある」と述べ，家庭保育が基本であることを再度強調している。

翌1974年11月の中児審「今後推進すべき児童福祉対策について」と題した答申も，家庭での保育の意義と役割について次のように確認している。

「乳幼児の情緒の安定，健全な人格形成のために固有の意義と役割をもつものとして，家庭での保育は不可欠の要素，条件であり，親密で継続的な親子関係もしくは母子関係の樹立及びその維持を中心とする家庭の人間関係の安定が必要であることは，変動する社会においても変わることのない原則。」

そして，そのような重要な意義を有する家庭での保育のための条件整備として，「育児休業制度の普及等により働く婦人の労働条件の改善を促進するとともに，家庭保育において母親が果たす役割の重要性を再認識し，母親が家庭において乳児等を保育できるよう，社会保障給付その他の制度を含めて総合的に検討されるべき」と，ここでも母親のみを主体とした家庭保育を基本としている。

しかし，1970年代後半になると，権利としての女性の就労への配慮が見られるようになる。1976年版厚生白書は，保育所が「所得の絶対的不足を補うため又は生計を維持するために育児担当者までが働かざるをえない階層を利用者として予定」してきたが，「母親の就労を保障する施設としての機能」も有するようになってきたとして，次のような考えを示した。

「従来は，家庭保育を重視する余り，就労と育児は二律背反の命題としてとらえられ，多くの婦人は育児の方の選択を余儀なくされていたといえる。しかしながら，就労と育児は必ずしも相対立するものではなく，また社会的に一方を婦人に押しつけるべきものでもない。ただ，その場合どのような選択をするかは第一次的には各家庭における婦人自身の主体的な選択に委ねられるべきであるが，このうち行政がいかなる分野においてどのような形で条件の整備を行うべきかについて，改めて多面的な検討が行われるべきであろう。」

保育は家庭の問題であり，家庭保育が原則であるという考え方と育児の社会化を認める考え方の相克は依然続く。1976年12月の中児審保育対策特別部会「今後における保育所のあり方」中間報告は次のように述べる。

「就労の意志はもとより尊重されるべきであり，母親が就労の機会を生かすことができるよう保育所等の社会的対応措置が十分に用意されることが望ましい。この場合に，母親の就労にはその家庭の生計維持のため必須である場合と，いわゆる主体的な選択に基づいて行われる場合とが併存しているという事情を考慮し，均衡のとれた行政のかかわり方，費用負担のあり方等についても検討されるべきであろう。」

「今後の社会経済情勢の中では，乳幼児の健全な成長発達にとって不可欠な教育及び養護の両面を有機的に組み合わせ，家庭の求める保育時間に弾力的に対応し得る保育所の機能は，ますます必要とされるであろうし，また，保育所の増設，保育時間帯の拡大，保育内容の改善等，現に保育所に寄せられている多様な要望にも適切に応えていく必要があろう。」

後半では，保育所の弾力的な運営など，保育需要への対応を提言しているが，前半で母親の就労を「生計維持のため必須の場合」と「主体的選択」に区別しているのが興味深い。

「保育所は，やむを得ず働く母親の『保育に欠ける児童』を保育するための施設であり，生活に困っているわけでもないのに，働きに出る母親のために公費で負担するのはいかがなものか」という考えが根底にあるように思われる。

現に増大しつづける保育需要への社会的要請と家庭保育の理念という対立する二つの事柄は，こうして，代わる代わる公的文書に立ち現れている。

◎財政危機と福祉見直し

1973年度の予算編成に際し，政府は社会保障関係費を大幅に増額し「福祉元年」宣言を行った。しかし，同じ年の10月に起きた石油危機により，日本経済の先行きは見えなくなった。景気停滞の影響から税収が伸び悩み，社会保障制度拡充のために歳出を拡大していくことが困難になったのである。

低成長時代の福祉のあり方として，1975年7月，『生涯設計（ライフサイクル）計画－日本型福祉社会のビジョン』が発表された。この提言の内容は，社会保障制度は国民のナショナルミニマムを保障するものであり，それ以上は家族や地域社会の中で自助努力によって確保されるべきものである，というものである。この年，この他に，財政審議会の中間報告「安定成長下の財政運営」や，経済企画庁が組織した総合社会政策基本問題研究会の報告「総合社会政策を求めて」などが，政府の過度な社会保障制度への関与の抑制を提言した。

保育政策にも財政引き締めの影響が端的にあらわれた。1975年，自治省が地方自治体に対し「受益者負担の適正化」，「安易な減免措置の廃止」等を通達し，保育料徴収の強化が図られる。その結果，国の措置費徴収金基準額より低い家庭負担保育料を設定していた市町村の多くが保育料を引き上げた。

高度経済成長の終焉は，社会保障制度における家族の位置づけにも影響を及ぼしている。1976年に発表された政府の『昭和五十年代前期経済計画』は，「国民の福祉の向上は，そのすべてが政府の手によって実現されるべきものではなく，個人，家庭，企業の役割や社会的，地域的連帯感に基づく相互扶助が重要」と主張し，続く1979年に閣議決定された『新経済社会七カ年計画』は，次のように述べていわゆる日本型福祉社会論を打ち出した。

「個人の自助努力と家族や近隣・地域社会等の連帯を基礎としつつ，効率のよい政府が適正な公的福祉を重点的に保障するという自由経済社会のもつ創造的活力を原動力とした我が国独自の道を選択，創出する。いわば日本型ともいうべき新しい福祉社会の実現を目指す。」

1978年版の厚生白書は，欧米諸国に比較すると高い三世代同居率を「福祉の含み資産」と評した。「日本型福祉社会」論は，家族を社会の基礎単位であると改めて位置づけ，高齢者の扶養と介護，育児を担う社会保障機能の代替装置として，その温存を図ろうとするものだった。

育児や介護を社会化するのではなく，家族がそれを担うべきであるとし，家庭基盤の強化と母性の重要性を強調したのが，1979年に自民党が発表した『家庭基盤の充実に関する対策要綱』（以下，家庭基盤充実要綱）である。自民党は，この時期，一連の文書で家庭保育を前提にした家庭観・育児観を強調し，保育所での保育へも批判的な態度を示した。

その一環として，1979年7月，自民党幼児問題調査会は「乳幼児の保育に関する基本法（仮称）制定の基本構想（案）」を発表した。

その基本構想（案）は，健全な乳幼児保育を進めるため解決すべき問題として，第一に家庭保育の重要性に対する再認識，第二に幼稚園と保育所の二元行政（「幼保の二次行政」）解消の必要性を指摘する。基本構想は次のように，母親の就労への露骨な反感を示し，保育所のあり方について抜本的な検討を求めている（池田・友松 1997a：297-300）。

「戦後の経済復興から最近までの高度経済成長は，確かに国民生活を豊かにした反面，物質中心の考え方に流されているという反省がなされはじめている。この傾向は親の育児保育に対する考え方にもあらわれ，家計が成り立っているのに乳幼児を保育所に預けて働きに出ていく母親，職場をやめても保育所が親の育児放棄の道具にされる事例が増えてきている。私たちは，乳幼児保育の原点は家庭であると考えている。また4・5歳児における集団保育の重要性は異論のないところであるが，それはあくまでも家庭保育の基盤の上に成り立つものと確信している。」

「『すべての児童は家庭で正しい愛情と知識と技術をもって育てられ……』また児童権利宣言に『児童はできるかぎりその両親の愛情と責任下で……，幼児は例外的な場合を除きその母から引き離されてはならない』とのべているのも同じ主旨である。」

「以上の視点から家庭保育の充実のための諸施設を講ずると同時に現在の保育施設のあり方についても抜本的な検討が必要であると考える。」

このように，基本構想は「家計が成り立っているのに」働きに出る，など女性の主体的な選択にもとづく就労を批判し，乳児保育否定とも言える考え方を示したが，基本構想が賛美する家庭保育を支える具体的な制度は現実には未整備であり，保育需要が減少するはずもなかった。

◇1970年代の保育政策

1970年代の保育政策を概括すると，育児の社会化と私事化という二つの方向が混在していたといえるだろう。一方で増大する保育需要とそれへの公的対応への要請があり，他方で家庭保育への回帰が求められていた。

公文書の中でも育児に対する責任の捉え方は一貫していない。育児に対して行政はどこまで責任を負うべきか，保育所は経済上の理由からやむなく就労する母親のため，子どもを預かる児童福祉施設ではないのか。しかし，女性労働は増加しており，保育要求は高まる一方である。しかもその要求はさらに多様化している。そうした状況に対し，審議会も方針を一本化できなかった。家庭保育を原則としてたびたび確認しつつも，保育所の増設や運営の柔軟化を提言している。

もはや有子女性の就労と保育所保育を「母性神話」[14)]だけで抑制することは

できない段階にきていたが，折からの経済危機により，抑制的な福祉見直し論が登場する。ナショナル・ミニマムを超える社会保障は，自助努力によって確保されるべきであり，そうすることが強い個人をつくることになり，同時に歳入欠陥対策になるという考え方（田多 1994：73）は，社会保障の担い手としての家族を強調する「日本型福祉社会」論へとつながっていく。こうして，1970年代後半には，多様な保育ニーズの存在は認知されていたが，福祉の拡大に否定的な「日本型福祉社会」論の隆盛で，抜本的な保育制度改革はなされなかった。

5.2　育児休業制度の限定的法制化

◎求められる育児休業制度

働く既婚女性の増加により，保育施設の必要性が以前にも増して高まっていたことはすでに述べた。1950年代から共働きの人々による保育所づくりの運動が進められ，政府も保育所の増設にある程度応じた。しかし，なお保育所数は絶対的に不足し，働く母親の苦労は続いていた。

母親が働くための労働条件整備としては，産前・産後休業及び育児時間の取得が労働基準法に規定されていた。産前産後休業は産前6週間，産後6週間，合計12週間の休暇が定められていたが，産前には規定通りとれないケースがかなりあった（藤井 1995：88）。育児時間は，生後1年に達しない子どもを育てている女性が，普通の休憩時間の他に，1日2回30分以上の育児時間をとることができる制度である。しかし，この制度も利用するにはさまざまな障害がある。企業内に託児所があれば，そこに子どもを預け，育児時間を利用することも可能だが，そうでなければ権利はあっても現実には行使できない。また仮に企業内託児所があっても，乳児をつれて通勤できるほど職場に近い場所に住んでいなければ意味がない。労働省の調査によると，育児時間を請求した母親は全体の28.2%にとどまったという（労働省 1965：35）。

母親が働きつづけるための選択肢は限られている。保育所は，乳児保育を実施するところが少ないため，母親が退職して保育所に預けられる年齢まで待つか，乳児保育をしてくれる無認可の保育所を探すか，自ら保育所を作り出すか，しかなかった。やはり，雇用上の身分を保障されて休業することのできる育児休業制度がどうしても必要だった。

育児休業制度の必要性に言及した「家庭責任を持つ婦人の雇用に関する勧告」（第123号勧告）や「教員の地位に関する勧告」など，ILO をはじめとする1960年代半ば以降の国際的な動きに対応し[15]，政府は1971年３月，労働大臣の私的諮問機関として「婦人の就業に関する懇話会」を設置した。この懇話会は各専門分野の学識経験者で構成され，①国民経済的観点，②母性・育児・教育の観点，③婦人の地位・家庭・地域社会の問題，の各側面から女性の就業について検討している。その結果を７月に「婦人の就業に関する基本的考え方」としてまとめ，労相に提出する。

この報告書は，「保育施設については，婦人の雇用を促進する機能としては大きいものではない」「母親との接触関係は欠くべからざるものであり，特に九ヶ月～二歳半頃の乳幼児にとって必要」「保育所は母親保育に比べると保育者と乳幼児の接触が少ない，接触の連続性が保たれないという問題点がある」など，当時，保育政策全般に大きく影響を及ぼしていた母子関係論に基づく指摘を行った。報告書の最後で「若干の提言」として，「育児費についての援助」「育児休業制度の普及」にふれているが，全体として，この報告書の論調は，母親は保育所を利用して働きつづけるより育児に専念すべきだ，というものである。

この報告書を受け，労働省は婦人少年問題審議会（以下，婦少審）に「勤労婦人の福祉に関する基本構想」を諮問した。1972年２月に婦少審から答申を受け，労働省は立法作業に入り，３月，勤労婦人福祉法案が国会に上程された。塚原労相は同法案の提案理由を次のように述べる[16]。

「ご承知のとおり，近年，婦人の職場進出は著しく，雇用者総数の三分の一，約一千百万人に達し，特に，既婚婦人がその過半数を占めるに至っており，今後とも勤労婦人の経済及び社会に果たす役割は大きくなるとともに，婦人の生涯における職業生活の意義もますます高まるものと思われます。

これら勤労婦人が職業生活と家庭生活との調和をはかるとともに，その能力を有効に発揮して充実した職業生活を営むことができるようにすることは，勤労婦人自身のためばかりでなく，国家・社会にとりましても大変重要であると存じます。」

女性労働の拡大とその意義への認識はみられるが，職業生活を家庭生活を両立させるのは「勤労婦人」であり，その「勤労婦人」の配偶者の家庭責任に対する認識はまだ見られない。

同法案は1972年６月，勤労婦人福祉法として成立した。同法は，「事業主は，その雇用する勤労婦人について，必要に応じ，育児休業の実施その他の育児に関する便宜の供与を行うよう努めなければならない」（第11条）と定める。努力義務としてではあるが，育児休業がはじめて法律上明記された。

◇限定職種での法制化の動き

社会党が1967年と1968年に提出したわが国初の育児休業立法「女子教育職員育児休暇法案」は廃案になったことはすでに述べたが，その後も取り組みは続いていた。1971年２月，社会党は「女子教育職員育児休暇法案」を参議院に提出する。３度目の提出だが，これも廃案となった。しかし，こうした取り組みの結果，　自民党との合意がなり，1971年12月，参議院文教委員会に「女子教育職員育児休暇制度に関する小委員会」が設置される。この小委員会設置までには，国会審議とは別に，超党派による婦人議員懇談会の取り組みもあった（糸久 1990：56）。

小委員会での検討が進み，「義務教育諸学校等の女子の教育職員の育児休暇に関する法律案」と「申し合わせ」を決定した。この二つの案は1972年６月，参議院文教委員会提出法案とすることが決まった。法案内容の内容は次のようなものである。

①対象は国公立の幼稚園から高校までの諸学校の女子教育職員

②育児期間として，産後休暇終了の翌日から生児が１歳に達する日の属する学期の末日を限度とする

③休業中はその身分を保有するが職務に従事しないものとし，期間中の給与は無給とするが，月に３日以内の勤務命令とそれに見合う給与の支給ができる

④育児休業を理由として不利益な取り扱いをしてはならない

⑤退職手当，復職後の昇給については，休暇の３分の２を在職期間とみな

す

⑥任命権者は，育児休暇を認める女子教育職員にかわる教育職員を臨時的に任用しなければならない

⑦私立学校の設置者は育児休暇制度を実施するよう努めること

休業中の所得保障については今後の実績を見た上で有給制の方途を研究すること，学校女子事務職員に対しても休業制度の拡大をはかることが「申し合わせ」とされた。

この法案がこれまでたびたび提出されてきた社会党案と違っていたのは，①育児休暇中の給与の取り扱い，②退職手当の計算，③代替要員について，の3点である。社会党案では①については有給（8割），②については，休暇中の全期間を在職として算入するとなっている。また③については，正式採用の職員を配置するとなっていた。小委員会案ではそれぞれ，育児休業中は無給，休暇期間の3分の2を在職期間に算入する，代替要員は臨時的な任用，となっている。

この法案は参議院では全会一致で可決，衆院に送付されたが意見調整がつかず，審査未了，廃案となった。この法案はこの後，1973年8月に社会，共産，公明，民社四党により参議院に共同提出されたが，第72回国会に継続し，1974年5月再び審査未了・廃案となる。

教職員は専門性の高い職種であり，人材の確保が重要であったため，他の職種に先駆けて育児休業制度法制化の動きがあったが，同様の動きは看護婦・保母に対してもあった。これらの職種は労働条件が悪く，退職者も多かったため，慢性的な人材不足となっていた。そこで優れた人材を確保するためには育児休業制度が必要となったのである。1974年5月，社会党は第72回通常国会で「看護婦等の育児休暇及び進学休暇等に関する法律案」を衆議院に提出した。この法案は継続となり，第75回通常国会で廃案となった。

一方，1975年3月，社共公民四党は，第68回国会の文教委員会提出の法案と同じ育児休暇法案を参議院に再提出する。この法案は再び審査未了・廃案となったが，第75回国会で，先の四野党に自民党を加えた与野党一致の議員立法として「義務教育諸学校等の女子教育職員及び医療施設，社会福祉施設等の看護婦，保母等の育児休業に関する法律案」が衆議院に提出された。

同法案は衆議院文教委員会に付託された。提出者を代表した自民党の橋本龍太郎議員は，提案理由を次のように述べている（高橋 1991：58）。

「義務教育諸学校等の女子教育職員並びに医療施設，社会福祉施設等の看護婦，保母等は，これらの職場において重要な役割を果たしておりますことはご承知のとおりであります。しかしながら，これらの者が出産，育児を迎える時期は，職務に慣熟した時期であるにもかかわらず，出産，育児のために中途退職を余儀なくされ，または退職しないまでも育児をしながら職務に従事することは，本人にとり心身は申すに及ばず経済的にも大きな負担となっており，ひいては教育，医療の面でもマイナスになっております。そこで，この際，これらの者を対象にその子が一歳に達するまでを限度といたしまして，育児休業の制度を新たに設け，これらの者が出産，育児のために退職することなく，育児休業の終了後も引き続き職務に専念することができるようにし，わが国における教育及び社会福祉の水準の維持を図ることがきわめて緊要であると考えまして，法律案を提出した次第であります。」

専門職である教職員や保母，看護婦が育児のために中途退職を余儀なくされているという状況は，日本の教育，医療，社会福祉の面で問題であるという認識がこの法案の推進力である。女性の権利としての就業や，仕事と家庭責任の両立への配慮というレベルではなく，実利的な判断にもとづく法制化の動きだったと言えよう。

法案の最大の懸案は，休業中の所得保障の問題である。野党側は「有給」を主張するが，政府内部，特に大蔵省が反発し，最終的には国家公務員に対しては，人事院勧告によって国が何らかの形で支給し，地方公務員もこれに準ずるということで妥結した（糸久 1990：60）。

1975年7月，初めての育児休業法「義務教育諸学校等の女子教育職員及び医療施設，社会福祉施設等の看護婦，保母等の育児休業に関する法律」（以下，旧育児休業法）が成立した。主な内容は次の通りである。

①対象は国公立の幼稚園から高校までの義務教育諸学校等の女子教育職員並びに国及び地方公共団体の運営する医療施設，社会福祉施設等の看護婦，保母等で一歳未満の子を養育する者

②育児休業期間は，任命権者の定める日から子が一歳に達する日までの間において任命権者の定める日まで

③休業中はその身分を保有するが職務に従事しないものとし，期間中は無給とする

④育児休業を理由として不利益な取り扱いをしてはならない

⑤国家公務員である女子教育公務員等の復職時の俸給調整，退職手当及び国家公務員災害補償法の平均給与額の算出について所要の規定を定めること

⑥地方公務員である女子教育公務員等については，⑤に準じて取り扱うように所要の規定を定めること

⑦任命権者は，育児休業の許可をする場合には代替職員を臨時的に任用すること

⑧私立の義務教育諸学校等，国及び地方公共団体の運営する医療施設，社会福祉施設等以外の医療施設，社会福祉施設等を運営する者はこの法律の規定する育児休業制度に準じて必要な措置を講ずるよう努めること

この法案の成立により，きわめて限定的ではあるが，国公立の義務教育諸学校，医療施設，社会福祉施設等で働く教員，看護婦，保母が育児休業を取得することができるようになった。また1975年４月からは，育児休業奨励金制度も発足する。これは育児休業の普及促進のため，雇用保険事業の一環として，一定の要件を備えた育児休業制度を実施する事業主に対し，一定額の奨励金の支給を行うというものである。

◇労基研報告と『家庭基盤充実要綱』

1978年11月，労働大臣の私的諮問機関である労働基準法研究会（以下，労基研）が「女子労働」関係について報告書を労働大臣に提出した。このいわゆる「労基研報告」は，女性労働者の増大を背景に，男女雇用平等法の立法化と女子に対する保護措置見直しを打ち出した。その基本的な主張は以下の４点にまとめられる（藤井 1995：172）。

①30年も前に制定され，すでにその合理的理由を失った労働基準法の女性に対する特別措置を存続することは，女性を保護するというよりかえっ

て女性の職業選択の幅を狭め，それ自体が男女の差別となる可能性がある。

②男女平等のためには，男女が同じ基盤に立って就業することが必要であるため，女性に対する特別措置は，母性機能など最小限必要とされるものに限定すべきである。

③女性が家事育児などを負担している現状を無視できないが，本来家庭責任は男女双方のものであり，家庭責任の分担に関して意識の変化も生じてきていることを考慮すべきである。

④女性に関わる特別措置の国際的水準及び諸外国の動向にも留意する必要がある。

そもそも，労働において男性とは異なる保護が女性に与えられるのはなぜだろうか。まず第一に，母性機能に対する配慮という生物学的な理由である。第二に，社会的な理由として，女性の置かれている状況が労働者としての生活に適合的でないことが挙げられる（藤井 1995：87）。すなわち，一般的に働く女性は，雇用労働に加えて家事労働という二重の責任を担っているため，男性に比べて職業生活に対してハンディを負う。そのために時間外労働，休日労働，深夜労働等の制限という保護を受けるのである。「労基研報告」は，その前提である家庭責任の分担に変化が生じてきているので，保護措置も再考すべきである，と指摘している。この時点で，現実にどの程度の変化があったのかは定かではないが，「家庭責任は本来男女双方のもの」と述べたことは重要である。

「労基研報告」は，育児休業については検討課題として次のように指摘している。

「わが国においても，社会環境の整備状況等を考慮すると，労働基準法に規定するのが妥当であるか否かは別にして，国公立の義務教育諸学校等の教育職員等以外の者についての育児休業請求権のあり方を検討すべきである。この場合，次代を担う健全な子どもを育成するという責務は男女等しく負うべきものとの観点から，育児休業は男女にかかわらず取得できるようにすることもあわせて検討する必要があろう。」

育児休業制度を教員や看護婦，保母以外にも拡大するという提案は自民党からもなされた。しかしそれは「労基研報告」とは背景を異にするものである。

1979年6月，自民党は『家庭基盤充実要綱』の中で，次のように述べて育児休業制度の全産業への適用立法化を主張する。

> 「乳幼児期の子どもと母親とのスキンシップの有無は，後の子どもの成長発達に大きな影響を及ぼすといわれていることから，特定職種（教員，看護婦，保母）以外の勤労婦人も育児期間中は休業（最低1年間）して育児に専念し，休業期間終了後，再び職場に復帰できる権利を保障する育児休業制度の確立を図るべきである。」

保育政策のところで触れたように，自民党の家庭基盤充実構想の背景には，「自助努力と家庭及び地域社会の連帯」を基礎とする「日本型福祉社会論」があった。家族を社会保障の担い手として重視し，育児と高齢者の扶養・介護を家族の役割とすることで，社会保障費の負担を抑制をはかる議論である。したがって，自民党の育児休業制度拡大案は，表面的には働く母親の支援であっても，結果として家庭保育を強調し，女性を家庭に戻すことにつながるのではないかと懸念された（糸久 1990：80）。

同じ時期に発表された「乳幼児の保育に関する基本法（仮称）の制定の基本構想（案）」もその懸念をより高めた。家庭における乳幼児保育の充実と題した項目で，「国民全体に母性の尊厳と家庭保育尊重の理念を定着させる一方，職業を持つ婦人・片親世帯などやむなく家庭保育の機会を制約されている婦人のために，〇歳～二歳までの三年間程度の育児休業補償制度と育児手当の創設等を検討し，安んじて家庭保育に専念できるようにすべきである」と述べている。

未だ保育所の供給が不十分な状況で，「育児休業補償」や「育児手当」などの現金給付を打ち出し，家庭保育を強調することは，女性を家庭に戻し母親役割に固定することにつながると警戒されるのは当然だった。

◎1970年代の育児休業制度

育児休業制度は専門職である教職員，保母，看護婦を対象として法制化された。法律が成立したのは，養成に時間のかかるこれらの専門職労働者たちが育児によって中途退職するのは，教育や社会福祉の水準維持の面から損失であるという判断があったからである。代替の容易な一般の女性労働者については，その就労の権利を育児休業制度により保障しようという考えは乏しかった。「労基研報告」のように，家庭責任は男女で共同して担うものであるという考え方も示されたが，社会的コンセンサスは得られていなかった。

5.3 児童手当制度の創設

◎児童手当法の成立

1960年代を通じて論議されながら，結局，児童手当の1970年度からの実施は見送られる。1970年3月の第63回特別国会では，佐藤首相は「児童手当は来年度予算においては，遺憾ながらその実現を見送らざるをえなかったが，今後ともこの実現に向かって積極的に努力する決意である」と述べるにとどまり，実施年度を明言することを避けるようになった。賃金制度の合理化と労働力確保のための人口政策の観点からは児童手当制度を肯定するが，子どもの養育は親の責任であり，財源負担は拒否するという財界の姿勢に変化は見られない。膠着した状況を打開する糸口を探るため，児童手当審議会は調査団を先進諸国に派遣した。調査団は，イギリス，フランス，西ドイツ，カナダ，オーストリアでの児童手当の実施状況を視察して7月帰国し，報告書を提出した。これを契機に審議は進み，9月には審議会としての中間答申を行う。

児童手当調査団の訪欧報告書を受け，児童手当審議会は中間答申として「児童手当制度の大綱」を厚相に提出した。その要点は次の通りである。まず，児童手当の目的としては，①児童養育費の家計負担の軽減による家庭生活の安定，②次代の担い手である児童の健全な育成と資質の向上，の二つが挙げられている。さらに，「数少ない現在の児童が社会の中核となって数多い老人の生活をあわせてささえてゆくべきものであることも，忘れてはならない」とし，そのためにも児童手当を発足させる意義があると述べている。制度の立て方は，被用者と非被用者の制度を別の収支にし，財源は，被用者については事業主の拠出と国庫負担により，被用者以外の者については，一定限度以上の所得のある者の拠出と公費負担とする。所得制限は行わない。支給対象児童は，義務教育終了前の第3子以降で，月額3000円支給する。

この「児童手当制度の大綱」には前章で見た児童手当懇談会の「報告」とは次のような違いがある（表2-9）。まず，支給対象範囲が狭められている。「報

表2-9 児童手当審議会中間答申「児童手当制度の大綱」(1970.9.16)

項目		内容
制度構想		制度は単一のものとし，被用者と被用者以外の者については，それぞれ別個の収支によるものとする。
給付	支給対象児童	義務教育終了前の児童が3人以上いる場合の第3子以降の児童とする。
	支給額	支給対象児童1人につき月額3000円とする。
	所得制限	行わない。
	他制度との調整	
財源		①被用者に対する児童手当 事業主の拠出及び国庫負担（8/10対2/10） ②被用者以外の者に対する児童手当 一定限度以上の所得を有する者の拠出及び公費負担
実施機関		

告」では「義務教育終了前のすべての児童」とされていたのが，「大綱」では「義務教育終了前の児童が3人以上いる場合の」第3子以降から，となっている。そして，費用については，「報告」ではふれられていなかった被用者以外の者，自営業者や農民等の拠出が明記されている。これは，国民全員の公平な負担を求める財界の要求に配慮したものと言える。このように，費用面で難色を示す大蔵省を説得し，財界の協力を得，早期実現を求める各方面の声に応えるため，「大綱」は「報告」よりも内容的に縮小されたものとなっている。

児童手当審議会は「まえがき」の中で，「大綱に示すような費用負担関係については，ただちにこのような仕組みを取ることが容易でないところもあると予想される」と述べ，「拠出および公費負担のあり方，関連諸制度との調整，事務機構のたて方等」について政府が速やかな検討を行うよう要望している。審議会としては反対勢力の意向を汲み，なんとか妥協の産物として案をまとめたので，後は政府が政治的に調整してほしいと言っているのである。

審議会が答申した翌日，佐藤首相は内田厚相と福田蔵相に対し，1971年度からの制度実施をめざし，次の国会で関係法案を提出するよう指示した[17]。この指示を受け厚相は，厚生省でも「大綱」を基礎として政府案の作成に着手し，細目について自民党と調整を図ることとした[18]。そのため，自民党政務調査会社会部会内に児童手当に関する世話人会が設けられることになった。

世話人会は集中的に審議を重ねた結果，11月に「児童手当制度の構想」をま

表2-10　自民党世話人会構想（1970.11.17）

項目		内容
制度構想		制度は単一のものとし，被用者と被用者以外の者については，それぞれ別個の収支によるものとする。
給付	支給対象児童	18歳未満の児童が3人以上いる場合の義務教育終了前の第3子以降の児童。
	支給額	支給対象児童1人につき月額3000円とする。
	所得制限	一定限度以上の所得を有するものには支給しない。
	他制度との調整	①公的年金等公的制度とは，併給する。②児童手当は非課税とする。
財源		①被用者に対する児童手当　事業主10/7　国2/10，都道府県0.5/10　市町村0.5/10 ②被用者以外の者に対する児童手当　国4/6　都道府県1/6　市町村1/6
実施機関		①拠出金の徴収は政府が行う。 ②支給に関する事務は市町村で行う。

とめ，これが社会部会で了承された（表2-10）。「大綱」との主な相違点は，第一に，支給対象児童の範囲が拡大されたことである。「大綱」では「義務教育終了前の児童が3人以上いる場合」とされていたのが，世話人会構想では「18歳未満の児童が3人以上いる場合」になっている。高校進学率がかなり高くなってきていること，児童福祉法上も「児童」は18歳未満である，という点などが考慮された（厚生省児童家庭局 1992：20）。第二に，「大綱」ではなかった所得制限が設けられた。第三に，審議会案の自営業者・農民の本人拠出を取り下げる代わりに，被用者の事業主負担分の引き下げと，新たに自治体の負担を導入することを提案している。「大綱」では，「一定限度上の所得を有する者の拠出及び公費負担」とされていたのがすべて公費負担となったわけである。

この世話人会構想は各方面に目配りをきかせ，調整を行った内容となっている（根本 1984：180）。自営業者や農業従事者からの拠出を無拠出制に修正したのは，これらの人々が自民党の重要な支持基盤だからである。財界の求める「国民全体の公平な負担」に対しては，新たに所得制限を設けることで無拠出制への修正の埋め合わせをしている。国民感情一般にも配慮し，高額所得者には支給しないこととし，全体として手当の支給範囲を拡大し，自民党としてのポイントをあげようとしている。世話人会案で特に注目すべき点は所得制限の導入である。個別のニーズを問わずに一律に児童扶養家庭に支給するというのが一般に家族手当の特徴である。所得制限の導入は児童手当を公的扶助の一種

表2-11　児童手当法案（1971.2.16）

項　目		内　容
制度構想		制度は単一のものとし，被用者と被用者以外の者，公務員につき，それぞれ別個の収支によるものとする。
給付	支給対象児童	18歳未満の児童が3人以上いる場合の義務教育終了前の第3子以降の児童。
	支給額	支給対象児童1人につき月額3000円とする。
	所得制限	一定限度以上の所得を有するものには支給しない。
	他制度との調整	①公的年金等公的制度とは併給する。 ②児童手当は非課税とする。
財源		①被用者に対する児童手当　事業主10/7　国2/10, 都道府県0.5/10　市町村0.5/10 ②被用者以外の者に対する児童手当　国4/6　都道府県1/6　市町村1/6 ③公務員に対する児童手当　国，地方公共団体，公共企業体がそれぞれ負担
実施機関		①拠出金の徴収は政府が行う。 ②被用者と被用者でない者に対する児童手当の支給に関する事務は市町村において行う。 ③公務員に対する児童手当の支給に関する事務は 国 地方公共団体及び公共企業体がそれぞれ行う。

に変質させるような大きな修正だった（横山・田多 1991：385）。

世話人会構想については，特に費用負担の面で事業主や，あらたに負担を求められた自治体の強い反対意見があった。また，大蔵省も制度の発足は財政の硬直化につながると制度実施には反対の立場である。しかし，自民党の事実上の政策決定機関である政務調査会が児童手当制度創設の方向で固まってきた以上，大蔵省もいつまでも反対しつづけるわけにはいかなくなった。その背景には，児童手当制度は1971年度から実施するという佐藤首相の強い意志表示があったと言われる（厚生省児童家庭局 1992：22)。世話人会案が提示された2日後の11月19日には，大蔵省も来年度予算で児童手当の創設を認めるとの方針を固める。依然として児童手当実施の見送りを要求する財界に対しては，福田蔵相が経団連幹部との会合で来年度予算で児童手当創設を認める方針だと明言した[19)]。

こうして，政府と厚生省は自民党と大蔵省の協力を得，財界の反対を抑えていよいよ児童手当法案の作成に着手することになった。1971年2月1日，厚生省は，制度審に対して，児童手当法案要綱を示し，答申を求めた。これは自民党世話人会構想に沿ったものであり，相違点は公務員については支給及び費用負担関係を別扱いにしたこと，支給対象範囲を段階的に拡大する際の範囲を明確にしたこと[20]，の2点である。2月10日に出された制度審の答申「児童手当法の制定について」は，法案要綱を「きわめて貧弱な内容」であるが，いよいよ制度発足の段階を迎えることができたのは評価すると述べる。その上で，数多くの問題点を内蔵しているとして，負担や給付，所得制限，被用者と被用者以外との均衡などについて疑問があると指摘する。政府はこの法案要綱を閣議決定し，児童手当法案として国会に提出した。その内容は表2-11の通りである。

内田厚相は1971年2月25日，衆議院本会議において児童手当法案の趣旨説明を行った。国会の質疑では，度重なる公約にもかかわらず制度創設が遅れたこと，給付額が少なく，所得制限があるなど，制度内容が貧弱であること，費用負担の問題などについて指摘がなされた。所得制限を行うことについての質問に対し，内田厚相は「……それが一番必要にして役に立つというような，そういう範囲に手当を出したい」と述べ，「所得のきわめて多い方々の子どもを対象とするようなことにつきましては，……国民感情にひっかかるものなきにしもあらず」と所得制限の必要性への理解を求めた[21]。財源問題について福田蔵相は「国と地方と企業，三者分担」を妥当なものと[22]強調した。

野党各党は，法案は児童手当の名に値しない貧弱な内容と評したが，これにかわる代案もなく，児童手当法案は衆参両院において全会一致で可決され，1971年5月21日「児童手当法」が成立した。制度創設の具体的な検討が始められてからすでに11年余りが経過していた。

児童手当法が公布され，1972年1月から段階的に実施されることになった。新しく創設された児童手当制度の意義について，この年の『厚生白書』は次のように述べる（厚生省 1971：421-3)。

まず，児童手当制度の目的に関しては，

「児童手当法は，家庭における生活の安定と次代の社会を担う児童の健全な育成と資質の向上に資することを二大目的とし，それ以外の賃金政策，雇用政策，あるいは，人口政策的な目的をねらいとするものではない。」

これは，1964年の中児審児童手当部会中間報告が示した児童手当の四つの意義（児童福祉，社会保障，雇用賃金政策，所得格差是正政策）のうち，児童福祉的観点と社会保障的観点を強調し，賃金政策的観点については否定するものである。しかし，費用負担については次のように述べ，実質的には労働力確保のためという雇用政策的観点を残している。

「児童手当制度は，無拠出となる自営業者等と拠出の対象となる被用者が同一の給付を受け，拠出と給付の相互関係がない。被用者の児童手当の費用については事業主の拠出を求めるが，これは，従来の社会保険，社会福祉のいずれとも異なった独自の負担割合である。それは，将来の労働力確保のためにも児童の健全育成・資質向上を図ることが重要であるからである。」

制度の創設が政策課題として登場したごく初期の段階から，児童手当制度の目的には関係者のさまざまな思惑が込められてきた。その意義や目的の曖昧さ故に，各アクターたちは自己利益に合致するよう都合よく解釈し，それが政策決定に多大な時間を要した原因と言えるだろう。

◎児童手当制度創設をめぐる政治過程

1960年代を通して進展しなかった児童手当創設問題が，ようやく70年代初頭に実現したその過程をここでまとめてみる。すでに述べたように，児童手当の意義はかならずしも自明のものではなく，時期に応じて，文脈に応じて，あるいは立場に応じて，その強調される点は異なっている。それを大別するならば，児童福祉，所得保障，労働力確保，賃金体系合理化，の四つにまとめられる。前二者の観点を重視したのは，厚生省，自治体，野党である。それ以外の政治的思惑で動いたのが大蔵省，財界と自民党である。

厚生省が児童手当制度創設に熱心なのは，福祉行政を主管する官庁として当然のことである。現実に，児童養育費は一般家庭の家計を圧迫しており，対処が求められていた。厚生省は児童福祉の観点と児童を養育する家庭の所得保障の必要性を強調する。しかし，それだけでは，関係者，特に財界の協力を得ることができない。そこで，次第に力点は児童福祉以外の意義に移っていく。しかし，このことは児童手当の目的をさらに曖昧なものにし，厚生省の立場を弱くする。

大蔵省が厚生省の動きに否定的だったのもまた財政当局としては当然である。

児童手当の目的は明確とは言い難いし，制度創設には多額の財源が必要である。費用負担には大きな抵抗が予想された。このような要因に加えて，もともと大蔵省は他の省庁が提案する新規の政策には好意的ではない。しかしその大蔵省も，政府と自民党が児童手当創設の方向で固まった以上，それに従うほかなかった。

最も強固な反対勢力は財界である。事業主に求められる費用負担は，企業にとっては経済的損失である。しかし，児童手当の意義のうち，労働力の確保と賃金体系の合理化は財界にとっても無視できない。児童の扶養は基本的に親の義務であり，国や企業がかかわることではないという立場に立つ財界にとって，児童手当制度は良質な労働力の確保と賃金体系の合理化に資する範囲でのみ意味のあるものだった。財界は自民党との密接な関係を利用して圧力をかけ，制度創設反対の姿勢を崩さなかったが，結局，協力せざるを得なくなる。それは労働力不足がそれだけ深刻だったからである。また，自民党の支持率の長期低落に対する危機感を自民党と共有していたという面もあったと思われる。

自民党は与党として，児童手当創設を公約してはいたが，それほど積極的だったわけではない。政府と党の間には温度差があった。政治資金の提供源である財界が児童手当を望まない以上，自民党としてもその意向を汲む必要があった。この姿勢が変わるのは，一つには佐藤首相が制度創設の確固たる姿勢を示したこと，もう一つには選挙対策がある。自民党は1960年代前半に児童手当制度の導入を公約し，国会においても実施年度を何度も明言していたが，結局は先延ばしにすることを繰り返していた。1960年代後半から1970年代にかけて，国民の福祉に対する要求は高まってきていた。そうした要求に応えようという革新自治体の動きも強まっている。「福祉を充実させる」というのは，選挙に際しても響きのいいスローガンとなった。革新自治体の動きを牽制し，票を獲得するためには，政策プログラムの中の福祉政策の優先順位をあげなければならなくなったのである。

児童手当制度創設の政治過程において，野党の果たした役割は大きいとは言えない。社会，公明，民社，共産の各党は，1960年代から児童手当を公約に掲げてきていたが，財源の問題などを考えると実現可能性の低い提案である。例えば，1969年の衆議院選を前に，社会党は義務教育終了前の全児童に月額6000

表2-12　児童手当制度の事業実績

年　　度	1971	1972	1973	1974	1975
支給対象児童の範囲の変更	5歳未満		10歳未満	義務教育終了前	
手当月額（円）	3,000	3,000	3,000	4,000	5,000
所得制限（万円）	200	233	268	322	415
支給児童数（万人）	111.9	143.5	235.3	276.2	282.3

1.所得制限の限度額は扶養親族等五人の場合の年収を示した
2.支給児童数は1971年度のみ３月末のものであり，それ以外の年は２月末の数字である
資料出所：大塩（1995：245）を簡略化。

円の児童手当を支給する[23)]，と公約している。児童手当制度の検討が具体化した段階では，野党の要求は所得制限の撤廃と支給対象児童の範囲拡大に絞られたが，それを可能ならしめる財源の問題については説得力のある提案ができなかった。

以上の流れは次のように要約できるだろう。児童福祉の理念を重視する厚生省に対し，財源問題から大蔵省と財界が反対したが，選挙対策を考える自民党の方針転換により，両者も軟化せざるを得なくなった。しかし，単純に児童福祉と社会保障の理念がアクター全員に共有されたわけではなく，そこには財界の重視する労働力の確保という人口政策的目的も織り込まれている。野党は「反対」の表明以上に積極的な役割を演じることができなかった。

◎財政危機と児童手当見直し論

1972年１月からスタートした児童手当制度は，支給対象児童を段階的に拡大し，1974年から完全実施される。受給者は1972年度の段階で143万人に達している(厚生省 1973：363)(表2-12)。これは当初予想を大幅に上回っていたが，全体としてみると受給者は該当年齢の児童の１割にも満たない。所得制限と第３子以降への支給という条件でかなりの人数が支給対象外になっていたのである。

そこで支給対象の拡大が図られる。1973年５月には，所得制限の限度額が引き上げられた。また，1974年１月には，制度審が「児童手当法等の一部改正について」答申において児童手当は「飛躍的な発展を図ることがこの際必要である」と指摘した。６月にはこれをうけて，手当額が月額4000円に引き上げられた。11月には，中児審が「今後推進すべき児童福祉対策について」を答申し，

児童手当は養育者が権利として受給できるようにすること，所得制限をしないことが望ましいと主張した。1974年度中に所得制限は再び引き上げられ，児童手当制度は順調に発展していくかと思われた。

しかし，1973年のオイルショックを契機として日本の経済は低成長に移行し，児童手当を含めて福祉全般が厳しい論議の的となっていく。

児童手当の存廃が取りざたされるようになるなかで，厚生省は1976年11月から翌年2月にかけて「児童手当制度意識調査」を実施した。この調査は制度の廃止をかけて，一般世帯1万2000世帯，企業1500社と有識者1000人を対象に，児童手当制度の意義，給付のあり方，財源負担などについて尋ねたものである[24)]。それによると，「児童手当を出すのは当然」または「必要」とするのは，一般世帯52%，企業48%，有識者48%という結果だった。これに対し，「環境整備が優先」または「手当を出すことは差し控えるべき」とする児童手当消極派は，一般世帯の39%，企業の51%，有識者の50%を占めていた。経済状況が悪化する中で，企業の認識は厳しかったと言える。

1975年から3年間，厚生省児童家庭局長を務めた石野清治によれば，前任者の上村一児童家庭局長は引き継ぎの際，「私は児童手当制度の置かれている現状を考えると今後どうすべきか全く結論を得られないでいる。評論家的発言で誠に申し訳ないが，進むも地獄，退くも地獄というのが偽らざる心境である」と述べたという（石野 1998：123）。当時は，政官財，マスコミに至るまで児童手当廃止論が強く，厚生省にとっては非常に厳しい状況だった。そのような状況を打開するため，石野局長は，国民各層が本当に児童手当制度を必要としているのか調べるしかないと考える。そこで，当時としては破格の調査費を大蔵省に要求した。大蔵省は，調査結果次第では廃止はおろか，手当額の引き上げも考えねばならなくなるので，調査の実施そのものに反対の姿勢だった。しかし，最終的には約2000万円の調査費が予算に計上された。大蔵省は調査が厚生省の望む結果への誘導になることを警戒し，調査項目に細かくチェックを入れたという。結果は，すでに述べたとおり，賛否が相半ばし，児童手当存続賛成がわずかに上回るというものだったため，ひとまず現行制度を維持することとなった。

そのようななかで，1977年7月以来審議してきた中児審が12月12日「児童手当制度に関する当面の改善策について」と題する意見具申を発表した。この意見具申は，まえがきで「児童手当制度は発足後五年余を経過したが，この間の経済不況，財政状況等を反映して，そのあり方については各方面において制度の拡充から縮小廃止論まで種々の意見が出されている」と現状を説明する。

そして，まえがきに続いて児童手当の必要性を検討する。児童手当が必要とされた創設当時の社会状況とは本質的に同じであるが，今日の状況として次の諸点を挙げ，児童手当の必要性を再確認している。すなわち，①人口の急速な高齢化による老齢人口の扶養負担は増大している。②そのような負担に対処しつつ資源小国日本の発展を支えて行くには人口資質の向上以外にない。次代を担う児童の資質向上が求められる。③低下する家庭の養育機能を強化，助長していかなければならない。④児童養育世帯と非養育世帯との負担の均衡を図ることが必要である。

高齢化社会を支える人材としての児童の資質向上と健全育成に主眼を置いたこの意見具申は，当面の改善措置としては，児童養育費負担が相対的に大きい低所得層について手当額の引き上げを行うよう配慮すべき，と述べるにとどまり，大幅な制度拡充，あるいは縮小について提案していない。しかし，児童手当制度の目的は「所得保障のみにとどまるものではなく，児童の健全育成・資質向上という理念を制度の仕組みの上に十分に反映させなければならない」との立場から，「手当を受給しない家庭の児童も含めて，児童の健全育成対策の推進を図るため，児童手当制度独自の立場から，当面実施可能な範囲で，各種健全育成施策を実施することについて」考慮すべきであるとした。厚生省はこの意見具申を踏まえて，低所得者層を対象に手当額を引き上げるとともに，児童手当制度に福祉施設を導入することとし，翌年，児童手当法の一部を改正した。

翌1978年にも中児童審は「児童手当制度に関する当面の改善策について」と題する意見具申を行った。この意見具申は，論点を児童手当の支給額及び所得制限の限度額に限定して次のように述べる。現時点で「制度の基本にふれるような手当額及び所得制限限度額の改定を行うことは適当ではない。」しかし，「現行水準のまま据え置くことも……制度の相対的縮小という方向を導き出すものといえることから，必ずしも適当ではない。」したがって，「当面の措置として改定を行うことが望ましい。」この意見にもかかわらず，この年，手当額は据え置かれた。

1979年には国債残高がさらに累積し財政状況は悪化した。そのため，財政制度審議会が児童手当制度の見直しを提言するに至った。財政制度審議会報告は次のような点を問題点として指摘し，児童手当の意義と目的には疑問があるとする。

①親子の家庭における結びつきが強く育児に対する社会的負担の考え方がなじみにくい

②賃金体系が家族手当を含む年功序列型の場合が多く，生活給としての色彩がある

③児童養育費の負担軽減に資するものとして税制上の扶養控除制度が存在する

④児童福祉施策全体の中で優先度が高いとはいえない

⑤意識調査でも児童手当の存在意義について積極，消極は半々である

また，費用負担についても，被用者分は事業主から拠出を求めているのに対し，非被用者の場合は全額公費負担となっており，公平性の点から基本的な問題があると述べる。

以上のような財政制度審議会の報告をはじめ，児童手当は見直すべきだという意見が強まってくるなか，1979年12月の予算編成過程では，大蔵省は厚生省に児童手当の所得制限等について見直しを迫った。大蔵省は財政の逼迫を理由に，児童手当の合理化を求めたが，結局，1980年度の所得制限の限度額は据え置くこととなった。しかし，自民党幹事長，総務会長，政務調査会長，蔵相，厚相，内閣官房長官がいわゆる「六者の覚書」を交わし，制度の存廃を含めて基本的見直しを図り，1981年度には制度改正を実施することとされた（横山・田多 1991：395）。

◎1970年代の児童手当

児童手当は「小さく産んで大きく育てる」ということで1971年に法案が可決され，1972年から段階実施された。1970年代を通して，児童手当は結局小さいままで，その位置づけもはっきりしなかった（表2-13）。大きく育たなかった

表2-13　児童手当制度の事業実績

年　　度	1976	1977	1978	1979	1980
支給対象児童の範囲の変更	義務教育終了前 (1974年度より)				
手当月額（円）	5,000	5,000	5,000 6,500	5,000 6,500	5,000 6,500
所得制限（万円）	464.5	497	497	497	497
支給児童数（万人）	283.7	284.5	281.4	276.3	267.8

1.所得制限は扶養親族等五人の場合の年収
2.1978年度以降，手当月額が二種類あるが，下段は市町村民税所得税割非課税世帯に対する月額であり，上段がそれ以外の世帯の支給額である。
資料出所：大塩（1995：245）を簡略化

基本的な原因は次の2点である（横山・田多 1991：392)。まず，子どもの養育という生活上のプラスの出来事に対する保障の必要性について国民的合意を得ることが難しかったこと。そして子育ては親の責任であることを強調する日本的な考え方である。

古くは，1947年に社会保険制度調査会が発表した「社会保障制度要綱」が，全国民を対象とした総合的な社会保障制度の創設を勧告し，制度の保障する事故として，傷病，傷害，死亡，出産，老齢，失業に加えて育児を挙げている。しかし，疾病や失業などは明らかにマイナスの出来事であるのに対し，育児は親の喜びでもある。子どもの養育は家計を圧迫するかもしれないが，子どもをもつこと自体は親の意志の結果である。当事者にとって必ずしもマイナス面だけではない出来事を制度として保障するという児童手当は国民的な理解を得にくいのである。

子育ては親の責任という考え方は非常に根強い。1970年代の児童手当改廃論議の中でも，児童は「社会の子」として社会全体でその養育を支援していくべきという考え方と対立する形でしばしばあらわれた。この時期，児童手当の目的がどのように考えられていたのか，各種審議会の答申等から見てみよう。

○児童手当審議会「児童手当制度の大綱」(1970年)

「児童手当制度は，児童養育費の家計負担の軽減を図ることにより，家庭生活の安定に寄与するとともに，次代の担い手である児童の健全な育成と資質の向上を期することを目的とする。」

○中央児童福祉審議会「今後推進すべき児童福祉対策について」(1974年)

「この制度は，全国民の連帯感によってつちかわれるべきものである。」

「この制度は児童の養育について国が一半の責務を負ったものであるので，養育者は権利として児童手当の支給を受けるとともに，これをその趣旨に従って用いる責任がある。」

○中央児童福祉審議会「児童手当制度に関する当面の改善策について」(1977年)

「児童手当制度の目的としている児童のいる家庭の生活安定，次代をになう児童の健全育成・資質向上を図るということは，国の政策目標として，今日ますますその必要性を増してきているものといえよう。」

以上のように，1970年代には1960年代に見られたような賃金体系や労働力の流動化という観点から児童手当の必要性を論じる傾向は後退し，次代を担う「社会の子」の健全育成・資質の向上，ということが主張されている。しかし，「社会の子」を支援することが必要なのは，児童本人のためというより，人口の高齢化に直面する社会の安定・発展のためなのである。これに対し，児童手当の縮小や廃止を求める立場からは親の育児に対する私的責任論が強調された。

1970年代末からはいわゆる「日本型福祉社会論」が登場し，家族による私的扶養を強化しようとする政策の流れのなかで，社会保障が家庭を支えるという視点よりも，家庭が社会福祉の基盤として社会保障を支えるという視点が強調されるようになる(下夷 1994: 260)。こうした動向は児童手当制度には逆風となった。児童手当の支給額は数年にわたって据え置かれ，物価の上昇等を考えると実質的には縮小した。所得制限は厳しくなり，ますますその位置づけが不明確になり，低所得者対策としての色合いが濃くなっていく。次代を担う「社会の子」を社会全体で支えよう，という児童手当の意義には一応の国民的合意が得られていたが，それは成長による豊かさを前提とし，「成長の余恵」(原田 1992: 47) の範囲内でのみ可能なものであり，石油危機後の深刻な財政危機の前ではあまりにも脆かった。

6　拡大する女性労働と雇用平等

◇産業構造の転換

長期間にわたって続いた高度経済成長は，1973年の第一次オイルショックによって終わりを告げる。GNPの実質値で1974年にマイナス1.4%成長となった後，1975年には3.2%，1976年には4.4%へと若干回復したが，それでも高度成長期の約半分になった。こうした経済環境の変化に対応するため，日本の産業構造を高度化し，資源節約的・知識集約的な産業構造に転換することが必要になった。企業はこの危機を合理化とME技術革新の導入で乗り切ろうとした。ファクトリー・オートメーション（FA）やオフィス・オートメーション（OA）の導入によって，生産性の向上が図られ，就業構造や労務管理のあり方も大きく変わることになる。

1970年代後半から1980年代前半にかけてサービス経済化が進んだ。サービス経済化とは，一国の経済の中で生産構造，就業構造等におけるサービス産業の比重が増大することである。この過程ではモノの生産よりも情報やサービスが社会的有用性を高めていく。サービス労働には，①生産と消費の同時性　②時間・季節等による需要の偏在　③質の多様性　④無形性・一過性，といった特性がある。サービス産業では，仕事の繁閑に対応して労働力を調達・配置することが重要である。繁忙期に必要な労働力をすべて正規社員でまかなっていては閑散期には労働力が過剰となる。そこで，正規社員の数を抑え，繁忙期にはパート・アルバイトや派遣社員で調整することが一般化する。サービス産業ではスケールメリットによる価格競争よりも，スコープメリット（サービス財の差別化）が生産構造を規定する。そのため消費者のニーズに即応できる専門的技能・知識をもった人材が必要となる。こうしてサービス経済化は，①終身雇用型の中核労働者　②パート・アルバイト等の非正規労働者　③専門職労働者という三種の労働者の組み合わせによる企業経営を促進し，後二者の比重を高める（永峰 1991：95-7；伊田 1994：34-6）。

オイルショック直後の雇用調整が女性に集中したため，一時的に女性雇用労働者数の伸びが鈍化したが，その後は再び増加に転じた（図2-2）。サービス経

図2-2　女性雇用者数の推移（1945年～1980年）

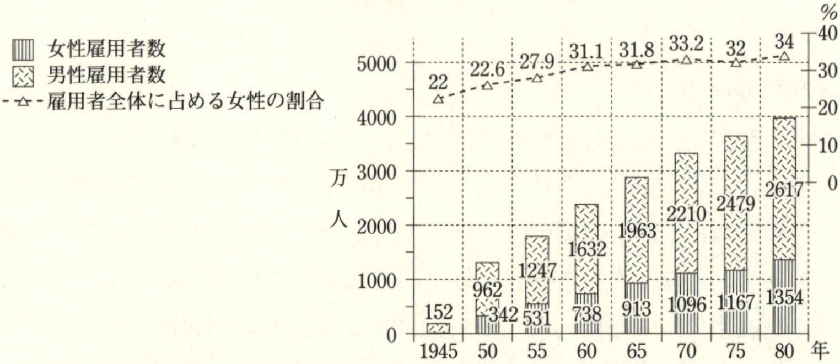

資料出所：総務庁統計局「労働力調査」

図2-3　女性雇用者年齢別構成比の推移（1965年～1980年）

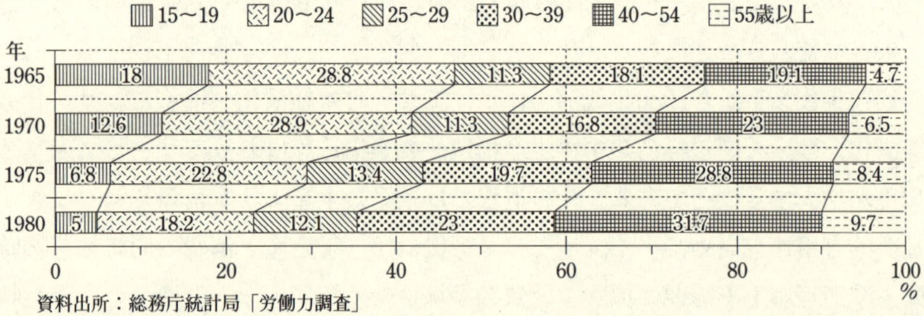

資料出所：総務庁統計局「労働力調査」

済化の進んだ1970年代半ば以降からは女性雇用労働者の性格，労働市場における位置づけの変化が見られるようになる。高度成長期後半から進んできた女性雇用労働者の中高年齢化，有配偶化，高学歴化の傾向はさらに強まった（図2-3・2-4・2-5）。

年齢別構成では，1960年代には女性労働者供給の中心は20歳から24歳の若年層だったが，1970年から1980年にかけてその比率が低下し，代わって34歳から54歳までの中高年層が大幅に増加している（図2-3）。結婚・出産等で労働市場から退出する者の多い24歳から29歳の比率にはあまり変化はない。配偶関係別では，1975年には有配偶女性が雇用者の過半数を超えている（図2-4）。1970年代に未婚若年労働力から既婚中高年労働力への転換が生じたと言える。

1970年代以降の産業構造の変化は女性労働力の需要構造に三つの主要なイン

図2-4　配偶関係別女性雇用者の構成比（非農林業）**の推移**（1962年～1980年）

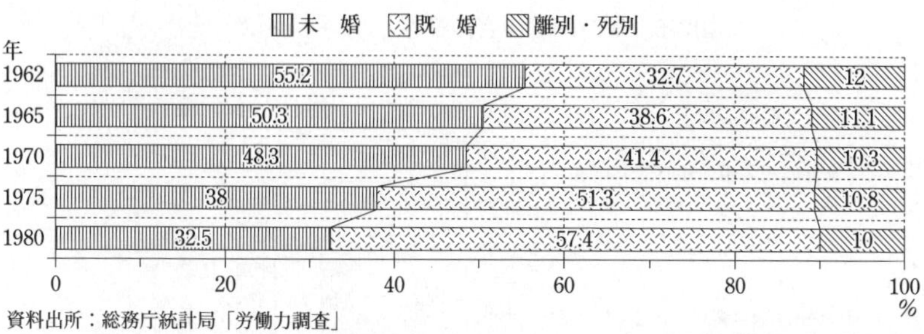

資料出所：総務庁統計局「労働力調査」

図2-5　学歴別新規学卒就職者の構成比の推移（1960年～1980年）

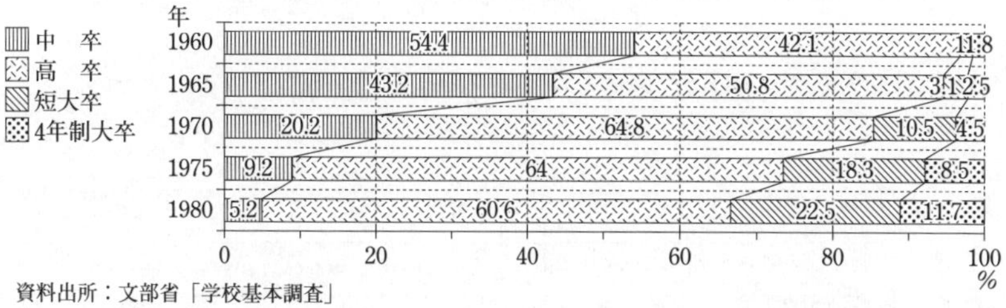

資料出所：文部省「学校基本調査」

パクトを与えた（竹中 1994: 10-11）。第一に女性労働力需要の拡大，第二に女性パート労働需要の増大，第三に女性労働者内部の正規労働者と非正規労働者の階層分化の進行，である。

重厚長大型経済構造から軽薄短小型の経済構造の移行にともなうME化やOA化の進行は女性の就業領域を拡大し，雇用者数の増大をもたらした。低成長期における女性労働者の増加は第三次産業に集中した。産業別女性雇用者数の構成比をみても，1970年女性の就業が35.6%と最も多かった製造業は1975年には30.9%，1980年には28.5%へとその割合を低下させた。代わって増加した産業はサービス業，卸・小売業・飲食店などである。

経済のサービス化の進展はフレキシブル労働への需要の拡大をもたらし，大量の女性パートタイマーを創出した。雇用者総数に占める短時間雇用者の伸びに対し，女性雇用者中の短時間雇用者の伸びは著しい（図2-6)。パートタイマーの中にはフルタイムと同様かわずかに短い労働時間の者も多いため，実際には統計に現れる以上にパートの比率は高かったと思われる。高度成長期には主

図2-6　短時間雇用者の推移（1965年〜1980年）

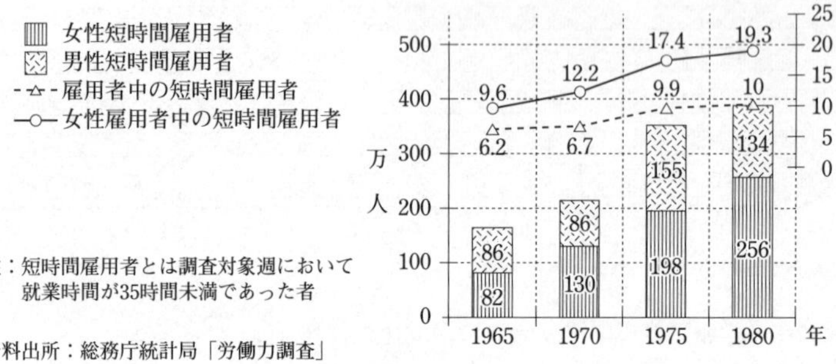

注：短時間雇用者とは調査対象週において
　　就業時間が35時間未満であった者

資料出所：総務庁統計局「労働力調査」

図2-7　女性パートタイマーの労働条件

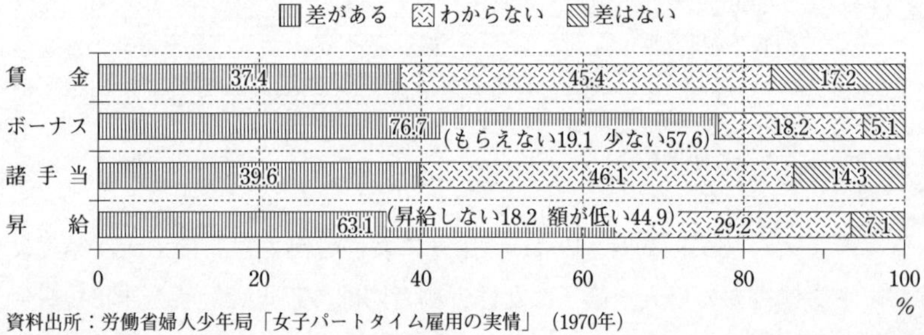

資料出所：労働省婦人少年局「女子パートタイム雇用の実情」（1970年）

図2-8　女性就業希望者の希望する仕事の形態

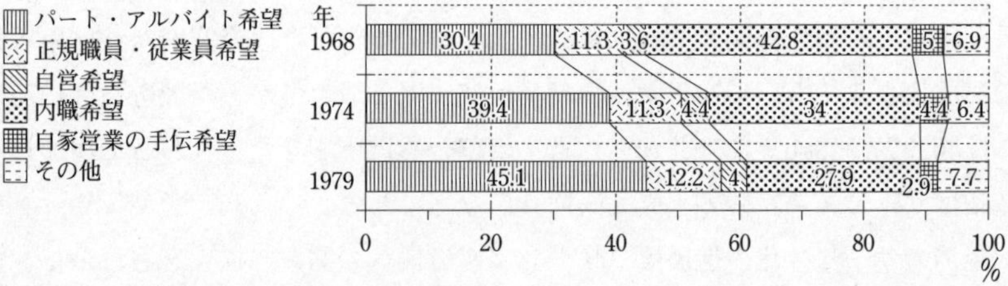

資料出所：総務庁統計局「就業構造基本調査」

婦パートが増加したが，それは，低賃金，フルタイム化の希望が少ない，管理しやすい，組織化されにくい等，雇用者側にとってメリットがあったからである（藤井 1995：111）。しかし最大の理由は労働力不足への対応である。ところが低成長期に入り，一転して労働力供給が過剰になり，産業構造も仕事の繁閑の差が激しいサービス業の比重が高まるなか，経費削減がパート雇用の主要な目的となった。

こうしたパートタイマーの労働条件は概して厳しかった。図2-7は1970年の調査結果である。賃金が安いと答えた者は37.4％であるが，女性フルタイム労働者との比較なので，男性フルタイム労働者と女性パート労働者の賃金を比較すれば，さらに格差が意識されたと思われる。家族賃金の建前にもかかわらず男性労働者の賃金が上がらない状況のなか，家計を助けるため補助的な収入が必要なパート就労希望者は多かった（図2-8）。それが賃金抑制要因の一つとなり，パートの労働条件改善や権利保障は1970年代後半になっても進まなかった。女性フルタイム労働者に対する女性パート労働者の賃金比率は，1976年には，80.6％だったが，1980年には76.2％に低下し，格差が拡大した[25]。低成長期には減量経営を図る企業側と家計補助的な主婦のパート就労希望が結びつき，サービス経済化を背景に女性労働市場の二極化が進行し，その傾向は1980年代以降さらに強まっていくのである。

◇女性雇用管理の特徴

企業は女性労働者の賃金を低く抑えるため，若年退職制，結婚退職制，妊娠・出産退職制を柱にしてさまざまな若年退職対策を実施した。図2-9は女性労働者についてなんらかの若年退職制度がある職場の割合を示したものである。制度として明確化されていなくても，職場結婚による妻の退職慣行，結婚・妊娠を期とした肩たたき的な異動，結婚・出産退職金の優遇など，多様な形態で女性労働者の短期回転が図られていた。

こうした企業の雇用管理方針に抵抗し，働きつづけたいと思う女性にとって，唯一の対抗手段は訴訟を提起することである。住友セメント事件判決以降，1970年代に入ってからも結婚・出産退職制，若年退職制が無効であるという判決が次々に出された[26]。若年ではない，比較的高い年齢での男女別定年制の合

図2-9　女性労働者の退職に関する制度、慣行がある事業所

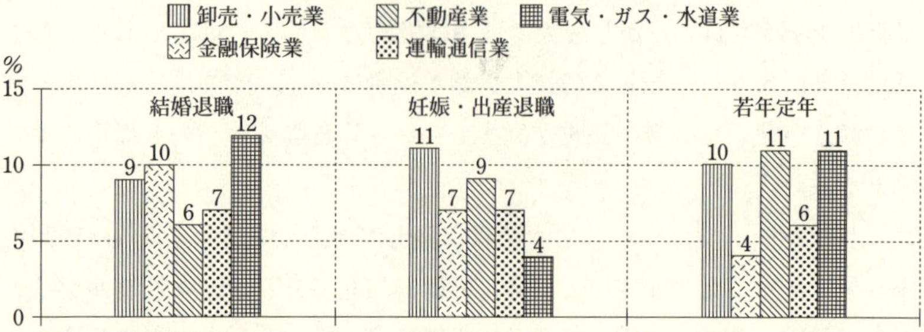

資料出所：労働省「女子労働者の雇用管理－調査結果報告」(1972)

理性が争われたのが伊豆シャボテン公園事件である。もともと定年制のなかった職場に，会社が「男子57歳，女子47歳」という定年制を導入することを通告した。この時点で「退職年齢」を超えていた原告の女性従業員5名は，一定期間の経過措置の後，退職扱いとなる。原告らはこの定年制は性別による差別的待遇であり，公序良俗に反すると主張した。会社側は，シャボテン公園の業務には若い女性が必要であり中高年女性は不向きである，中高年女性には賃金と労働能力のアンバランスが男性よりも早く生じる，などと主張し，男女別定年制の合理性を主張した。しかし，第一審，第二審，最高裁のいずれも原告らの主張を認め，差別定年制は民法90条に違反し無効であると判断した[27)]。

日産自動車事件では5歳差の男女別定年制が問題となった。「男子55歳，女子50歳」とする就業規則は男女差別であり無効であると原告は主張した。従業員としての地位についての仮処分の申し立てについては，第一審，第二審とも認めない。第二審の東京高裁は「一般的に見て女子の生理的水準は男子に劣り，女子55歳のそれに匹敵する男子の年齢は70歳位と見られている」「女子従業員は勤続年数を重ねても企業への貢献度は男子ほど向上しない」などを理由に，定年制には合理的根拠があるとして原告の申し立てを認めなかったのである。しかし本案訴訟では第一審，第二審，最高裁とも「5歳差の男女別定年制は公序良俗に反し無効」と判断された[28)]。会社側は控訴審で「男子は一家の大黒柱であり，女子は夫の扶助者」である，と男女別定年制の合理性を主張したが，裁判所はこれを退けた。

住友セメント事件判決以来，退職に関連する男女差別は無効であるというのが判例の流れとなっていたが，この日産自動車事件ではわずかな年齢差であっても，定年差別に関しては一切認めないという裁判所の姿勢が明らかになった。そのため企業側も定年については徐々に差別を撤廃していく方向に変わっていく。しかし，それ以外の雇用のさまざまな側面で男女差別は後を絶たなかったため，この事件判決以降，労働裁判は定年以外の多様な男女差別を対象として展開されていくことになった。

賃金に関する男女差別のリーディング・ケースとなったのが秋田相互銀行事件である[29)]。秋田相互銀行では，下の表のように二本立ての賃金体系をとっていた。実際の運用では男性行員全員に別表①が，女性行員全員に別表②が適用されていた。1970年度からは，「扶養家族がある者」に別表①を，「扶養家族のない者」に別表②が適用されるよう改められた。しかし女性行員には引き続き別表②が適用され，扶養家族のない男性行員には別表②を適用しつつ「調整給」を支給するという運用がなされている。別表①②を比較すると，初任給は同じであるが，徐々に格差が拡大し，別表②が適用される行員が定年年齢に達したときの給与は別表①が適用される行員の30歳代前半の給与に等しい，という仕組みになっている。このような給与体系に対し，女性行員らは賃金の男女差別であるとして，別表①との差額の賃金を請求した。裁判所は，これは労働基準法4条違反の明白な男女差別であると判断し，銀行に対し男性との賃金の差額を支給するよう命じた。

年齢	18歳	20歳	25歳	30歳	35歳	40歳	45歳	50歳	55歳
別表①	15,000円	16,300円	20,300円	27,500円	34,000円	38,400円	41,500円	44,000円	46,500円
別表②	15,000円	16,300円	20,300円	23,500円	25,500円	27,200円	28,700円	30,200円	31,700円

秋田相互銀行の女性行員らが訴訟を提起したのは1971年である。この裁判が始まると，労働規準監督署の是正勧告や行員の提訴により賃金システムを是正する銀行が各地で続出した[30)]。秋田相互銀行のケースは二本立ての給与表で女性を差別するという単純な仕組みだったが，この後の賃金差別事件は，家族手当や扶養手当などを含む生活保障給を「世帯主」だけに支給するといった方法でより巧妙に女性を不利に扱うものへと変化していった。

◎雇用平等法への始動

1947年に制定された労働基準法は，女性労働者を男性と異なる「性」として扱い（篠塚 1995：34），各種の女性保護規定を設けている。女性労働者に対するその基本的な理念は「平等」より「保護」にある。女性のみを対象とする「保護」規定の根底には二つの観念がある。一つは女性は精神的，肉体的に弱い性であるという考え方であり，もう一つは女性は「妻」「母」であり，家庭責任を負うという考え方である。女性保護と男女平等は必ずしも矛盾するものではないが，性差を根拠とする保護は労働条件における男女格差を合理化し，温存することにもつながった。しかし，そのことへの問題意識は労働者側にも薄く，労働運動も女性労働の課題を保護の普及要求に収斂させる傾向が強かった。労使の対立は女性保護の拡大か撤廃にあった。

高度成長期以降，女性の労働力化がさらにすすみ，雇用における男女差別も問題化するようになった。労働省も定年制など特に雇用の出口における差別の問題を認識するようになるが対応は遅く，ようやく1977年に「若年定年制・結婚退職制等改善年次計画（5ヵ年）」を策定した。その間，結婚・出産退職制，若年退職制などをめぐって多くの訴訟が提起されるようになった。すでに述べたように，裁判所はこれらの差別問題を判断するにあたって，憲法の法の下の平等や民法の公序良俗に関する規定を援用した。労働法には雇用差別に対処できる規定が賃金関係以外にはなかったからである。そこで，女性保護のみにとどまらない，より包括的な雇用平等法の必要性が認識されるようになった。こうして女性労働問題の課題は「保護」から「平等」へ移行していく。

1977年政府の婦人問題企画推進本部は「国内行動計画」を策定し，雇用平等の前提として女子の就労に支障となる保護措置の見直しを提起した。さらに，労働基準法の全面的な見直しを目的として1969年に設置され，検討を続けてきた労基研が 1978年11月に報告書をまとめた。育児休業の節ですでに述べたように，報告書は「今後早い機会に男女平等を法制化することが望ましく，そのためには早急に男女の実質的平等についての国民の基本的合意を得ることが必要であり，同時に保護規定について合理的理由のないものは解消しなければならない」と主張し，男女雇用平等法の立法化と女子に対する保護措置見直しを打ち出した。妊娠・出産にかかわる母性保護以外の保護規定，具体的には，女子の時間外・休日・深夜労働（労基法61条，62条），危険有害業務の就労制限（同法64・65条），生理休暇（同法67条）についての大幅緩和を打ち出した。「労基研報告」は，女性に対する保護規定の撤廃を求め，女性労働者を男性労働者並みに活用することを労働における男女平等の前提として提起したのである。こうして「保護」と「平等」はセットで論じられる空気が形成されていった（塩田 2000：63）。

「国際婦人年」（1975年）や「国連婦人の10年」（1975～1985年）などの国際的動向は女性問題への世論の関心を喚起し，対外的配慮からも政府はそれなりの対応を必要とした。1979年に国連で採択された女子差別撤廃条約は雇用上の男女差別を撤廃するための立法を締約国に義務づけた。この条約を批准するためにも，雇用平等に関する立法が不可欠である。そこで雇用の分野で男女平等を保障するためどのような法律を制定するか，この後，婦少審を舞台に労使間の激しい議論が展開されていくことになる。

◎1970年代の労働

順調に増大しつつあった女性労働力は，オイルショックを契機とする不況の中で減少する。労働力需給の調整弁としていったん労働市場から退出させられた女性労働者は，景気の回復にともない，再び増加した。しかし，企業は雇用需要を抑制して賃金負担の削減を強化したため，労働市場は男性正社員を中心とした中核労働力と，女性パートを中心とした縁辺労働力に二極化した。男性労働者並みの長時間労働に従事できない女性労働者は，結婚・育児で退職し，その後再就職するM字型就労が一般化する。賃金や昇進・昇格，定年など雇用上の男女不平等は歴然と存在していたが，その是正は裁判によるしかなかった。

7　低成長への転換と家族単位モデルの堅持

これらの動向をまとめると，変化の兆候が見られる分野もあるが，対応モデルの変更に至るような大きな変化はなく，全体としてどの政策領域も家族単位モデルに合致する（表2-14）。

家族イデオロギーに関しては，特性教育が幅広く行われ，家族法についても

表2-14　1970年代の公共政策

政策分野	特徴	対応モデル
家族イデオロギー ・家族関連法 ・教育政策	 法律婚が規範 性別役割分業，特性教育の強化	家族単位モデル
年金制度	受給資格にジェンダー格差 拠出・受給は世帯単位と個人単位の制度が分立	家族単位モデル
所得税制	課税単位は個人，ただし配偶者控除あり	家族単位モデル
ケアワーク ・保育政策 ・児童手当 ・育児休業	私的領域における無償労働 性別役割分業，家庭保育原則 低額・短期間の救貧的給付 限定職種で法制化	家族単位モデル
労働政策	男性世帯主への年功型家族賃金 賃金格差，雇用差別， 男性優先の雇用，性別職務分離あり	家族単位モデル

大きな変化はない。特定の家族像を規範とし，性別役割分業を強調する家族モデルに合致していたと言える。年金制度にも改革論議が起きたが，具体的変更は行われていない。世帯単位の保障を前提とする被用者年金と，個人単位の国民年金が並立しており，保険料率や受給資格に関してジェンダー格差がある。夫と被扶養の妻という夫婦像は，配偶者に対する加給金の引き上げでさらに定着した。したがって，国民年金に個人単位モデル的要素が若干認められるが，公的年金制度全体としては家族単位モデルに対応している。税制も同様に，大きな変化はない。課税単位は個人であるが，配偶者控除があるため，実質的には家族単位モデルに対応している。ケアワークについては，三つの政策領域いずれも，育児は私的に対処すべきであるという考え方が強く見られる。家族単位モデルに対応する。最後に，労働政策も家族単位モデルに対応する。経済成長にともない，男性世帯主に長期の雇用を保障する雇用システムが確立されるようになり，これを支える家庭内での夫婦の性別分業システムが強化されていった。女性労働者の増加はこのシステムを揺るがすものではなく，男性の雇用優先を前提として，それを補完する安く調整しやすい労働力として女性は位置づけられている。

以上のような1970年代の公共政策の動向を特徴づけた大きな要因は，高度経済成長から低成長への転換と，国際的な男女差別撤廃の流れである。

高度経済成長期には良質な労働力としての人づくりが目標に掲げられた。そこで，子どもの第一の保育適格者とされ，夫の健康管理を行う主婦の役割が重視されるようになった。「現代主婦」は1960年代に定着し，一般化したことは前章で述べた。1970年年代半ばまで専業主婦世帯は増加した。再生産活動を担当する主婦と生産活動を担う夫という性別役割分業夫婦は経済成長に不可欠の装置であり，高度成長期の公共政策はこうした家族を基準に展開されたのである。

経済が低成長に転じた後，主婦の存在意義は良質な労働力の再生産とは別の観点から重視されるようになった。高度成長期に蓄積された財源により，日本も福祉国家の道を歩み始めるかと思われた矢先，オイルショックが到来した。政府は社会保障関係費，特に高齢者福祉予算と乳幼児保育予算の削減を図り，それを家族による私的扶養で代替しようとした。政府や自民党はあからさまな福祉削減を，日本古来の伝統にのっとった家族愛，女性特有の母性愛の名の下に隠蔽し，主婦がケア役割を担うことを求めた。こうした状況で保育予算は抑制され，保育需要への対応は進まなかった。児童手当は成立してすぐに財政危機に直面し，制度として定着しないまま縮小・廃止が論じられるようになった。結局，廃止こそ免れたものの家族による私的扶養が強調され，手当額は据え置かれる。

国際的な男女平等への動きに影響を受けた改革には，民法の婚氏続称制度の新設がある。そして，教育課程の男女平等化を目指した家庭科の男女共修運動の背景にも，国連の取り組みがあった。労働の分野では男女雇用平等法の制定が検討されるようになった。育児休業法も，女性の働く権利を保障し，男女の平等を推進しようという観点から，法制化を進める動きがあった。しかし，保育所の代わりに母親が家庭で保育するために育児休業制度が必要だという，家族による私的扶養を重視する側からの動きも同時にあったのである。

年金制度と税制は，それぞれ1960年代までの制度設計の経緯に拘束され，大幅な改革を行うことが難しかった。

年金は被扶養の配偶者の問題を調整しないまま，被用者年金と国民年金を並立させ，配偶者に対する加給年金額の引き上げで対処してきた。配偶者を独自の被保険者として年金制度に強制加入させる完全な個人単位化も，夫の被用者年金による保障を拡大する世帯単位化も技術的に問題があった。

税制は異なる所得種類間のバランスを控除の引き上げで対応しつづけてきた。一度設けられた人的控除は整理されないまま，増殖している。「内助の功」を名目に導入された配偶者控除は，1970年代の10年間で大幅に引き上げられた。

年金と税制は，いずれも女性の就労がまだそれほど一般化していない時代の家族像を前提として設計された制度である。女性が自分の収入を持つようになると，働く女性と専業主婦，共働き世帯と片働き世帯，の不均衡が無視できない状況になりつつあった。しかし，技術的困難さや制度の混乱を招くとの理由から，抜本的改革は行われなかった。結果として，働く女性が増えていても「被扶養の妻」を前提とした制度が継続することになる。

家庭外で就労する女性が増え，男女の平等を求める動きが強まると，「戦後家族」の特徴である性別役割分業のシステムが揺らぐ。1970年代はこうした揺らぎの可能性が高まりつつある時期だった。しかし，経済成長の終焉のもたらした影響の方が大きく，やがて「日本型福祉社会論」に現れた家族を重視する考え方が，1980年代に向けて「戦後家族」の強化を開始することになる。

第3章

性差別撤廃のうねりと「戦後家族」の強化

──1980年代──

1　1980年代の社会状況

1980年代は高齢化社会の到来がいよいよ現実味を帯びてきた時代である。高齢化社会は同時に少子化社会であり，老人問題と児童の問題が生じてくることが予想されるようになった。しかし，少子化についてはまだ楽観的な予測がなされていた。1980年代はまた，福祉国家の見直し，緊急の行財政改革が必要とされるようになった時代でもあった。

1980年代の公共政策の動向に大きな影響を与えたものは二つある。

一つは1970年代末から生じた国際的な新保守主義の流れである。高度経済成長の終焉とともに，民間活力と市場原理を信奉する新保守主義政権が欧米で相次いで成立した。イギリスではケインズ主義的な経済政策を否定するサッチャー政権が誕生し，小さな政府を志向する新保守主義的政策を断行しはじめた。同じ頃，アメリカでもレーガンが大統領に就任し，マネタリズムとサプライサイド重視の経済学にもとづいたいわゆるレーガノミックスを展開した。日本では太平・中曽根政権がそれにあたる。これらの政権と結びついて登場した「日本型福祉社会」論は1980年代の家族政策の基本的考え方となった。

もう一つは1970年代からの国際的な女性差別撤廃の動きである。1972年国連婦人の地位委員会は，国連憲章や女子差別撤廃宣言で述べられている男女平等を実現していくには，現存する条約では不十分であり，新たに男女平等に関する包括的条約を締結することが望ましいという決議を行い，準備に乗り出した。

条約は６年に及ぶ検討を経て，1979年12月第34回国連総会で採択された。この「女子に対するあらゆる形態の差別の撤廃に関する条約」（以下，女子差別撤廃条約）は，女性の権利の世界基準を示す包括的で法的拘束力のある国際文書である。

条約の基本的な理念は前文に示されている。第一に，女性差別は女性の基本的人権の侵害である。人間の尊厳と価値，男女の平等の権利に反し，女性の基本的人権を侵すものであるがゆえに撤廃されなければならない。第二に，発展と平和は男女平等の確立に不可欠である。すべての国の発展と平和を実現する中で世界的な男女平等を実現していかなければならない。第三に，あらゆる分野への男女の平等な参加は国の発展，世界の福祉と平和のために必要である。第四に，母性は尊重されなければならないが，出産が女子を差別する根拠にされるべきではなく，子の養育責任は男女及び社会が共同して負うべきでものである。第五に，家庭及び社会における性別役割分業を変更することが男女平等の達成に必要である。

第四と第五は女性解放についての新しい考え方を示したものであり，この条約のポイントでもある。女子差別撤廃宣言は家事・育児は女性が担当することを前提に，その上で女性の権利を保障していくというものだったが，女子差別撤廃条約は固定的な性別役割分業そのものを性差別の根源とみなし，その変更を強調しているのである。

条約は総論として，性による差別の定義（１条），男女平等を確保するための法制の整備と差別的慣行の廃止（２条），女性の地位向上に向けての国の義務（３条），暫定的特別保護と出産保護（４条），性による分業の変革と家庭に対する男女の共同責任（５条）を掲げている。６条以下の諸権利に関する規定では，女性の売買と売春からの搾取の禁止（６条），政治的権利（７条），対外的に国家を代表し，国際機関の活動に参加する権利（８条），国籍（９条），教育（10条），労働（11条），保健（12条），家族給付（13条），農村の女性（14条），民事法（15条），婚姻及び家族（16条）等に関して詳細に定めている。さらに実施措置として，女子差別撤廃委員会の設置（17条）と委員会への報告制度（18条）を定めている。

この条約を日本が批准するにあたって問題となったのが①国籍法，②労働，

③教育，の三分野である。女子差別撤廃条約は政府に家族政策の修正と転換を図る大きな圧力になった。

2 「戦後家族」体制への異議申し立て

◎家族法の改正

1980年の家族法改正では，相続制度の基本に関わる重要な改正が行われた。これは1975年に法制審議会民法部会がまとめた報告にもとづく。1980年改正の主要な内容は，配偶者の相続分の引き上げ（民法900条），兄弟姉妹の代襲相続の制限（同889条2項），遺産分割基準の改定（同906条），遺留分の改定（同1028条），寄与分制度の新設（同904条の2）である。最初の案にあった非嫡出子の相続分を嫡出子のそれと同じにする案は時期尚早ということで見送られた。

配偶者といっても実際には相続が問題になるのは女性（妻）の場合が多い。そのため配偶者の相続分の引き上げは女性の地位向上を求める動きを背景に主張されるようになってきた。また平均寿命がのび，女性が夫の死後長い老後を生きることが多くなってきたため，子どもに相続させて母親の扶養を期待するのではなく，母親自身の相続分を増やす方が合理的ではないかと考えられるようになった。そこで配偶者の相続分を引き上げる民法改正法案が1970年代半ばから野党によってたびたび国会に提出された。しかし，これらはいずれも実質的審議にはいたらず，1980年の第91回国会に内閣から法案が提出され，審議が開始された。改正の結果，配偶者の法定相続分は表3-1のようになった。夫の遺産の半分は必ず残された妻のものとなるので，この改正は「妻の座」を強化するもの，と報道された。

妻の財産権の確立は本来，夫婦財産制や離婚に際した財産分与の問題である。明治民法では夫婦の財産について「夫管理共通制」が採用されていた。これは財産の所有関係については夫婦で区別する別産だが，その管理・収益の権利は夫にあるというものだった。このような制度は戦後の民法では廃止され，所有関係も管理・収益も個人を単位とする夫婦別産制に改められた（民法726条）。これは個人の尊厳と両性の本質的平等を実現するという観点からなされた改革だが，その後その形式性が夫婦生活の実状に即さないと批判されるようになっ

表3-1　配偶者と血族相続人が共同相続人である場合の法定相続分（改正後）

相続分 共同相続人	配偶者	子	直系尊属	兄弟姉妹
配偶者と子	1/2（1/3）	1/2	−	−
配偶者と直系尊属	2/3（1/2）	−	1/3	−
配偶者と兄弟姉妹	3/4（2/3）	−	−	1/4
備考	内縁は含まない	均分。但し嫡出子と非嫡出子では 2 対 1	親等の近い者が優先	均分。但し全血と半血では 2 対 1

資料出所：久貴（2000：124）より作成（　）内は改正前の法定相続分

た。婚姻中に夫が取得・形成した財産は別産制の下では夫名義の財産とされる。しかし，実質的に見れば妻もその財産の形成に貢献しており，２人の共有財産と見なす方が妥当な場合がある。特に性別役割分業を行っている夫婦の場合，妻には収入がない。そこで，夫の蓄積した財産に妻の貢献を評価して潜在的な持ち分を認めるべきではないか，という主張がなされるようになった。別産制は制度自体は性に中立的だが，性別役割分業を背景とすると，その現実は中立的ではない（利谷 1987）のである。

民法改正にあたってこの夫婦財産制の問題が議論されたが，別産制か共有制かで意見が分かれ，結局相続分の引き上げで「内助の功」を評価することになった。法務省民事局長は夫婦財産制導入見送りに対する批判に対し，「共有制により妻の財産的見地は高くなるが，対第三者の関係等，法技術的に困難な問題が生じ，一方，別産制は法律関係が簡明であり，夫婦財産制について複雑な仕組みを作るよりは，配偶者の相続分引き上げによって実質的に配偶者の地位改善を図る方が実質的である」と答えている[1)]。

夫婦関係において妻が専業主婦であることを前提にすると，別産制をとる現行民法は女性の財産権の保障に欠ける，ということになる。それを代替する意味で配偶者の法定相続分引き上げが行われたわけである。しかし，女性の経済的な自立能力が高まればむしろ別産制の方が望ましい。夫婦財産制は性別役割分業に親和的な仕組みなのである。

1980年代後半には，夫婦同氏の強制，女性のみに課せられた再婚禁止期間，婚外子の住民票続柄での差別的表記など，家族のあり方を示す法に対する根本的な問いかけが裁判を通じて提起された[2)]。これらの主張はいずれも裁判所の認めるところとならなかったが，こういった主張は国民の人生観・価値観が多様化し，法が標準として保護する家族像との乖離が生じてきていることを示している。

夫婦同氏に反対し，別姓を認めることを求める運動は1980年代後半から本格的に展開されるようになった。1989年２月には東京弁護士会が「選択的夫婦別氏制採用に関する意見書」を発表する[3]。「意見書」は，氏姓は人格の一部として認められており，使い慣れた姓を変えることで自己喪失感を味わう，「家」制度がなくなったにもかかわらず，「嫁（養子）に行った」など，夫婦・親族の間の不平等観を一方的にもたらすなどの理由を挙げ，夫婦別姓の法制化を提言した。1989年10月には首相の諮問機関である婦人問題企画推進有識者会議もこの問題を取り上げた。

離婚をめぐる裁判の動向にも変化が見られる。わが国の離婚制度には協議，調停，審判，裁判の四種類がある。離婚の約90％は協議離婚であって裁判による離婚は全体の１％程度である。しかし，そこで示される考え方は重要である。現行民法は破綻主義を採用しているが，最高裁判所は1952年のいわゆる「踏んだり蹴ったり」判決以来，消極的破綻主義をとり，長く有責配偶者からの離婚請求を認めていない。夫婦関係が破綻していれば即離婚を認める積極的破綻主義をとらなかったのは，不当な離婚を防止し，弱者を保護するためである。夫からの追い出し離婚が多かった時代に，生計を夫に依存している妻を一方的な離婚から守るものとして女性には歓迎された。自分に非がない限り「妻の座」は法が守ってくれるのである。

しかし1980年代になると，一定の条件の下で有責配偶者からの離婚請求を認める下級審判決があらわれ，1987年ついに最高裁も判例を変更した[4]。この判決では，①婚姻の同居期間，当事者の年齢に比して相当長期の別居期間があること，②夫婦の間に未成熟の子がいないこと，③離婚が相手方を精神的，社会的，経済的に過酷な状況に陥らせないこと，という三つの条件が満たされる場合には，有責配偶者からの離婚請求も信義則に反しないとして請求を認めた。世界の離婚法は，有責主義から破綻主義へと移行している。1987年最高裁判決はこの流れに沿うものだが，世論の評価は分かれた。夫の身勝手な離婚を許すものだとして反対する意見もあるが，関係が破綻した以上妻の座にしがみつかず，女性も自立をめざすべきだという意見もあった。いずれにしろ，判例変更の背景には，戦後40余年の女性の社会的地位の向上があったと言えるだろう。

1980年代の重要な改正としては，この他に1984年の国籍法改正がある。従来，日本の国籍法は，父親の国籍を基準にして子に国籍を与えるという父系優先血統主義の立場をとっていた。出生の時に父親が日本国民でないと，その子は日本国籍を取得することができない。父が日本人であれば母が外国人であっても子は日本国籍を取得できたが，母が日本人の場合は，父が外国人であれば子は日本国籍とならない。このような仕組みは，二重国籍防止のためと説明されてきた。しかしこのような規定は両性の本質的な平等に反している。

女性差別撤廃条約の9条は国籍について次のように規定している。

第9条1　締約国は，国籍の取得，変更及び保持に関し，女子に対して男子と平等の権利を与える。締約国は，特に外国人との婚姻または婚姻中の夫の国籍の変更が，自動的に妻の国籍を変更し，妻を無国籍にし又は夫の国籍を妻に強制することとならないことを確保する。

2　締約国は，子の国籍に関し，女性に対して男子と平等の権利を与える。

9条1項の前半は国籍の取得・変更・保持について男女平等の権利を与えることを一般的に規定し，後半はそれを受けて夫婦国籍同一主義を排し，夫婦国籍独立主義をとるべきことを述べている。それはこれまで「妻の国籍は夫の国籍に従う」とする国籍法を有する国が多かったからである。2項は，国籍の異なる夫婦の間に生まれた子の国籍について，夫の国籍を妻の国籍に優先させる父系血統主義を否定し，夫婦の国籍を平等に扱う父母両系血統主義を採用すべきことを規定している。これらの規定に照らすと，日本では国籍法第2条が父系優先血統主義を採用していること，第5条1項，第6条1項で配偶者の帰化条件に男女で差別があることが問題になった。そこで，条約批准の条件を整えるため，1984年国籍法が改正され，国籍上の男女の差は解消された。

その後1989年には，日本の国際私法の主要な成文の法源である「法例」の家族に関する規定が改正された。それにより婚姻の効力や夫婦財産制，離婚，養子縁組などの場面で夫の本国法を優先させていた両性の平等に反する規定が改められた。

◇男女共学の家庭科へ

1977年の中学校学習指導要領で，技術・家庭科でいわゆる「相互乗り入れ」の履修形態が採用されたことは先にふれた（表3-7）。新しい技術家庭科の内容は，技術系列と家庭系列の2系列からなり，技術系列は9領域，家庭系列は8領域で構成される。男子は技術系列から5領域，家庭系列から1領域，女子は家庭系列から5領域，技術系列から1領域を含めて，男女とも7領域以上を選択履修することとされた。これによって男女で最低1領域は「相互乗り入れ」となったわけである。このような措置をとることとなった背景には「すすめる会」をはじめとした家庭科の男女共学運動があったわけであるが，そのことについて文部省の担当教科調査官は「（男女で学習系列を分けることに対して）世間には社会における男女の労働と家事の分担関係を固定化するおそれがあるとして反対する向きがあり，教育の現場においても両者の一層の接近を望む声が高まっている」と説明している（馬場ほか 1977)。

文部省も，教育の場における性別役割分業の強制を変えるべきだという世論の動向を全く無視するわけにはいかなかったのである。しかし，なお消極的姿勢は崩さなかった。1978年にパリでユネスコ第20回総会が開催された。この第5委員会（婦人の地位）では，フランスが「家事と育児の準備としての家庭科の学習指導がboysに対しても，girlsに対しても同様に行われるようにする」という内容の提案を行い，日本を含めて満場一致で可決された。この総会の概要報告書が翌年1月に文部省国際学術局から発行されたが，boysとgirlsは「男児女児」と訳されていた[5)]。これは高等学校家庭科の女子のみ必修が問題になることを懸念したためと思われる。

同様の言い換えは，女子差別撤廃条約の審議の過程でも試みられた（山下 1985)。日本政府代表は高等学校女子のみ必修が条約に抵触することをおそれて，条約第10条（教育権）「同一の教育課程」のsameをequivalentに修正する提案を行っている。equivalentが「同等の」という意味で，sameの意味する「同一」でなくても教育の価値が同質であればよいということになるからである。この修正提案には文部省の強い要請があったと言われる[6)]。

女子差別撤廃条約は1979年に採択されたが，その後さらに署名，批准という手続きを踏むことが必要となる。署名式は1980年にコペンハーゲンで行われたが，日本政府は国内法整備不十分を理由に直前まで署名を見送る方針だった。しかし，このことが報道されると女性団体が一斉に反発した。予想以上の反響に慌てた政府婦人問題企画推進本部は「国内法制等の条件整備に努める」との申し合わせを急遽行い，関係14省庁会議を開いて署名するかどうか討議した。結局，対外的な配慮もあり，閣議で署名が正式に決定される。

条約に署名し，批准を約束してもまだ文部省は態度を変えようとはしなかった。三角初等中等教育局長は1980年10月21日の参議院文教委員会で次のように説明し，諸外国の実状，署名後の対応ぶりなどを調べることを約束するにとどまった[7)]。

「我が国では，ご承知のように，高等学校におきまして女子に家庭一般4単位を必修にするということなど，男女により若干の取り扱いの差異があるわけでございますが，文部省としては，この程度の取り扱い上の差異は，これは条約による差別ということに果たしてなるかどうか，私どもとしては，これはいわば許容されるものではないかというふうに考えております。」

1981年2月には，48の女性団体の代表が諸沢文部事務次官を訪問し，性差別撤廃への文部省の取り組みについて質した。ここでも文部省の家庭科に関する見解は変わっていないことがわかる。諸沢次官は「男女同権という立場に立っているから，具体的に女性を差別することはない。条約には同一の教育課程と書いてあるが，来年から新しくなる教育課程に『家庭は女子必修，男子は選択できますよ』と書いたので，これで男女同一の立場に立つと考えている。職業指導･職業教育についても，格別に差別するということはない」と述べた。「それで条約の『同一の教育課程』に違反しないと思うのか」という女性団体側の質問に対しては，「世界各国を調べてもらったが，男女で教育内容が違う国が相当ある。男女同権とか同一とか，国民の一人一人に諮っていたら何もできない。また行政は国民の実情を無視して先走りできない」と答え，現行の家庭科教育が国民の実態に即したものであるとの考えを示している（半田 1981）。

1981年3月31日には，田中文相が参議院予算委員会で「家庭に関する科目の男女による若干の取扱の上の差異は，わが国の実状に鑑みまして，男女がそれぞれに応じました教育的配慮にもとづくもの」と述べている。5月に開かれた全国高等学校長協会第34回総会・研究協議会では，文部省の中村職業教育課長が「家庭一般」女子必修は教育的配慮であると「理解・協力」を呼びかけた[8)]。この呼びかけを受けた複数の県教育委員会の担当課，担当指導主事，家庭科研究会等によって女子のみ必修の存続を求める署名運動が展開された。

現行の家庭科教育の履修形態は，条約でいう差別に当たらないという文部省の見解に対し，日本弁護士連合会は，女子のみ必修は違憲の疑いがあるとの意見書を提出した[9)]。2年間にわたって調査研究を行った上でまとめられたこの報告書は次のような構成になっている。まず冒頭で家庭科教育に関して二つの提案を行う。

(1)高等学校における家庭科を女子のみ必修とすることは，憲法や教育基本法の理念に反するので，速やかに廃止すること。

(2)家庭科の教科内容及び学習方法を，「家庭生活についての総合的理解を深め，民主的な家庭の建設と運営に必要な基礎能力を養うとともに，学習を通じて個人の尊厳と人間平等の感覚を体得させる」との視点から検討し，男女に必修かつ共修をすすめるようにつとめること。

そして，このような提言をするに至った理由を明らかにするため，第1項から第3項で「高等学校における家庭科学習の現状」「戦後の日本の教育と家庭科の変遷」「世界の動向とわが国の対応」について説明する。ここで示された歴史的背景と現状を踏まえて，第4項と第5項で現行制度の問題点を憲法14条及び26条の視点から検討し，第6項で家庭科の今後のあり方を展望する。

憲法14条は，人種・信条など共に性別による差別を禁止しており，憲法26条1項はすべての国民にその能力に応じて教育を受ける権利を保障しており，これらを受け教育基本法第3条1項が教育の機会均等を男女に保障している。現行の家庭科教育を検討すると，女子のみ必修の高校家庭科は教育を受ける権利を保障する憲法26条1項と教育基本法の理念に反する。性別による差別とは不合理な差別であって，男女の身体的差異に基づく合理的な取り扱いの違いなどは含まない。したがって，家庭科教育の場合は男女で差別して教育することに合理的な根拠はないため，男女平等を保障する憲法14条にも反する。また女子差別撤廃条約の趣旨にも反する。ここから冒頭の提言へとつながる。

女性団体ではなく，法律の専門家の団体が憲法の観点から出した意見書は反響を呼んだ。しかし文部省は1982年の段階でも女子のみ必修は教育的配慮であって条約に抵触する差別的な取り扱いではないとし，家庭科の履修方法を変更する姿勢は見えない。1978年に改訂された高等学校学習指導要領が実施に移されるにあたって，文部省の視学官は次のように説明する。

「今回の改訂では，教育課程審議会の答申に基づいて『家庭一般』は女子が家庭生活の主たる経営者であるというわが国の一般的状況にかんがみて4単位必修とした。そして男子については選択して履修する場合があることを明確にし弾力的扱いを認めたのである。家庭生活は男女で協力して営むものであることは当然であるが，女性が子どもを産み育てるなど家庭生活の現実から見て，特に女子については，小・中学校の基礎の上に，保育・衣食住など家庭生活を経営する立場からそれに必要な知識・技術を一層総合的に履修させてその能力を伸ばす機会が必要であると考えられたからである。中には男性が家庭経営の主体者となることもあるであろう。しかし，女性は，母性となり，大多数は主たる家庭経営者となる。このことは従来から女性の持っている特権と考え，これを放棄する必要はないと思う」(小笠原 1982)。

これを見ると文部省の見解は1950年代からほとんど変わっていないようである。文部省が女子のみ必修を正当化する根拠は一貫して「女子の特性」「男女の現在及び将来の生活の違い」である。女子差別撤廃条約との関係については次のように述べる。

「本条第10条 (b) 項に，『同一の教育課程についての機会』を確保するように定めているが，これは『形式的・機械的に細部まで全く同一の教育課程についての機会』を要求しているものであるはずはなく，男女の本質的平等に反する取り扱いを排除しようとするものであって合理的な理由に基づく男女による若干の取り扱いの差異は許容されていると解するのが至当である。……（女子のみ必修は）本条約が排斥している女子の差別や男女の役割についての観念の固定化とは全くその趣旨を異にするもので，本条に抵触するとは解されない。」

あくまで教育上の配慮であって差別ではない，としてきた文部省の態度も1984年頃から軟化の兆しがみえるようになった。「すすめる会」の世話人が

1984年1月に訪問した際にも，文部省職業教育課の課長補佐が「政府の申し合わせもあり，批准のさまたげにならないように，というのが基本的態度である」と述べている。さらに「差別撤廃条約の趣旨には賛成するが，教育課程を決めるのには時間がかかる。ただ来年の7月には世界会議も開かれることであるし，何か途中の措置を講じなければ，と思う」と何らかの措置をとることを示唆した[10)]。1984年3月24日，文相は参議院予算委員会で「条約の妨げとならないようにしたい」と述べ，家庭科の履修方法を改めるとの考えを明らかにした。1984年6月，家庭科の履修方法を見直す「家庭科教育に関する検討会議」（以下，検討会議）が設置される。

検討会議の設置に先立つ5月末に全国高等学校長協会家庭部会が「現行の履修形態堅持」を求める要望書を文部省に提出した。全国家庭科教育協会も総会で「現行の取り扱いによる『家庭一般』の充実を期する」との大会宣言を採択し，全国の家庭科担当指導主事も文部省に「家庭一般」女子必修の規定方針堅持の要望を行った。また8月には全国高等学校PTA連合会が「家庭一般」女子必修存続を決議する。女子必修存続を求める勢力は，必修の廃止は生徒減につながると家庭科教師の不安をあおって女子必修死守の署名運動を展開した。

女子必修支持派は強力な存続運動を展開したが，検討会議の設置が決定された段階で履修形態の変更は決まっていたと言える。条約との関係上「現行履修形態の堅持」は不可能だったからである。この時点で取りうる選択肢は高等学校家庭科を①選択必修にする　②男女とも必修にする，のどちらかである。

検討会議は女子のみ必修論と男女共修論の双方に配慮した報告を1984年12月提出した。それによれば，高等学校の家庭は男女とも「選択必修」とする。「選択必修」の方法は，①複数の家庭科科目を男女の選択必修とする　②「家庭一般」と他教科科目をセットにし，いずれかを選択必修させる，という二つの案が提示された。どちらの選択方法をとるかの判断は教課審に委ねられた。報告書の「基本的考え方」では，検討会議としての統一見解を示すのではなく，「なお，高等学校『家庭一般』が，わが国の歴史と伝統の上に立ち，大きな役割を果たしてきたことにかんがみ，今後ともこのことに充分留意すべきであるとの指摘があった。また男女が協力して家庭生活を築いていくという観点から家庭科教育の内容を見直し，男女共に学べる内容に改善すべきであるとの指摘

表3-2　1980年代の家庭科

	年度（学習指導要領改訂年）	科目名	履修規定
小	1980-1991年度（1977.7.23）	家庭	男女共学必修
中	1981-1992年度（1977.7.23）	技術・家庭	男子は技術・女子は家庭，相互乗り入れあり
高	1982-1993年度（1978.8.30）	家庭「家庭一般」	女子のみ「家庭一般」4単位必修

もあった」と述べている。家庭科教育を女子教育，母性教育ととらえ，その重要性を強調する論者の影響力が強く，検討会議内でも無視し得ないものだったのだろう。

検討会議の報告を受けて教課審が1985年9月発足し，翌1986年10月に「中間まとめ」を発表し，1987年12月最終的な答申を文相に提出した。

小学校家庭科の改訂は小幅だったが，中学校・高校の改訂は大幅なものとなった。答申は中学校の技術・家庭科については現行の男女別履修方式の廃止を打ち出した。そして既存の領域を統合する一方で「情報基礎」「家庭生活」の2領域の新設を提案する。この改訂の結果，領域の構成は①木材加工　②金属加工　③機械　④電気　⑤栽培　⑥情報基礎　⑦家庭生活　⑧被服　⑨食物　⑩住居　⑪保育，の11領域となり，この中から生徒の興味関心などに応じ，男女の別なく7領域以上（ただし，木材加工・電気・家庭生活・食物の四領域は全員必修）を履修させることとされた。

高等学校の家庭科では，「家庭一般」の女子のみ必修は廃止となった。そして「家庭一般」は時代の進展を踏まえて再構成する一方，新しい科目として「生活技術」と「生活一般」を設け，このうち1科目をすべての生徒に履修させるとされた。「生活技術」は①家庭生活の基礎的知識　②衣食住などの技術　③家庭生活で利用する電気・機械，情報処理，園芸などの知識と技術，といった内容で構成されていた。「生活一般」は生活管理に重点を置いて家庭生活に関する基礎的な知識と技術を習得することを目的とする科目とされた。

教課審答申に基づき1989年に学習指導要領が告示される。こうして中学校では1993年度から，高校では1994年度から男女共学の家庭科となることが決定した。

◎流動化する性別役割分業観

高校家庭科の女子のみ必修や中学校での男女別領域指定に関して，一貫して「教育的配慮であって差別ではない」という態度をとってきた文部省が方針を転換した。この方針転換をもたらした最大の要因は，女子差別撤廃条約の批准問題である。しかし，条約批准の必要性だけが態度軟化の理由ではない。方針転換の背景にあったものとして，次の3点を指摘することができる。それは第一に「すすめる会」に代表される家庭科男女共学運動の進展，第二に地方自治体における女性政策の展開，第三に性役割に関する世論の流動化，である。

1975年の国際婦人年世界会議で採択された世界行動計画をうけて，日本でも国内における女性問題解決が行政的課題となった。そこで日本政府は1975年9月に国内行動計画策定に着手し，1977年1月に計画を公表した。この動きは地方にも広がり，地方自治体も次々に行動計画策定に着手する。政府の国内行動計画が策定された翌年の1978年には早くも独自の行動計画を策定する自治体が出はじめ，以後その数は増加しつづける。1986年6月までの時点で，都道府県はすべて計画策定を終え，10余りの政令指定都市も行動計画を持っていた。

自治体における行動計画の内容は多様だったが，長期的・総合的な性格を持っている点で共通している。労働，教育，福祉など多様な領域を対象とし，さまざまな角度から女性問題の解決を企図したものが多い。家庭科教育に関しては何らかの形で言及するものが多く，家庭科の男女共修を明記したのは，「すすめる会」の調査では，1981年夏の段階で東京都，大阪府をはじめとする9自治体である[11)]。数の上ではそれほど多くなくても，現に男女共学の高校家庭科を実施している自治体も増えつつあり[12)]，自治体のこうした動向は文部省も認識していた。

1970年代後半から1980年代にかけては，性役割に大きな変動が生じた時期である。性役割とは，それぞれの性に期待されている規範的役割及びそれに基づく行動を意味する（神田 1984：4-5)。日本における性役割は三つのレベルに区別することができる。それは①性別役割分業規範とそれに基づく行動，②特性論とそれに基づく行動，③「家」制度下で形成された男尊女卑観及びそれに基づく行動，である。

戦後改革では「家」制度が廃止され，その中で形成されてきた女性の地位や

表3-3　結婚した女性が仕事を持つことについて

年度	家庭専念	育児優先	仕事両立	その他
1973	30%	44%	24%	2%
1978	26%	41%	31%	2%
1983	24%	41%	34%	1%
1988	21%	38%	38%	3%

表3-4　夫の台所仕事「当然」

年度	男性	女性
1973	56%	51%
1978	60%	60%
1983	67%	68%
1988	69%	75%

表3-5　理想の家庭像

年度	夫唱婦随	役割分担	家庭内協力	夫婦自立	その他
1973	22%	37%	22%	15%	4%
1978	21%	35%	23%	17%	4%
1983	25%	26%	30%	17%	2%
1988	20%	22%	37%	17%	4%

資料出所：NHK『日本人の意識調査』各年版より作成

価値観，行動様式に変化が生じた。しかしこの時期の改革で実現されたのは①の性別役割分業を前提としての男女平等である。ところが1975年の国際婦人年以降の動きはその性別役割分業自体の変革をめざすものであり，②の生物学的差異を強調する特性論の見直しである。

伝統的な性役割の流動化の動きは1980年代に入ると一層明確になる。表3-3は，結婚した女性が仕事を持ち続けることについての考え方が，どのように変わってきたかを示すものである。「仕事より育児を優先させた方がいい」という人は1983年でも41%いるが，「結婚したら家庭に専念すべきだ」という考え方を支持する人は1973年の30%から大きく減少している。「結婚しても子どもが産まれても，できるだけ職業を持ち続けた方がよい」という「家庭と仕事両立」を支持する人は1973年の24%から1988年には38%に増加している。表3-4は「夫が台所の手伝いや子どもの世話をすること」についての意識調査である。「夫の台所仕事の手伝い」を肯定する人は，1973年から1988年の15年間に51%から75%に24%も増加している。これらの世論調査の結果は，「男は仕事，女は家庭」という性別役割分業が変化してきていることを示している。変化は人々が求める家庭のイメージにも現れている。表3-5は1970年代から1980年代にかけて理想の家庭についての意識がどう変化したかを示すものである。

1970年代前半は，夫婦で役割を分担する家庭を理想とする女性が多かった。

しかし1980年代に入るとこの「役割分担」は大幅に支持を失う。代わって増えたのは，家庭内では夫婦が平等の関係にあり，夫婦共に家庭のことを考える「家庭内協力」型である。なお「夫唱婦随」型を理想とする人の割合は一定して20％程度である。「夫唱婦随」型の対極にある「夫婦自立」型もあまり変化していない。

このような性別役割分業観を中心とした性役割の流動化は，直接的に家庭科の男女共学を推進する力とはならなかったとしても，「すすめる会」などの共修の主張が受け入れられる素地を作ったと思われる。そしてそのような意識の変化は，「男女の現在及び将来の生活の生活が異なるから」と男女別領域指定や女子のみ必修を正当化してきた文部省の主張の根拠を揺るがしたのである。

◎1980年代の家族イデオロギー

1980年代，家族イデオロギーには二つの方向が見られる。一つは性別役割分業家族を前提に，法律による結婚と家族を維持・強化しようという動きであり，もう一つは個人の自由と権利を認め，家族の変容を受け入れようという方向である。この流れは混在しているが，後者の動きが男女差別撤廃の世界的潮流を背景に1980年代後半から徐々に強まっていく。教育の場における男女差別の撤廃が一歩進み，国籍法では父系主義が父母両系主義に改められた。夫婦別姓や事実婚の選択，婚外子の平等化など，家族法が前提とする性別役割分業家族に対する異議申し立てが行われるようになった。しかし，このような女性の権利保障の動きは国際社会での承認に必要な範囲にとどまり，家族法に埋め込まれた家族単位の考え方を批判する個人主義的な主張は，裁判の場ではいずれも認められなかった。性別役割分業体制には揺らぎがみられたが，同時にそれを強化する施策が次々に実施され，家族を単位とする考え方はこれまでにもまして強調された。1980年代には，変革の流れが見えつつも，個人より家族を単位とする状況に大きな変化はなかったと言える。

3　年金改革と「女性の年金権」確立

◎1980年改正

年金制度基本構想懇談会の1979年4月の最終報告書を受け，厚相は特に早期に着手し，改善すべき事項として挙げられた3点（老齢年金支給開始年齢の引き上げ，遺族年金の改善，福祉年金等の経過的年金の引き上げ）を中心に改正を行う方針を明らかにした。すでに3月から審議を開始していた保険審は，厚相の方針を受けて審議を急ぎ，9月に「厚生年金保険制度に関する意見」を提出する。この「意見」では，妻や子への加給年金の引き上げ，遺族年金の引き上げが提言された。12月，厚生省はこれを受けて政府改正案を作成する。

まず，配偶者に対する加給年金については，従来の6000円から1万5000円に引き上げるとされた。保険料率については，男子は1.8%引き上げ10.9%に，女子は1.9%引き上げて9.2%とする。女子の引き上げ率は男子より高く設定され，保険料率の男女格差を段階的に解消していくこととされた。女子の年金支給開始年齢が男子より早く，平均年金受給年数が長いこと，拠出に比べて相対的に高い給付を受けることが多いことなどから，保険料について男子と差を設ける理由が乏しくなっていたからである。

遺族年金の改善については，より年金保障の必要性が高いと考えられる有子の寡婦と高齢寡婦に重点を置いた引き上げを実施することとされた。具体的には子どもを2人以上有する寡婦については，月額7000円から1万7500円に，高齢寡婦については月額4000円から1万円に引き上げることとされた。

この政府案について諮問を受けた制度審は1980年2月に答申を行ったが，加給年金の引き上げについては「妻については，厚生年金が夫婦単位であるという原則を変更することになるおそれがあるので疑問である」と批判的だった。

しかし法律案はほぼ政府案通りに国会に提出され，衆参両院を通過し，10月に公布された。1980年の改正では，加給年金は標準的な老齢年金の11.0%の水準となった。この他，加給年金の引き上げに対応し，配偶者が厚生年金等他の公的年金制度の老齢年金または障害年金などの自分自身の年金を受給している場合には支給しないことになった。保険料率は，国会審議の過程で0.3%ずつ引き下げられ，男子は10.6%，女子は8.9%とされる。ただ，女子の保険料率については，以後毎年自動的に0.1%ずつ引き上げて男女同率をめざすこととされた。

1980年改正では，年金基本構想懇談会の報告から政府案作成まで時間が限られていたこともあり，基礎年金や女性の年金権など，抜本的な制度改正は着手されなかった。全体として，反対の少ない給付改善措置のみが実施され，給付抑制や負担増という反発を招きやすい問題への抜本的取り組みは回避される。被用者の無業の妻の取り扱いは，加給年金や遺族年金水準の引き上げなど，短期的視点からの改善措置が実施されただけだった。根本的な問題であった年金権の構成単位の整理，すなわち，世帯保障的視点に立つ被用者年金と個人保障的視点で設計された国民年金の調整は図られなかった。

◎1985年改正

1980年代に入ると年金改革への動きは一層活発化した。高齢化社会の到来が必至となるなか，公的年金制度改正問題はもやは先送りできないという認識が高まりつつあった。

そこで，1984年から1986年にかけての一連の法改正により，わが国の公的年金制度は再編成され，「新制度」として1986年から実施されることになる。

1980年代前半，解決が必要とされた諸問題のうち，特に早急に対応が必要だったのは，①分立した制度，②サラリーマンの妻の任意加入制，③年金財政，の3点である（山崎 1988：92-3）。

わが国の公的年金制度は，この時点で3種8制度に分立しており，制度間格差，過剰給付・重複給付，財政基盤の不安定化等の問題を抱えていた。とりわけ，各種共済組合年金と厚生年金・国民年金との格差は「官民格差」として厳しく批判され，年金制度に対する国民の不信感を招くなどの問題があった。

就業構造が変化し被用者が増加したことにより，国民年金の加入者は任意加入者以外にはあまり増加していなかった。そして1980年頃には国民年金被保険者の約4分の1が専業主婦等の任意加入者となっていた。これらの任意加入者は加入・脱退が自由であるため，制度運営上の不安定要因とみなされるようになっていた。また，任意加入していない妻が離婚したり，婚姻中に障害となったときに十分な年金保障がないという点も以前から問題になっていた。1980年代にはこれら任意加入者が資格期間を満たして老齢年金を受給しはじめる時期が迫りつつあり，年金財政の逼迫も懸念される状況にあった。

年金財政に対する不安感は，相次ぐ給付の改善と急速な高齢化の進行によってさらに高まっていた。低成長時代に入り，公的年金制度が社会経済的変化に十分に対応しきれなくなってきていることが明らかになっていた。

こうした問題に対処するため，制度の大改正に向けての検討が開始される。1982年7月23日，厚相の私的諮問機関である社会保障長期展望懇談会が「社会保障の将来展望について」という提言を発表した。続いて，7月30日には1981年3月の発足以来審議を続けてきた第二次臨時行政調査会（以下，第二次臨調）が第三次答申を行う。年金制度のあり方については，全国民を統一的基礎とする基礎的年金の導入，国鉄共済と類似共済制度との統合，給付水準の適正化，被用者の無業の妻に対する年金保障等が提言された。

これを受けて政府は9月に「今後における行政改革の具体的方策について」（いわゆる「行革大綱」）を閣議決定した。行政改革に対する政府の基本姿勢を示したこの大綱では，年金制度に関しては，国家公務員共済と公共企業体共済の統合化，給付と負担の関係など制度全体の見直しが示された。

1982年11月から1983年1月にかけて，厚生省は「21世紀の年金」について各界の有識者1000人を対象とする調査を実施した[13)]。これは，「各界有識者の意見を広く聞き，制度改正の参考に資する」ための調査とされたが，アンケートに添付された年金制度の現状と課題についての参考資料は，事実上次期改正に向けての厚生省試案ともいうべきものである（山崎 1988：113）。その参考案は，①制度体系，②婦人の年金権保障，③給付と負担の水準，という三つを大きな柱とし，次のような再編の方向を示している。

①公的年金制度に共通する基礎年金を導入し，すべての国民に対して保障する

②すべての婦人に固有の年金を保障する措置を講じ，被用者の無業の妻についても基礎的年金の給付を行う

③給付水準については，現役勤労者の所得水準や負担とのバランスを考慮しその適正化を図る

この調査の結果，公的年金の一元化，社会保険方式の維持，男子勤労者の平均賃金の60%程度の年金水準，婦人の年金権確立などが有識者の多数意見であることが明らかになった（年金制度研究会 1986：236-41）。年金改革に関する主要な論点について有識者の意見を調べ，「試案」に近い線で世論の合意を形成したい（山崎 1988：113）という厚生省の目論見は成功したといえる。

アンケート結果の注目すべき点として，婦人の年金保障について男女で問題関心の高さに違いがあらわれた。全体の結果では，「被用者の妻についても固有の年金権を付与し，すべての婦人に独自の年金を保障するべきである」は45.8%，「被用者の妻については常に稼得収入があるわけではないから，必ずしも，固有の年金権を付与する必要はないが，希望する者については，固有の年金権を付与する方途を今後とも開いておくべきである」が39.8%である。しかし，女性のみで見てみると，前者については75.9%，後者が18.5%となっており，すべての女性に年金権を付与すべきと考える女性が男性よりも多い。

アンケートの結果も考慮し，1983年7月保険審厚生年金部会が「厚生年金保険制度改正に関する意見」を発表した。この「意見」は厚生省との連携により改正の大枠と方向性を与えたといわれる（中野 1992：46）。「意見」は今次改正の基本的考え方について次のように述べる。

まず，公的年金制度全体の整合性の確保については，「各制度に共通する考え方に立った公的年金制度の再編成が必要である」とする。次に年金の給付単位と婦人の年金権については，「厚生年金保険の給付水準としては，夫婦世帯と単身世帯のバランスを合理化するものとし，一方，被用者の妻の大半が既に国民年金に任意加入していること，任意加入していない妻が障害者になった場合や離婚した場合の年金保障が十分でないことを考慮して，すべての婦人に独自の年金権を確立する方向で検討すべき」とする。そして，年金の給付水準に関しては，受給者と現役被保険者との生活水準のバランスが著しく損なわれることがないよう，「将来に向かって給付水準の見直しが必要である」としている。

このような基本方向に従い，年金制度の改正がさらに具体化されていく。改正法案の国会上程に向けて，国民年金審，保険審，制度審への諮問を経て，政府は最終的に1984年2月，「公的年金制度の改革について」と「国民年金法等の一部を改正する法律案」を閣議決定した。改正法案は同年3月2日国会に上程された。

◇国会審議

政府提案の骨子は以下の4点である。

①制度を一元化し国民共通の「基礎年金」を導入する

②給付水準の適正化として，給付と負担の均衡を図る

加入期間の伸長に伴う1人当たりの年金給付額の増大と年金受給者の増加による年金給付費用の増大に対し，年金給付水準の引き下げと保険料の引き上げで対処する。

③婦人の年金権を確立する

被用者の無業の妻も国民年金への強制加入とすることで基礎年金を保障する。費用は夫の加入する保険が制度としてまとめて負担し，被用者の無業の妻は無拠出とする。

④障害年金の改善を図る

制度加入前に障害者となった者についても障害年金を充実する。

山崎（1988：128-9）は国会で取り上げられた論点を質問者の数と所属政党によって表3-6のように整理している。すべての公的年金制度の土台となる基礎年金の導入がなんといっても一番の論点だが，女性の年金権についても活発な議論が行われた。衆議院では4人，参議院では7人の議員が質問に立った。

特に批判が強かったのは第3号被保険者が保険料を独自に拠出せず，夫の加入する保険が一括して拠出するという点である。「専業主婦が保険料を自ら負担せず給付が受けられるのはおかしい」「サラリーマンの無業の妻も1000万人のうち既に700万人が国民年金に任意加入しているのだから，保険料を負担することは可能ではないのか」「専業主婦世帯と単身者や共働き世帯の保険料率が同じなのは不公平ではないか」といった野党議員の批判が相次いだ[14)]。参考人として出席した島田とみ子東海大学教授も，「自分の年金受給権の裏付けとして保険料拠出義務を果たすことが原則である。自立を求める女性が増えている時代に，妻が自ら保険料を拠出せず，夫の被扶養者として夫に依存する形をとることは納得しがたい」と述べた[15)]。

表3-6　衆参社会労働委員会における年金改正法案をめぐる審議の主要論点

論点	社会（衆参）	公明（衆参）	民社（衆参）	共産（衆参）	社民連（衆）	二院（参）	サラ（参）	税金（参）	合計
スライドの処理	4	1	1	1	−	−	−	−	7
国庫負担繰り延べ	4	1	3	1	−	−	−	−	9
一元化	7	4	3	1	−	1	−	−	16
基礎年金導入の理由	1	−	−	−	−	−	−	−	1
基礎年金の性格	2	4	3	−	−	−	−	−	9
基礎年金の水準	6	5	−	3	−	−	1	−	15
保険料の所得比例制	1	6	−	−	−	−	−	−	7
税方式導入	8	2	−	−	1	−	−	−	11
特別会計設置	3	−	−	−	−	−	−	−	3
保険料免除者	3	1	1	−	−	−	−	−	5
無年金者	4	4	−	1	−	−	−	−	9
老齢福祉年金	−	4	2	2	−	−	−	−	8
国民年金の所得比例制	4	1	3	−	1	−	−	−	9
老齢年金の水準	3	−	2	4	−	−	−	−	9
租税・社会保障負担率	3	2	1	2	−	−	−	−	8
国庫負担	5	4	1	1	−	−	−	−	11
労使負担割合	1	−	−	4	−	−	−	−	5
婦人の年金権	6	1	−	4	−	−	−	−	11
遺族年金	2	3	2	1	−	−	−	−	8
障害年金	2	4	5	−	−	1	−	−	12
スライド	2	1	−	1	−	−	−	−	4
女子の激変緩和	3	−	4	−	−	−	−	−	7
厚年第三種の激変緩和	4	1	4	−	−	−	−	−	9
積立金	5	2	5	1	1	−	−	−	14
合計	20人	11人	6人	6人	2人	2人	1人	1人	49人

1.本表の数字はそれぞれの論点が，各野党の何人の委員によって取り上げられたかを示している。各党別の合計の人数は質問者の数を示す。資料出所：山崎（1988）の衆院と参院のデータを合算した.

政府はこういった批判に対し，次のように説明する。

①サラリーマンの妻を自営業者の妻と同様に扱った場合，現実に保険料を納めてもらい給付に結びつくのかを考えると難しい。

②任意加入してない300万人を含め，全員を国民年金に強制加入させるか，任意加入制度をやめて夫の保険料の中でカバーされるようにするか，二つを比較考量し，後者を選択した。

③社会保険制度の従来の考え方から，負担能力に応じた負担という方式が負担面での公平になると考え，共働き世帯か専業主婦世帯かを問わない

ことにした。

専業主婦から保険料は徴収しないという理論的根拠は，政府の説明では必ずしも明確ではなかった。議員の質問に対し，当時の吉原健二厚生省年金局長は以下のように答えた。

議員　被保険者は，保険料を納めるのが原則なんですよ。この原則論をどう説明なさいますか。

局長　なかなか御納得いただけないわけでございますけれども，実際にサラリーマンの妻を自営業の奥様と全く同じ扱いにして果たしてうまくいくかどうか。形の上ではきれいであっても，現実に保険料を納めていただいて，年金給付にできるだけ，多くの人が結びつくようになるかということを考えますと，なかなか難しい。

議員　やはり公平を欠いているのではないかと思う。

局長　不合理であることはよくわかるわけでございます。ベストではございません。何といいますか，ちょっとの差でベターなんではないかということで，こういう案をとらせていただいたわけでございます。

結局，個別の保険料拠出なしに年金が受給できる第３号被保険者の年金権の法的性質は，社会政策的見地から認められる公法上の特殊な権利とでもいうべきものである（本沢 1998：28）。被用者の妻を年金制度にどう取り込むかは難しい問題だった。当時の山口剛彦厚生省年金課長はその点に苦心したことを次のように述べている[16)]。

「私どもも，この点が今度の改正で一番頭を悩ましたところなのです。というのは，婦人の年金権を確立するために個人単位で考える，そのため全員国民年金に加入していただこうと，ここまではいくのです。問題は実際にその負担をどうするか。というのは，任意加入の方は今までも払っていたわけですから，保険料を拠出する意志はあるわけです。ところがあとの三割の方は入る意志がない，あるい払えないという方達です。そいういう方達も含めて，全員が加入していただこうということにするわけですから，その費用負担のあり方も現実的な方法を考えなければならない。そうしますと，所得の源泉はサラリーマンの妻の場合は，なんといっても夫の方にあるわけです。ですからそこのところは，一度奥さんの手にわたったものからというよりは，サラリーマン家庭の所得の源泉のところで払っていただいて，それをまとめて基礎年金を給付する費用としてまわしてもらえればいいじゃないかということです。今まで諸外国を見ても，これはあまり例のない制度だと思うのですが，現時点で考えられる最も現実的な方法ではないでしょうか。……ご指摘のようなご意見（保険料の取り方に問題があるという高原須美子氏の指摘）は私どもも承知おりますが，観念論だけでは解決できない問題があると思うのです。」

後に吉原局長も当時を振り返って次のように述べる。「（専業主婦からの保険料の是非について）いま考えても，どっちがいいかわからないくらい，どっちももっともなんですね。結局，多数決で決めるよりほかないんで。取るほうが理屈としては正しいかもしれないけれど，うまくいくのかな，と。」[17] 第３号被保険者制度は，不公平さが認識されつつも無年金者の増加による混乱を回避するため採用された関係者も認める「妥協の産物」だったわけである[18]。

表3-7　1985年改正の経過

年月日	内容
1981.11.12	制度審厚生年金保険部会（懇談会）次期制度改正のあり方について審議開始
1982. 7.30	臨時行政調査会『行政改革に関する第三次答申』
9.24	「今後における行政改革の具体化方策について」閣議決定
11	厚生省，「21世紀の年金」有識者アンケート実施
1983. 5.20	地方公務員共済組合の財政単位の一元化を図るための法案成立
7.15	保険審「厚生年金保険制度改正に関する意見」
11.28	国家公務員共済組合と公共企業体職員等共済組合の統合法案成立
1984. 1.26	国民年金審議会答申
1.26	保険審答申
2.23	制度審答申
2.24	「公的年金制度の改革について」閣議決定
3. 2	「国民年金法等の一部を改正する法律案」国会に上程
4.17	衆議院本会議における趣旨説明，社会労働委員会に付託
7.12	衆議院社会労働委員会における提案理由説明
8. 8	第101回国会閉会，継続審議決定
12.12	衆議院連合審査における質疑
12.18	衆議院社会労働委員会における修正，採決
12.19	衆議院本会議採決
1985. 2.26	参議院社会労働委員会における提案理由説明
4.19	参議院連合審査における質疑
4.24	参議院本会議採決，衆議院本会議採決，成立
5. 1	公布

図3-1　新年金体系における給付水準

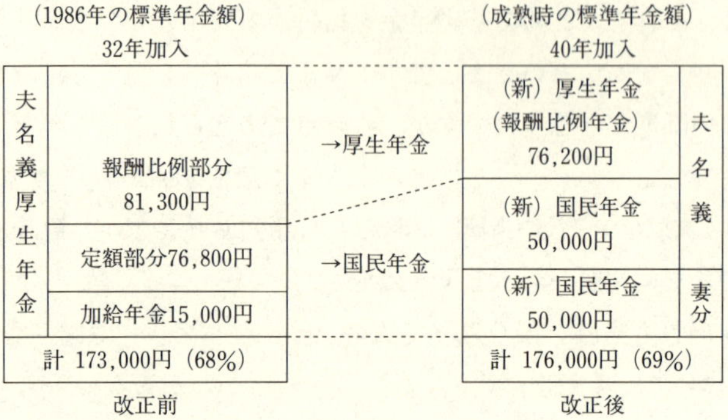

1.1980年改正時の単価2,050円を1984年度価格に換算したもの
2.％は現役男子の平均標準報酬月額254,000円に対する比率
3.金額はいずれも1984年度価格

◇年金改革の内容

基礎年金制度導入を中心とした政府案は，ほぼ原案に近い形で国会を通過し，1985年４月24日成立し，５月１日公布された。改正の結果，以下のような内容が1986年から実施されることになった。

①基礎年金の導入

国民年金を全国民共通の基礎年金を支給する制度に発展させ，被用者年金は原則として報酬比例の年金を支給する「基礎年金の上乗せ」の制度として位置づけ，「二階建て」年金制度に再編する。

②給付の抑制措置

現役世代の収入と年金受給世代の収入均衡を図り，将来の負担増を緩和するため制度の成熟化に伴う平均加入年数の伸長に合わせて，定額部分の単価及び報酬比例部分の乗率を20年かけて逓減していく（図3-1）。

③女性の年金権の確立

国民年金の適用を被用者の妻にも拡大し，自分名義の基礎年金をもつようにする。被用者年金加入者の妻の保険料はそれぞれの被用者年金制度全体で負担する。世帯の水準分化を図り以下のようにする。

単身世帯	夫婦世帯
基礎年金＋報酬比例年金	(夫) 基礎年金＋報酬比例年金 (妻) 基礎年金

④保険料の引き上げ

厚生年金の標準報酬を引き上げ，６万8000円から47万円までの31等級とする。保険料率は男子12.4%，女子11.3%とする。

◇1989年改正

1986年４月から新制度が実施された。その後，５年ごとの財政再計算にあたり，1989年３月に国民年金法改正法案が国会に提出された。また，これと並行して同年３月，４月に相次いで「国家公務員等共済組合法の一部を改正する法律案」と「被用者年金制度間の費用負担の調整に関する特別措置法案」が国会

表3-8　厚生年金の標準的な年金額（モデル年金）と諸指標（1980年代）　（月額）

改正年度	標準的な年金額	加給年金	直近男子の平均報酬月額	老人夫婦の平均現金支出額	生活保護水準
1980年度 (80.7)	136,050円 (30年加入)	15,000円 (11.0%)	201,333円 (67.5%)	124,000円	88,329円
1986年度 (86.4)	173,100円 (32年加入)	―	254,000円 (68.0%)	141,000円 (1985年)	110,458円 (1985年度)
1989年度 (89.12)	197,400円 (40年加入)	―	288,000円 (69.0%)	177,000円 (1988年)	113,447円 (1988年度)

1.直近男子の平均標準報酬月額は，各年３月末。(　) 内はこれに対する標準的な年金額の比率。2.加給年金は年金額に含まれる。(　) 内は加給年金の標準的な年金額に占める比率。3.老人夫婦（夫65歳以上，妻60歳以上）の平均現金支出額は，厚生行政基礎調査及び国民生活基礎調査による。4.生活保護基準は老人夫婦（夫72歳，妻67歳）の最低生活保障水準（２級地の生活扶助，住宅扶助，老齢加算），各年度当初。
資料出所：久野（1985),『国民の福祉の動向』各年版より作成

表3-9　国民（基礎）年金の水準－1980年代

改正年	政策目標	標準的老齢（基礎）年金	夫婦２人の年金額
1980年	男子の平均賃金の60%を目途	月額42,000円	月額94,000円
1985年	老後生活の基礎的部分を保障するものとして高齢者の生計等を総合的に勘案	月額50,000円（40年加入）	月額100,000円
1989年	前回改正の水準維持	月額55,000円（40年加入）	月額110,000円

1.1980年度の夫婦合計額は付加年金を含む

に提出された。これらの法案は将来の公的年金制度一元化にむけたステップだったが，1989年4月から実施された消費税への反発やリクルート問題，農産物の自由化問題などから審議入りが大幅に遅れ，12月にようやく成立する。

国民年金等に関する主な改正点は，次の通りである。

①国民年金基金の創設

国民年金の加入者のうち第1号被保険者を対象とし，老齢基礎年金に上乗せする年金として任意加入の国民年金基金を創設する。

②学生の強制適用

20歳以上の学生は，老齢基礎年金を満額支給とするため，また障害給付と遺族給付の保障を行うため強制加入とする。

③年金額の引き上げ

厚生年金の標準的な年金額は，老齢基礎年金・老齢厚生年金あわせて月額19万7400円とする（これは現行男子の平均標準報酬月額の69%に相当）

老齢基礎年金は5万円から5万5000円に引き上げる。年金の実質的価値の維持を図るため完全自動物価スライド制を導入する。

◎社会保障をめぐる国際的動向

1980年代には，社会保障のありかたを男女平等の視点から問い直す国際的な動きが見られた。国連の女子差別撤廃条約は，差別の範囲を法律だけではなく，慣習や慣行にまで言及し，男女平等の確保について具体的に言及した。こうした流れのなか，ILOは「21世紀へ：社会保障の発展」という報告書を1984年に発表する。

この報告書は，従来の社会保障政策が男性の視点に立ち男性に都合よく作られたため，女性が担っている家事労働などの社会的評価が低いことを指摘し，性別役割分業に基づく古い観念によって女性を被扶養者に位置づけている諸制度が，新しいライフスタイルで生活しようとしている男女を不利にしていると批判する（ILO 1984）。報告書は，未だに数多くの社会保障制度が次の三つの前提にもとづいている，と述べる。それらは「①子どもは婚姻生活以外には存在せず，生まれるべきでもない　②婚姻は永続的である　③通常の女性の役割は夫に経済的に依存し，有給の仕事を持たない主婦であり母である。」

1988年にはISSA（国際社会保障協会）が，社会保障は男女の伝統的な性別役割分業にもとづくライフスタイルを維持する方向に作用することなく，人々のライフスタイルに中立的でなければならないという内容の報告書を発表した(ISSA 1989)。1990年のOECDハイレベル専門家会議も性別役割分業にもとづく家庭を有利にしてきた社会保障，税制を見直すことを提唱する（OECD 1991)。

新しい社会保障政策の国際的な流れは，女性と男性がともに職業と家庭を両立できるようにすることであり，従来の「男は仕事，女は家庭」あるいは「男は仕事，女は家庭と仕事」といった性別役割分業システムを脱却することだった。女性が雇用の場で経済的に自立できること，男性が家庭の場で生活的に自立できること，つまりは性にかかわらず，「個人が個人として経済的にも生活的にも自立できる社会システムの創造」（塩田 1995：209）がめざされるようになってきていた。

◎1980年代の年金制度

国際的な動向に照らして1980年代の日本の年金改革を見てみると，次の2点が指摘できる。第一に，1985年改革における「婦人の年金権確立」は一応評価できる。基礎年金の創設により，かつては無年金者，欠格者となるおそれのあった女性も含めて，すべて国民に自分名義の年金が保障されることになった。従来の制度では，被用者年金に加入する夫の年金受給条件に依存する妻が，夫との離婚により無年金者になることがあったが，基礎年金ができたことで無業の主婦にも年金権が保障されることになった。

しかし，第二に，「一応」の「婦人の年金権確立」は，性別役割分業システムを脱却し，女性が経済的にも生活的にも自立できる社会保障制度ではない。次節で述べるが，同じ時期に設けられた配偶者特別控除など税制上の優遇措置，企業の扶養・家族手当の支給要件，健康保険の適用などと組み合わさって，むしろ専業主婦のいる「片働き世帯」を推奨するかのような結果になっている。

1985年改革は，年金の構成単位を従来の世帯単位から個人単位へと転換するものと位置づけられたが，現実には極めて曖昧な点を残している。第3号被保険者問題はその典型である。年金権は個人単位といいながら，配偶者との関係で拠出が免除される。同じように無収入で扶養されていても，扶養するのが夫でなく，例えば息子であれば第3号にはなれず，保険料は払わなければならない。

従前の国民年金では，その保険料は1人分の給付をまかなうものであり，厚生年金では夫婦2人分の給付をまかなうものだった。個人単位と世帯単位という原理の異なる年金制度を基礎年金を媒介にして一元化したわけであるが，個人単位化は徹底されていない。厚生年金の給付は基礎年金を含めて単身者1人分に再編されたはずだが，なおモデル年金は働く夫と専業主婦の妻という夫婦2人の年金額で提示されている。

4　配偶者特別控除の創設

◎税制調査会の答申

1950年代からたびたび議論されてきた課税単位の問題は，引き続き取り上げられ，1980年代に入っても最終的な結論が出ていなかった。1980年代最初の税調答申である1980年の『財政体質を改善するために税制上とるべき方策についての答申』（12月8日）は，次のように述べる。

> 「妻の座優遇の見地からいわゆる二分二乗方式を採用すべきであるという意見があるが，この方式を採用する場合には，共稼ぎ世帯や独身世帯との間で税負担の権衡をどのように図るかという基本的問題があり，また夫婦別産制をとっているわが国の民法との関係もあり，現段階でこの方式を採用することは適当でないと考えられる。」

答申が言及した夫婦財産制については，従来の「別産制」を維持するか，「共有制」に改めるか，法制審議会民法部会身分法小委員会などで議論が長年続いていた。しかし，先に述べたように，1980年の民法相続編改正では「別産制」維持で結論をみていた。税調答申はそのことも考慮したと思われる。

人的控除についても大きな変更はなかった。当時は，1980年9月に始まったイラン・イラク戦争による第二次石油危機の影響で，1980年の物価上昇率は7.7％と高い水準になっていたため，いわゆる物価調整減税への要望が高まっていた。所得控除を引き上げて課税最低限を高めることで減税を行うべきだという声も強かったが，当時の財政状況ではその余裕がないと税調は判断した。そのため，この答申では，所得税については，「父子家庭のための措置として一定の要件の下に寡婦控除に準じた制度を創設するとともに，家計を助ける主婦などに対する配慮として配偶者控除等の所得要件を緩和することが適当である」としている。

1983年の『今後の税制のあり方についての答申』は，世帯単位方式への移行については，「所得を稼得者する個人ごとに担税力を測定する現行の仕組みはわが国において既に定着しており，諸外国における夫婦財産制度の差異等による負担の調整等の要請は見あたらないこと等の理由に基づき」現行制度を維持するのが適当であるとする。

配偶者が所得稼得に貢献していることや，共働き世帯と片働き世帯の均衡，事業所得者と給与所得者の負担の調整などのために二分二乗方式を採用するべきという意見に対しては，「主婦の帰属所得は課税対象外とされている」「各種世帯間の負担に問題になるほどの不均衡は認められない」として，課税単位の変更は認めなかった。

当時，主婦のパート収入について，非課税枠（給与所得控除と基礎控除の合計）を超えると，自身が課税されるだけではなく，夫の配偶者控除もなくなり，収入の増加により世帯所得が減少するという「逆転現象」がおきることが問題となっていた。いわゆる「パート問題」である。これに対しては，「主婦であっても一定以上の所得があれば相応の税負担を求めるのが適当」「配偶者控除を次第に縮減していくという仕組みは執行上極めて複雑になる」として，現行制度が税制の簡素性の面から見ても適当とした。

答申は，人的控除に関して，基礎控除，配偶者控除，扶養控除について一律に引き上げるのが適当とした。しかし，長期的には各種の人的控除は，その位置づけが不明確なものもあり，税制を複雑にしているのでできる限り基礎的な人的控除の引き上げに吸収していくことが適当，としている。

翌年度の税制改正に関する1984年の年次答申は，所得税及び住民税の全般的見直しに重点を置き，課税単位及び人的控除の変更はなく，諸控除の引き上げによる減税を提言するにとどまった。

◎配偶者特別控除の創設

1982年，中曽根内閣が発足する。かねてから構造的税制改革の必要性を主張していた中曽根首相は，1985年9月，税調に抜本的な税制の見直しを諮問した。税調は三つの特別部会及び専門小委員会を設置し，審議を開始した。第一特別部会は，税制改革についての取り組み方と一般的諸問題，第二特別部会は所得税及び住民税，第三特別部会は法人税，資産課税，間接税について審議をそれぞれ分担することとされた。

税調は，1986年10月の最終答申に至るまで，各特別部会での審議と合同特別部会を重ね，各界有識者からもヒアリング等を行った。特に専門的な検討を要する事項として，①課税単位，②給与所得控除，③累進構造，④法人課税，⑤間接税，⑥年金課税，⑦税制改革の経済に及ぼす影響，が挙げられ，これらについては，それぞれ専門小委員会での検討に委ねられた。

1986年2月25日，課税単位に関する専門小委員会が報告を行った。これは，長年にわたって続いていた課税単位に関する議論の一応のまとめともいうべきものである。小委員会は，給与所得者から要望の強い所得税制への二分二乗方式導入問題について，「合算制度への移行には慎重な検討が必要だ」との結論をまとめ，この日開いた第二特別部会に報告した。小委員会が課税単位の変更を検討したのは，①専業主婦の夫の稼得に対する貢献（内助の功）を評価する方策を考えてはどうか，②中堅所得者の負担の緩和を図るために二分二乗方式を採用してはどうか，③事業所得者等が完全給与化された青色専従者給与の支払いを通じ「所得分割」を行うことにより，給与所得者との間に税負担の不公平が生じている問題をどうするか，④「パート問題」をどうするか，といった指摘があったからである。

以上のような点を検討した結果，専門小委員会は以下のような理由を挙げて，個人単位課税方式の維持を選択した。

①「内助の功」については，片働き世帯と共働き世帯との負担のバランス，帰属所得の範囲，合算後の分割方式などについて問題がある。

②負担の軽減については，二分二乗方式は，中堅所得者だけでなく，高所得者にも有利に働き，負担の累進性を弱める。また独身者や寡婦（夫），共稼ぎ世帯などは逆に不利になるなどの問題がある。

③事業所得者との均衡を図るという点についても，事業所得において「所得分割」があるとみなしうるか，問題が残る。

④パート問題については特に課税単位の変更は必要としない。

⑤その他，女性の社会進出を抑制したり，結婚に対する中立性を失ったりするなど税制外の問題を生じるなどの問題があり，また財産制度などとも関連して問題が残る。

こうした議論を踏まえて，小委員会は，「二分二乗の代わりに，サラリーマンの専業主婦を対象にした特別控除を設けたらどうか」という妥協案を提示した。1986年当時，配偶者控除として33万円が認められていたが，これにさらに20～30万円の円の特別控除を上乗せして妻の「貢献」に報いる，というのがその骨子である。この特別控除を採用すれば，「パート問題」も改善することができるとされた。

小委員会の報告を受けて，税調はさらに審議を重ね，4月25日に中間報告を行った。主な内容は，①所得税減税は中堅所得者層を中心に行い，住民税と合わせた最高税率を現在の88%から6割台に引き下げる，②サラリーマンにも必要経費の実額控除を選択制で認め，専業主婦の「内助の功」に報いるため特別控除を新設する，③法人税は欧米諸国の水準に合わせ，企業の税負担水準（実効税率）を現在の52.92%から中期的に5割を下回るよう検討するなど，である。労働団体からも要望が出ていた二分二乗方式[19]は採用されず，小委員会報告通り，配偶者控除が提案された。

税調は10月半ばから合同特別部会を開いて最終的なとりまとめを行い，『税制の根本的見直しについての答申』を提出した。この答申は，小委員会での議論にそって，二分二乗方式を採用してはどうかという意見を紹介したのち，「このような端的な合算分割制の採用は，配偶者の有無により税負担の格差が大きくなる，共稼ぎ世帯が相対的に不利等の問題がある」ので，慎重に対応すべきとした。その上で，事業所得者の場合は配偶者への所得の分与を通じて負担を緩和することができることとの関連で，給与所得者世帯について配偶者の有無や所得稼得形態の差異に着目して，税負担の調整を図ることは十分考慮に値する，とした。そして「いわゆる片稼ぎの給与所得者世帯では，配偶者の他方もその稼得を支えていると考えるのがおそらくは自然であり……なんらかのしん酌を加えることが妥当ではないかと思われる」と，配偶者特別控除を設けることを提言する。所得の稼得に配偶者が貢献していることは共稼ぎ世帯や事業所得者世帯でも同様であり，配偶者特別控除は二分二乗制と同じように女性の社会進出を抑制する恐れがある，という反対意見も最後に附記された[20)]。

こうして，配偶者特別控除は翌年から導入されることになった。

◎給与所得と「クロヨン」問題

配偶者控除は1961年に，配偶者特別控除は1987年に，減税政策の一環としてそれぞれ導入された。共通する背景事情には主として二つの事情がある。一つは，中堅所得者層の重税感を軽減するため，もう一つは，個人事業者の専従者給与（控除）とのバランスをとるためである。

1986年の税調答申で改革の柱とされたのは，①税率構造の変更，②給与所得の特定控除制，③配偶者特別控除創設，④年金課税の改正，⑤利子課税改正の5点だった。答申は，個人所得課税に関する基本的考え方として次のように述べる。

「わが国における個人所得課税の負担水準は，個人所得に対するマクロ的な負担割合等からみて，国際的にかなり低い状況にあると考えられる。それにもかかわらず，納税者の間には所得税及び個人住民税について負担感，重圧感が強い。個人所得税は今後ともわが国の税体系において重要な地位をしめるものと考えられ，その適正かつ円滑な執行を期す上で国民の理解と信頼が不可欠であることにかんがみれば，このような状況を放置することはできないと考える。」

「個人所得税に関する不平，不満の背景には，働き盛りのサラリーマン等いわゆる中堅所得者層を中心とした税負担の累増感の問題と，各所得者間とりわけサラリーマンと他の所得者との間における税負担の不均衡感の問題[21)]があると考えられる。」

わが国の所得税は，大部分が中堅以下のサラリーマンによって負担されている。累進課税の性質上，これらのいわゆる「中堅所得者層」と呼ばれる所得階層の人々が，最も重税感を感じることになると言われている。これらの「中堅所得者層」の事業所得者等に対する不公平感もまた根強い。

その重税感，不公平感をあらわす言葉としてよく用いられるのが，「クロヨン」である。「クロヨン」とは，給与所得者，個人事業者，農林業者各間の所得捕捉率に大きな差があるとされる問題である。サラリーマンの所得はガラス張りで，9割把握されるのに対し，事業所得では6割であり，農業所得では4割であるというところから言われるようになった。この所得捕捉の割合が10：5：3であるとして「トーゴーサン」という言い方もある。

この数字については必ずしも根拠があるわけではないが，給与所得者の実感に根ざすため，捕捉率の差は常に不公平感の根拠とされてきた。このような不公平感が生じる原因は納税方法の違いと所得分割の可否である。給与所得は源泉徴収で，決められた計算方式で税金が引かれ，節税の余地はほとんどない。しかし，事業所得者の場合は，申告納税なので経費等の計算次第で節税の可能性もある。

また，事業所得の場合には，専従者給与が認められ，「みなし法人」を選択すれば，事業主本人の給与も認められ，所得分割が可能になる。それによって収入から控除される経費が大きくなり，課税される所得を小さくすることが可能になる。このような制度上の違いは同じ1000万円の所得（収入）でも税負担に大きな違いをもたらす（表3-10)。「専従」の定義づけや専従者に支払われる「適正な給与金額」の基準は曖昧である。そして本当に事業に従事しているのか，いわゆる「専業主婦」に近い配偶者にも給与を支給していることになっていないかを厳密に確認することも困難である。そのため，一般の給与所得者から見ると，この制度が所得分割の手段に使われているのではないか，という疑念が残る。

税調の審議では，この不公平感を緩和するため，当初は二分二乗方式が検討されたが，問題が多く，従来の配偶者控除に上乗せする形で配偶者特別控除が浮上したわけである。しかし，配偶者特別控除はあくまでも控除であり，給与所得者と事業所得者の不公平感の温床となっている「所得分割」の本質的な解決ではなかった。

政府は，その後も根本的解決を避けて控除引き上げによる不公平感の緩和を図った。中曽根首相に代わって総理の座に着いた竹下首相は，新型間接税の導入に意欲を示し，1987年11月，政府税調に税制改革について諮問した。1988年

表3-10　形態別税負担の比較（事業利益1,000万円の場合）

形態		所得	税負担
白色申告者	事業専従者なし	事業所得1,000万円	324.5万円（国税183.9万円，地方税140.6万円）
	事業専従者あり	事業所得955万円 （1,000万円－専従者控除45万円）	315.4万円（国税179.7万円，地方税135.7万円）
青色申告者	事業専従者なし	事業所得990万円 （1,000万円－青色申告控除10万円）	319.6万円（国税180.4万円，地方税139.2万円）
	事業専従者あり	事業所得740万円 （1,000万円－青色申告控除10万円－専従者給与250万円）	232.5万円（国税128.6万円，地方税103.9万円）
	みなし法人課税	事業主報酬750万円 （1,000万円－専従者給与250万円）	165.4万円（国税84.8万円，地方税80.6万円）
給与所得者	給与収入1000万円	給与所得790.5万円 （1,000万円－給与所得控除209.5万円）	189.0万円（国税116.9万円，地方税72.1万円）
	給与所得1000万円	給与所得1000万円 （1,220.5万円－給与所得控除220.5万円）	282.3万円（国税180.9万円，地方税101.4万円）

1.国税は所得税，法人税であり，地方税は住民税（均等割を含む），事業税である。2.家族構成は夫婦子2人とし，配偶者が事業に専従しているものとした。3.給与所得＝給与収入－給与所得控除
資料出所：和田（1990：52-3）

4月，税調は中間答申を発表する。所得税に関しては，税金の累増感を解消することを狙って，累進の構造を6段階に緩和することなどを提案した。また人的控除については，基礎，配偶者，扶養の3控除を一律に増額すると同時に，配偶者特別控除も引き上げることで課税最低限を上げることとした。配偶者特別控除を受けられる人も，より上の所得層へ広げる，とした。

つづいて6月に発表された自民党税調の『税制の抜本改革大綱』は，配偶者特別控除について具体的に次のような大幅引き上げを提示する。

①控除額を35万円（現行16.5万円）に引き上げる

②所得要件を1000万円（現行800万円）に引き上げる

③配偶者に所得がある場合の調整は5万円（現行1万円）刻みとする

この引き上げ案はそのまま政府案に盛り込まれ，翌年から大幅引き上げが実施された。この年は，ちょうど消費税導入の直前だった。消費税の負担感を減らそうと，配偶者控除も上積みされ，33万円から35万円に引き上げられた。結局，専業主婦や被扶養のパート妻のいる夫は，最高で70万円，普通の労働者の

基礎控除2人分にのぼる額が控除されることになった。

この時の改正では，課税最低限の引き上げでは，人的控除のうち，配偶者特別控除を2倍以上に高めたほか，高校・大学生の子どものいる家庭向けの扶養控除割り増し（教育割り増し）を新設した。その半面，基本的な3控除（基礎，配偶者，扶養控除）の増額は抑えられた。「大幅減税」を演出した税制改正だったが，実際には低所得層では共働きが多いなど，特殊な控除は適用世帯が少ないため，モデルでの減税効果が大きいわりには，減税財源は少なくてすむため，「低所得層への重点減税」を演出したもの，と評された[22]。

◎配偶者特別控除への反応

1986年税制改正の目玉の一つとして創設された配偶者特別控除はどのように受けとめられたのだろうか。配偶者特別控除について，主に新聞での報じられ方の特徴を整理をしてみると次のようになる。

導入年の1986年には，全く新しい控除が制定されたということから，「制度解説型」の記事が中心であった。制度の目的については，配偶者特別控除創設は「専業主婦」の「内助の功」に配慮したものという趣旨の説明をする記事が多い[23]。例えば，1986年9月5日の全国紙を見てみると，読売新聞は見出しを「専業主婦に特別控除」とし，本文で「サラリーマンが会社で働けるのは，家庭を守る主婦の内助の功があればこそとの考え方から配偶者特別控除が創設された」と解説している。日経新聞も同様に，「配偶者控除と『内助の功』」という見出しで，「専業主婦などの内助の功に配慮して」配偶者特別控除が設けられたと報じた。朝日新聞の見出しは「内助の功減税」である。本文では同様に，「妻の内助の功を認める」としている。これ以後も配偶者特別控除についての記事には「内助の功に配慮」「内助の功に報いる」「内助の功に光をあてる」などの表現が多い。

翌1987年の年末調整から実際に配偶者特別控除が始まることから，実際にどういう条件で控除が受けられて，どの程度税金が減るのか，といった「実務解説型」の記事が増える。1988年以降は，より賢くこの制度を活用したいという読者の要望に応えたのか「Q&A」ものや「ハウ・ツー」もので具体的な事例について解説する記事が多く見られるようになる。社会保険や夫の会社からの扶養手当との兼ね合いなど，パート主婦はどうすれば世帯としての収入が減るなどの損をしないですむか，というものが多い。

税調の答申段階からこの制度に批判的な論者[24)]はいたが，そういった反対意見はあまりメディアから注目されていない。答申は①配偶者の所得稼得に対する貢献への配慮　②事業所得者との税負担の調整，を配偶者特別控除の二大目的と掲げたが，専ら前者を強調するような報道が続いた。その後も税制改正の度に，配偶者（特別）控除＝専業主婦控除，配偶者（特別）控除の引き上げ＝「内助の功」減税，パート減税という受けとめられ方が続く。配偶者特別控除が出てきた経緯は，本来は事業所得者とのバランス論のはずだが，報道には「内助の功」という情緒的な表現が多用され，「主婦の貢献を税制上評価した」というように問題が一面的にとらえられがちだった。

◇1980年代の税制

1970年代の世界的な経済停滞による税収の減少とそれにともなう赤字財政への対応が1980年代を通じた課題である。税制改革はそうした財政再建の試みの一つだった。1970年代末の一般消費税導入が失敗してから，1989年に消費税が実施されるまでの約10年間は税制の抜本的な改革が論じられた時期である。シャウプ税制改革以来と称される税制改革が1987年９月，1988年12月の税制改正によってなされた。所得税制改革をめぐるキーワードは「不公平の是正」「重税感の緩和」である。

二分二乗方式に代表される課税単位の問題は，1950年代からたびたび検討されてきたテーマで，目新しいものではないが，給与所得者層の根強い不公平感・重税感を背景に，1986年には税調でも本格的に議論された。その結果，二分二乗方式の代替案として配偶者特別控除が提案された。

配偶者控除及び配偶者特別控除が女性の生き方に中立的でないことを批判する意見は，ほとんど注目されていない。給与所得者の重税感を緩和するため，「内助の功」を評価するという表現で，税制を通じて専業主婦が優遇される制度が進行した。この制度の下では，妻は中途半端に働くよりは働かない方が，また働いても年収を抑制した方が得になる。1988年以降，基礎控除・配偶者控除・配偶者特別控除は同額となり，その後も一律に引き上げられていった（表3

表3-11　国民負担率の推移1980年代

年度	国税 ①	一般会計税収	地方税 ②	税負担 ③=①+②	社会保障 負担④	国民負担 ⑤=③+④	国民所得 (NI)
	(%)	(%)	(%)	(%)	(%)	(%)	(兆円)
1980	14.2	135.	8.0	22.2	9.1	31.3	199.6
1981	14.5	13.8	8.3	22.8	9.8	32.5	209.7
1982	14.6	13.9	8.5	23.1	10.0	33.1	219.4
1983	14.8	14.0	8.6	23.4	10.0	33.4	230.8
1984	15.1	14.3	8.8	23.9	10.1	34.0	243.6
1985	15.0	14.7	9.0	24.0	10.4	34.4	260.3
1986	15.8	15.4	9.1	24.9	10.6	35.5	271.1
1987	16.8	16.5	9.6	26.4	10.6	37.0	283.9
1988	17.3	16.9	10.0	27.3	10.6	37.9	301.4
1989	17.7	17.0	9.9	27.6	10.8	38.4	322.1

表3-12　控除額の変遷

(円)

	基礎控除	配偶者控除	配偶者特別控除	白色専従者控除	青色専従者控除
1980年	290,000	290,000	―	400,000	給与額相当
1981年	290,000	290,000	―	400,000	給与額相当
1982年	290,000	290,000	―	400,000	給与額相当
1983年	300,000	300,000	―	400,000	給与額相当
1984年	330,000	330,000	―	450,000	給与額相当
1985年	330,000	330,000	―	450,000	給与額相当
1986年	330,000	330,000	―	450,000	給与額相当
1987年	330,000	330,000	112,500	600,000	給与額相当
1988年	330,000	330,000	165,000	600,000	給与額相当
1989年	350,000	350,000	350,000	800,000	給与額相当

資料出所：『図説日本の税制平成10年度版』

-12)。

5　転換期のケアワーク

5.1　揺らぐ「家庭保育原則」

◇保育所の量的拡大と質的変化

1970年代には共稼ぎの家庭が増加し，保育所不足はなお深刻だった。しかし，

1960年代から続いていた「ポストの数ほど保育所を」という保育所づくりの運動は全国的に広がり，各自治体の努力もあって，1980年代に入ると一応の量的水準を満たすようになっていた（図3-2）。

量的にはある程度の水準に達した保育所だが，親の生活の変化にともない，保育需要はますます多様化し，従来のシステムでは不十分な点も表面化してきた。そのきっかけとなったのが1980年に起きたベビーホテル事件である。テレビのドキュメンタリー番組が，当時増加していたベビーホテルの実態をリポートし，そこでの劣悪な保育環境が明らかになった。死亡事故も発生しており，新聞各紙は「まるで品物扱い」[25]「倉庫のような施設」[26]と，悪質なベビーホテルで乳幼児の人権が損なわれている状況を大々的に報道した。公的な保育サービスが不十分で，利用しにくいということがベビーホテルの急増を促していたのであり，そのベビーホテルをきちんと把握していなかった政府・厚生省に対し，非難の声が高まったのである。

1980年3月，参議院予算委員会でベビーホテル問題が取り上げられ，社会問題化してから厚生省は急遽対策を講じる。11月に全国のベビーホテルの実態調査を行い，それを翌年1月に「ベビーホテル調査指導の概要」として発表した。1981年3月にはベビーホテルの安全衛生面の一斉点検と改善指導を行った。そして，「ベビーホテル一斉点検結果の概要」を6月に発表した。これらの調査にもとづく対応策として，6月には児童福祉法の一部を改正し，無認可の児童福祉施設に対する厚生大臣，都道府県知事の報告聴取，立ち入り調査の権限な

図3-2　保育所施設数の推移

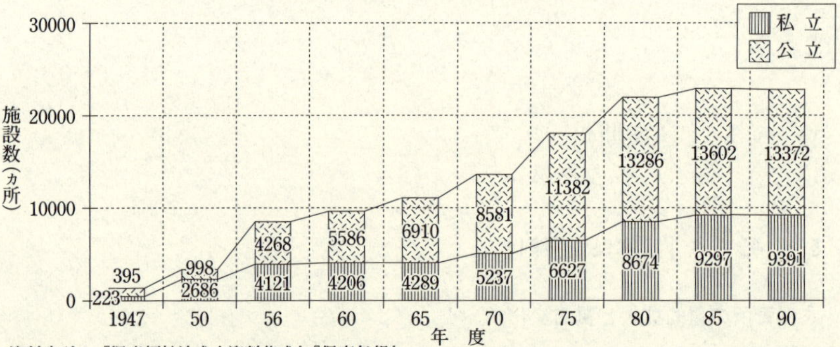

資料出所：『児童福祉法成立資料集成』『保育年報』

どを設けた。７月には「無認可保育所に対する指導監督の実施」,「夜間保育の実施について」, ８月には「延長保育特別対策の実施」を発表する。

以上のようなベビーホテル問題を契機とした保育対策の概要をまとめると図3-3のようになる。重点施策とされたのは夜間保育・延長保育の実施だが，こうした施策を裏づける財政的保障が不十分だったり，利用者のニーズに合わないことがあり，ベビーホテル利用者の大幅減少にはつながらなかった（森田 1990：123)。

◎保育観の変化

1980年代には，労働力不足を背景に，女性労働力の積極的活用が謳われた。そうした動向は保育政策に反映し，1970年代には二律背反的だった育児の社会化と私事化という二つの方向は,「保育需要の多様化」への現実的対応へ収斂していく。母親による家庭保育を求める論調は1970年代に比較すると次第に弱まっていった。しかし，出生率の低下がそれほど深刻な問題となっていなかったこと，新保守主義的イデオロギーが優勢だったことから，1980年代前半には，まだ育児の社会化，政府による育児支援を積極的に打ち出すには至らなかった。

1981年12月，中児審は,「今後の我が国児童家庭福祉の方向について」意見具申し，子育てのもつ社会的意義について次のように論じる。

> 「若い世代を中心に，家庭観や子ども観ないし子育て観は変化しつつある。それは，一面では子育てをめぐる様々な問題が若い夫婦に負担感をもたらし，不安な気持ちを抱かせるといったことによるものと思われる。したがって，地域においては，安心して子育てが行える保育機能の充実や育児相談機能の強化など，子育てのもつ社会的な意義を評価し，これに係わる施策に一層の配慮を行う必要がある。」

1984年９月，中児審は「家庭における児童養育の在り方とこれを支える地域の役割」について意見具申した。そこでは，家庭の養育機能強化のための支援の必要性が指摘されている。

> 「家庭は児童にとって人間形成の基盤となる重要な場であるので児童の健全育成においては，なによりもまず適正な家庭養育が確保されるよう，親は努めなければならない。また行政も家庭の自助努力を喚起しながら今日

図3-3　ベビーホテル対策と保育需要の類型

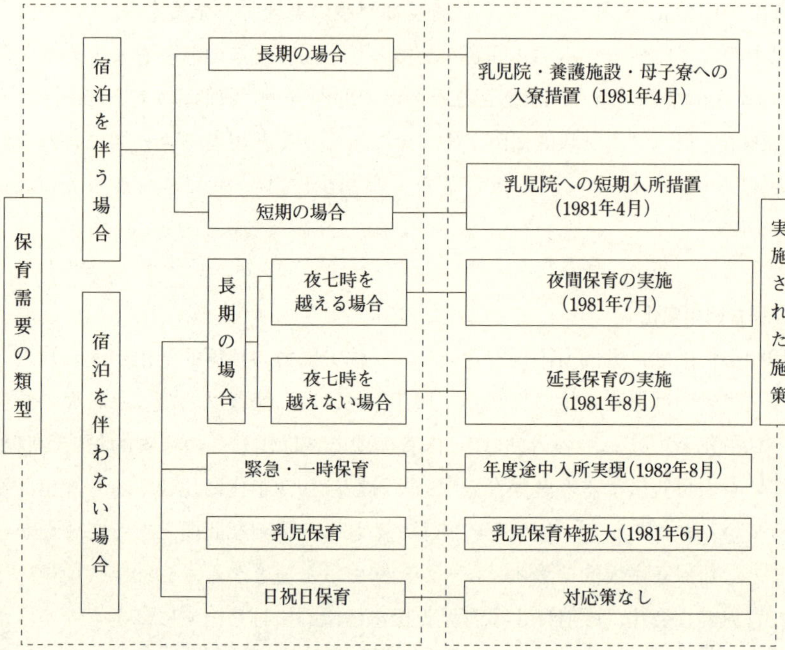

資料出所：全国夜間保育連盟・大阪夜間保育研究会
「夜間保育所に入所している子どもの家庭及びその生活調査」1984年、を簡略化

弱体化しつつある家庭養育機能の強化を図るよう，各般の援助を行う必要がある。」

同年12月には，中児審が「児童手当制度の当面の改革方策について」の意見具申を行った。そこでも社会全体が育児を支えていくことの必要性が述べられている。

「社会・経済的基盤を安定的に維持・充実していくためには，子を生み，育てることをすべて親に委ねるだけでなく，社会全体が児童についての関心を高め，その養育に係る費用を公的にも分担する制度を定着させる必要がある。」

育児を社会的に支えていこうという考え方は，1988年11月に発表された中児審の「今後の保育対策の推進について」でも示された。しかし「保育に欠ける」と条件を付すことは忘れていない。保育所については，次のように述べる。

「乳幼児期は，将来にわたる人間形成の基礎を培う重要な時期であり，適切な養育環境のもとでその心身の健全な発達を図っていく必要がある。保育所は，地域や家族と相携えて，保育に欠ける乳幼児に対して養護と教育を一体化した保育を行うことより家庭養育を補完しながら，児童の健全な育成に大きな役割を果たすべきである。」

「乳幼児保育に対するニーズは増加しているが，保育所の受け入れ体制や育児休業制度の普及が十分でなく，ベビーホテル等の劣悪な保育環境に置かれている乳幼児が少なくないので，育児休業制度の普及を図るほか，乳児保育対策の見直しを行い，経済的社会的事由により保育に欠ける乳児に対して適切な乳児保育が確保できる方策を検討すべきである。」

家庭保育を強調する論調が強かった1960年代から1970年代には，2，3歳以下の乳幼児はまず家庭で保育されることが原則とされ，乳児保育は限定的にしか行われていなかった。乳児保育は1969年に制度化されたが，経済的理由によりどうしても家庭保育ができない場合にのみ，という例外的な扱いだった。しかし，その後，共働きが一般化するなかで，働く女性の権利に配慮する観点からも，乳児保育の要件を緩和する必要が出てきた。そこで1979年以降，乳児保育の要件が徐々に緩和され，上記の中児審意見具申の翌年には，保護者の所得による制限が撤廃され，すべての所得階層の乳児が保育の対象となることになった。

こうして1980年代には，育児を社会的に支援しようという考え方が徐々に見られるようになってくるが，「保育に欠ける」の限定に見られるように，家庭保育の原則も消え去ったわけではない。1984年に首相直属の諮問機関として設置された臨時教育審議会（以下，臨教審）は，1987年4月に発表した「教育改革に関する第三次答申」で次のように論じている。

「人間にとって家庭は最初の生活の場であり，とくに乳幼児期は人間形成にとって極めて重要な時期である。乳児期の子どもの豊かな心や母親の母性を育むため，乳児の保育は可能な限り，家庭において行われることが望ましく，父親の積極的な育児参加と円滑な母子相互作用などを通じて乳幼児とそれを取り巻く人との間に基本的な信頼関係を確立することが重要である。」

もっとも，「乳児の保育は可能な限り家庭で」と述べたこの答申も，家庭だけでは得られない社会性を養う「集団生活体験の場」としての幼稚園・保育所の役割を評価しており，従来のような強固な「家庭保育原則」の確認を行っているわけではない。

◎隠れた補助金

1970年代末から生じた保守化の流れは，日本にも波及し，新保守主義的イデオロギーで理論武装した福祉見直し論が力を得ていった。1981年3月の第二次臨調の発足を契機に，1980年代初頭には，「小さな政府」を実現するための動きが活発化した。第二次臨調は，行財政改革のための方策について7月に最初の答申を行った。答申は，「活力ある福祉社会」の実現を目標とし，「民間の創造的活力を生かし，適正な経済成長を確保しつつ，個人の自立・自助の精神に立脚した家庭や近隣・職場や地域社会での連帯を基礎としつつ，効率のよい政府が適正な負担の下に福祉の充実を図ること」とした。五次にわたる答申の中で，保育所については，費用徴収基準の強化，保育所新設の原則抑制，保育所の民営化・管理運営の民間委託化などが提言された。

「受益者負担」や「民間活力」をスローガンにした行政改革の論理を保育の分野に適用して，極めてストレートに論じたのが，1985年2月に発表された大蔵省大臣官房財政金融研究室委嘱チーム報告書「財政支出の構造的変化」である。

報告書はまず，「隠れた補助金」の存在を指摘する。

「公共サービスは個々のサービスの受け手にとって一般に受益と負担の関係が明白ではない。……受益と負担の関係が不明瞭な場合，サービスの享受にあたってコスト意識をもつことは一般に難しい。……受益と負担が不明瞭なところには，眼にみえない隠れた補助金が必ず介在している。この補助金は通常の補助金とは異なり，補助金の受け手自身がその享受を意識していないという性格を有しがちである。」

そして，公共部門の拡大は，このような「隠れた補助金」の存在とその拡大によるところが少なくない，と論じ，「隠れた補助金」の資源配分・所得分配上の問題点として，保育サービスを例に取り，検討している。

1979年の行政管理庁の調査では，児童１人あたりの保育所運営費のうち，利用者が負担したのは約20％で，残りは国と地方自治体が負担している。報告書は，そのような公費負担のあり方を批判する。

「保育サービスの公費負担分はこのようにきわめて大きい。……このような巨額の公費は眼に見えない隠れた補助金と考えるべきである。……隠れた補助金は保育サービスに対する過大な需要を誘発している。幼稚園代わりの保育所利用や共稼ぎの増加の一因ともなっていると思われる。」

さらに，「隠れた補助金」の負の経済効果として報告書が指摘するのは，以下の諸点である。第一に，保育所運営費の自己負担分がそれほど低くては，全額利用者負担の私営保育所が存続する余地がなくなり，民間活力を生かせない。第二に，保育所利用者の多くは所得税課税世帯であり，低所得者層ではない。これらの世帯に対し，保育料を肩代わりすることは分配面でも不公平である。そして，「婦人の社会参加が仮に望ましいとしても，その奨励方法は一つに限定されているわけではない」ので，「保育所を安い料金で利用させることがベストであると頭から決めつけるべきではない」と述べ，「婦人労働の奨励策が仮に必要であるとすれば，他の手段も含めて広汎な角度から検討すべきであろう」と，女性の就労自体にも留保を付し，就労支援策としての保育所の位置づけに疑問を呈した。

報告書は，保育サービスに対する公私の役割分担をこう述べる。

「公的部門は保育サービスの直接生産から事実上撤退し，むしろ多様な形で花開く私設保育所の許認可，安全面のチェックを主業務とすることになろう。ただし，低所得者や特殊な保育需要を有する者には補助金を残すべきであろう。それは，保育切符（金額は必ずしも一律にする必要はない）の配布で事足りる。」

1960年代の保育所利用者の大半は所得税非課税世帯である。しかし，1975年には，保育所入所児童の階層別分布で，所得税課税世帯と非課税世帯の占める割合が逆転し，1985年には所得税課税世帯が70％以上になっていた（図3-4）。このことは，保育所を利用する親の所得額が増加し，「豊かな家庭」が増えたという論理になり，そうした「豊かな家庭」は応分の保育料を負担すべきであ

図3-4　保育所入所児童世帯の課税区分別構成比

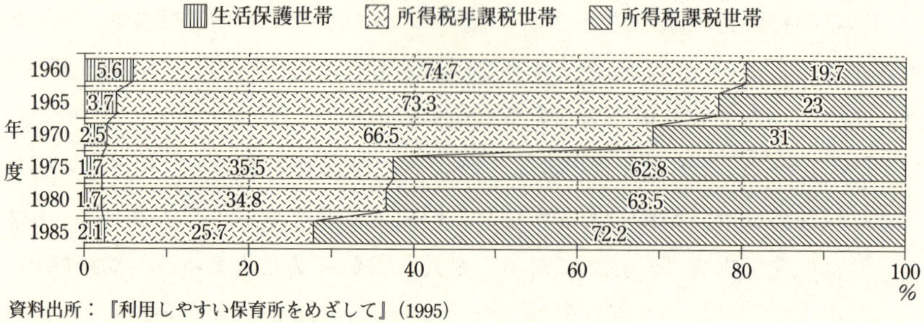

資料出所：『利用しやすい保育所をめざして』(1995)

るという「受益者負担の原則」の根拠ともなったのである。

◎保育所措置費の負担割合

ここで保育所措置費を国と自治体がどのように負担してきたか，その経緯を振り返っておこう（表3-13）。1946年，生活保護法の施行で，保育所は「託児所」と位置づけられた。この時の負担割合は1948年に児童福祉法が施行されても変わらなかった。1950年には費用負担制度が平衡交付金制度に移行したが，1953年には国庫負担制度が復活した。この時の負担割合も従前と同様である。

1985年には，国庫負担率が１年間の暫定措置として改定され，国の負担率は7/10に引き下げられた。これは，1983年の第二次臨時行政調査会の第五次答申やその後の臨時行政改革推進審議会の答申で補助金の見直しが提言され，それにもとづいて1985年に成立した「国の補助金等の整理及び合理化並びに臨時特例等に関する法律」によってなされてた措置である。地方自治体の強い反対を押し切っての引き下げは，1985年度限り，削減分は別の方法で補填するという条件で実施された。1986年には，「国の補助金等の臨時特例に関する法律（いわゆる補助金一括削減法)」が成立し，これにより1988年までの３年間の暫定措置として，国の負担率はさらに5/10に引き下げられた。

このような国庫負担の大幅削減には制度改革が必要となる。そのため，1987年には，それまで機関委任事務だった措置事務が団体委任事務へと変更された。最終的には３年間の期限が切れる1989年，「国の補助金等の整理及び合理化並びに臨時特例等に関する法律」が成立し，社会福祉関連の国庫補助率は1/2で

表3-13　国と地方自治体の保育所措置費用負担の経緯

年度	国の負担割合	都道府県の負担割合	市町村の負担割合
1946年	8/10	1/10	1/10
1948年	8/10	1/10	1/10
1953年	8/10	1/10	1/10
1985年	7/10	1.5/10	1.5/10
1986年	5/10	2.5/10	2.5/10
1989年	5/10	2.5/10	2.5/10

図3-5　保育所運営費（措置費）予算の推移

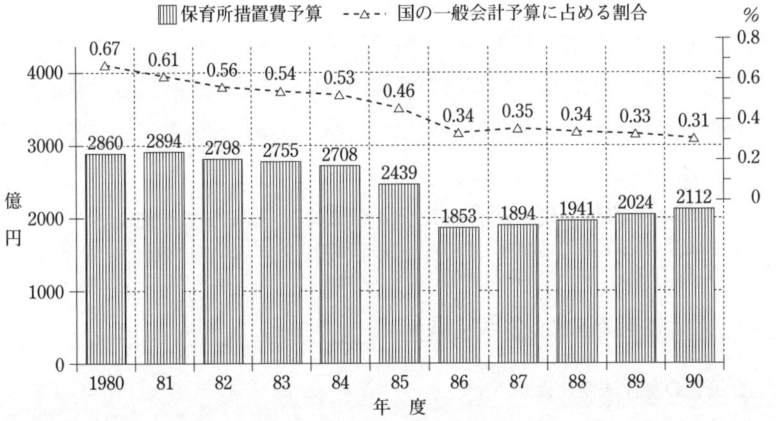

恒久化されることになった。

保育所財政にかかわる制度の変化は，図3-5のように1985年度を境に保育所措置費に如実に反映された。保育所措置費予算は1985年度の2439億円から1986年度には1853億円へと大幅に減少し，国の一般会計予算に占める措置費予算の割合も0.46から0.34へと低下している。保育所措置費予算はその後徐々に増加したが，それでも1980年代前半と比較すると低い水準にとどまった。

◇1980年代の保育政策

1980年代の保育政策は転換期にあった（堀 1987)。1970年代までの努力により，保育所の数が全国的に見れば一応の水準に達していた。しかし，女性の社会進出と就労形態の多様化により，保育需要も多様化していた。認可保育所がこうした多様な保育需要に柔軟に対応できないでいたため，無認可の保育施設が増加していくことになった。便利さを売りにするベビーホテルでの死亡事故を契機に，無認可保育施設の実態が明らかになり，社会問題化する。厚生省は改善に乗り出したが，多様化する保育需要に対し，どこまで公的保育が責任をもつべきなのか，という社会的合意はまだなかった。

折りしも，国と地方自治体の財政危機が深刻になり，「隠れた補助金」として，保育料の国庫負担がやり玉にあげられた。いわゆる「臨調行革路線」のなかで，保育所の費用徴収基準の強化，保育所の民営化・管理運営の民間委託化などが提言され，国庫負担率も引き下げられた。児童福祉施設として公的負担を原則にしてきた保育所政策に「受益者負担」の原則を導入すべきとの議論がなされた。その背景には，保育所の機能の変化がある。低所得者対策として開始した保育所制度が，経済状況の変化に伴い，次第に勤労者家族一般を対象とするようになってきていた。

このように，1980年代の保育政策をとりまく状況は大きく変化しつつあったが，それに対応する抜本的な改革はまだなされていない。

5.2　育児休業法制化への取り組み

◎自民党の育休法制化構想

1980年7月，日本政府は女子差別撤廃条約に署名した。そして「国連婦人の10年中間年世界会議」（デンマーク）において，「国連婦人の10年後半期行動プログラム」が採択されたことを受け，国内でも「国内行動計画後期重点目標施策」を新たに策定した。重点目標には，婦人の地位向上のための法令等の検討，政策決定への女性の参加，雇用における男女の機会の均等と待遇の平等，母性の尊重と健康づくり，など9項目が挙げられた。育児休業制度については，「次代を担う健全な子どもを育成するという責任は，男女で負うことが必要であるとの観点を踏まえ，長期的に検討する」と述べている。

この時期には，自民党内部で育児休業制度法制化の動きがあった。女性問題への取り組みは，党の支持基盤拡大の上でも重要だったからである[27)]。特に，従来から育児休業制度の全面実施を主張してきた早川崇元労相が欧州各国を視察し，育児休業制度の実状をまとめた報告書を藤尾労相や労働省幹部に提出したことは一つの契機になった（糸久 1990：83）。藤尾労相は婦少審への諮問と法案化に意欲的な態度を示した。しかし，この動きに対しては，財界が猛反発する。日経連，経団連，日本商工会議所，経済同友会の経済四団体は「育児休業制度法制化反対」を労相に申し入れた。

反対の理由は次のように説明されている。

①育児休業制度は女子に対する法制上の保護規定の見直しを含め，総合的，長期的に考えられるべきで，本制度のみ先行すべきではない。

②育児休業制度の普及にあたっては業種・個別企業の事情を無視し，画一的に一律的に法律で強制すべきではなく，労使の自主的努力に委ねるべきである。

③制度の法制化は，国・地方公共団体や企業の負担増という結果になり，国・地方公共団体の財政再建，企業の活力を阻害する。

この当時考えられていた育児休業法案は，産前・産後休暇に加えて１年程度の休暇を創設する，休業中は無給とするが，健康保険の本人負担分は事業主が負担する，育児休業取得を理由とする解雇などの不利益処分を禁止する，などを骨子とするものである。財界の反発もあり，結局この時の構想はそれ以上進展しなかった。

◎雇用機会均等法と育児休業

女子差別撤廃条約を日本政府が批准するためには，国内法制の整備が必要とされていた。その中でも最大の課題は雇用平等法の問題である。そのため，すでに1978年から，婦少審婦人労働部会は，雇用における男女の機会均等と待遇の平等を確保するための諸方策について，検討を開始している。その後，先に触れたように，早川元労相らの育児休業制度の全職種への拡大の提唱があり，婦少審の委員との懇談の結果，育児休業の問題も婦少審の場で併せて検討していくことになった（松原 1996：23-4）。

婦少審は1983年10月に「雇用における男女平等実現のための諸方策の検討にあたっての問題点」を発表した。育児休業制度については，一律に法律化すると，コスト増，代替要因の確保，能力低下，女子雇用の減等が生じる可能性があるため問題であると指摘されていた。婦少審はさらに審議を進め，12月に「婦人少年問題審議会婦人労働部会における審議状況について」を発表した。育児休業制度に対する労使の対立は先鋭である。労働側は，次のような理由を挙げて育児休業制度の法制化を主張する（糸久 1990：90）。

①次代を担う子の育成は社会全体の責任であるので，企業は社会的責任の一環として育児休業制度を受け入れるべきである。

②わが国の雇用慣行では長く働き続けることで能力が高められるが，実際は妊娠，出産，育児のためにやむなく退職せざるをえない女子が多い実態であり，使用者が問題にしている勤続年数を伸ばすためにも必要である。

③労使の自主交渉では普及は進まないことから，法律により制度化する必要がある。

これに対し，使用者側は以下のように反対の理由を示す。

①代替要員の確保，要員計画上の困難性，能力低下，コスト増，女子の雇用の回避等の問題があり，特に中小企業では対応が困難なので制度化には反対である。

②わが国では女子労働者の多くが結婚，出産により退職し，子どもが学齢期に達してから再就職するという実態からみて，法制化によって女子の勤続年数が伸びるとは思われない。

③現行の勤労婦人福祉法に基づく行政指導により，育児休業制度の普及を図ることや公的保育施設の充実等社会的な環境整備を促進することが先決であり，法制化は時期尚早である。

1984年3月，婦少審は「雇用における男女の機会の均等及び待遇の平等の確保のための法的整備について」労相に建議を提出した。育児休業制度については，「育児休業請求権の法制化の問題は，男女の機会の均等及び待遇の平等を確保するための法的整備の検討と併せて検討を進めてきたが，わが国における普及率も一割強に過ぎないこと等を考慮すると，現段階において全企業に実施を強制することは困難であり，当面，行政側の積極的な指導，援助等により本制度のなお一層の普及を図ることが先決であること」と述べるにとどまり，「本項については，行政指導では普及は進まないので法制化すべきであるという少数意見がある」という一文が付記された。

労働省は婦少審の建議を踏まえて「男女雇用機会均等法案」をまとめ，閣議決定を経て1984年５月，第101回国会に提出した。同法案は1985年５月17日，勤労婦人福祉法を改正する形で男女雇用機会均等法として成立し，翌年４月１日から施行された。

雇用機会均等法は育児休業について次のように規定する。

> 第28条（育児休業の普及等）　事業主は，その雇用する女子労働者について，必要に応じ，育児休業（事業主が，乳児又は幼児を有する女子労働者の申し出により，その女子労働者が育児のための一定期間休業することを認める措置をいう。）の実施その他の育児に関する便宜の供与を行うように努めなければならない。

勤労婦人福祉法の規定との違いは，見出しが「育児に関する便宜の供与」から「育児休業の普及等」となり，育児に関する便宜の中でも特に育児休業制度の重要性が認められたことである。しかし，まだ育児休業は請求権として法制化されるには至らず，事業主の努力義務とされるにとどまった。

◎四党共同法案と労組の取り組み

政府・自民党の動きとは別に，野党各党は育児休業制度の法制化に向けて，独自の取り組みを続けている。特に社会党と公明党は，毎年のように法案を国会に提出するが，すべて廃案となっていた（表3-14)。法制化への取り組みは，均等法の制定を契機として再び動き出すことになった。

均等法は，適当な時期に見直すことが成立の際に盛り込まれていたため，施行直後から，育児休業請求権を法制化するための取り組みが労働側を中心に始まった。1987年 3月，総評・同盟・中立労連・新産別の労働四団体と全民労協の代表は，社会・公明・民社・社民連各党の政策責任者に対し，育児休業法案を国会に共同提出することを要請した。この要請に応え，四党は協議を開始する。

四党間の意見調整で特に問題となったのは，育児休業中の所得保障とその財源，育児休業法の目的規定，の２点である。有給の育児休業として，育児手当制度を設けることの基本的合意はあったが，どの程度給付すべきか，その財源

表3-14　1980年代前半の野党の取り組み

1980年	４月　社会党，２件の現行育児休業法改正案を参議院に提出（第91回通常国会，廃案）
1981年	２月　社会党，２件の現行育児休業法改正案を参議院に提出（第94回通常国会，第96回通常国会まで継続，廃案）
1982年	５月　社会党，男女労働者を対象とする「育児休業法案」を初めて参議院に提出（第96回通常国会，廃案）
1983年	３月　社会党，育児休業法案を参議院に再提出（第98回通常国会，廃案）
1984年	４月　社会党，育児休業法案を参議院に３度目の提出（第101回特別国会，廃案）
1985年	４月　社会党，育児休業法案を参議院に４度目の提出（第102回通常国会，廃案） ４月　公明党，独自の「育児休業法案」を参院に提出（第102回通常国会，廃案）
1986年	４月　社会党，現行育児休業法改正案を衆議院に提出（第104回通常国会，継続，第105回臨時国会で廃案） ４月　社会党，育児休業法案を参議院に５度目の提出（第104回通常国会，廃案） ４月　公明党，育児休業法案を参議院に再提出（第104回通常国会，廃案） 11月　社会党，現行育児休業法改正案を衆議院に提出（第107回臨時国会，第116回臨時国会まで継続，撤回）

の負担はどうするか，という点については四党間にコンセンサスはなかった。そこで，社会党は育児休業手当の支給に要する費用について試算し，費用負担については労・使・国の「三折半」を提案した（糸久 1990：105)。目的規定についての問題は，「子の健全な育成に寄与する」という副次目的を法案に書き込むかどうかという点である。労働団体は書き込まないことを望み，社会党もその立場だが，他の三党は「書き込む」立場だった。この点が問題になったのは，それが性別役割分業の固定化につながるのではないか，と懸念されたからである。「子どもの健全育成」自体は重要なことであり，それを明記することがそのまま女性の役割の固定につながるものではなかったが，自民党の家庭基盤充実要綱以来の家族政策への警戒感が労働団体婦人部を中心に根強かった。

最終的には，1987年８月，労働団体の強い要望を容れ，目的規定を除いた形で法案が仕上げられ，社会・公明・民社・社民連四党共同の「育児休業法案」が第109回臨時国会で参議院に提出された。法案の主な内容は①子が一歳になるまでの間，父母のどちらかに育児休業を保障する，②休業中の賃金は６割程度の手当を支給する，③手当ての支給に必要な財源は労働者，使用者，国が３分の１ずつ負担する，④休業終了後，現職かそれに相当する職が保障される，などだった。この国会では，社会労働委員会で提案理由の説明がなされただけで終わり，本格的な審議は第112回国会以降となる。

四党共同法案の国会提出をうけ，1988年春闘で旧連合（全日本民間労働組合連合会）と総評は，育児休業制度の「協約化闘争」を一斉に開始し，併せて法案の可決成立のため「一千万人署名運動」を展開した。1989年に決定された連合（日本労働組合総連合会）の運動方針でも，育児休業法の制定に重点的に取り組むことが挙げられた。連合は，育児休業制度法制化に関する地方議会の決議採択も同時に進めている（松原 1996：40)。

第112回通常国会では，四党共同法案の内容について審議する時間はなかったが，会期末間近の5月，参議院社会労働委員会において「育児休業に関する件」として各党代表による集中審議がなされた。この集中審議に先立ち，参議院の国民生活に関する調査会が「出生率の動向と対応（中間報告)」を議長に提出していた。この中間報告の中で，育児休業制度について次のような提言が盛り込まれている。

「女子労働者が，出産後も育児と仕事を両立させて，乳幼児を抱えながらも仕事を継続できるように，育児休業制度の早期法制化が必要である。さらに，家庭責任の男女共同参加を可能にし，育児に専念できるようにするため，女子労働者のみならず男子労働者を含めたすべての労働者を対象とする育児休業制度の法制化が望まれる。」

この報告は各党一致の報告であり，将来的にではあるが，育児休業制度の対象を女子労働者から男子労働者にまで拡大していく方向を提示しているのは重要である。

第109回臨時国会で提出された共同法案は，結局，第102回国会では立ち入った審議はなされず，第114回通常国会まで継続審査扱いとなり，1989年6月に審議未了，廃案となった。売上税・消費税問題やリクルート疑惑で与野党攻防が続いていたからである。

1989年7月，政治状況が大きく変わった。第15回参議院選挙で自民党が過半数を割る大敗を喫し，社会党が躍進したのである。自民党は1986年の衆参同日選挙で圧勝し，衆参両院において安定多数を確保していたが，売上税強行導入の試み，消費税導入，宇野首相の女性スキャンダルなどがあり，その後の選挙

図3-6　参議院の党派別議席

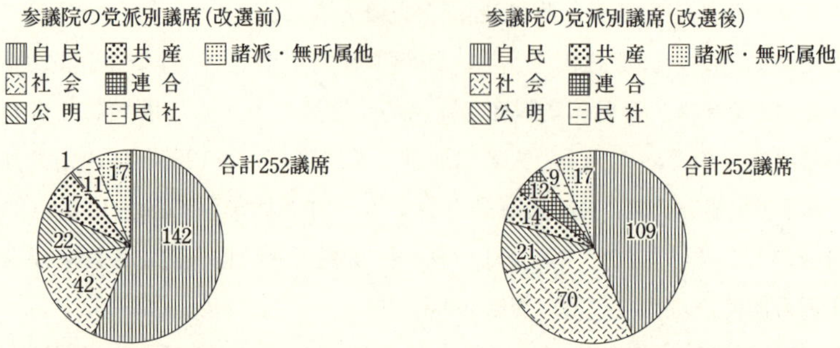

では低迷していた。参院選の行方を占うものとされた東京都議会議員選挙では，自民党は大幅に議席を減らし，参院選での与野党逆転の可能性が取りざたされていた。

参院選の結果は，改選後126人のうち，自民党が36議席，社会党46議席，連合11議席，公明10議席，共産5議席，民社3議席，その他15議席となった。自民党は改選前の142から109に議席を減らし，与野党逆転となった（図3-6）。

政治状況の変化により，育児休業法案成立への動きは改めて始まった。1989年11月，四党及び連合参議院は「育児休業法案」を参議院に再提出した。第116回臨時国会会期中，参議院社会労働委員会に「育児休業問題に関する小委員会」も設置された。しかし，同委員会は会期が終了とともに消滅し，法案も第117回通常国会に継続したが，1990年1月の衆院解散で審査未了・廃案となった。こうして，再三提出された育児休業法案だったが，法制化への具体的な進展はないまま，1980年代は終わる。

◇1980年代の育児休業制度

1981年6月にILO家族的責任を有する労働者に関する第156号条約及び第165号勧告（以下，家族的責任条約）が採択された。この条約及び勧告は，男女問わず家族的な責任をもつ労働者が，差別を受けることなく働くことを可能にするとともに，職業生活と家庭生活の両立を図るために必要な措置を講じるとするものである。家庭責任を理由とする解雇やその他の差別を禁止し，雇用条件や訓練，保育サービス，社会保障等について規定している。

育児休業については勧告第22条で次のように規定している。

(1) 両親のうちのいずれかは，出産休暇の直後の期間内に，雇用を放棄することなく，かつ雇用から生ずる権利を保護された上，休暇（育児休暇）を取ることができるべきである。

国際的な枠組みは，男女共同の家庭責任を認め，性別役割分業そのものを改革の対象とする方向にある。1985年7月，「国連婦人の10年」最終年世界会議がケニアの首都ナイロビで開かれ，「2000年に向けての婦人の地位向上のための将来戦略」が採択された。これは，「国連婦人の10年」の目標を総点検し，今後どのような努力を行っていくべきかをまとめたものである。この戦略は，女性の地位向上に関わる事項を372項目にわたって列挙し，雇用に関しては，育児・家事責任の男女による分担を奨励するための諸措置を勧告した。

1980年代，日本では育児休業法の法制化がやや現実味を帯びてきた。社会党を中心とした野党は，再三にわたって法案を提出するなど，育児休業制度を全産業に適用拡大することに意欲的だった。女子差別撤廃条約やILO家族的責任条約など国際的な動向を反映し，政府・自民党も法制化に否定的ではなかったが，財界は猛反発したため，自民党の構想は立ち消えとなった。結局，雇用機会均等法に事業主の努力義務として，女性のみを対象とした育児休業制度の普及促進が盛り込まれるにとどまった。野党は独自に男女労働者を対象とする法案を作成していたが，成立させることはできなかった。しかし，参議院での与野党逆転により，育休法制化問題が進展する可能性が見えてきた。

5.3　児童手当改廃論の高まり

◎児童手当改廃論

1978年11月に設置されて以来，児童手当のあり方に関する基本的な諸問題について検討を続けていた児童手当制度基本問題研究会が，1980年4月に最終報告をまとめる。報告書は，高齢化社会へ向けて「社会的存在としての児童」の養育意義を強調し，社会が養育費の一部を負担する必要性について論じた。また，児童手当と税制上の扶養控除の調整を図ることを提言した。研究会の検討結果は9月の中児審意見具申に反映されている。

1980年9月10日 中児審は「児童手当の基本的あり方について」意見具申を

行った。それによると，「来るべき高齢化社会の担い手となる年少世代に対し，現在の生産年齢世代が何らかの形で配慮し，全世代を通ずる国民全体の連帯感の絆を作っておくことが，人口の高齢化が急速に進み，老人扶養の負担が急増する我が国の将来にとってきわめて重要であ」り，そのために長期的観点から児童手当制度を充実させるべきであると主張する。そして，この意見具申は，児童手当の意義として以下の３点を挙げる。

①世代間の信頼と連帯の醸成に資する

今日，老人扶養は，年金等によりかなり社会化されているが，このような社会的扶養が円滑に維持されていくためには，将来の社会の担い手である児童を「社会の子」として社会的に配慮していくことが当然必要となる。

②社会の構成員全体の協力によって児童の健全育成・資質向上に資する

資源・エネルギーに恵まれないわが国が厳しい国際経済環境の中で今後とも繁栄・発展していくためには，優れた人的資源の確保が何よりも重要である。児童の養育は，基本的にその家庭の責任であるが，将来の命運を託す児童の健全育成・資質向上は社会全体の問題であるので，社会の構成員全体が協力する必要がある。

③児童養育家庭の経済的基盤の強化にも資する

児童を養育する家庭においては，児童の養育費がかなりの負担となっており，児童を養育していない家庭に比べて生活水準が相対的に低下している。

この意見具申は，従来の中児審答申に比べ，高齢化の進行を背景として，今後の社会を支える児童の社会的扶養の必要性がより強調されたものになっている。

児童手当の支給対象については，「その意義からして当然第１子からとすべきである。また，原則として義務教育終了前の者を支給対象児童と考える」と述べ，第１子への拡大を提言している。そして，すべての児童は「社会の子」であるから，所得制限は行うべきではないとする。また，手当の支給方法については，「現行制度では，児童の生計を維持する程度の高い者を受給権者としているため[28]，その多くは父親となっている。児童の養育は父母が共同して行うものであるが，その家庭が希望するならば，日常，児童により密接な関係をもつ母親に支給することも考えてよい」と述べ，初めて母親への支給の可能性を示唆した。

制度発足以来，常に問題となってきた財源については，「『社会の子』を社会全体が連帯して健全に育てていくためには企業と家庭がこぞって応分の負担をすることが望ましい。具体的には租税，事業主拠出のほか自営業者，農民等からの拠出が考えられる」と述べるにとどまり，より実際的な提案は行っていない。

この中児審意見具申は，岐路に立つ児童手当制度の必要性を「高齢化社会を支える社会の子」という論理であらためて強調したものだが，現実的な議論を避けた一つの理想論にすぎず，マスコミや世論の反応も冷たかった（厚生省児童家庭局 1992：27）。子どもは親のものであり，親が子を育てるのは義務であるといった児童観が根強い日本では，中児審のいう「社会の子」や「国民全体の連帯感」は受け入れられにくかったと思われる。

財政制度審議会の報告により，児童手当拡充論はさらに劣勢に立たされることになった。

1980年12月　財政制度審議会は，前回に続き，児童手当制度に消極的な態度を示し，その意義には疑問があるとして，次のような点を指摘する。

①親子の家庭における結びつきが強く，児童養育費を広く社会的に負担するというような考え方はなじみにくい状況にある。

②賃金体系も家族手当を含む生活給的色彩が強いので児童手当に依存しなければならない必要性は高いとはいえない。

③税制上の扶養控除制度が存在している。

◎1985年改革

行財政の抜本的改革を行い，財政再建を図る目的で設置された第二次臨調は児童手当も再検討の対象に取り上げた。1981年７月の「行政改革に関する第一次答申」では「児童手当制度については公費負担に係る支給を低所得世帯に限定する等制度の抜本的見直しを行う」と指摘した。この第一次答申に基づき，公的年金の国庫負担率の引き下げなど，各種措置を一括したいわゆる行革関連特例法が制定された。この法律によって1982年から1985年まで[29]，児童手当については，所得制限の強化と被用者に対する特例給付という二つの特例措置が図られることになった。

児童手当の所得制限の限度額は，社会保障制度の中で最も厳しい老齢福祉年金の本人にかかる限度額を基準として定めることとされた。これにより1982年には，前年の450万円（扶養親族等5人の場合の年収）が391万円にまで大幅に引き下げられた。被用者に対する特例給付とは，児童手当と支給要件，支給額等は同様の内容で，被用者に特有のニーズに応じて全額事業主負担で支給されるものである。この特例措置の実施により，被用者については，その者の所得が児童手当の所得制限限度額未満の場合には児童手当が支給され，当該限度額以上で，特例給付の限度額未満の場合は特例給付が支給されることになった。

行革による一連の措置に先立ち，1981年9月制度審が「児童手当制度に関する特例措置案について」と題する答申を行い，「児童手当制度の将来における基本的な構想がないままに，主として国の財政上の見地からなされた予算上の一定の枠を前提として，このような措置をとろうとしている点は遺憾である」と述べ，「財政再建期間の満了を待つことなく速やかに制度の再検討に着手し，我が国将来の社会経済情勢を見通した制度の実現に努められたい」と要請した。

行革関連法案には「児童手当制度については，……特例措置との関連をも考慮しつつ，その全般に関して速やかに検討が加えられた上，当該特例措置の適用期限を目途として必要な措置が講ぜられるべきものとする」という制度の見直し規定が付されていた。そこで，この規定に基づき，1982年6月から中児審児童手当部会が制度のあり方について検討を開始した。2年余りかけて各方面からヒアリングなどを行い，審議を重ねた結果，1984年12月に「児童手当の当面の改革方策について」意見具申を行う。

審議会は結論をまとめるにあたっての基本的考え方を「これからの高齢化社会を支える児童の扶養は，いま働いている世代全体で負担するのが公平だ。また，子育てをしている者が広く手当を受けられることがこの制度の望ましい姿であり，苦しい財政事情の下でも応急的で無原則に制度を縮小せず，望ましいあり方をめざした改革を図る必要がある」と説明し，支給期間を圧縮してでも，支給対象児童を拡大すべきだと提言している。

児童手当の必要性については次のように述べ，児童は「社会の子」であることを強調する。「生産年齢世代が高齢者世代を扶養するという社会システムの下では，次代の生産年齢世代である現在の児童の養育について，『子の養育は親の責任分野に属するものであり，この扶養は私的扶養で十分』とは言い切れず，この際，我々は世代間で交互に依存しあっているということに深く思いをいたす必要があると考える。」

「改革の具体的方向」の要点は次の通りである。

①支給対象は，本来は第1子からにすべきだが，子どものいる家庭の約9割が2人以上の子どもを育てていることなどから，第2子からにすることも妥当性がある

②支給額はある程度，価値ある額を確保することが必要

③しかも財源がこれまでの範囲をこえられないなら，本来は義務教育終了時までとすべき支給期間は，乳幼児期に絞らざるを得ない

支給期間を乳幼児期に重点化する理由については，

①人格形成に最も重要な時期

②世帯主の年齢が若く，可処分所得の絶対額が少ない

③乳幼児がいると妻が働きに出にくいなど物心両面で負担が重い

といった点を挙げている。

中児審の意見具申を受けて，政府部内で改正案の検討が開始された。政府と連携する形で自民党も1985年2月に政務調査会社会部会に児童手当問題等小委員会を設置し，検討を始める。4月には児童手当問題等小委員会報告がまとめられ，第2子以降，小学校入学まで，支給額は第2子に2500円，第3子以降に5000円という案が提示された。自民党社会部会はこれを了承し，厚生省は改正原案を制度審に諮問した。自民党案の特徴は，支給期間を小学校入学までとした点であり，これが「乳幼児期に重点化」とした中児審意見書との最大の違いである。しかし，その反面，支給額引き上げや所得制限の緩和は見送っており，現行制度により近いものになっている。4月19日に閣議は自民党案に沿って児童手当法の改正案を決定した。その内容は，現行の第3子以降，義務教育終了まで，を第2子以降，小学校入学までにし，支給額は第2子に2500円，第3子以降に5000円とする，というものである。

国会に付託された児童手当法案は6月19日に可決され，25日に公布された。これにより，児童手当の支給範囲が第2子以降に拡大されることになった。改正の要点は次の通りである。

①支給対象　第3子以降から第2子以降へ拡大
②支給期間　義務教育終了までとされていたものを義務教育就学前（小学校入学）までの期間にする。修学猶予者および免除者については，猶予又は免除されている期間（最長15歳まで）支給
③手 当 額　新たに対象となる第2子には月額2500円，第3子以後は現行通り5000円
1978年から行われていた低所得者に対する加算制度は廃止
④特例給付　行革関連特例法の規定に基づき，引き続き特例措置を行う

◎少子化と児童手当

戦後のベビーブームは欧米では1960年代まで続いたが，日本では1947年から1949年の短い期間のみ合計特殊出生率が4を越えている。その後，8年の間に一挙に低下し，1957年に2.0となった。その後は1974年まで2.0から2.2のレベルで人口置換水準を維持したが，やがて置換水準以下に低下し，1980年代半ばに一時持ち直したものの，80年代の後半にはさらに低下した。1985年の児童手当法改正で第2子への拡大を図ったのは「少産時代」を迎え，3人以上子どもをもつ家庭が激減したための措置でもあった。85年以降も出生率の低下は継続する。

1985年改革は当面の措置であり，より抜本的な制度全体の見直しが必要とされた。1981年以来行われている特例給付も1991年5月で期限切れとなることから，中児審児童手当部会は児童手当のあり方について検討を始めた。まず，1988年秋，児童手当部会の下に児童手当制度基本問題研究会が設置される。1989年3月には，厚生省が児童手当制度を全面的に見直すことを決定し，7月には研究会の報告がまとめられた。「今後の児童手当制度のあり方について」と題するこの研究会報告は，女性の社会進出などに対応していくため，現金給付主体の現行制度を改め，企業内保育所や児童館建設など，児童福祉の充実にも資金を充てる「多目的方式」にするよう提言する。その上で，支給対象を第

1子に拡大し，その分支給期間を3歳未満に短縮することの検討を求める内容となっていた。支給額についても出産・育児で母親が働けず，家計の負担が大きい乳児期に手厚い支給を行う「二階建て」にしたり，保育所の保育料に児童手当を充てられるようにするなどの方法を検討し，「経済的に価値のあるもの」になるよう提言した。そのための財源については，国に対しては財政状況を踏まえながら，事業主に対しては将来の労働力確保という観点から，それぞれ増額の方向で応分の負担を要望した。

この報告の提案の背景には深刻な少子化があった。高齢化が進む中で，出生率が低下し，将来の高齢化社会を支える児童の人口が減っていた。このため，児童手当を第1子から3歳未満の時期に集中して支給し，女性の出産意欲を促進しようとしたのである。これ以前の中児審答申や報告でも，高齢化社会への問題認識はあったが，この報告書は出生率の低下への懸念が強く感じられるものとなっていた。

この研究会報告をふまえ，1989年の秋以降，中児審児童手当部会で審議が続けられたが，この改革案に対し，日経連は次のような反対の見解[30)]をまとめ，厚生省に提出する。

「今回の改革には出生率の向上が意図されているが，児童手当制度が創設されて以来，出生率は低下しており，児童手当制度の効果はきわめて疑問である。多くの企業が家族手当制度を導入している現状では，現在の児童手当の支給を存続する必要性は認められない。仮に児童手当制度を存続する場合でも，事業主に頼る現状を改め，財源は全額公費で賄うべきである。」

◎1980年代の児童手当

1980年代に入ると，以下に見るように，社会保障関連の審議会では，ますます人口の高齢化による児童の社会的扶養の必要性が強調されるようになった。すなわち，社会のための「社会の子」である。

○中央児童福祉審議会「児童手当の基本的あり方について」(1980年)

「今日，老人扶養は，年金等によりかなり社会化されているが，このような社会的扶養が円滑に維持されていくためには，将来の社会の担い手である児童を『社会の子』として社会的に配慮していくことが当然必要になる。」

「資源・エネルギーに恵まれないわが国が厳しい国際経済環境のなかで今後とも繁栄・発展していくためには，優れた人的資源の確保が何よりも重要である。……将来の命運を託す児童の健全育成・資質向上は社会全体の問題であるので，社会の構成員全員が協力する必要がある。」

○中央児童福祉審議会「児童手当の当面の改革方策について」(1984年)

「……生産年齢世代が高齢者世代を扶養するという社会システムの下では，次代の生産年齢世代である現在の児童の養育について，『子の養育は親の責任の分野に属するものであり，子の扶養は私的扶養で十分』とは言い切れず，この際，我々は世代間で相互に依存し合っているということに深く思いをいたす必要があると考える。」

そして，1980年代後半からの少子化への問題意識の高まりが児童手当の性格をさらに変えていく。中児審に設けられた児童手当制度基本問題研究会は，1989年に発表した報告書で出生率の低下を指摘した。少子化の原因は出産と育児の両立が困難な点にあるとし，母親の就業を可能にする育児支援策の必要性に触れた。その一環として，児童手当制度を位置づけようとしているのが，次の一文から読みとれる。児童手当の育児手当的性格を強化しようというのである。

○中央児童福祉審議会児童手当制度基本問題研究会（1989年）

「有子家庭と無子家庭の負担の公平に配慮するとともに，女性の社会進出や就労と出産・子育ての両立を支援する制度という方向を明確にしていくために，国・地方公共団体や事業主だけでなく，新たに被用者本人に負担を求めることも一つの検討の方向である。」

一方，子育ては私事である，という論調もまた根強かった。結局，1980年代にも児童手当は大きく育たなかった。むしろ，児童手当無用論，廃止論のなかで，支給期間は短縮され，支給額は引き下げられた。

前章で述べたように，子どもの養育という生活上のプラスの出来事に対する保障の必要性について国民的合意を得ることが難しかったことと，子育ては親の責任であることを強調する日本的な考え方が児童手当の発展を阻んだのだが，

表3-15　児童手当制度の事業実績

年度	1981	1982	1983	1984	1985
支給対象児童の範囲の変更					
手当月額（円）	5,000	5,000	5,000	5,000	5,000
	7,000	7,000	7,000	7,000	7,000
所得制限（万円）	450	560	570	580	600
		391	391.9	401	409.4
支給児童数（万人）	235.8	246.2	241.1	239.1	233.3

1986	1987	1988	1989	1990	年度
第2子2歳未満第3子以降義務教育終了前	第2子4歳未満第3子以降9歳未満	義務教育就学前			支給対象児童の範囲の変更
廃止					手当月額（円）
2,500	2,500	2,500	2,500	2,500	
5,000	5,000	5,000	5,000	5,000	
630	650	660	670	691.7	所得制限（万円）
415.6	416.4	417.4	422.7	433.9	
329.6	367.8	389.9	385.1	368.7	支給児童数（万人）

1.所得制限の限度額は扶養親族等五人の場合の年収　2.1981-1985年度は手当月額が二段に分かれているが，下段は市町村民税所得割非課税世帯に対する支給額であり，上段はそれ以外の世帯への支給額である。3.1986年度に市町村民税所得割非課税世帯への支給額の上乗せは廃止された。1986年度以降，手当月額の下段が二つに分かれているが，上段は第2子に対する手当月額，下段が第3子以降に対する手当月額である。4.所得制限限度額が1982年度以降二段に分かれているが，上段は児童手当の限度額，下段は特例給付の所得制限限度額である。資料出所：大塩（1995：245）を簡略化

それ以外にも制度自体に自らの定着を阻害する要因があった（横山・田多 1991：394)。それは支給対象児童の範囲，支給期間と所得制限の設定である。1985年の改正までは，児童手当は第3子以降を対象としていた。3人以上の子どもがいる家庭はそれほど多くはない。さらに所得制限により，児童手当を受給できる家庭の範囲は狭められた。児童手当は少数の多子家庭を対象とした，防貧対策の様相を呈し，そのように一般に理解されたことにより国民の支持を失ったのである。また，児童手当の支給期間を1985年の改正までは義務教育終了までとしていたことも制度の定着に不利に働いた。児童養育費，特に教育費の負担が最も大きくなるのは子どもが高校・大学に進学する時期である。その時期を

保障の対象から外していては，役立たずの制度として国民の支持が得られないのも当然であった。

6　男女雇用機会均等法の成立

◎女性労働の状況

1970年代に見られた女性労働の特徴は，1980年代に入ってさらに顕著になった。すなわち，女性労働者の雇用労働者化，有配偶化，パート労働者化及び勤続延長が進んだ。第一次産業就業者の減少にともない，家族従業者として家業に従事していた女性が減少した。代わって雇用者が激増する。1970年の時点ですでに53.2％を占めていた雇用者はその後20年間増加しつづけ，1990年には女性労働者の72.3％を占めるようになった（図3-7）。実数では1970年に1096万人だった女性雇用者は1990年に1934万人に達する。雇用者全体に占める女性労働者の割合も，オイルショック直後に一時低下した後は上昇しつづけ，1985年には35.9％，1990年には37.9％となった（図3-8）。配偶関係別では，1970年代半ばに既婚女性が女性雇用者の半数を超えて以降，1980年代半ばまで増加し，その後は58％前後で安定している（図3-9）。

増加した女性雇用者の多くはパートタイム労働者である。1970年代以降のパートタイム労働者増加の背景には，企業の減量経営，技術革新の進展，経済のサービス化といった需要側の要因がある。パート労働力を中心的に供給する既婚女性側の要因としては，夫の賃金の相対的低下，女性のライフサイクルの変化，電化製品の浸透による家事省力化などが指摘される。パートタイムで働く女性は1980年代後半から急激に増加し，1980年からの10年間で倍近くなっている（図3-10）。

20代から30代にかけて結婚や育児のため退職する女性が多いため，年齢層別労働力率の変化はM字型を描くというのが日本の女性労働の特徴である（図3-11）。結婚か出産で退職し，子育てに余裕ができたら再就職するというのが，家族責任との抵触を望まない日本女性の典型的な働き方だった。これは1980年代にも変わらなかったが，女性の勤続年数の伸びや働く既婚女性の増加によりM字型の底が少しずつ上昇している。また晩婚化の影響か，一番谷が深くなる

図3-7　女性労働者の従業上の地位別構成比の推移（1970年～1990年）

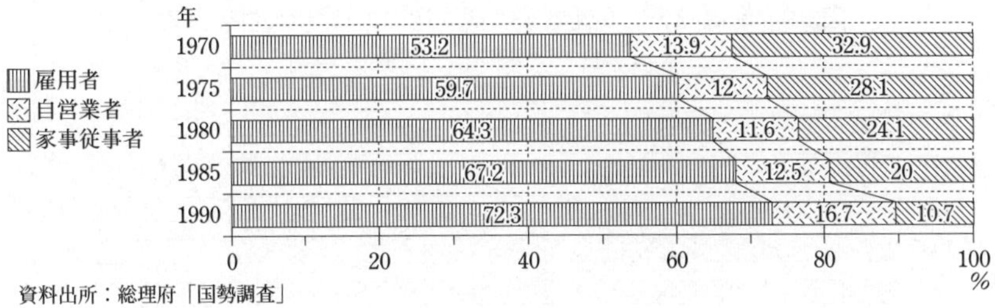

資料出所：総理府「国勢調査」

図3-8　女性雇用者数の推移（1970年～1990年）

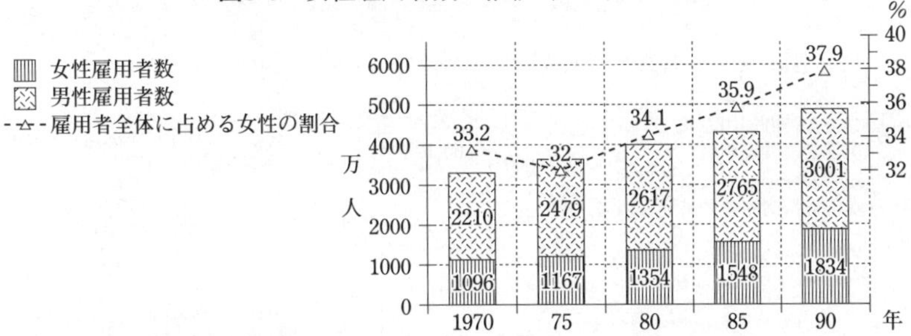

資料出所：総務庁統計局「労働力調査」

年齢層が1970年の25歳～29歳の層から30歳～34歳の層に移行している。

賃金についてみると，1980年代を通じて，男女間格差は若干縮小した（表16)。女性一般労働者と女性パート労働者の賃金を比較してみると，格差はむしろ拡大している（表3-17)。均等法施行前の1985年を例にとると，女性一般労働者の月給を100とすると，女性パート労働者の月給は53.8である。女性一般労働者の賃金は男性一般労働者の約6割なので，女性パート労働者の賃金は男性一般労働者の3割強ということになる。これは非常に大きな格差である。所定内給与以外のボーナスや退職金などを考慮に入れれば，その格差はさらに拡大する。

こうした賃金格差が生じるのは，労働市場が産業・職種・企業規模・雇用形態などによって中核的労働市場と周辺的労働市場に分断されており，それぞれの労働市場への男女労働者の配置に偏りがあるからである（ホーン川嶋 1985)。また，各労働市場は閉鎖的で，周辺労働市場へ配置された者が中核労働市場へ

図3-9　配偶関係別女性雇用者構成比の推移（1970年～1990年）

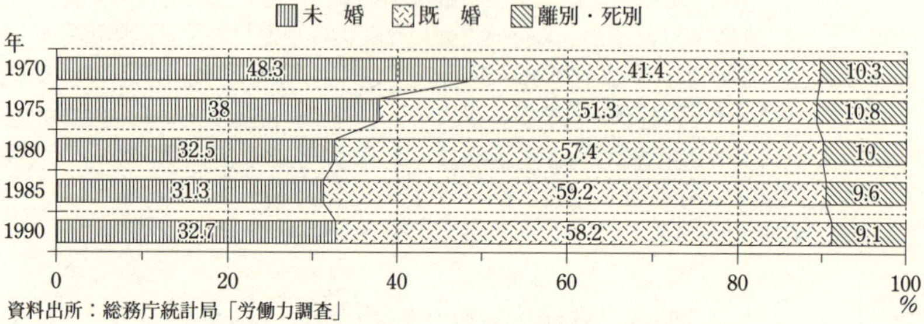

資料出所：総務庁統計局「労働力調査」

図3-10　女性短時間雇用者（非農林業）**の推移**（1970年～1990年）

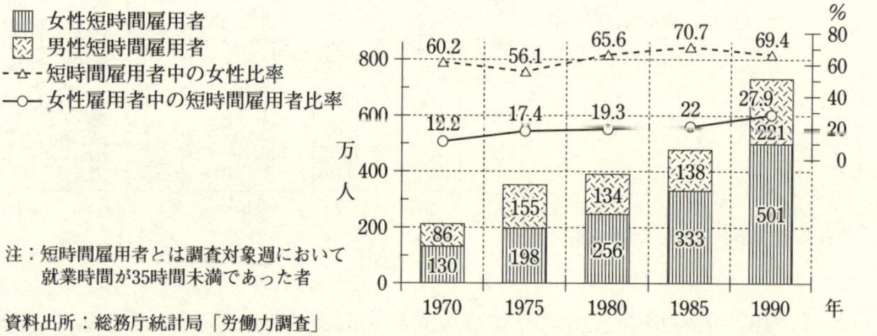

注：短時間雇用者とは調査対象週において
　　就業時間が35時間未満であった者

資料出所：総務庁統計局「労働力調査」

図3-11　年齢階級別女性労働力率の推移（1970年～1990年）

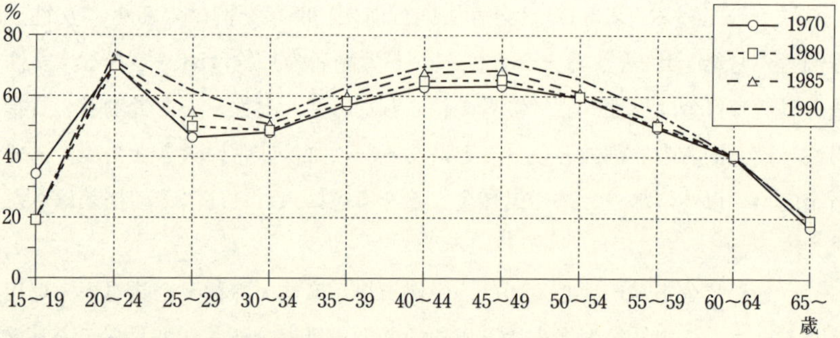

資料出所：総務庁統計局「労働力調査」

表3-16　きまって支給する現金給与額，所定内給与額及び男女間格差の推移

（産業計，企業規模計，学歴計）

年	きまって支給する現金給与総額（千円）			所定内給与額（千円）		
	女性	男性	男女間格差（男性＝100）	女性	男性	男女間格差（男性＝100）
1980	122.5	221.7	55.3	116.9	198.6	58.9
1981	130.5	235.3	55.5	124.6	211.4	58.9
1982	136.2	246.1	55.3	130.1	222.0	58.6
1983	141.2	254.4	55.5	134.7	229.3	58.7
1984	146.6	265.1	55.3	139.2	237.5	58.6
1985	153.6	274.0	56.1	145.8	244.6	59.6
1986	158.9	280.8	56.6	150.7	252.4	59.7
1987	164.8	286.1	57.6	155.9	257.7	60.5
1988	169.5	296.1	57.2	160.0	264.4	60.5
1989	176.7	310.0	57.0	166.3	276.1	60.2
1990	186.1	326.2	57.1	175.0	290.5	60.2

資料出所：労働省「賃金構造基本統計調査」

表3-17　女性一般労働者と女性パートタイム労働者の賃金比較

年	女性一般労働者（円）		女性パートタイム労働者(円)		月間給与格差 C/A×100	時間給格差 D/B×100
	月間所定内給与（A）	1時間当たり所定内給与（B）	月間所定内給与（C）	1時間当たり所定内給与（D）		
1980	116,900	646	67,900	492	58.1	76.2
1981	124,600	688	69,200	524	55.5	76.2
1982	130,100	723	71,300	540	54.8	74.7
1983	134,700	744	73,900	560	54.9	75.3
1984	130,200	765	78,900	572	56.7	74.8
1985	145,800	815	78,500	595	53.8	73.0
1986	150,700	837	80,500	610	53.4	72.9
1987	155,900	866	82,200	623	52.7	71.9
1988	160,000	899	84,700	642	52.9	71.4
1989	166,300	934	87,400	662	52.6	70.9
1990	175,000	989	94,000	712	53.7	72.0

資料出所：労働省「賃金構造基本統計調査」より作成

参入することは難しい。女性労働者の多くはこの周辺労働市場に位置する。一部の高学歴女性は中核的労働市場へ参入することが可能だが，そこでもさまざまな雇用管理，人事慣行により，男性労働者との賃金格差が生じる。

1980年代初頭，女性労働者が量的にも質的にも拡大するなかで，男女の処遇

の格差を是正することが課題となってきた。必要だったのは，労働市場への配置が性別によって規定されず，同一労働市場内での均等待遇が性別にかかわらず保障される法的枠組みである。こうした国内事情を背景に，直接的には国際的圧力を受けて，雇用機会均等法の制定が日程に上ることになる。

◎女性労働に関する法改正

1980年代には，女性労働に影響を及ぼすいくつかの重要な法改正が行われた。1985年には男女雇用機会均等法が成立し，翌1986年から施行された。これに合わせて労働基準法の母性保護関連の規定の改正も行われた。同じ年労働者派遣法が成立し，翌1987年には労働時間を中心とする労働基準法が改正された。これらのうち，特に重要な立法は男女雇用機会均等法である。

日本では1978年から婦少審において，法的整備を含めた雇用平等方策が検討されてきた。1978年11月に「労基研報告」が公表され，女性労働の「保護」と「平等」をめぐる議論が一気に過熱する。そのため「冷却期間」を置くという政治的な意味合いも込めて（篠田 1986：88），1979年12月婦少審は研究者や弁護士，労組及び使用者団体関係者から成る男女平等問題専門家会議（以下，専門家会議）を発足させた。専門家会議は2年余りにわたる審議の末，1982年5月「雇用における男女平等の判断基準の考え方について」と題する報告書を労相に提出した。

報告は，第1章「雇用における男女平等について」，第2章「雇用における男女異なる取扱いの現状」，第3章「雇用における男女平等の判断基準の考え方」，第4章「雇用における男女平等を確保するために」の四つの章からなっている。第1章では，雇用における男女の平等とは「機会の均等を確保し，個々人の意欲と能力に応じた平等待遇を実現すること」と具体的に定義する。そして第3章では「妊娠・出産機能以外の生理的諸機能における男女差や，一般的に女子は家事・育児負担等のいわゆる家庭責任を負っていることなど，男女の平均的な差異，社会通念等を理由として男女異なる規定を設けることは，本来妥当であるとはいえない」とする。しかし，「わが国の女子労働者をとりまく現状を考慮に入れると，男女平等を促進することを目的として女子に対して暫定的措置をとることや，家庭責任が女子により重くかかっている現状を踏まえた経過的措置をとることはやむを得ない」との考えを示している。

専門家会議で検討が進む間，1980年には婦人問題企画推進本部で，国連婦人の10年最終年に当たる1985年までに女子差別撤廃条約批准の諸条件を整備する，との申し合わせが行われた。そのため，その後の婦少審での審議は，条約批准の前提条件として具体的な法整備の検討という性格を帯びたものとなった。

1979年に国連で採択された女子差別撤廃条約は，性別役割分業の改革を理念に掲げた国際条約である。それまでの男女平等に関する国際的枠組みが，基本的には女性が家族責任を負う現状を前提として，その上で女性が不利にならないよう各種の措置を講じていこうとするものだったのに対し，女子差別撤廃条約は家族責任が女性のみにのしかかること自体を問題とし，固定的な性別役割分業の克服を眼目としたのである。それを具体化するため，公的生活，社会的生活，私的生活の各分野について規定が設けられた。

雇用における男女平等については第11条が定める。同条1は「締約国は，男女の平等の権利を基礎として同一の権利，特に次の権利を確保することを目的として，雇用の分野における女子に対する差別を撤廃するためのすべての適当な措置をとる」と規定する。

(a)　すべての人間の奪い得ない権利としての労働の権利

(b)　同一の雇用機会（雇用に関する同一の選考基準の適用を含む）についての権利

(c)　職業を自由に選択する権利，昇進，雇用の保障並びに労働に係るすべての給付及び条件についての権利並びに職業訓練及び再訓練（見習，上級職業訓練及び継続的訓練を含む）を受ける権利

(d)　同一価値の労働についての同一報酬（手当を含む）及び同一待遇についての権利並びに労働の質の評価に関する取扱いの平等についての権利

(e)　社会保障（特に，退職，失業，傷病，障害，老齢その他の労働不能の場合における社会保障）についての権利及び有給休暇についての権利

(f)　作業条件に係る健康の保護及び安全（生殖機能の保護を含む）についての権利

さらに2では，「締約国は，婚姻又は母性を理由とする女子に対する差別を

防止し，かつ，女子に対して実効的な労働の権利を確保するため，次のことを目的とする適当な措置をとる」と規定する。

(a)　妊娠又は母性休暇を理由とする解雇及び婚姻をしているかしていないかに基づく差別的解雇を制裁を課して禁止すること。

(b)　給料又はこれに準ずる社会的給付を伴い，かつ，従前の雇用関係，先任及び社会保障上の利益の喪失を伴わない母性休暇を導入すること。

(c)　親が家庭責任と職業上の責務及び社会的活動への参加を両立させることを可能とするために必要な補助的な社会的サービスの提供を，特に保育施設網の設置及び充実を促進することにより奨励すること。

(d)　妊娠中の女子に有害であることが証明されている種類の作業においては，当該女子に対して特別の保護を与えること。

この条約の趣旨から，日本政府も雇用における男女の機会均等と平等待遇の確保について法的措置が講ぜられていない事項について，しかるべき法的措置を講じることが要請された。

1982年，婦少審は専門家会議の報告を受けて審議を再開した。各種の資料を収集し，諸外国の制度を検討するなどした結果，1983年10月に問題点を取りまとめ公表した。それによると，雇用平等立法の必要性，妊娠・出産機能以外の女性保護規定の見直しについては一応の見解の一致を見た。しかし，具体的にどのような法制を整備するのかについては委員の間で意見が鋭く対立している。

主要な争点となったのは，まず雇用における機会均等確保の範囲とその規制の仕方である。そして法的枠組みを整備するとして，その実効性をどのように担保するかも，また重要な問題だった。しかし婦少審外部の女性団体や世論を巻き込んで大きな問題となったのは，労基法の女性保護規定の見直しだった。女子差別撤廃条約は第4条で次のように規定する。

1　締約国が男女の事実上の平等を促進することを目的とする暫定的な特別措置をとることは，この条約に定義する差別と解してはならない。ただし，その結果としていかなる意味においても不平等な又は別個の基準を維持し続けることになってはならず，これらの措置は，機会及び待遇の平等の目的が達成された時に廃止されなければならない

2　締約国が母性を保護することを目的とする特別措置をとることは，差

別と解してはならない

この条文の趣旨から，条約批准のためには日本の現行法における女性保護規定の見直しが必要となった。労基法には女性労働に関する多数の規制が存在し，その中には科学的根拠の乏しいものもある。そのため企業側には「過保護」であるとの見方が強く，見直しは以前から主張されていた。条約を批准するにあたっては，これらの女性保護規定を整理し，妊娠・出産など母性に関わる部分についての保護以外は漸次撤廃していくことが求められた。しかし，何が母性保護で何が一般の女性保護なのか，何を暫定的な保護措置として存続させるのか，その線引きには労使の利害がからみ，簡単にはいかなかった。それゆえに男女雇用機会均等法が制定されるまでには長い時間がかかったのである。

◎婦少審における審議

婦少審は表3-18のように，公益側，労働側，使用者側のそれぞれを代表する委員で構成されていた。雇用平等法をめぐるそれぞれの立場と主張には大きな隔たりがあった。以下それぞれの立場を検討する。

使用者側は，平等の前提として保護の見直しが必要という点では四団体（日経連，経済同友会，経団連，日商）の考え方が一致していた。しかし，雇用における男女平等の問題については，第3次産業のように女性労働者が多い産業と男性労働者主体の産業では対応に若干の差異が見られた。女性の比率が高い産業を多く組織する日商は，女性の能力を生かし，企業の活性化につながる内容であれば，法制化には必ずしも反対しないという立場である（篠田 1986：96）。これに対し，日経連は雇用平等法の制定には最初から最後まできわめて消極的だった。

日経連は1983年9月28日に，「雇用における男女平等の法制化は，労働基準法の女性保護規定の撤廃が先決であり，現状のまま法制化を強行すると，わが国の労働慣行を根底から覆し，終身雇用制にも影響を及ぼす恐れがあるため反対である」との意見表明を行った。また，1984年3月2日には，女子差別撤廃条約の署名について企業側に政府からの連絡がなかったとして，女子差別撤廃条約が企業経営に与える影響及び批准のための最低要件について政府の見解を質す質問状を提出した。日経連は，雇用平等法が性別役割分業を前提として成

表3-18　婦人少年問題審議会の委員構成

		公益側				労働者側			使用者側		
		労働省OB	学者	ジャーナリスト	弁護士	総評	同盟	中立	日経連	全国中小企業団体中央会	個別企業
婦人労働部会	男	1		1					1	1	1
	女				1	1	1	1			
年少労働部会	男		1	1		1	1	1		1	1
	女		1								1
婦人問題部会	男			1							
	女	1	1	1							
計		2	3	4	1	2	2	2	1	2	3
総計22(男13,女9)		10 (5,5)				6 (3,3)			6 (5,1)		

資料出所：篠田（1986：82）

り立つ日本の企業慣行を覆す危険性があると感じ，法制化は条約との関係でやむを得ないとしても，それは日本的雇用慣行に支障のない最低限のレベルで行うべきであると考えていた。

経済同友会も3月16日に「『男女雇用平等法』（仮称）に対する考え方」を発表し，次のような考えを示した。男女差別問題は「早急な法律の規定によって解決できる性格のものではな」く，人材の育成は「企業戦略上の重要な柱であり」，そうした「戦略上の対応は時間をかけて各企業が行うべきものであり，画一的に制度化してはならない」。むしろ「女子自身が勤労意欲を高め，それによって企業が職業について男女のセグリゲーションをなくせるような状況を自らつくっていくこと」が必要である。

1984年3月26日に婦少審の建議がまとめられると，日経連は同日「婦人少年問題審議会の建議に対する所感」を発表し，強行規定に対する反対を表明し，母性保護を除く女子保護規定撤廃を強く求めた。日経連は「現在我が国の女子労働者の扱い方は，我国の社会通念や女子自身の職業意識・就業形態を反映したものであって，それなりの合理性をもって続いてきた」と述べる。そして，その急激な変革は「企業に重大かつ無用の混乱を起こし，ひいては企業活力を減殺することになる」と言う。条約批准に必要最低限の法整備をめざすべきで，労働側は条約批准に必要な条件以上のものを求めている，というのが日経連の認識である。

使用者側の動きに対し，労働側は専門家会議報告の前後から雇用平等法の制定を求める運動を繰り広げた[31)]。各労働団体の個別の取り組みに加え，1984年4月5日には労働四団体（総評・同盟・中立労連・新産別）と全民労協が共同で「男女雇用平等法に関する申入書」を労相に提出した。労働側がこの申入書で求めたのは，①募集・採用から定年・退職に至る全段階での機会及び待遇の差別の禁止と差別を受けた場合の法的救済措置，②母性保護の充実と母性保護を理由とした差別の禁止，③全体の労働時間の短縮，時間外労働規制の強化，週休2日制の推進により男女が同じ基盤で働ける環境づくり，④全職種を対象とする育児休業法の制定，の4点である。

こうしてみると，使用者側と労働側の主張には大きな距離があったことがわかる。企業の立場からすると，国際的な状況からいって何らかの法的整備は避けられないが，現在の日本的雇用の枠組みに重大な影響を及ぼすような変更，コスト増を招くような改革は受け入れがたい。また，保護規定こそが女性の社会進出の障害であり，これを撤廃し，男性と同じ水準にすることが平等の前提であると考えている。労働側は，雇用における男女平等は女性に対する保護を撤廃することで実現されるものではなく，むしろ全体の労働条件を向上させることで男女が同じ基盤で働けるようにすべきであると考えている。しかし，性別役割分業の変革に対しては明確な方向性を示していない。

労働側と連帯する形で女性団体と政党も男女雇用平等法の実現に取り組んでいた。1975年の国際婦人年を契機に結成された「連絡会」は，雇用平等法に反対する日経連の意見表明に対し，1983年10月6日に申し入れを行い，「経済大国日本の経営者団体にふさわしい積極的態度で雇用平等法制定に取り組む」よう強く要請した。さらに10月11日は労相に対して雇用平等法整備を要請する文書を提出する。その後も，「連絡会」は①雇用の全ステージにおける性差別禁止を明文化すること，②制裁を含む強行規定を設けること，③独立の権限を持つ救済機関を設置すること，④時間外労働等の規制の見直しは労働時間の短縮，女性の家庭責任軽減のための条件整備の後行うことなどを求めて，政府・政党・財界など各方面に働きかけつづけた。

各政党も雇用平等法を検討していた。社会党は1976年に雇用平等法制の骨子を発表し，これをもとに作成した法案を1978年5月第84回国会に提出した。このときは審議未了廃案となったため，その後も若干の修正を加えつつ，5回にわたって国会提出を試みた。公明党も1980年に独自の法案要綱を作成し，第98回国会に提出したが，審議未了となる。民社党と共産党も1979年にそれぞれ法律案要綱を公表した。

1983年から1984年にかけての婦少審の審議は，「保護」と「平等」をめぐる労使の対立により膠着状態に陥りかけた。政府は1985年までに女子差別撤廃条約を批准することを公約しており，そのためには雇用平等法案は1984年中に国会に提出されなければならなかった。そこで，状況を打開すべく労働省婦人少年局の主導により，公益側委員がこれまでの審議を踏まえてたたき台を作成することになった。

公益側委員は，労使各側の委員と異なり，過去の経緯や組織の内部事情とは距離を置き，長期的視野から女子差別撤廃条約の理念を具体化することを求めていた。労使対立が先鋭化していた女子保護見直しの問題については，母性保護を除いて全面的に見直すというのが公益側委員の立場である。また，雇用における男女平等確保のためには，採用から定年までの全ステージにおいて差別を禁止することを求めていた。こうした観点から公益側委員は労使双方の主張に配慮し，両者の歩み寄りを求めて，1984年2月に議論のたたき台として試案を提示する（表3-19)。

この試案では，募集・採用における男女平等については企業の努力に委ねるとされたものの，それ以外の雇用の各ステージでは労働側の意見をくんで女性差別の禁止を打ち出した。また，使用者側が強く求めていた女性保護規定の撤廃については，休日・時間外労働，深夜業の規制を緩和ないし廃止するとした。生理休暇についても原則廃止の方向が打ち出された。

試案の内容は労使双方にとって不満の残るものだった。使用者側は配置・昇進は人物考課に関わることで，法律の介入は馴染まないと反対した。労働側は募集・採用という雇用の入口での差別禁止が企業の努力義務では意味がないと批判した。また女性保護の見直しも労働側には受け入れがたいものだった。こうして，試案をもとにした審議も労使の対立が続き，打開策は見いだせないままだった。そのため，労働省の要請により1984年3月に婦少審として提出した

表3-19　試案と建議の主要な論点比較

	公益委員のたたき台（1984.2.20）	婦少審建議（1984.3.26）
募集・採用の差別	努力義務	努力義務
配置・昇進の差別	禁止	努力義務
教育訓練の差別	禁止	禁止
福利厚生の差別	禁止	禁止
定年・退職・解雇についての差別	禁止	禁止
実効性確保		○労使代表含む調停機関新設 ○婦人少年室長の助言・指導・勧告
育児休業	普及促進	普及促進
女性の時間外労働・休日労働	工業的業種：規制緩和存続 非工業的業種：規制廃止	管理職・専門職：規制廃止 工業的業種：規制緩和存続 非工業的業種：規制廃止
女性の深夜業	工業的業種：規制存続 非工業的業種：規制廃止	工業的業種：規制存続 管理職・専門職・一定の深夜業が必要な業種：規制廃止
女性の危険有害業務	母性保護の見地から見直し	母性保護の見地から見直し
女性の坑内労働	ILO 第45号条約に沿って一部規制解除	ILO 第45号条約に沿って一部規制解除
妊産婦保護	産前産後休暇の延長 時間外・休日・深夜業の原則禁止	産前産後休暇の延長 時間外・休日・深夜業の原則禁止
生理休暇	一部の就業困難な女子に配慮	一部の就業困難な女子に配慮

建議も，見解を統一できず，法案整備の具体的な内容に関する部分で，労使，公益側それぞれの主張を併記したり，少数意見を付記したりするという異例のものになった。

婦少審の建議を踏まえ，労働省は法案要綱の作成作業に入った。法案要綱は複数の法律の改正を含む整備法の形をとったので，1984年４月労働省は要綱案の関係部分を婦少審，中央職業安定審議会，中央職業訓練審議会のそれぞれに諮問した。要綱案は公益委員試案を基礎に全体の規制を緩やかにしたものだった（表3-20）。雇用の各ステージでの差別は，企業の努力に委ねられるか，一定のものについて禁止とされた。唯一，禁止とされたのは定年・退職・解雇についてのみである。女性保護については，母性保護の部分については拡充が図

表3-20　法律案要綱と労使の意見

	法律案要綱 (1984.4)	答申における労使意見 (1984.5.9)
募集・採用の差別	努力義務	労：すべて罰則付き禁止 使：教育訓練，福利厚生についての禁止の範囲限定
配置・昇進の差別	努力義務	
教育訓練の差別	一定のものにつき禁止	
福利厚生の差別	一定のものにつき禁止	
定年・退職・解雇についての差別	禁止	
実効性確保	○学識経験者による調停機関新設 ○婦人少年室長による指導・助言・勧告	労：勧告・命令出せる機関新設 使：使用者代表含むべき
育児休業	普及促進	労：法制化
女性の時間外労働・休日労働	管理職・専門職：規制廃止，工業的業種：規制緩和存続，非工業的業種：規制廃止	労：時期尚早 使：すべて規制廃止
女性の深夜業	工業的業種：規制存続，管理職・専門職その他：規制廃止，一定の事業で本人の申出があったもの：規制廃止	労：本人申出制度反対，規制存続 使：規制廃止
女性の危険有害業務	妊産婦：妊娠出産・哺育に有害な業務禁止	
女性の坑内労働	一定の臨時的業務につき規制解除	
妊産婦保護	産前産後休暇の延長，妊産婦が請求した場合時間外・休日・深夜業禁止	使：拡充不要
生理休暇	就業が著しく困難な女子のみ就業禁止	労：母性保護として存続 使：不要

られる一方，一般女性にかかる規制については緩和するとされた。労働側委員は女性保護に関しては過去の労働運動により獲得した成果であると自負していたため，既得権の喪失には強固に抵抗する姿勢を示し，審議拒否の動きをみせた。しかし，女子差別撤廃条約批准の日程は既定路線となっており，また「この期を逃せば法制化は困難になる」という労働省婦人局側の説得もあり（篠田 1986：100），最終的には労働側委員も法律案要綱の内容をのまざるを得なかった。

◇国会審議

1984年5月9日，各審議会から法律案要綱について，不十分な点はあるものの現状では大筋やむを得ないとの答申が行われた。法律案は5月14日，第101

表3-21　国会提出法律案の概要

	国会提出法律案（1984.5.14）
募集・採用の差別	努力義務（第7条）
配置・昇進の差別	努力義務（第8条）
教育訓練の差別	一定のものにつき禁止（第9条）
福利厚生の差別	一定のものにつき禁止（第10条）
定年・退職・解雇についての差別	禁止（第11条）
実効性確保	○学識経験者による調停機関新設 ○婦人少年室長による助言・指導・勧告
育児休業	普及促進
女性の時間外労働・休日労働	指揮命令者・専門職：規制廃止 工業的業種：一日の規制のみ廃止 非工業的業種：規制緩和存続
女性の深夜業	指揮命令者・専門職：規制廃止 深夜業の必要な業務：規制廃止 一定の事業で本人の申出があったもの：規制廃止
女性の危険有害業務	妊産婦：妊娠・出産・哺育に有害な業務禁止 一般女子：妊娠出産機能に有害な業務禁止
女性の坑内労働	一定の臨時的業務につき規制解除
妊産婦保護	産前産後休暇の延長 妊産婦が請求した場合時間外・休日労働・深夜業禁止
生理休暇	就業が著しく困難な女子のみ就業禁止

回特別国会に提出された。6月26日に衆議院本会議において法案趣旨説明があり，社会労働委員会に付託された。その後7月3日から24日にかけて社会労働委員会で4回審議され，24日に採択，賛成多数で可決された。27日には衆議院本会議で採択，可決され，参議院に送付される。参議院では8月1日に社会労働委員会に付託されたが，会期末が迫っていたため，8月8日参議院本会議で継続審議となった。

第102回国会では参議院社会労働委員会での法案審議が1985年4月11日から開始された。審議は実質3日間行われ，5月10日には参議院本会議で可決された。その後，再び衆議院に送付されて17日衆議院本会議で可決され，成立した。1985年6月1日男女雇用機会均等法が公布される。

そもそも公労使三者の意見がまとまらないまま法案となったため，国会では

表3-22　男女雇用機会均等法制定経過

1982	5.8　男女平等問題専門家会議「雇用における男女平等の判断基準の考え方」発表
1983	10.24　婦少審論点公表 9.28　日経連，男女雇用平等法反対立場言明 10.6　「連絡会」「雇用における男女平等の法制化に関する申入れ」を日経連に提出 10.11　「連絡会」「雇用における男女平等の法制化に関する要請」を労相に提出 12.21　労働者婦人少年問題審議会「雇用平等法に関する中間報告」発表，労使対立の両論併記
1984	2.20　公益委員より試案提示 3.2　日経連，総理・外務・労働大臣に質問状提出 3.16　経済同友会「男女雇用平等法に対する考え方」発表 3.26　婦少審「雇用における男女の機会の均等及び待の平等の確保のための法的整備について」 3.26　日経連「婦人少年問題審議会建議に対する所感」発表 4.5　労働四団体及び全民労協「男女雇用平等法に関する申入書」提出 4.19　労働省は「雇用の分野における男女の均等な機会及び待遇の確保を促進するための関係法律案要綱（案）」を婦少審に諮問 5.9　関係各審議会より法律案要綱に対する答申 5.11　法律案閣議決定 5.14　男女雇用機会均等法案第101回特別国会提出 6.26　衆議院本会議において法案趣旨説明，同日社会労働委員会に付託 7.3-7.24　社会労働委員会において審議 7.24　社会労働委員会において採択，賛成多数で政府提出法案可決 7.27　衆議院本会議で採択，可決，参議院に送付 8.1　参議院本会議において法案趣旨説明，社会労働委員会に付託 8.2　社会労働委員会で提案理由説明 8.7　社会労働委員会で継続審議議決 8.8　参議院本会議で継続審議議決
1985	4.11-4.25　参議院社会労働委員会での法案審議 5.10　参議院本会議において可決 5.17　衆議院本会議で可決成立 6.1　男女雇用機会均等法公布 6.24　女子差別撤廃条約批准
1986	1.27　労働省「均等法施行規則」「事業主が講ずるように努めるべき措置ついての指針」「女子労働規準規則」 4.1　男女雇用機会均等法施行

法案の各部分について多岐にわたって審議された。共産党は政府提出法案の全面的な修正案を提示したが，最終的には自民党の修正案による若干の規定追加以外は，原案通りの内容で成立した。

勤労婦人福祉法の改正による雇用機会均等法の成立というその形態に端的に

現れているように，この法律は男性主体の労働市場に女性労働者が職業と家庭生活の調和を図りつつ参入するためのものであり，性別役割分業の根幹はそのまま残された。塩田咲子（2000：68）は，均等法が性分業を維持したことは次の3点に表れていると指摘する。第一は，労働時間短縮など男性労働者が家庭責任を共有できるような労働条件の検討がなされなかったこと。第二に，性別職務分離解消につながる配置における男女差別禁止が強行規定ではなく，努力規定となったこと。第三は，性に中立的でない規定が多数残ったこと。しかし，それでもなお，雇用の場において女性を男性と同じ「労働力」とみなした均等法の意義は大きかった。

専門家会議の報告以降の雇用機会均等法が成立するまでの経過をまとめると表3-22のようになる。

◇女性雇用管理の特徴

男女雇用機会均等法は，雇用の入口である募集・採用から，配置，昇進，教育訓練，福祉厚生，出口である定年・退職・解雇に至るまで，女性であることを理由とする差別的取扱いを禁じている。しかし，その多くは企業が「努めなければならない」という努力義務であり，罰則付きの強行規定ではない。このような不十分な内容の立法であっても，成立に至るまでに労使の激しい攻防があったことはすでに述べた。均等法の施行は企業の雇用管理にどのような影響を与えたのだろうか。

均等法が企業経営に与えたインパクトについて，施行1年目の調査結果を分析した岩田龍子（1987）によれば，均等法への反応は三つの産業グループに大別できるという。

第1のグループは，百貨店，スーパーなどの流通業界であり，ここでは1960年前後から女子の活用を進めており，均等法施行後もマネジメントに大きな変化はない[32)]。働く女性を対象に，1988年1月に創刊された雑誌『日経WOMAN』編集部が実施した「女性社員活用実態調査」[33)]でも上位企業には流通業が多い（表3-23）。調査は四つの基準から行われた。男女雇用均等度は，男性との待遇差の有無から判断される。女性社員管理職登用度は管理職への道が開かれているか，女性管理職は実際どの程度いるのか，が基準である。「戦

表3-23　企業の女性活用度ランキング

順位	社名	総合得点	男女雇用均等度	女性社員管理職登用度	女性社員戦力化度	母性保護度
1	エイボン・プロダクツ	265	90	80	70	25
2	西友	260	65	40	70	85
3	高島屋	250	65	50	95	40
4	日本航空	240	80	35	75	50
5	小田急百貨店	235	75	45	85	30
5	京王百貨店	235	60	35	80	60
5	ソニー	235	75	45	80	35
5	松阪屋	235	70	50	45	70

資料出所：『日経 WOMAN』1988年5月号

力化度」は，研修や訓練などの能力開発の機会をどの程度女性に与えているかで判断される。母性保護度は出産・育児などと仕事を両立させる仕組みがどの程度整っているか，育児時間や育児休業制度の有無などが基準である。

第2のグループは1980年代に専門職に限定して大卒女子を採用してきた大手製造業，第3のグループは金融，商社，保険などの業界である。第3のグループでは大卒女性社員活用の蓄積がほとんどなかったため，均等法にはコース別人事制度などで急遽対応した。

コース別人事制度とは，勤務条件や職務内容に対応してコースを設定し，コースごとに待遇を変える雇用管理システムである。転勤の可否とその範囲が待遇を決める主要な要素となっており，転勤可の総合職と転勤不可の一般職では，賃金・昇格・昇進など待遇の違いが正当化される。転勤の範囲も海外を含めて全く制限のないもの，国内のみ，一定の地域など，その広狭によって待遇に差が出る。最初からコース別に採用されることもあれば，勤続途中で選択を求められることもある。家族責任を負う多くの既婚女性にとっては「転居を伴う転勤の有無」が事実上の踏み絵となって，女性の大半は一般職へと振り分けられることになる。

こうしたコース別人事制度は，均等法に反しない形で女性を排除したい大企業が導入した制度であるという見方と，本格的に大卒女性を活用するために導入された制度であるという二つの見方がある（脇坂 1997: 248)。1987年～1989年にかけて実施された「コース別雇用管理に関する調査」(1990)[34]で明らかに

表3-24　コース別人事制度導入の理由

経営環境の変化への対応	67.5%
均等法施行への対応	50.0%
社員の意識の多様化への対応	57.5%
人材育成の手段として	52.5%
各地域での優秀な人材の採用・活用策として	10.0%

資料出所：「コース別雇用管理に関する研究会報告」(1990)

なったことは，①コース別雇用管理制度は均等法以前から存在していたが，均等法施行時前後に導入する企業が増加した，②均等法以前から導入していた企業では，主として男性社員を対象に，従業員の活性化を図ることを目的にしていた。調査によると，この制度の導入理由は表3-24のようになっており，均等法への対応という回答は半数である。

コース別人事制度が有用な人材育成の手段であるという観点からすれば，長く勤める意思のある有能な女性については男性と同等の総合職で採用するこの制度は，多くの女性が短期勤続であることに由来する統計的差別を多少なりとも緩和する取り組みであるとも言える。しかし，このシステムは結局，継続雇用を前提として男性並みに働く女性労働者とそれ以外という分断を女性労働者の中に持ち込み，女性労働者の周辺労働市場への流入を促進することにつながる。過労死する者さえ出るような男性の労働条件に適応できる体力・気力と家族のサポートという好条件に恵まれない限り，女性が「総合職」として長期継続することは難しい。実際，前記のコース別雇用管理に関する調査では，総合職になった女性の約10%が均等法施行後1年8ヵ月の間に退職している。その理由の多くは従来通り，結婚・妊娠・出産である。ドロップアウトした女性には退職前と同等の仕事を見つけることは難しく，将来のキャリアアップの展望がない一般職か，身分が不安定な非正規労働者とならざるを得ないケースが多い。最初から「一般職」を選択しても，単調な仕事とフラットな年功カーブの下，長期継続就労のインセンティブは弱く，結婚・出産などで退職する者が多い。こうして就労を中断した女性の再就職は周辺労働市場が中心となる。中核的労働市場に参入できないこうした就業希望者の増大は周辺労働市場の労働条件の向上を阻害する。

(1)　賃金差別　均等法施行前後に広まったコース別人事制度は，均等法の合法的な脱法という側面が強い。均等法が施行された年，1970年代に実施されていた男女別コース人事制度の是非をめぐる訴訟で判決が下された[35]。被告となった日本鉄鋼連盟（以下，鉄連）は，鉄鋼会社やその関係団体が加盟する事業者団体である。鉄連では，女性の初任給を男性より低く設定し，労使協定によって決める昇給率及び一時支給金係数も男女で異なっていた。例えば，1976年当時の大卒男性の初任給は9万3000円であるのに対し，大卒女性は8万円である。賃金基本給の上昇率は30歳以上の男性が11％であるのに対し，女性は10.5％である。一時金の支給係数は勤続5年以上の男性が2.77，女性は2.64となっている。さらに女性の昇格は男性に比して遅い。このような鉄連の労働条件に対し，1969年から1974年にかけて入社した女性職員が労基法4条に反する賃金差別であるとして提訴したのである。

鉄連側は，職員を「基幹職員」（男性のみ）と「その余の職員（補助職員）」（女性のみ）に二分し，採用後の労働条件を異にする制度をとっているが，それは職種の違いによるものであって性による差別を定めたものではないと主張した。また，このようなコース制度をとる理由として，採用事務の効率化，折衝の相手方となる外部機関の担当者に男性が多い，女性の勤続年数が短い，母性保護規定が存在する，などの理由を挙げる。

判決は，鉄連の「2本立て職務体系」が事実上「男女別コース制」であることを認定し，それは憲法14条の趣旨に反すると指摘した。そして，本件で争われている差別的取扱いが行われたのが男女雇用機会均等法施行以前であっても，男女別の処遇が合理的な理由を欠くことに変わりない，と述べる。しかし判決は，①募集・採用は労基法上の「労働条件」ではなく，使用者に広い選択権がある，②均等法においても募集･採用における男女平等は使用者の「努力義務」にとどまることなどを理由に，同一の採用基準によらないで採用された者が同一の労働条件を享受することを保障することについては否定する。つまり，異なる募集・採用手続きが行われた場合，それ自体が性差別を隠蔽する不法な措置であると判断されない以上，一律に同一の労働条件が適用されなければならないとは言えないということである。このケースで使用者が募集・採用について女性に男性と均等の機会を与えなかったことは公の秩序に反するとは言えない，とした。他方，昇給率と一時金支給係数に関しては，男女別に定めていることが明白なので民法90条により無効であるとして，被告に差額の支払いを命じた。

この日本鉄鋼連盟事件によって，均等法は採用・配置・昇進などにおける性差別には無力であり，こうした差別是正の法的根拠は依然として民法上の一般条項に求められるということが明らかになった。均等法は賃金をその規制の対象としていないため，賃金差別についても法的効力をもたない。そのため均等法の定める救済制度も適用されず，婦人少年室長の紛争解決援助の対象にならない。したがって，賃金差別の是正はもっぱら裁判によって行われざるを得ない。賃金に関しては労基法４条が「使用者は，労働者が女性であることを理由として，賃金について，男性と差別的取扱いをしてはならない」と定める。その趣旨は合理的理由のない女性に対する賃金の不利益取扱いを禁止することにある。逆に言うと，男女間に賃金格差があっても，合理的理由があれば正当化されることになる。実際に，学歴，採用区分，年齢・勤続年数，扶養家族の有無などさまざまな要素で賃金の差別化が図られ，それが性の違いに結びついていることも多い。均等法以降は，コース別人事など，処遇の多様化により，全体としての男女の賃金格差は拡大した。

日本の賃金体系は男性労働者１人が家計を支えているという固定的な家族像を前提としていた。企業は男性労働者を基幹的部分の仕事に配置し，男性労働者のライフステージに対応した家族ぐるみの生活保障給を与え，女子労働者は補助的職種に配置し低賃金で働くことを期待した。1975年の秋田相互銀行事件のような男女別２本立ての賃金体系が違法であることが裁判所によって明らかにされると，企業はより巧妙に「世帯主」「主たる生計の維持者」に対して各種の手当てを支給するというやり方で性差別的な賃金を合理化するようになった。こうした扱いの不当性を訴えたのが岩手銀行事件である。

原告の女性行員は世帯手当と長女の家族手当を1976年１月から支給されていた。ところが，銀行側は1981年１月，市議会議員を務める夫に扶養控除対象額以上の所得があるとして手当の支給を打ち切った。当時の同銀行の給与規程では，両手当の支給対象を「扶養親族を有する世帯主たる行員」とする一方で，「世帯主たる行員」について「配偶者に扶養控除対象限度額を超える所得がある場合には，夫たる行員とする」と規定していた。このため，女性行員の場合は夫に限度額以上の収入があれば支給されないが，男性行員の場合は妻に限度額以上の収入があっても支給される仕組みになっていた。原告側は①扶養控除対象限度額は低く，これで子どもの扶養はできない。銀行は，この低い支給基準を設定することで，共働きの女性行員から家族，世帯両手当の受給資格を事実上，奪っている，②この規程は女性であることを理由にした不当な差別で，憲法14条（法の下の平等），民法90条（公序良俗），労基法4条（男女同一賃金の原則）などに違反し無効，と主張した。1985年，盛岡地裁は，女性行員への両手当支給を制限した被告の銀行の給与規程は，性別のみによる不合理な差別を定めたものとして，男女同一賃金を定めた労基法4条に反しており無効であると判断し，原告側の請求額通りの支払いを被告に命じた[36)]。

家族手当をめぐる判例はもう一つある。日産自動車に勤める女性社員が「家族手当の支給を『世帯主』に限り，事実上女性従業員への支払いを拒否しているのは男女差別」などとして同社を相手取って訴訟を提起した。1989年1月に言い渡された一審の東京地裁判決は，家族手当を共働き夫婦のうちより収入の多い「実質的な世帯主」に支給するという会社側の対応は合理的なものであるとして原告の訴えを退けた。

二つの事件で判断を分けたのは，男女差別の明白さの違いである。岩手銀行の給与規程は女性を家族手当の受給者から排除していることが明白なので，男女差別と認められた。日産自動車の規定では，妻の収入が夫より多ければ家族手当を受給できることになるため，つまり，女性が家族手当を受け取ることを完全に排除していたわけではないので，家族手当規定自体が違法とは言えなかったのである。もっとも，日産自動車では家族手当支給にあたり，男性社員には妻の収入証明を要求していないなど，実際の運用は男性を対象としていたことは明らかであった。

そもそも，労働の対価である賃金の額が扶養家族の有無によって左右されることに合理性はない。家族手当は主たる生計の担い手は1人であり，それは男性（夫）であるという考え方を前提とした制度である。家族手当に関する二つの判決は「男性の稼ぎで妻子を養う」という「家族賃金」の観念とそれに基づく制度の是非にまで踏み込むことはなかった。

(2) 退職差別　雇用の各ステージにおける男女差別について，均等法ではほとんどが「努力規定」となっている。例外的に「禁止規定」としているのが定年・退職・解雇における差別的取扱いである。これは，住友セメント事件をはじめとして多くの判例が積み重ねられてきたからである。しかし，判例が形成されていても，差別が直ちに姿を消すわけではない。官民問わず，さまざまな形で差別的な取扱いが行われており，1980年代に入っても裁判で争われた。

民間企業に比べて男女平等が徹底されていると考えられる公務員の世界でも，差別的な慣行は存在した。その一つが教員に多く見られた男女別の退職勧奨である。共働きの教員夫婦について，夫が管理職に昇進すると妻は退職を余儀なくされるというようなことが各地であった。鳥取県の公立学校では退職勧奨年齢に男女差が設けられていた。男性は一律に「55歳以上」だが，女性教員の場合は「生計主体」は「50歳以上」，「共働き」は「48歳以上」とされていた。退職勧奨に応じなかった女性教員らに退職金の優遇措置を講じなかったため裁判となった。原告らは県の行為は民法709条の不法行為であると主張した。鳥取県側は退職勧奨は定年と異なり退職しない自由もあるのだから，その年齢に男女差を設けることは憲法14条に反しないと反論し，教員の適正な年齢構成確保のために男女差のある退職勧奨は必要であると主張した。また，一般に男子は生計の主たる所得を得ている場合が多いが，既婚女子は退職しても生活に困窮しないことが多いことも理由の一つに挙げた。

判決は退職勧奨が不当な強要にならない要件を明らかにし，このケースは男女差別にもとづく不法行為を構成するとの判断を示した[37)]。女性は生計支持者ではないことが多いという県側の見解に対しては，そのような夫婦の役割分業観がわが国で強いことを認めつつも，それが男女別の退職年齢設定を合理化するものではないと述べている。

この事件は，平等が標榜される公務員の世界でも，「生計主体である」男性が雇用の中心であると考えられていることを露呈するものである。

◎1980年代の労働

1980年代前半には就労する既婚女性が専業主婦を上回った。もはや女性が働くことは普通のことになりつつあったが女性を中核的な労働者と見なさない企業の対応は変わらず，採用・昇進・退職，その他の労働条件などの各側面で差別的取扱いが続いていた。こうした男女差別がもたらす賃金格差も深刻だったが，是正を求めるには裁判しかなく，雇用における性差別を禁止する法律が求められるようになった。女子差別撤廃条約という国際的圧力と雇用上の平等を求める女性たちの取り組みにより，男女雇用機会均等法が成立した。努力義務規定が多く実効性に欠ける法律ではあったが，画期的なことである。しかし，均等法は総合職と一般職に分けるコース別雇用制度という新たな差別をもたらし，女性労働者が二極化され分断された。均等法以降も男女の賃金格差は縮まらなかった。

1980年代も雇用の方針は依然として男性中心であり，それを裏づける各種の手当を加えた生活保障給のあり方にも変更はなかった。均等法により，ある程度女性の就業範囲が拡大したが，性別職業・職務分離は解消されていない。家族単位の労働のあり方が堅持されたと言える。

7　変わる国際環境と家族単位モデルの強化

1980年代は国際的な動向もあって，ジェンダー不平等の問題が徐々に認識されるようになった。政策を規定する社会経済的条件の変化もかなり顕著になりつつあったが，そのための大きな制度変更は少なかった。家族イデオロギーの分野で教育課程の改訂が行われたこと，労働政策の分野で雇用機会均等法が成立したことから，個人単位モデル的要素が加わったが，全体として見ると，依然として家族単位モデルに対応していたと言える（表3-25）。

本章の冒頭で述べたように，1980年代の公共政策に大きな影響を及ぼしたのは，新保守主義の流れと国際的な性差別撤廃の取り組みである。この二つの動きは拮抗し，対立した。市場原理と民間活力を重視する新保守主義の考え方と，固定的な性別役割分担を克服し，性による差別を撤廃しようという考え方は必ずしも本質的に対立するものではない。しかし，国家の介入を最小限にし，市場を重視する新保守主義の考え方は，日本では「日本型福祉社会論」と結びついて，家族による福祉供給の強調につながった。原田純孝（1988）は1980年代に日本の家族政策における家族の位置づけに大きな方向転換が起きたと指摘す

表3-25 1980年代の公共政策

政策分野	特徴	対応モデル
家族イデオロギー ・家族関連法 ・教育政策	 法律婚家族の強化 教育における性別役割分業の揺らぎ	家族単位／個人単位モデル
年金制度	受給資格にジェンダー格差 拠出・受給が原則として個人単位 被扶養の配偶者は無拠出で受給	家族単位モデル
所得税制	課税単位は個人，配偶者控除強化	家族単位モデル
ケアワーク ・保育政策 ・児童手当 ・育児休業	原則として私的領域における無償労働 揺らぐ家庭保育原則，社会化が若干進展 低額・短期間の救貧的給付 未整備	家族単位モデル
労働政策	男性世帯主への年功型家族賃金 雇用機会均等法の成立 男性優先の雇用，性別職務分離あり	家族単位／個人単位モデル

1. 家族単位／個人単位は二つのモデルの要素が混在していたことを意味する。前に来るモデルの要素が優位である。

る。それは1970年代初頭に見られた「社会援助の対象としての家族」から「社会保障抑制の支え手，社会保障の担い手としての家族」への転換である。そしてその担い手として期待されたのは女性だった。『家庭基盤充実要綱』は専業主婦の地位向上をうたう反面，女性の就労には否定的である。「家庭基盤の充実」は基本的に専業主婦のいる家庭が対象であり，共働きの「家庭基盤充実」ではなかった。

二つの国際的動向を背景として，1980年代の公共政策は女性に多面的に対応している。男性並みに働くキャリア女性から専業主婦までを政策の範囲に包含し，ライフスタイルに応じた選択肢を与えた。キャリアを求める女性には雇用機会均等法でその道を開いた。そして「日本型福祉社会」論の求めるケア役割を担う専業主婦とパート主婦には各種の「家庭基盤充実」施策，「内助の功」評価改革で応えた。1980年の民法改正で配偶者相続権は強化され，婚外子相続分平等化は否定された。1985年の国民年金法改正で被扶養の妻の保険料は免除となり，遺族年金では優遇されることになった。さらに1987年の所得税法改正で配偶者特別控除が新設され，贈与税と相続税の課税限度が引き上げられた。これら一連の施策は女性の権利を保障したりその地位の向上をめざすものではなく，主婦「役割」の評価である。それは女性に家族責任を負わせながら雇用労働者化をすすめる専業主婦優遇政策だったと言えよう。そして，その結果は家事労働と雇用労働の二重負担を負って被扶養の範囲内で働く「みなし専業主婦」のパートの増加（戒能 1997：136）である。

サラリーマンと専業主婦タイプの家族を「標準家族」とするのは，女性の就労が一般化し，働く既婚女性が増える中で現実的ではなくなってきていたが，社会保険や税制はこの「標準家族」に準拠する家族単位モデルを維持しつづけていた。モデルを成立させてきた客観的条件の変容は，体制の動揺をもたらしかねなかった。そのため，モデルが基準とする性別役割分業家族を補強し，強化する政策が実施された。

ケアワークに関しても，育児は私的な事柄であり，公的介入は限定的・例外的であるべきとする考え方を維持するのは困難な状況になっていた。保育政策では家庭保育原則を明示的に放棄することはなかったが，保育需要に対応することの必要性が認識されており，公的保育の拡大を示唆する論調も現れてきた。児童手当や育児休業制度についても同様に，児童養育に関する公的責任を認め，拡大しようという意見もあった。しかし，コスト増を嫌う企業側の反対は強く，児童手当の拡充も育児休業制度の法制化も進展しなかった。それは，高齢化への警戒感はあったが，少子化に対する危機感がまだそれほど高まっていなかったからである。この後，1990年に合計特殊出生率が1.57という史上最低の数値を記録したことが明らかになると，少子高齢化社会への危機感はにわかに高まり，それが政策の動向にも反映されていくことになる。

第4章

少子化の衝撃とジェンダー平等への志向
——1990年代——

1 1990年代の社会状況

オイルショック以降，日本の家族の変容がさまざまな側面に現れてきた。まず，婚姻率の低下と離婚率の上昇である。婚姻率は1987年に史上最低の5.7を記録し，その後わずかながら上昇に向かいはじめ，1993年には6.4となっている。これに関連し，未婚率が男女共に上昇している。初婚時の平均年齢も上昇している。離婚率は1980年代から急激に上昇し，1983年にピークを迎えた。1984年以降は一端低下したが90年代前半から再び上昇しはじめている。単独世帯が増加し，世帯規模は縮小している。夫婦と子どもからなる核家族は1980年代以降その増加が鈍化し，代わって単身親世帯が増加している。

1980年代以降の家族変動で最も重要だったのが1989年の「1.57ショック」に端的に現れた少子・高齢化現象である。少子・高齢化は，先進国に共通する問題だが，日本の場合は，高齢化の速度が速く，少子化・高齢化共にその程度が高いという特徴がある。

わが国の出生率は，終戦直後のベビーブームの後，短期間で低下し，1966年の「ひのえうま」の年に大きく落ち込み，1971年から74年にかけての第二次ベビーブーム以降は緩やかに減少してきた（表4-1)。「多産多死」から「多産少死」,「少産少死」へという流れは先進国に共通するものだが，日本の場合は「1.57ショック」以降，1994年に一度盛り返したものの，合計特殊出生率が下げどまらず，1998年には1.38を記録している。

図4-1　合計特殊出生率の推移

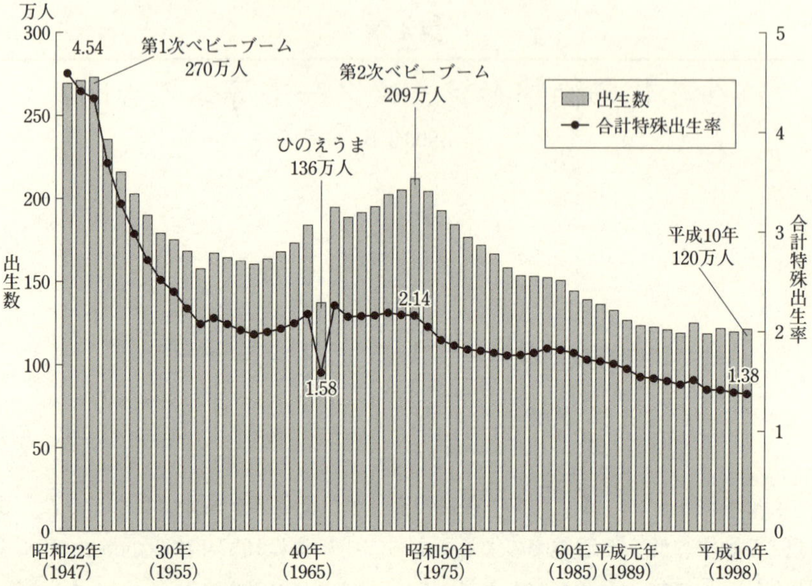

資料出所：厚生省ホームページ

戦後の出生率低下の背景として一般に指摘されるものには，人口学的要因と技術的・経済的要因がある（阿藤 1996）。前者には晩婚・晩産の傾向，同棲と婚外出生の増加が挙げられる。後者に含まれるのはピルを中心とする近代的避妊技術の普及と人工妊娠中絶の合法化，価値観の多様化，女性の高学歴化・社会進出である。1989年版『厚生白書』は，わが国の少子化の原因として，女性の晩婚化や結婚回避，子育ての経済的・精神的コストの高さ，仕事と育児の両立が困難なこと，住宅事情などを指摘している。

家族の変化は政策にも変化をもたらす。少子化の原因は当初女性の晩婚化・非婚化にあるとされたが，やがてそれは家事・育児・介護といった家族責任の大半が女性に負わされていることにあることが明らかになってきた。深刻な少子化・高齢化の前に，従来の家族政策では対応できなくなり，女性の就労を前提とした政策への転換の必要性が認識されるようになる。

2 家族の変容と変わる家族観

◎民法改正要綱試案

1991年1月から法制審議会は民法の婚姻・離婚制度の本格的な見直しを開始した。法務省はその背景として，①国民の人生観・価値観の変化・多様化，②政府の方針，③夫婦別姓導入の動き，④有責配偶者の離婚請求に関する最高裁判決，⑤諸外国の法制の整備，⑥婚外子の相続分差別を違憲とする東京高裁決定[1]及び日本政府にこれを廃止するよう求めた国連規約人権委員会の改善勧告(1993.11.5)，を挙げた（法務省民事局参事官室 1994：219-21）。

家族や結婚をめぐる国民の意識が多様化してきていることは各種の意識調査からも明らかになっている。「男は仕事，女は家庭」という考え方も，「同感するほう」と答えた人が1987年には43.1%だったのが1990年には29.3%となり，1995年にはさらに26.8%に減少している。「同感しないほう」と答えた人は1987年の26.9%から1995年には48%へ増加している（図4-2）。

女性が職業を持つことについては，「子どもができても職業を続けるほうがよい」が1987年の14.5%から1995年には30.2%に増加している点が注目に値する（表4-1）。女性が働くことが定着すると結婚についての考え方にも変化が見られる（表4-2）。1987年と1990年の調査では選択肢が異なるため，一概に比較できないものの，結婚を絶対視する考え方から個人の選択を尊重し，結婚しない生き方も許容するように変わってきていることがわかる。

夫婦別姓を求める動きは1980年代後半から徐々に広がってきた。民法は，結婚に際し夫か妻どちらかの姓に統一することを規定している。選ぶのはどちら

図4-2 「男は仕事、女は家庭」という考えについて

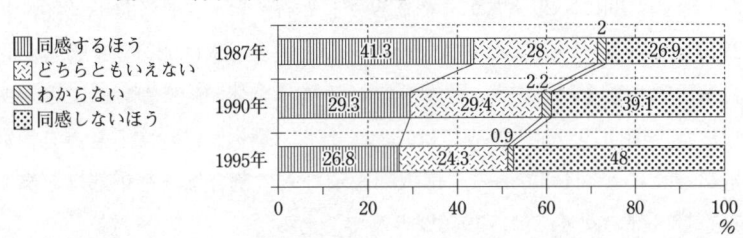

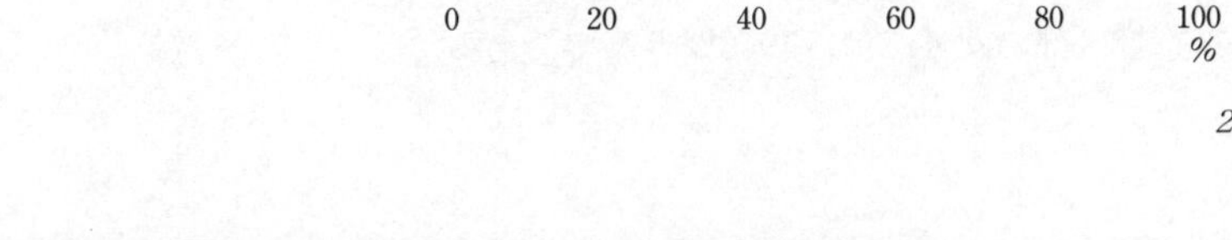

表4-1　女性が職業を持つことについて

(%)

	女性は職業を持たない方がよい	結婚するまでは職業を持つ方がよい	子どもができるまでは職業を持つ方がよい	子どもが大きくなったら再び職業を持つ方がよい	子どもができても職業を続ける方がよい	その他	わからない
1987年	4.3	13.7	12.6	48.0	14.5		7.0
1992年	4.1	12.5	12.9	42.7	23.4	1.5	2.9
1995年	4.3	9.0	11.7	38.7	30.2	2.8	3.4

資料出所：総理府「女性に関する世論調査」「男女平等に関する世論調査」「男女共同参画に関する世論調査」より作成

表4-2　「女性にとっての結婚」に関する意識

(%)

	1987年	1990年
なんと言っても女の幸福は結婚にあるのだから結婚した方がよい	30.0	14.8
精神的にも経済的にも安定するから結婚した方がよい	23.6	9.1
人間である以上当然のことだから結婚した方がよい	20.0	22.0
結婚するしないは個人の自由であるからどちらでもよい	—	25.7
結婚したい人が現れれば結婚し，そうでなければ無理に結婚しなくてもよい	—	21.3
一人立ちできればあえて結婚しなくてもよい	20.5	5.0
結婚は女性の自由を束縛するから一生結婚しない方がよい	0.3	0.3
その他	0	0.1
わからない	5.5	1.8

資料出所：総理府「女性に関する世論調査」

の姓でもよく，法的には男女平等であるが，実際には夫の姓を名乗る夫婦が約98%にのぼっている。こうした状況に疑問を感じる人が増え，結婚改姓を避けるため「事実婚」を実践するカップルも現れ，夫婦別姓の法制化を求める運動が進められてきた。1980年代から夫婦別姓をテーマにした本も相次いで出版されている[2)]。1991年 1 月に公表された総理府の世論調査では[3)]，「夫婦が同じ姓を名乗るか，別々の姓を名乗るかを，法的に選択できるようにする方がよいと思うか」との質問に，29.8%が「そう思う」と答えた。女性では31.3%，男性では27.9%である。一方「そうは思わない」と答えた人は52.1%である。否定的な見解は過半数を超えるが，別姓を認める人は全体の約 3 割いることが明らかになった。前回1987年の調査では13%である。選択制に対する意識を性別，地域別に見たのが図4-3である。選択制を望む人の割合は，都市部ほど高く，特に東京都区部の女性では，49.6%と高率である。

図4-3　夫婦同姓・別姓の選択制に対する意識（1990年）

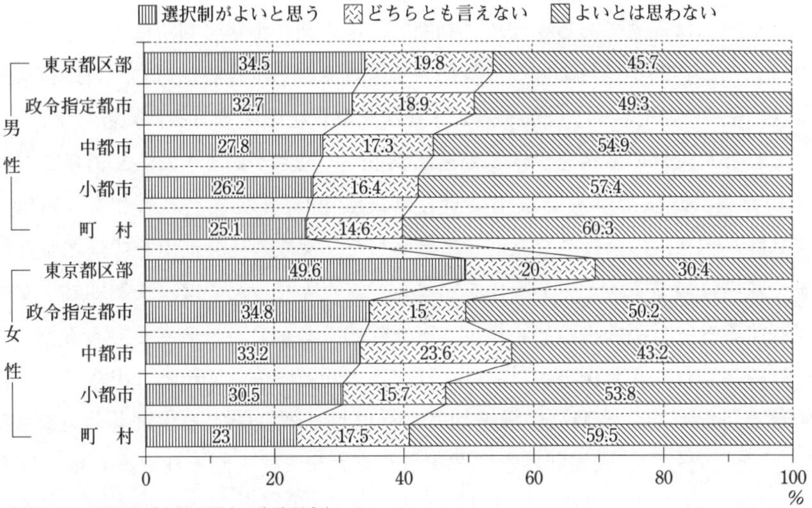

資料出所：総理府「女性に関する世論調査」

前章で述べたように，1987年最高裁は判例を変更し，条件付きではあるが有責配偶者からの離婚請求を認めた。妻の大半が専業主婦だった時代には裁判所は離婚させないことで妻と子の生活を守ろうとしていたが，時代の変化と共に実体のない結婚は解消させる積極的破綻主義へ移行しつつあることを示した判決である。

諸外国でも，女性の経済的自立や男女の意識の変化が家族に関わる法を変えてきた。ヨーロッパの一部の国では法律婚以外のカップルにも結婚に準じた社会的地位を認める法律が整備されるようになり，異性のカップルだけでなく同性のカップルもその対象に含まれるようになってきた。婚外子の法律上の地位も改善されつつある。また，法律婚の夫婦に対し夫婦の姓を一つに決める制度も，フェミニズムの高まりと共に見直されるようになってきた。1970年代後半から，別姓あるいは結合姓を選択する自由が認められるようになってきている。

わが国の民法は法律上の婚姻関係にない男女から生まれた子である非嫡出子の相続分を，婚姻関係にある男女から産まれた子である嫡出子の2分の1と規定している（900条4号但書）。出生について何の責任もない非嫡出子を「親の因果が子に報い」式に差別するこの規定に対しては以前から批判がある。非嫡出子の相続差別撤廃を求めて提起された訴訟に対し，1993年6月東京高裁は，相続分差別は違憲であると初めて判断し，その後の下級審判決に大きな影響を及ぼした。1993年11月には国連規約人権委員会が日本政府に対し，自由権規約26条（法の下の平等）に合致するよう民法を改正すべきであると勧告した。

こうした内外の変化を受けて家族法改革への動きが始まった。1991年1月，法制審議会民法部会身分法小委員会は民法第4編「親族」の第2章「婚姻」（731条－771条）の全般的な見直しに着手した。女性の社会進出を背景とした婚姻や離婚に対する考え方の変化を踏まえ，焦点となったのは，夫婦別姓，女性に対する6ヵ月間の再婚禁止規定，有責配偶者からの離婚請求等である。

1992年12月，身分法小委員会はそれぞれの問題について結論は出さず，賛否両論を併記した「婚姻及び離婚制度の見直し審議に関する中間報告（論点整理）」を発表した。夫婦別姓を容認する利点として，夫婦それぞれ人格が守られ平等であること，社会活動上不都合が起きないこと，結婚改姓を嫌って婚姻届を出さないケースの解決策になる，などを列挙した。また，現行の夫婦同姓を維持すべき理由として，現行制度が定着していること，同姓が家族の一体感を生み出していること，などが挙げられている。

1993年11月には「論点整理」に対する全国の地方・家庭裁判所，弁護士会，関係団体から寄せられた意見が公表された。夫婦の姓の問題については，選択的別姓制度を支持する意見が圧倒的多数を占めた[4]。職場での旧姓使用を認める企業や大学も増えつつあった[5]。しかし，「大学から戸籍名を使うよう強制された」として勤務先の大学と国を相手取り，「氏名権」侵害に対する損害賠償と学内での旧姓使用を認めることを求めて提起された訴訟では，請求は棄却された。原告の関口礼子図書館情報大教授の請求に対し，裁判長は公務員が仕事の上で旧姓を使うことについては「現時点では国民生活に根付いているとは言えない」とし，「通称を使う権利が憲法で保障されているとは言えず，大学側の措置に裁量権の逸脱はない」とした。

1994年7月，法制審議会は「婚姻制度等に関する民法改正要綱試案」（以下，「民法改正要綱試案」）を発表した。改革の柱は以下の諸点である。

①婚姻最低年齢（731条）男18歳，女16歳を男女とも18歳にする。

②再婚禁止期間（733条）女性の待婚期間を離婚後6ヵ月から100日に短縮する。

③夫婦の姓（750，790，791条など）

A案　夫婦同姓を基本とし，別姓も選択できる。子の姓は婚姻時に定める。

B案　夫婦別姓を基本とし，同姓も選択できる。子の姓は出生時に両親の協議で。

C案　夫婦同姓とするが，相手の同意を得て届け出ることにより旧姓を呼称とする　ことができる。子の姓は夫婦の姓とする。

④離婚原因（770条）5年以上の別居を条件として明記し破綻主義を明確にする。

⑤非嫡出子の法定相続分（900条4号但書）嫡出子の2分の1を嫡出子と同等とする。

「民法改正要綱試案」の公表を受けて，朝日新聞社が9月に世論調査を実施した（表4-3）[6]。「別姓を名乗る夫婦がいてもいい」という夫婦別姓への寛容度は，全体では61％である。しかし，子どもの姓については統一すべきだとする考え方が強い。また，結婚で改姓しなかった既婚男性に，夫婦別姓を選択できるようになって，自分の妻が旧姓を名乗りたいと言ったらどうするかを聞くと「反対する」が57％で「賛成する」34％を大きく上回る。一般論としての夫婦別姓には寛容でも，自分のこととなると話は別のようである。結婚しても自分の姓を選ぶという女性の割合は低く，姓を変えないという男性の割合は高い。こちらも一般論として人が別姓を選ぶのはかまわないが，自分自身の問題としては保守的であるという傾向が見られる。

民法を改正して，夫婦別姓が選べる制度を導入することへの賛成は，全体では58％であるが，世代でかなりの差がある（図4-4）。70％台と高いのは，男性の20代と女性の20代から40代までである。男性は若い世代ほど賛成の割合が高く，女性は30代後半で最も高くなっている。反対する人の割合は男女共30代以降年齢とともに上がり，60歳以上では賛成が半数を割る。

結婚して夫の名字を名乗ることが「当然だ」と思っている人は，この時の調査では全体で65％だった。1980年に朝日新聞が行った同様の調査の75％と比べ

表4-3　夫婦別姓について

寛容度	別姓の夫婦がいてもいい そうは思わない	61% 35%
子どもの名字	そろえるべきだ 異なってよい	75% 18%
結婚改姓した女性は	旧姓を名乗りたい そうは思わない	13% 80%
結婚改姓しなかった男性は	妻が旧姓を名乗ることに賛成 反対	34% 57%
独身女性は	結婚しても自分の名字で 結婚相手の名字に変えたい こだわらない	4% 41% 51%
独身男性は	結婚しても自分の名字で 結婚相手の名字に変えたい こだわらない	65% 1% 34%
選択的夫婦別姓の法制化は	賛　成 反　対	58% 34%

（「その他・答えない」は省略）資料出所：朝日新聞調査（1994年）より作成

図4-4　別姓を選べる法改正に賛成か反対か

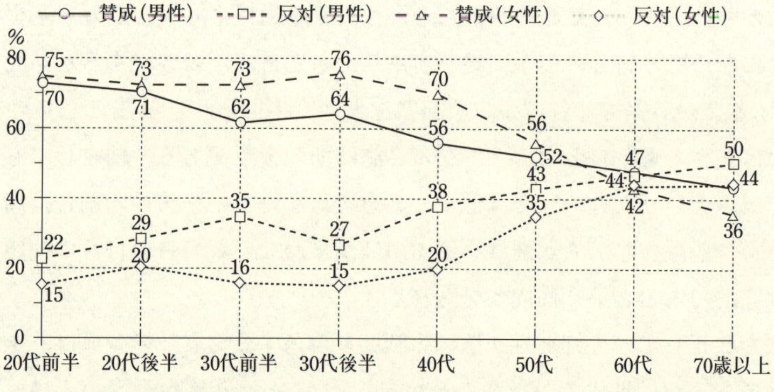

資料出所：朝日新聞調査（1994）より作成

減少している。逆に，「そうは思わない」人は，世代に関わりなく増える傾向にあり，全体で18%から28%に増加した（図4-5）。特に，変化が顕著だったのは，30代前半の女性である。夫の名字を名乗ることを「当然だ」と思わない人の割合が，21%から52%へと大幅に増えている。

図4-5　「夫の名字を名乗るのは当然」と思わない女性は…

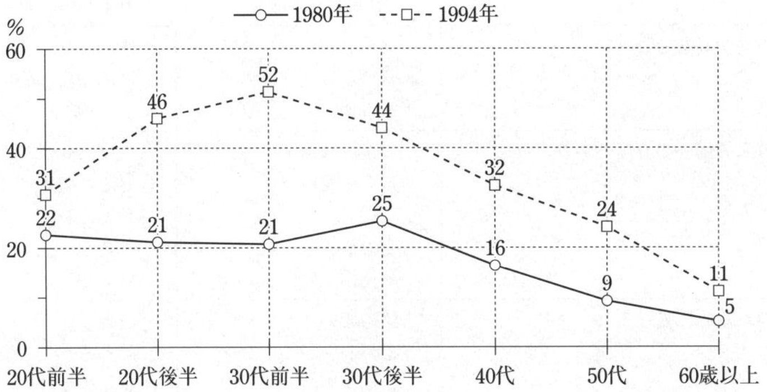

資料出所：朝日新聞調査（1994）より作成

総理府が1987年と1990年に実施した夫婦別姓をめぐる世論調査では，「夫婦別姓を認める方がよい」は，その3年間で13%から30%に増加し，「認めない方がよい」は66%から52%へと減少した。4年後にあたる朝日新聞のこの調査では，総理府調査と同じ質問ではないものの，夫婦別姓への賛成派がさらに増加した。マスコミの報道や関連書物の出版により，夫婦別姓問題に対する一般的な認知度が高まってきたこと，法務省が制度の導入に前向きの姿勢をみせ，民法改正作業が具体化してきたことが影響したと思われる。そして若い世代を中心に，家族観，結婚観が変化してきたことが重要であろう。

1995年8月，法務省は民法改正に国民の声を反映させるべく，法制審議会がまとめた「民法改正要綱試案」に対する見解を聞く形で各界に意見照会を行った。対象は全国の裁判所（高，地，家裁の計108庁），弁護士会，研究者，女性団体，経済団体，個人などである。その結果をまとめたものが表4-4である。

焦点の一つとなっていた夫婦別姓については，容認する意見が多数を占めた。一般の世論調査に比べ，夫婦別姓に対する寛容度が高いことが特徴的である。導入方法は要綱試案で示された三つの案のうち，「別姓を基本とし，同姓も選択できる。子の姓については兄弟姉妹間で異なることを認める」というB案への支持が最も多い。しかし，裁判所に限れば，「同姓を原則とし，別姓も選択できる。子の姓は結婚時に決めた法に統一する」というA案が大勢を占める。

もう一つの焦点である離婚については，裁判上の離婚原因に「5年別居条

表4-4　「婚姻制度等に関する民法改正要綱試案」に対する意見

	裁判所（108庁）		裁判所以外の個人・団体	
夫婦の姓が異なることを	認める	89庁	認める	406通
	認めない	3庁	認めない	18通
	その他	16庁	その他	9通
別姓導入の場合の制度のあり方は	A案に賛成	95庁	A案に賛成	12通
	B案に賛成		B案に賛成	240通
	C案に賛成		C案に賛成	11通
	その他		その他	126通
	意見相半ば	13庁	意見相半ば	8通
子の姓が互いに異なることを	認めない	84庁	認めない	26通
	認める	3庁	認める	287通
	意見相半ば	21庁	意見相半ば	10通
5年別居条項の新設に	積極意見	108庁	積極意見	59通
	消極意見		消極意見	83通
	その他		その他	7通
非嫡出子の相続差別撤廃に	積極意見	104庁	積極意見	371通
	消極意見	1庁	消極意見	8通
	その他	3庁	その他	5通

資料出所：1995年8月19日付朝日新聞より作成

項」を盛り込むかどうかで意見が割れた。すでに最高裁が有責配偶者からの離婚請求を認めたこともあり，裁判所は108庁すべてが積極的だった。「破綻した関係を形式的に続けるよりも，離婚を認めて再出発させるほうが本人や家族のためになる」「離婚の原因がどちらにあるのか泥仕合になるのを避けられる」などが積極的破綻主義を認める側の意見である。これに対し，女性団体などは「身勝手な離婚を許すことになり，多くの場合経済力のない妻と子が困窮することになる」として消極的だった。

非嫡出子の法定相続分を嫡出子と同等にするという案については，積極的な意見が多数を占めた。

1995年9月13日，法制審民法部会は各界への意見照会の結果を踏まえてまとめた中間報告を公表した。その骨子は以下の通りである。①婚姻最低年齢（731条）を男女とも18歳にすること，②再婚禁止期間（733条）を100日に短縮すること，③非嫡出子の法定相続分（900条4号但書）を嫡出子と同等にすること，については要綱試案と同じである。要綱試案から変更・具体化があった点は，以下の諸点である。①離婚原因（770条）について，離婚原因に「５年以上の共同生活の不存在」を加え，「強度の精神病」を削除する。また「苛酷条項」に加え「信義則条項」を明記し，身勝手な離婚請求は認めない。②子の監護（766条）について，協議離婚をするときに定める事項の例示に「子の養育費用の分担」を明記する。③夫婦の姓（750，790，791条など）については，夫婦は婚姻の際，同姓か別姓を選択する。婚姻後の変更は認めない。別姓を選択した場合は同時の子の姓を定める。子の姓は統一する。別姓夫婦の子は，特別の事情がある場合に限り，家裁の許可を得て姓を変更することができる。 改正法施行後１年以内は，夫婦共同の届け出により，既婚夫婦が別姓夫婦になることができる。

裁判上の離婚原因に「５年別居」規定を盛り込むことに対しては，「社会が本当に男女平等なら破綻主義でも結構。しかし現状では女性と子どもが困窮することになる」として反対が強い。法制審はその点に考慮し，「苛酷条項」「信義則条項」を加え，子の養育費用についても配慮することとした。夫婦別姓については，市民団体や弁護士会の支持が多いＢ案ではなく，裁判所の支持が多いＡ案を基本に据えることとした。

中間報告はほぼそのままの形で「民法の一部を改正する法律要綱案」となり，1996年２月法制審は法相に答申した。これより少し前，民法が改正され選択的夫婦別姓制度が導入された場合の戸籍の記載方法などについて，民事行政審議会が法相に答申した。それによれば，戸籍は従来通り，夫婦と子どもを単位として編成するが，別姓を選択した夫婦とその子については，所定の欄に「名」だけでなく「姓」も個別に記載するとした。

審議会レベルでの作業が終わり，あとは国会の審議に委ねられるばかりとなった。半世紀ぶりの民法大改正の動きに，夫婦別姓運動を展開してきた市民団体や別姓を望む人々の期待は高まった。これらの人の中には民法がもうすぐ改正されそうだから，それまで結婚を延期する，という人などもみられた。

しかし法案の国会提出は難航した。政権の交代や住専処理問題に忙しく，反応が鈍かった政党の動きが，民法改正をめぐって急に活発化した。夫婦別姓問題が焦点である。与党は賛成，野党は反対という単純な図式ではなく，与野党を横断して推進派と慎重派の対立が生じた。与党内でも，社民党とさきがけは推進でほぼまとまっていたが，自民党内では意見が割れた。別姓推進派が「個人の多様な生き方を認めて，選択肢を増やすべきだ」と主張すれば，慎重派は「別姓は家庭崩壊につながる」と反対した。別姓推進が女性票の獲得につながるのか，逆に保守的な自民党支持者の離反を招くのか予想がつかないということもあり，自民党の立場はなかなかまとまらなかった。

結局，与党内の調整がつかず，1996年5月末，国会への上程が事実上断念された。長尾法相は「『なお慎重な検討を要する』という意見が有力なことなどを考慮し，今国会への提出は見送る」「関係各位の理解を得るための努力を継続し，できるだけ早い時期に国会に提出したい」と述べた。そして国民の意向をさぐるため，1994年に続いて2度目の世論調査を実施するとした。調査は1996年6月から7月にかけて実施された（表4-5）。

選択的夫婦別姓制度導入の是非については，別姓に反対する人が39.8%，法改正を容認する人が32.5%だった。旧姓を通称として使えるようにする法改正を容認する中間的な回答も22.5%あった。別姓容認と通称容認を合わせると，何らかの形で結婚前の姓を名乗ることができるよう法改正を行うことを認める人は過半数いたということになる。しかし，他の項目の結果をみると，姓をめぐる意識は伝統的な考え方と実質的な関係を重視する考え方が相半ばしていることがわかる。

姓を先祖から受け継がれてきた名称と考える人が41.1%とかなり多い。ついで，夫婦を中心とした家族の名称が19.4%，自分を表す名称の一部と考える人が13.9%となっている。夫婦・親子で姓が異なると家族の一体感が薄れると考える人が43.5%おり，姓が異なることが子によくない影響を及ぼすと考える人は68.1%である。別姓が法制化されても子の姓がばらばらになるのはよくないと考える人は72.5%だった。姓を家族という共同体とのつながりで考える人が多いことがわかる。

しかし，同じ姓を名乗らない事実婚のカップルについては，姓が異なっても正式の夫婦と同様に暮らしているのであれば正式の夫婦と変わらない，と考える人は69.8%である。また，別姓を選ぶことで姓の異なる配偶者の両親との関係が変わるかという質問に，影響はないと思うと答えた人は69.1%であった。

翌1997年2月の段階でも，通常国会への民法改正法案の提出は困難だった。

表4-5　選択的夫婦別姓について

(%)

姓とはどういうものか	（ア）他の人と区別して自分を表す名称の一部 （イ）先祖から受け継がれてきた名称 （ウ）夫婦を中心にした家族の名称 （エ）（ア）（イ）の両方 （オ）（ア）（ウ）の両方 （カ）（イ）（ウ）の両方 （キ）（ア）（イ）（ウ）の全部	13.9 41.1 19.4 8.2 2.9 5.9 7.0
結婚改姓で仕事上何か不便が生じると思うか	（ア）何らかの不便を生じることがあると思う （イ）何らの不便も生じないと思う	41.1 53.9
仕事上の不便に旧姓通称で対応すればよいという考え方	（ア）通称を使えれば不便を生じないで済むと思う （イ）通称使用では対処しきれない不便があると思う	52.5 45.4
結婚によって自分の姓が相手の姓に変わったときどのように感じると思うか（複数回答）	（ア）相手と一体になった喜びを感じると思う （イ）新たな人生が始まるような喜びを感じると思う （ウ）姓が変わったことに違和感を持つと思う （エ）以前の自分を喪失したような感じを持つと思う （オ）何も感じないと思う	25.1 43.4 19.0 8.8 21.3
事実婚をしている男女についてどう思うか	（ア）同じ姓を名乗らない以上正式な夫婦とは違う （イ）同じ姓を名乗らなくても正式な夫婦と同じように生活していれば正式な夫婦と変わらないと思う	26.8 69.8
夫婦・親子の姓が違うと関係に何か影響がでるか	（ア）家族の一体感（絆）が弱まると思う （イ）家族の一体感（絆）には影響がないと思う	46.5 48.7
夫婦の姓が違うと姓の違う配偶者の父母との関係に影響があるか	（ア）義父母との関係を大切にしなくなると思う （イ）義父母との関係に影響はないと思う	24.1 69.1
夫婦の姓が違うと子どもに影響が出ると思うか	（ア）子どもにとって好ましくない影響があると思う （イ）子どもに影響はないと思う	68.1 25.8
選択的夫婦別姓の法制化について	（ア）現行法を改める必要はない （イ）現行法を改めてもかまわない （ウ）夫婦は同じ姓を名乗るべきだが，結婚前の姓を通称として使えるよう法律を改めてもかまわない	39.8 32.5 22.5
別姓が法制化された場合の子どもの姓について	（ア）子どもの姓を統一しなくてもかまわない （イ）子どもの姓は統一すべきである	9.5 72.5

（わからない・その他は省略）資料出所：総理府「家族法に関する世論調査」（1996年11月）より作成

3月になると，政治の構図は夫婦別姓問題を軸に「自民」対「非自民」の様相を呈する。野党の新進，民主，共産の各党は当初から「選択的夫婦別姓制度」導入に積極的であり，そこに与党のさきがけと社民党も加わった。自民党内ではなお慎重派の意見が強かったが，連立の枠組みを重視する執行部は，「旧姓続称制度」で調整を図ろうとした。これは，戸籍上は夫婦同姓の原則を保持し，社会生活上，結婚後も旧姓を使えるようにする，というものだった。効果の面では夫婦別姓と大差がない仕組みである。しかし，自民党内の反対派は，戸籍名の使用を原則に，個別に旧姓使用を考慮する，という独自案をまとめた。

自民党内の意見対立は続き，5月になって政府・与党による民法改正法案の提出を見送ることが決定された。夫婦別姓法制化を推進する野党は議員立法で法案を提出した。民主党の議員立法による法案の国会審議は1997年6月11日衆議院法務委員会において開始された。しかし6月13日，法案は審議未了のまま廃案となることが決まる。参議院で社民，さきがけ，平成会（新進，公明）の有志がそれぞれ提出した民法改正法案も，審議入りしないまま廃案となる。

この後も別姓推進派の有志により法制化の努力が続けられる。1998年6月，参院の自民，自由党を除く与野党の有志が再び「選択的夫婦別姓」を柱とする民法改正法案を議員立法で提出した。これは法務委員会で継続審議となり，翌1999年8月の通常国会で審議未了廃案となった。1999年12月には，民主，共産，社民の野党三党が議員立法で民法改正法案を衆参両院に提出した。三党は継続審議にし次期通常国会での審議入りをめざしていたが，参院では自民，自由，公明の与党三党の反対により，廃案となった。

こうして，3度の議員立法による「選択的夫婦別姓制度」法制化の試みは挫折した。法制審の答申をもとにした政府案はまだ1度も国会に提出されていない。なぜこれほどまでに難航するのか。法務省民事局参事官室が法制審の審議資料として添付したものを参考に，選択的夫婦別姓制度を支持する立場と反対する立場の主張を表4-6・4-7にまとめてみた。

まず別姓支持派の主張を検討してみる。現行の夫婦同姓制度がもつ問題点としてしばしば指摘されるのが表4-6の①②③である。結婚に際し，民法は夫婦のどちらかが改姓するとしている。男女どちらでもかまわないわけであるが，現実には女性が改姓するケースが約98%である。こうした現状に対しては「いずれの姓でもよいという一見ニュートラルなルールが，日本の社会情勢のもとにおいては女性に不利に働いているといってよい。女性に不利に働くルールは，ニュートラルではなく，やはり差別的なものと考えるべきであり，他に差別的でないルール，例えば別姓論，があればそれに変えるべき」（山田 1990：86）であるという指摘がある。同姓支持者は選択の自由があることで「平等」であ

表4-6　現行制度の問題点と反論

	主　　張	反　　論
①夫婦の実質的不平等	夫婦同姓制度の下で大多数の夫婦は夫の姓を夫婦の姓としており，結果として女性に不平等をもたらしている。	夫婦どちらの姓を選ぶかの自由は保障されており，不平等ということはない。
②人格権侵害の可能性	姓を変更しなければ婚姻することができない現行制度は，姓を変更する当事者から姓という人格的利益，法的に保護される利益を強制的に奪うことになる。また改姓にともない，アイデンティティーの喪失を感じ，苦痛に思う人も多い。	婚姻に際し，夫婦どちらかが生来の姓を変更しなければならないのは，夫婦の合意に基づく姓の変更であって，強制的に変更させられるものではない。姓の変更により，当初は違和感があるかもしれないが，時の経過と共に慣れるものである。
③社会的活動上の不利益	姓を変更する配偶者は，職業ないし社会的活動について，それまで築いてきた実績，信用が断絶し，不利益を被る。また，結婚，離婚という個人的なことが姓の変更により公になり，プライバシーが侵害される。	そのような不利益は従前の姓を通称として使用したり，氏の変更を関係先に知らせることで回避できる。
④非婚・事実婚との関係	婚姻による改姓を嫌い，婚姻そのものを諦めたり，事実婚を選択する人もいる。別姓を認めればこのようなことはなくなる。	夫婦が共通の姓を定めることは確固とした婚姻の意思を確かめることにもなるため，夫婦の合意を要求するのが相当である。
⑤氏の保持・継承	家名を残したい，という希望にも，別姓制度なら対応できる。	家名を残すために夫婦が異なる姓を称しても，子の姓の決定で問題が生じる可能性がある。

るとするが，夫婦いずれもが従前の姓を保持したいと考えている場合に，どちらの姓を変えるか選べるということはほとんど意味のないことである。

姓が単なる呼称を超えて人格を象徴するものであるということは学説・判例上も認められている。在日韓国人の原告がNHKのニュースで自分の氏名を日本語読みではなく，母国語読みで正確に読んでほしいと損害賠償を求めた事件で，最高裁は「氏名は，社会的にみれば，個人を他人から識別し特定する機能を有するものであるが，同時に，その個人からみれば，人が個人として尊重される基礎であり，その個人の人格の象徴であって，人格権の一内容を構成するというべきものであるから，人は，他人からその氏名を正確に呼称されることについて，不法行為上の保護を受けうる人格的利益を有するものというべきである」と判示している[7)]。姓が人格権の一部であるという考え方に立てば，結婚により夫婦どちらかが姓を変えることが強制されるということは，正確に

表4-7　選択的夫婦別姓制度の問題点と反論

	主　張	反　論
①国民の意識	夫婦同姓は国民生活に定着しており，国民の大多数も支持している。	選択的夫婦別姓制度は別姓にしたい者がその姓を称することを認める制度であり，同姓支持者が多いことがこの制度を導入する妨げにはならない。少数者の権利を保障することが民主主義である。
②夫婦の一体感	共通の姓を称することで夫婦の一体感が強まる。	夫婦の一体感は姓が同一であることだけで強まるものではない。
③親子の一体感	夫婦と未婚の子が同姓となるので家族の一体感を確保することができ，子の福祉にも資する。	姓が異なることで親子の一体感や子の福祉が損なわれるとは限らない。
④対外的な判別性	姓が夫婦と子からなる生活共同体の呼称という機能を有することになり，対外的にも家族であることが容易に判別できる。	生活共同体の構成員の身分関係が対外的にわかりやすいかどうかにこだわる必要はない。
⑤別姓制度導入に伴う混乱	姓を選択できるようになると婚姻及び子の出生にあたって，姓の決定等をめぐり紛争が生じる可能性があり，既存の家族関係にも無用な混乱が生じる可能性がある。	混乱がもたらされるとすれば，それは今まで不本意に改姓してきた者に救済の機会が与えられることを意味するにすぎない。

呼称されたいどころの問題ではなく，重大な人権侵害であるということになる。改姓により，「結婚前の自分が否定されたみたい」「吸収合併されたような気持ち」という女性側の感想はよく聞かれるところである。そして夫の姓になったことで「嫁」役割を期待され，圧力を感じるということもよく言われる。好きな人の姓になるということで，結婚改姓に抵抗のない女性ももちろんいる。しかし，何らかの違和感を感じた人に，「時間がたてば慣れる」というだけで改姓を正当化することはできるのだろうか。

その姓で築いた社会的実績・信用が断絶してしまうこと，改姓にともなう手続きの煩雑さなど，③の社会的活動上の不利益は実際的なことだけに同姓支持者にも一定の説得力をもつ。そのため別姓主張の論拠としてしばしば挙げられる。しかし，実生活上の不便さを理由として強調することは，自民党が提案した「旧姓続称制度」など便宜的な方法で妥協することにもつながりかねず，夫婦間の平等を追求し，個人を尊重する観点から別姓を求めている人たちからみると問題があるということになる。

④の非婚・事実婚との関係では，結婚改姓を回避するため法改正を待って仕

方なく事実婚を実践しているカップルも多い。しかし，個人的な関係を国家に届け出る必要性を感じないなど，婚姻制度そのものへの異議申し立てとして非婚を選択している人もいる[8)]。したがって，こういう人たちを法の枠外に放置したままにしておくのが問題だから別姓を認めよう，という考え方には別姓支持者の中でも賛否両論ある。

また，⑤のように，個人主義的な考えからではなく，一人娘の結婚で「家名」が途絶えてしまうのを避けたい，などの理由から別姓の法制化を望む人たちもいる。

別姓反対派または慎重派が，その論拠とすることが多いのは表4-7の①②③の点である。①の国民生活に定着して大多数が支持しているから，というのは別姓支持派が言うように，希望する夫婦だけが別姓を選ぶ制度を否定する理由にはならない。しかし，②や③のように「一体感」というものを問題にすると，それが漠然としており実証可能なものでないだけに，議論が紛糾する。法案の国会上程が最初に取りざたされた1996年当時，自民党内では「別姓は家庭崩壊の芽をはらむ」とする反対派と「個人の多様な生き方を認め，選択肢をふやすべきである」という賛成派が真っ向から対立し，反対派が優勢となった。反対派の中心だった太田誠一衆院法務委員会理事は，「姓の定義はファミリーネームであり，個人の名前ではない。別姓という言葉そのものに論理矛盾がある。個人の独立性を尊重することは当然だが，核家族が社会の大勢を占める中で，家庭まで分断することになっていいのか」と「別姓」と「家庭崩壊」を結びつけて反対した[9)]。

民主党の議員立法による民法改正法案が初めて衆院法務委員会で審議されたときも，同様の議論が展開された[10)]。反対派の高市早苗議員は「現代こそ家族の連帯感が求められるのに，取り返しのつかないことになる恐れがある」「結婚した女性が夫の両親と名字が違えば，世話や介護する上で精神的な影響を及ぼすのではないか」と述べる。提案者側は「法や形式で家族の絆がつくれるものではない。一緒に生活して情がかもし出されていくものだ」「別姓導入と介護の問題に，直接的な関係があるとは思えない」と反論した。さらに，反対派の横内正明議員は「嫁姑の溝が深まりはしないか」という新聞への投書を引用しながら，「別姓になると家族がよそよそしくなるのでは」と主張した。太田誠一議員は，別姓が家族崩壊を招くという持論を展開し，最後に「家族が別々の個人であることを主張する改正案は不自然だ。『離婚促進法』と言わざるをえない」と締めくくっている。

そもそもなぜ妻が夫の両親の介護を当然にしなければならないのか，親族関係の中でなぜ「嫁姑」関係だけが特別に論じられなければならないのか。背後にあるのは同姓を家族の役割に結びつけて強調する家族観である。家族のつながりが希薄化するのは，家族の構成員が家族全体のことより自分のことを優先するからで，その象徴が夫婦別姓であるという考え方は根強く，憲法の理念にのっとり「個人を尊重しその選択の幅を広げよう」という理屈の上では正しいはずの推進派の主張を圧倒した。

◎男女共修家庭科の実施

本格的な男女共修の家庭科が実施に移されたのは中学校では1993年度から，高等学校では1994年からだが（表4-8），当初はなかなかスムーズに移行できなかった。特に高等学校家庭科の新カリキュラムへの移行は緩慢だった。その原因はいろいろあるが，第一に，必修科目単位の増加が負担となったこと，第二に教員定員の問題が挙げられる。1993年7月に全国普通高等学校長会教育課程研究委員会が各6校程度の全日制普通科高校を抽出し全国調査を行った[11)]。この調査で家庭科の男女4単位必修をめぐる困難点として挙げられたのが（複数回答），①家庭科4単位を生み出すために他教科の授業時間が減少する（52.5%），②現行の教員定数の枠内で家庭科教員を増員するのは困難（35.4%），③男子生徒に興味を持たせる授業を展開できるかどうか疑問（33.9%），④必要な施設・設備が十分でない（27.9%），⑤特に困難はない（25.7%），⑥指導内容の多様化に対応するための家庭科教員の研修が間に合わない（5.8%），というものである。

1980年代に入ってからますます加速した進学率アップ競争の下で，受験科目でない家庭科の必修単位増は負担と受け止める学校が多かった。また，家庭科教師の増員が必要なのに全体枠での増員を認めないことが家庭科と他教科の対立を招いたりもした。1992年12月に文部省は「第五次公立高校学級編成および教職員配置計画案」を発表し，40人学級の実現，多様な科目の開設，指導方法

表4-8　1990年代の家庭科

	年度(学習指導要領改訂年)	科　目　名	履 修 規 定
小	1992年度〜(1989.3.15)	家庭	男女共学必修
中	1993年度〜(1989.3.15)	技術・家庭	男女別学習領域指定削除
高	1994年度〜(1989.3.15)	家庭「家庭一般」「生活技術」「生活一般」	男女共学必修

の工夫などに対応できるような教職員配置を認める等の方針を明らかにした。しかし，生徒数と総単位数から学校ごとに総定員数を算出するという方法には変更がなかったため，決められた枠内での家庭科教師の増員は必然的に他教科の教師の削減を招くという矛盾を生じたのである。この問題に対しては，民間団体が交渉し，配置計画案に「家庭科の男女必修に伴う定員については，別途各県の事情に応じた臨時的な措置を検討する」という一文が加えられたことで一歩前進した。しかし，設置者が自治体や法人である高校の場合，国の臨時措置だけで実施される保障はない。また，愛知県や東京都では，過員となった国語，数学，理科などの教師を大学などに1，2年研修に出し，家庭科免許を取得させて不足する家庭科教師に当てようとするところがあった。これに対しては家庭科の教科団体や高教組が抗議し，文部省も「選任教員の採用で必要な数を確保するように」指導を行った。

男女共学必修の家庭科教育の進展を妨げるもう一つの要因は，依然として多数ある別学制の学校の存在である。別学制は公立では東日本に多く残っている。これらの地域では別学制の男子校を中心に，必修単位の代替を認めた学習指導要領の附則2項などを根拠として家庭科4単位必修を軽減しようとする「減単」の動きが表面化した。そこで文部省は1993年4月に新高校学習指導要領運用指針を発表し，家庭科必修の徹底を図る指示を出した[12)]。さらに8月には全国の私立高校1320校を対象に1994年度以降のカリキュラムを調査し，受験優先などの理由で家庭科の授業を省くことがないよう指導を強めた。

文部省の積極的な指導もあり，1994年度からの家庭科必履修は順調に進んだ。公立高校では90%以上が家庭科4単位を必修とし，当初出遅れがちだった私立男子校や進学校も必修に踏み切るようになった。ただ，私立校の場合，「独自性や経営上の理由」などから，国公立とは同列にはいかず，消極的な姿勢が見られた。

教育課程の改訂により家庭科は男女で学ぶ教科となった。附則の但し書きを根拠に「減単」を図る動きも，文部省の指導により落ち着いた。しかし，どんなに制度的に男女共学を保障し，性別役割分業の改革を標榜したところで，授業で用いられる教科書が性別役割分業を排除する視点から編集されていなければ根本のところでは変わらない。1989年に日弁連女性の権利に関する委員会が小中学校で使われている教科書を検討した。対象は「差別が現れやすい」と同委員会が判断した国語，社会，家庭，道徳について約100冊の教科書と副読本である。家庭科の教科書は，小学校では家族の生活時間を例示するところで，共働き家庭なのに母親だけが家事を負担していたり，母親と女の子が掃除をし，父親と男の子がジョギングをしている挿絵があるなど，役割分業意識がかいま見られた。また，中学校の教科書の挿絵でも同様に，裁縫や料理は女性が，工作は男性がやるなど既存の「女らしさ」「男らしさ」を無批判に踏襲するかのような表現が見られた。

学校文化はジェンダーの形成に二面的に作用する。学校は一方で個人の自立を促し，男女の平等化を図る場であるが，他方で男女の不平等化，ジェンダーの差異化を促すという側面もある。教育課程及び教科書はそのどちらの側面にも作用しうる。1990年代にはそうした点への教育関係者の認識は次第に高まり，ジェンダー・バイアスのない教育をめざし，教育内容が検討されるようになってきた。

1990年代前半は，性別役割分業を克服するという視点がまだ弱く，教科書が先を行く現実をとらえきれない，という面もあった。高等学校家庭科に関して言えば，男女共修が実施される1994年度までは，教科書は女子のみ必修を前提とした1978年告示の学習指導要領に依拠していたからである。1994年度からは1989年告示の学習指導要領にのっとった教科書となるため，この時期の教科書は，性別役割分業を見直す視点にばらつきが見られた。例えば，実教出版『高校家庭一般（四訂版）』には，主婦の家事労働を情緒的に評価する次のような記述がある。「家族のために愛情をこめて仕事をすれば，家事労働時間はふえるが，それによって家族の喜びが得られ，家庭が明るくなろう。」

しかし1990年代後半には，現実を描写した教科書の表現が「行き過ぎ」とされた。1998年度から使用する高校家庭科教科書の検定結果では，教育図書の

「家庭一般」「生活一般」，実教出版と開隆堂出版の「家庭一般」の計4冊が検定で不合格となった。異例のことである。これら4冊の教科書は，「個人の自立」を強調し，離婚[13)]や，結婚しない人の増加，婚姻届を出さない事実婚，夫婦別姓など，多様な家族像を積極的に取り上げている。4冊に共通する不合格の理由は，「家庭生活を営む視点に欠け，家庭生活の立場からの内容の取り扱いがなされていない」というものである[14)]。

実教出版版は，「性的な自立を求めて」という項で性別役割意識がつくられるものであること，晩婚化や事実婚，リプロダクティブヘルス・ライツなどについて記述している。これに対し，項全体に「不適切」と検定意見がついた。文部省教科書課は「家庭生活は，夫婦と子どもという家族構成を基本にしている。多様な家族像を先に扱うのは主客転倒で，指導要領の趣旨に沿えば意見を付けざるを得ない」と述べた。

教育図書版は調理実習を「主食」「主菜」「副菜」「汁物」「デザート」などに分け，それぞれの項目で「牛どん」「マカロニグラタン」「きんぴらごぼう」などの単品料理を紹介する。これに対し「家族の献立」としてふさわしくない旨の検定意見がついた。文部省は「指導要領上は，幼児も成長期の青年も高齢者もいる家族の献立を考えるのが目的。単品料理では自分の好きなものを集めて作ることになる」という。

文部省教科書課は「合格したものも，個人の自立や多様な家族を記述している。モデルの押しつけではない。不合格教科書は，特別な家族の例だけを強調するなどバランスを欠く面があった。全体に学習指導要領への配慮不足」とし，「個人の生活はもちろん学んでもらっていい。しかし，家庭は1人でなく，複数なのが前提だ。また，DINKSなどにふれ家族の多様化を指摘するのなら，典型的な家族も合わせて記述すべきだという趣旨だ」と説明した。

しかし，「家庭を営む視点」の背景には，「夫婦と子どもがいる核家族が基本。単品料理ではなく家族の献立を作れる妻は専業主婦か，働いてもパート程度」という暗黙の規範的家族像が感じられる。不合格となった教科書は，出版社側が構成や章立てなどを変えたため，翌年の検定に合格した。出版社側によると，1997年に合格した教科書に対する検定意見でも，夫婦と子どもの家族構成や機能を重視するなど文部省の姿勢は変わっていなかったという[15)]。

◎1990年代の家族イデオロギー

女性の就労の増大や離婚の増加，価値観の多様化が進んだ。こうした流れを背景に民法改正が検討されるようになった。法制審は選択的夫婦別姓制度の導入，積極的破綻主義離婚法の採用，婚外子相続分の平等化を柱とする民法改正法律案要綱を答申したが，最終的には自民党の抵抗が強く，国会上程は見送られた。特に夫婦別姓については，夫婦・親子の一体感を損なう，家族を崩壊させるなど，強い反対が出た。家制度が廃止されてから半世紀を経てもまだ根強い家意識が散見される。

司法の場でも家族観が揺れていた。非嫡出子が父親に認知されると児童扶養手当の支給が打ち切りになる現行制度は，「法の下の平等を保障した憲法に反する」という初めての判断が1994年奈良地裁で示された。子どもの権利を重視し，法律婚の外で生きる母子への冷遇をなくしていこうという動きである。しかし，法律婚の保護・尊重を重視する考え方もなお強い。非嫡出子の相続差別の是非が争われた裁判で，1995年最高裁大法廷は合憲の結論を出した。しかし，5人の裁判官は違憲とし，判決には法廷意見の他に34頁に及ぶ個別意見が付けられた。法廷は家族のあり方をめぐる国民の意識が過渡期にあって揺れていることを如実に反映している。

戦後の家族制度は法律婚をした夫婦と子どもからなる核家族を基礎にした。夫婦はこの基礎単位の中で性による役割分業を行い，法制度はそうした家族を支えてきた。しかし，社会は変化する。性別役割分業は流動化し，離婚が増加し，法律婚も絶対的なものではなくなってきた。通称使用や事実婚を実践する人々が現れ，集団よりも個人の生き方や考え方を大切にする社会を志向する人々が増えてきた。1980年代に混在していた家族イデオロギーの二つの方向のうち，90年代には個人の自由と権利を認め，家族の変容を受け入れようという方向が徐々に強まっている。

3　財政構造の悪化と年金改革論議

◎1994年改正

1985年の年金改革から約10年たち，それまで宿題として持ち越されてきた課題にも本格的に取り組まなければならない時期が来た。それは年金の支給開始年齢の引き上げである。1992年6月，年金審議会が年金改正に関する検討を開始した。1993年3月厚生省は，前回の財政再計算以後の新人口推計にもとづく年金財政の暫定試算を発表した。急激な出生率の低下により，今後の年金財政の収支見通しも修正しなければならないことが明らかになったのである。

同じ時期，厚生省は1985年改革時と同様に年金改革に関する有識者調査を実施した。①老後の設計と公的年金，②年金と雇用，③給付と負担，④年金財政，⑤制度体系，⑥年金事務処理体制，の各事項について計18項目の質問がなされた。給付水準や具体的な保険料負担の限界など，具体的な金額をあげた質問が多かったが，第3号被保険者制度の問題については全くふれられなかった。

その後，25回の審議を経て年金審議会が1993年10月に「国民年金・厚生年金保険制度に関する意見」をとりまとめて発表した。この「意見」では，女性と年金の問題が論点の一つに挙げられている。女性の就業状況の変化，共働き世帯の増加などにともなう年金制度の検討事項として，①遺族厚生年金と妻自身の老齢厚生年金の選択制の再検討，②遺族基礎年金の支給要件や加算の対象となる子の年齢の再検討，③第3号被保険者の保険料負担のあり方，④パートタイム労働者の厚生年金加入の問題，⑤育児休業中の厚生年金保険料免除の問題などが挙げられた。しかし，第3号被保険者の保険料負担のあり方については今次の改正で取り上げることには消極的で，「昭和60年改正における女性の年金権確立の経緯，就業を中断した際の年金権確保の効果，社会保険における応能的負担の考え方等様々な問題がある，税制上の取扱い等社会経済状況の変化も見ながら，女性の就業状況の進展も踏まえて，検討すべきである」と述べるにとどまった。そして，「第3号被保険者については，届出漏れを防止するため適切な届出勧奨を行うとともに，今回に限り過去の届出漏れについて何らかの特別な措置を講じ，年金受給権の確保を図るべきである」としている。

こうした意見を受け，年金改正案の作成が進められた。1994年3月に国会に提出された年金改正法案は，政権交代のため審議入りが大幅に遅れ，同年11月2日に可決成立，9日に公布された。

主な改正点は以下の通りである。

①支給開始年齢

厚生年金の支給開始年齢を65歳に引き上げる。男子については2001年から2年ごとに1歳ずつ繰り下げて65歳にする。女子については2006年から2年ごとに繰り下げて65歳にする。60歳から65歳未満までの期間は報酬比例部分に相当する年金を部分年金として支給する。

②年金受給権の確保

国民年金第3号被保険者の特例届出措置により未届者の救済を行う。国民年金への任意加入を70歳まで認める。

③年金額の改定

厚生年金の標準的な年金額は，老齢基礎年金・老齢厚生年金合わせて月額230,983円とし，老齢基礎年金は55,000円から65,000円に引き上げる。

④併給調整

共働きの妻の遺族厚生年金と妻の老齢厚生年金との65歳以上の部分の併給制度の調整を行い，従来切り捨てられていた妻の厚生年金の1/2相当額と遺族厚生年金の2/3相当額を併給できることとする。

⑤育児休業期間中の保険料免除

出産・育児を支援するため育児期間中の厚生年金保険料の本人負担分を免除する。

⑥基礎年金番号制の実施

すべての年金制度に共通した個人別の基礎年金番号により公的年金を管理する。

◇年金制度の空洞化

1996年当時，国民年金の第1号被保険者約1565万人のうち，年金加入を拒否している人が172万人，全体の約11%，経済的な理由で保険料の納入を免除されている人が220万人，約14%いた。滞納者も多く，約170万人の人が保険料を払っていなかった。結局，未加入と保険料免除，滞納者を合わせると第1号被保険者の40%近くが保険料を払っていない。まさに国民年金の空洞化とも言うべき深刻な状況が生じていた。

このような状況を放置すると，高齢化のピーク時には低所得の高齢者が多くなる。社会は不安定になり，生活保護や高齢者福祉に巨額の公費支出が必要になる。そのときの現役世代の税負担は不当に重くなる。また，短期的にはきちんと保険料を支払っている加入者の不公平感が募り，それが年金制度への不信感をさらに高める。サラリーマンなど第２号被保険者は給与から天引きされるので，保険料を払いたくないと思っても逃れようがなかったのである。

空洞化が進む理由は大きく二つあった。一つは，公的年金への不信と不安である。給付カットと保険料負担の引き上げの話ばかりが年金改正の名の下に数年おきに繰り返されてきた。年金受給開始年齢に近い中高年層は，将来本当に生活を維持できるだけの年金が受け取れるのか不安を感じ，若年層は自分が年金を受給するまで公的年金制度が続くかどうか不信感を抱くようになった。国民年金の未加入者は20代から30代が多いが，その理由として「国民年金をあてにしていない」というのが42％もいる[16)]。第二の理由は，保険料の高さである。未加入の理由で最も多いのは「経済的に払えない」（64％）である。第１号被保険者の保険料は所得に関係ない定額制である。そのため逆進的で，低所得層ほど負担感が大きく，年々免除や未納が増えていくことにつながっていた。

国民年金が空洞化して保険料のベースが拡大しないのに，社会保障費の増大をまねく高齢化と財源確保を困難にする少子化が同時に進行し，年金財政を圧迫していた。

財政構造の悪化が危機的状況であるとみた政府は1997年１月，総理大臣を長とする「財政構造改革会議」（以下，財革会議）を発足させ，状況の打開を図る途を探った。同年6月，財革会議は，年金水準や支給開始年齢の見直しなど社会保障の改革案を含んだ最終報告を行う。11月には，この報告を実施に移していくための基本法として「財政構造改革の推進に関する特別措置法」（財革法）が制定された。こうした社会保障引き締めの動きに並行し，厚生省，年金審議会でも1999年改正に向けての検討が開始された。

◎1999年改正

1997年12月５日， 厚生省は厚生年金の負担と給付水準の見直しに関する五つの選択肢（五選択案）を提示した。これは今までに例のないことで，どの改革案を選択するのか，国民的論議を喚起しようというものである。同日，年金審議会もそれまでの審議を整理した「論点整理」を発表した。

厚生省が示した選択肢は，A.現行の制度設計（保険料率は月収ベースで34.3%，給付は現役年収の62%）通り，B.最終料率を30%（年収ベースで23%）以内に抑え，給付は現役の55%にする，C.最終料率を26%（同20%）とし，給付を現役の半分にする，D.最終料率は現行と同水準の20%（同15%）に抑え，給付は現役の37%に削減する，E.２階部分の厚生年金（報酬比例部分）を廃止し，国民共通の老齢基礎年金だけにする，の五つだった。

少子・高齢化の進展によって公的年金の財政事情の悪化は避けられないので，高齢者世代と若年世代の負担と給付のバランスの適正化を図る，すなわち保険料の引き上げと給付水準の引き下げと，公的年金がカバーする範囲を見直そう，というのが今次の改革のポイントだった。

一方，年金審議会の「論点整理」で提示された主な論点は以下のような内容である。①給付と負担水準，②給付の仕組み（スライド方式のあり方，高齢在職者，高所得者に対する給付のあり方，支給開始年齢の引き上げ等），③保険料負担（保険料引き上げのスケジュール，国民年金保険料免除制度の見直し），④保険料算定基礎の総報酬化，⑤基礎年金（給付水準，国庫負担引き上げ問題，財源），⑥次期財政再計算期における人口構造等の経済的諸前提等について。これ以外の主な論点として，第３号被保険者の保険料，学生の強制加入，離婚の場合の年金権の確保や遺族年金の取扱い，パート労働者等についての厚生年金適用拡大，少子化への対応といった項目が挙げられている。

５月に入り，厚生省は有識者2000名を対象に行った「年金改革に関する有識者調査」[17]の結果を発表した。負担と給付をめぐる厚生省の五選択肢に対しては，有識者の4割が「保険料負担を月収の26%（ボーナスも含めた年収の２割）とし，年金給付支出の総額を２割程度カットする」とのC案を選択した。さらに厚生省は，初めて学生に対しても年金制度についてのアンケートを実施した。ここでもC案が有力だった[18]。

保険料の引き上げと給付水準の引き下げはある程度やむを得ないことと国民にも認識されていた。総理府の調査[19]では，約７割の人が，年金保険料を現状維持，またはある程度の引き上げに抑えるためには，給付の抑制もやむを得ないと考えていることが明らかになった[20]。

中庸を好む日本国民が，C案を選ぶことを厚生省が予想していることは関係者には常識だったが（高山 2000：23）こうした世論の動向を受け，厚生省はあらためてこの案を中心に改革構想を深めていく。

その後の年金制度改革は以下のような経過をたどる。

1994年改正では言及されるに至らなかった第３号被保険者の問題は1999年改正で初めて本格的に検討されることになった。34回に及んだ年金審議会の審議のうち，第25回と第26回は個別のテーマについて集中審議が行われ，1998年３月18日の審議では「女性と年金」が議題に据えられた。この日の説明で厚生省は年金審議会に，現行では保険料を払っていない第３号被保険者にも一定の負担を求める場合の徴収方法２通りと，それぞれの負担額（1998年度時点）の試算を初めて示した。厚生省が提示した負担方法は，①専業主婦も自営業者の主婦と同額の保険料（月額13,300円）を負担する，②夫の保険料率に妻の分の料率を上乗せし，現行の保険料率17.35％から19.3％（ともに労使折半）に引き上げる，という２種類だった。しかし，約80分間の審議では突っ込んだ議論とはならず，問題点の確認にとどまった。その後の審議では，散発的に第３号被保険者の問題に言及されることはあっても深い議論はなかった。年金審議会の委員のうち女性は３名，労働界代表も含めて男性委員のほとんどが第３号被保険者の夫である（国広 1998：31）[21]。

連合は1998年４月に「年金改革討議資料」を発表した。その中で第３号被保険者制度については，次のような改正を行うべきであるとした（連合 1998）。

①被扶養認定基準を労働保険との整合性を図る観点から年収90万円未満に改める。

②「配偶者」という限定を廃し，18歳以上の無収入の被扶養者を対象とする。

③扶養者である第２号被保険者が退職して年金受給者となった後も，引き続きそのものに扶養される場合は「第３号」の資格が継続されることとする。

この提案は，「収入のない者からは保険料は徴収できない」という従来からの原則を前提として，いわば第３号被保険者制度を拡大するものだった。したがって，性別役割分業にもとづく「扶養者の夫と被扶養者の妻」という「標準家庭」観に立つ年金制度を克服するものでは全くない。

1998年 9 月末，年金審議会は意見書のとりまとめを予定していたが，意見調整の難航などにより10月になってようやく意見書を発表した。その骨子は以下の通りである。

①厚生年金の給付水準引き下げはやむを得ない

②厚生年金の保険料は将来，労使合わせて月収の20-30%以内に

③年金額は物価スライド分は反映させるが，賃金スライド分は凍結

④65-69歳で仕事をしている人は年金を減額する

⑤厚生年金のうち，64歳までの「報酬比例部分」を段階的に廃止し，完全65歳支給

⑥基礎年金の国庫負担引き上げや，専業主婦の基礎年金保険料免除の見直しは困難

第 3 号被保険者からの保険料徴収の問題は，基礎年金をめぐる議論とともに先送りされた。意見書は「共働き・単身世帯との不公平があり，第 3 号被保険者または配偶者から保険料を徴収すべきだとの考え方があるが，急激な制度変更は困難との現実論がある。検討を続けることが必要」と述べた。

基礎年金は財源のうち現在，国庫負担の割合が 3 分の 1 となっている。保険料負担を抑えるため，この割合の 2 分の 1 への引き上げを検討することが，すでに 4 年前，衆参両院の委員会で決議されていた。しかし，意見書では「現実的には極めて困難」とされた。基礎年金の財源を保険料ではなく税金で集める「税方式化」も論議された。これは第3号被保険者問題の解決にもつながるため，研究者の間でも支持する者が多い案である。意見書は「目的間接税」に言及したが，「慎重な検討が必要」とした。

年金審議会の意見書を踏まえ，厚生省は10月21日，高齢化が進む2025年時点での保険料を月収の26%（年収の20%，いずれも労使折半）程度に引き上げ，年金の給付総額は，2 割程度抑制する方針を厚生省案としてまとめた。

政府は当初は通常国会での法改正をめざしたが，基礎年金の財源をめぐり，自民，自由両党間の協議が難航したため結論を先送りする形で，会期終了直前にようやく法案を提出した。法案の審議は1999年秋の臨時国会から始まるが，衆院厚生委員会で与党側が野党側の反対を押し切って採決したことから衆院通過が遅れ，再び継続審議になった。2000年の通常国会でも衆院定数削減法案を

表4-9　標準的な年金額（モデル年金）－1990年代

改正年	厚生年金の標準的な年金額	国民年金の標準的年金額	夫婦２人の年金額
1994年	月額230,983円（40年加入）	月額65,000円	月額130,000円
1999年	月額238,125円（40年加入）	月額67,017円	月額134,034円

めぐる与野党対立のあおりで，審議日程が遅れたが，３月22日参院本会議で可決，28日には衆院本会議で可決され成立した。

1999年の改正により，以下のような内容が段階的に実施されることになる。

①2000年度から

厚生年金の報酬比例部分の給付水準を５％引き下げ，賃金スライド制を凍結し物価スライドのみにする。低所得の学生の保険料支払いを免除する。（免除から10年以内なら追加払い可能。）育児休業中の厚生年金保険料の事業主負担分を免除する。

②2002年度から

企業で働いて収入のある65歳以上70歳未満の人も保険料を支払う。国民年金だけに加入する自営業者らのうち低所得者は保険料半額免除制度を導入する。

③2003年度から

保険料率を17.35％から13.58％に引き下げ ボーナスについては１％から13.58％に引き上げ 年収で計算する方式に改める（負担割合は労使折半）。

④2004年までに

基礎年金の国庫負担割合を現在の３分の１から２分の１に引き上げる。

⑤2013年度から

厚生年金の報酬比例部分の受給開始年齢が，2025年度にかけて段階的に65歳に引き上げられる（女性は５年遅れ）。

◇第３号被保険者問題への反応

国民への公的年金のナショナル・ミニマム実現といわれた1985年の基礎年金制度導入は，戦後最大の改革である。しかし，新しい制度には積み残されたいくつかの課題があった。その一つが第３号被保険者に対する保険料拠出免除である。被用者の被扶養配偶者には独自の拠出を求めないという第３号被保険者の仕組みは，応能負担の原則，旧制度との関係や保険料徴収の困難など，それなりの説明がなされてきた。しかし，少子・高齢化がさらに深刻化していくなかで，年金財政は厳しさを増している。1000万を超える第３号被保険者からの保険料拠出が再検討の課題として上がってくるのは当然である。こうして専業主婦の保険料免除の問題は1999年改正で初めて実質的な検討課題となった。

1997年11月，経済企画庁は，「働く女性―新しい社会システムを求めて」と題する1997年度の国民生活白書を提出した。そのなかで，男女雇用機会均等法が施行されて10年余りがたち，女性の社会進出が大きな流れになる中で，パートタイムの比重が増していることを挙げ，「夫は仕事，妻は家庭」を前提にした企業の雇用慣行や税制・社会保障制度などが，女性が本格的に働く際の壁になっていると指摘する。白書は，高齢社会では女性の労働力がより必要になるとして，こうした壁を取り払い，働きながらでも出産・育児ができる環境の整備を急ぐよう訴え，具体的には税制では所得税の非課税限度額と，年金制度では第3号被保険者の問題を挙げた。同様の提言は，すでに社会保障制度審議会（1995年），男女共同参画審議会（1996年），経済審議会（1996年）等によってもなされていた。

マスコミでも1998年から1999年にかけて，朝日，毎日，東京新聞などが第３号被保険者の問題を取り上げた[22)]。1999年５月，朝日新聞は「くらしのあした」面で「サラリーマンの妻で専業主婦の方々が，年金の保険料を負担しなくていい仕組みについて，どう考えればいいのか」という問題提起を行い，国民年金の第３号被保険者についてとり上げた[23)]。これに対しては賛否両論多くの投書が届いた。議論は年金制度の中だけにとどまらず，女性の生き方，働き方にまで広がり，税制の配偶者特別控除を含めて，世帯単位の仕組みに対する疑問の声が紹介された[24)]。

第３号被保険者の保険料問題に対する考え方は以下に見るように立場により異なり，錯綜している。専門家に比べると一般国民の方が第３号被保険者制度の維持を求めている（表4-10）。

第３号被保険者自身は，当然のことながら負担増となる制度の見直しには消極的である（表4-11）。また，男女別で見ると（図4-6），女性の方が「公平の観

表4-10　専業主婦等の保険料負担をどうしていくべきか

意　　　見	有識者調査（厚生省）	世論調査（総理府）
○現行の第３号被保険者の仕組みを維持すべき	20.2%	58.5%
○専業主婦等からも保険料を徴収すべき	27.2%	27.4%
○将来は専業主婦からも徴収すべきだが，当面は現行制度を維持すべき	43.8%	－

資料出所：『年金白書』（1999年版）

表4-11　第３号被保険者による第３号被保険者制度の評価

○他の被保険者との公平の観点から第3号被保険者制度を見直すべきである	5.6%
○事情によりやむをえず働いていないので，こうした者より保険料を取るべきではない	29.1%
○育児など次世代を育てるという点で年金財政に貢献しており，保険料をとるべきではない	27.8%
○健康保険でも保険料負担なしで給付を受けており，年金でも保険料をとるべきでない	15.5%
○その他	5.5%
○無回答	17.1%

資料出所：『年金白書』（1999年版）

点から保険料を負担すべき」と考えるものが多い。既婚女性について世代別に見ると，保険料を負担すべきと考える者は若年層になるほど少ない（図4-7）。任意加入だった時期を記憶している世代は保険料を払うことへの理解があるが，第３号被保険者の仕組みができてから年金に加入した若い世代には既得権化しており，抵抗が大きいと思われる。

この問題を政党はどう考えていたのだろうか。市民団体「女性と政治を考える会」（斉藤陽子代表）は主な政党に対しアンケートを実施した[25)]。それによると，各党とも年金制度の充実を公約に掲げているが，第３号被保険者の制度改正についてなど，政党間で違いがある。回答したのは，自由党を除く，民主，自民，公明，共産，社民の五党。公明は「収入のある夫（妻）が配偶者の分を全額払うようにする。基礎年金は早期に全額税でまかなう制度にし，これまでの保険料納入実績を上乗せする」と答えた。共産党は「収入のない人は全員納めないでよい制度にする」。社民党は「経過措置を講じながら，個人単位の制度にすべきだ」と答えた。民主党は党内で検討中と述べ，自民党は「国民的議論を尽くしたい」と答えている。

女性たちのネットワーク「リーダーシップ111」（下村満子代表）も，国会に議席のある11政党に対してアンケートを実施し，年金制度についての考えを質した[26)]。制度を世帯単位にすべきか個人単位にすべきかに，「世帯単位がよい」

図4-6　第3号被保険者の保険料について

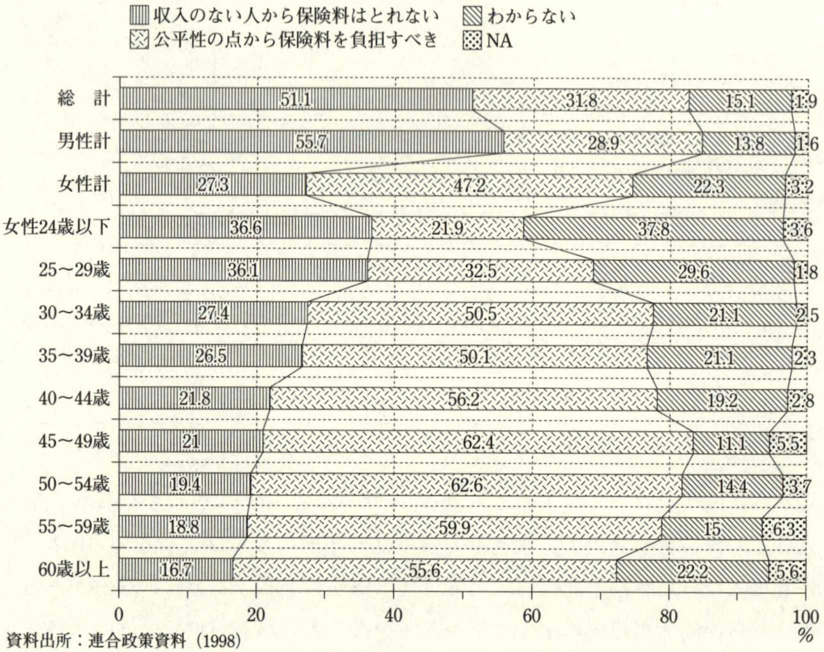

資料出所：連合政策資料（1998）

図4-7　第3号被保険者制度に対する既婚女性の考え方（配偶者の年収・本人の年齢別）

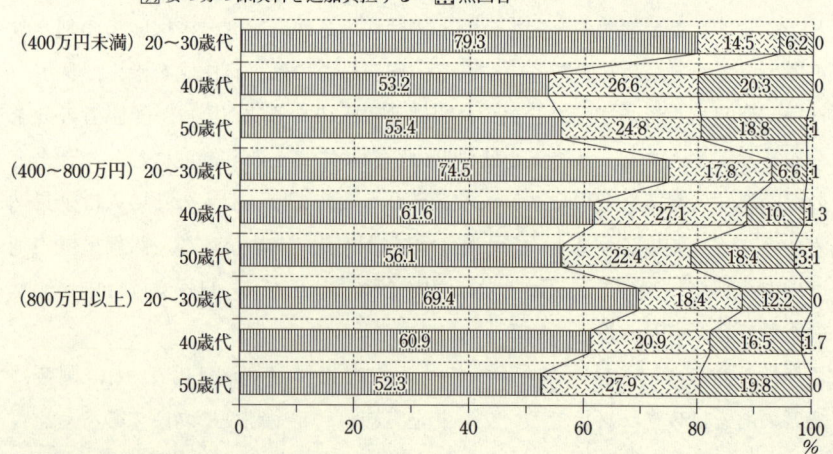

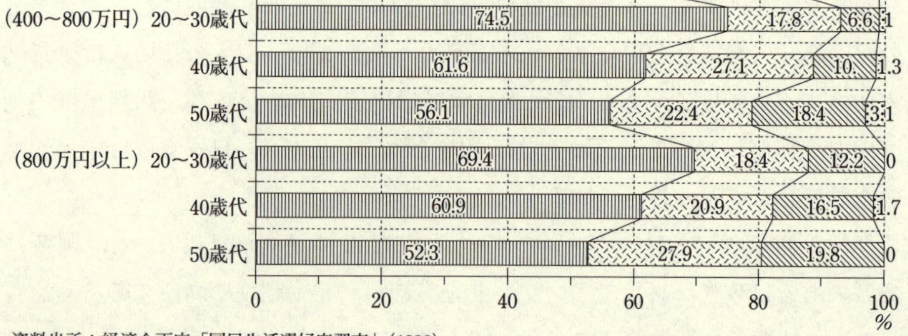

資料出所：経済企画庁「国民生活選好度調査」（1998）

図4-8　第3号被保険者制度に対する既婚女性の考え方（妻の就業形態・夫の勤務形態別）

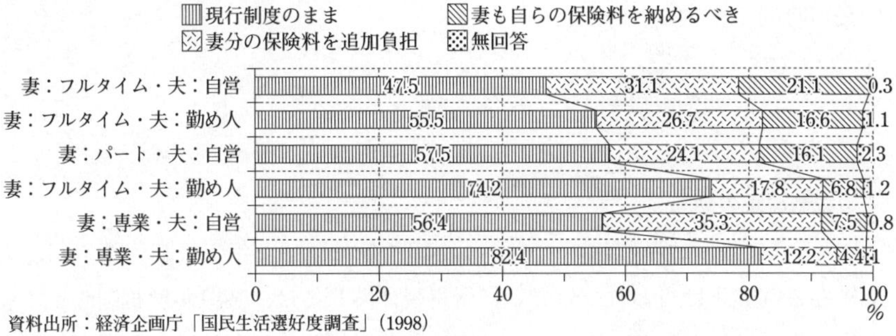

資料出所：経済企画庁「国民生活選好度調査」(1998)

と答えた党はなく，「個人単位がよい」は民主，共産，社民，さきがけ，新社会，二院クラブの六党だった。「どちらともいえない」が自民，自由，平和，公明，改革クラブ。第３号被保険者制度について，サラリーマンの妻も「保険料を払うべきだ」と答えたのは二院クラブのみで，共産党は「現行どおり」，その他は「どちらともいえない」である。

以上のようなデータからわかることは，1990年代後半の段階で，第３号被保険者の保険料負担のあり方には問題があることは認識されつつも，「改革すべき」という国民的な合意は得られていなかったということである。それゆえ，今次改正で，第３号被保険者に触れなかったのは「現実的」ではあった[27]。厚生省は，民事法，税制，社会保障，年金数理などの専門家からなる「女性と年金の在り方に関する検討会」を設置し，2000年以降この問題を多角的に検討することを決定した。

◎1990年代の年金制度

財政構造の悪化は年金制度の見直しを不可避にした。給付と負担の水準や支給開始時期だけでなく，第３号被保険者問題も1990年代後半に初めて実質的な検討課題として取り上げられた。女性の社会進出が進むなかで，独自の保険料を拠出しない第３号被保険者の存在を正当化することは困難になってきた。企業の雇用慣行や税制と結びついて，年金制度が女性の就労調整をもたらしていることも批判されるようになってきた。社会保障と税制を個人単位に転換していくことを求める提言を各種の審議会が行うようになった。しかし，女性と年金に関する検討会は設置されたばかりであり，具体的改革に至るまでにはさらに長い時間を要すると思われる。

4　控除見直しをめぐる議論

◇税制改正の動向

「シャウプ税制改革以来」と称された1987年及び1988年の税制改正以後，大規模な税制改正は行われていない。所得税に関しては，1991年度税制改正で個人住民税の減税が行われた。その内容は，基礎控除・扶養控除・配偶者控除・配偶者特別控除を現行30万円から一律31万円へ引き上げるというものだった。

1992年度税制改正でも大きな変更はない。青色申告者に対しては，従来の青色申告控除に代わって青色申告特別控除制度が創設された。これは正規の簿記の原則によって記帳している青色申告者には35万円の特別控除を認めるものである。

1994年度税制改正では，税調は中堅サラリーマンの負担軽減をめざす所得税減税と，高齢化にともなう歳出増をまかなう消費税増税を答申した。答申は，夫婦と子ども2人の標準世帯の場合，年収が700-800万円を超すと，税負担が急に重くなり始めると指摘し，中堅所得者層を中心とした税負担を軽くするために所得・住民税の減税を掲げた。その手立てとして，所得税と住民税を合わせた最高税率を現行の65%から50%程度に引き下げることを求めた。

1995年には，人口が急速に高齢化してきていること，所得水準の上昇とともに中堅所得者層の税負担感が強まっていることなどを背景に，税制の総合的見直しが行われた。「活力ある福祉社会の実現をめざす」と銘打ち，税の累進構造の緩和，課税最低限が引き上げられた。所得税の基礎的な人的控除も引き上げられ，扶養・配偶・配偶者特別の三つの控除の額は38万円となった。

中堅給与所得者の負担感を緩和することは，税制改正のたびに掲げられる課題だったが，不公平感は依然として根強かった。表4-12に見るように1990年代の国民負担率は比較的安定していたが，税制が不公平であるという感覚が税の負担をより重く感じさせていた[28)]。

1999年10月，翌春に中間答申を予定する税調が個人所得課税のあり方につい

表4-12　国民負担率の推移　1990年代

年度	国　税 ①	一般会計税収	地　方　税 ②	税　負　担 ③=①+②	社会保障負担 ④	国民負担 ⑤=③+④	国民所得 (NI)
	(%)	(%)	(%)	(%)	(%)	(%)	(兆円)
1990	18.2	17.4	9.7	27.8	11.4	39.2	345.7
1991	17.4	16.5	9.7	27.1	11.6	38.7	363.1
1992	15.6	14.8	9.4	24.9	11.9	36.8	369.1
1993	15.3	14.5	9.0	24.4	12.1	36.5	372.5
1994	14.4	13.7	8.7	23.2	12.5	35.7	373.8
1995	14.5	13.7	8.9	23.3	13.2	36.6	380.2
1996	14.1	13.3	8.9	23.0	13.2	36.2	392.6
1997	14.6	14.1	9.2	23.8	13.7	37.4	397.6
1998	14.9	14.4	9.6	24.5	13.7	38.3	405.4

※1998年度は当初見込み
資料出所：『図説日本の税制平成10年度版』

表4-13　控除額の変遷

(円)

	基礎控除	配偶者控除	配偶者特別控除	白色専従者控除	青色専従者控除
1990年	350,000	350,000	350,000	800,000	給与額相当
1991年	350,000	350,000	350,000	800,000	給与額相当
1992年	350,000	350,000	350,000	800,000	給与額相当
1993年	350,000	350,000	350,000	800,000	給与額相当
1994年	350,000	350,000	350,000	800,000	給与額相当
1995年	380,000	380,000	380,000	860,000	給与額相当
1996年	380,000	380,000	380,000	860,000	給与額相当
1997年	380,000	380,000	380,000	860,000	給与額相当
1998年	380,000	380,000	380,000	860,000	給与額相当
1999年	380,000	380,000	380,000	860,000	給与額相当

て本格的な議論を始めた。加藤税調会長は審議にあたって，課税最低限の引き下げに加え，配偶者控除など各種の控除の見直しも検討課題として挙げている。

同じ時期，自民，自由，公明の与党三党は政策合意に「所得課税の諸控除の整理」を盛り込んだ。三党合意は，少子化対策のため児童手当の拡充を求めてきた公明党の意向を反映したものと見られた[29]。控除の見直しは課税最低限の引き下げになる。三党合意では消費税について将来の福祉目的税化が盛り込まれ，増税が予想されたため，控除の見直しも抵抗が大きいのではないかと思われた。

1999年12月，自民党が税制改正大綱を発表した。見直しが決まった所得控除は年少扶養控除で，配偶者控除や配偶者特別控除は触れられていない。16歳未満の扶養家族を対象とする年少扶養控除は，児童手当拡充の財源として，現行の48万円から38万円に引き下げられることになった。これにより，夫婦と子ども2人（うち1人が16歳未満）のサラリーマン世帯の課税最低限は，現行の382万1000円から368万4000円に低下することになった。

◎配偶者控除をめぐる動き

1980年代には，配偶者控除をめぐる報道は，もっぱら制度解説と，どうしたら損をしないかというノウハウについてである。この制度に批判的な意見があることも紹介されたが，社説などに新聞の意見として現れはじめるのは1990年代になってからである。少しずつ増えはじめた批判型の記事は1993年急激に増えた。これは全国婦人税理士会や婦人少年問題審議会などが積極的に問題提起をしはじめたことと関係があるだろう。

1992年，全国婦人税理士連盟は，創立35周年シンポジウムで「パート100万円の壁」を批判し，女性の自立を促す個人単位の税制を求めて，まずは「配偶者特別控除の廃止」を提唱した。税に関わる女性専門家集団が，女性の自立という視点から税制改革を提言したのは画期的なことである。日本弁護士連合会女性の権利委員会も同様の視点から「専業主婦も（年金）保険料を支払う方が公平だ」「配偶者控除を廃止すべきだ」といった提言を相ついで出している。

税調も1993年1月に『今後の税制にあり方について―公正で活力ある高齢化社会をめざして』と題した中期答申を出し，その中で配偶者控除や配偶者特別控除が「女性の就業に対する税制の中立性を損なうという指摘もあるので引き続き検討する」と述べた。

1993年7月，婦人少年問題審議会が『女性の職業能力発揮のための社会制度の見直しに関する建議』を発表し，大蔵，厚生，自治，労働の四大臣に提出した。その主旨は，「女性は一生，家庭の中にいて，夫に養われるものという常識が世の中を支配していた時代につくられた現行の社会保障制度や税，賃金制度は，速やかに見直さねばならない。女性を社会の大切な労働力として位置づける観点が必要である」というものである。

年金と税に関する制度に対する疑問の声が少しずつ高まりはじめた。税制は配偶者特別控除，年金については第3号被保険者の存在が問題とされるようになった。1993年当時，配偶者控除と配偶者特別控除を合わせると11兆円を超えていた[30]。巨額の財源である。また，約1200万人の第3号被保険者である妻たちの保険料は約1兆2000億円にのぼっていた。これを彼女たちとは縁もゆかりもない働く男女が共同で負担していた。

不満の声は第3号被保険者の側からもあった。所得控除を受け，年金保険料を支払わないですむのは，一見得に見える。しかし，そのためには年収が扶養の枠に収まるように仕事を調整せねばならず，老後は基礎年金しか受け取れない。それより納得できるまで働いて，保険料を支払い，まともな年金を受け取りたいという主張である。

ちょうどこのころ，千葉県民共済生活協同組合がパートの税逃れを支援し，配偶者控除枠内に操作していたことが明らかになった[31]。毎月の給与のうち，固定給だけを支払って残りの歩合給などを積み立てさせるなどして，年収を配偶者控除の適用枠内に収めるやり方だった。積立分は「貢献ポイント」として蓄積され，退職時に支払われていた。パートの主婦には喜ばれていたという。同共済の理事は，こうしたシステム導入の目的について，主婦が働くうえで配偶者控除など税制上の特典が得られなくなることが大きな障害になっていることを認め，労働力確保のための制度であったことを示唆している。

就労調整問題に見られるように，専業主婦優遇措置は弱者保護といっても，対象者の生き方，働き方に一定の枠をはめるものであることが次第に明らかになってきた。女性の社会進出が進み，個人の生き方を大事にする時代に，こうした制度はそぐわなくなってきたのである。

1994年，「女性の能力発揮促進のための税制のあり方」研究会（座長・金子宏東大名誉教授）が各界の有識者約1000名を対象に，「女性と税制」に関するアンケートを行った[32]。非課税限度額を超えないように就業調整を行う女性の働き方についての設問では，「非課税限度額の枠等にとらわれずに，働きたい場合には働いた方がよい」が60.4％（女性では67.5％），「若年労働者が減少することもあり，女性の労働力に期待するとの観点からも，女性は一人前の労働力として働くべき」が20.3％（同16.5％）となっていた。「夫は外で働き妻は家庭を守るという考えをくずさない範囲で働く」は5.9％，「個人の問題であり現在の働き方のままでよい」が5.9％である。配偶者控除については，「収入のない・少ない妻に対して手厚くすることは望ましい」21.0%，「妻の収入の多寡によって認められる配偶者控除は見直すべき」56.8%，「一つの世帯で二重に税制上の控除を受けるのは不公平なので廃止すべき」16.5%となっている。

◎1990年代の税制

年金制度における第3号被保険者問題と併せて，税制の配偶者控除制度の弊害が指摘されるようになった。審議会も世帯単位からの転換を提言するようになる。1995年，社会保障制度審議会は社会保障制度の見直しを求める勧告を首相に対して行った。審議会は，①社会保障制度を世帯単位から可能なものは個人単位へ切り替えることが望ましい，②国民年金制度の第3号被保険者や税制上の配偶者控除の制度を中立になるように見直すべき，と提言した。1996年には首相の諮問機関である男女共同参画審議会が答申を行った。答申は，性別による偏りにつながる制度・慣行の見直し検討が必要とし，配偶者に関わる税制，社会保障制度を具体的に挙げている。こういった見直しを求める流れは緩やかであり，大きな制度改革には時間がかかるため，その行き着く先はまだわからない。しかし，結婚や仕事を含め，多様な生き方を志向する女性は確実に増えており，それを抑制するような制度改革はもはや許されなくなってきていたと言える。

5　「1.57ショック」とケアワーク

1989年に合計特殊出生率が1.57にまで低下していたことが明らかになり，1990年代の幕開けは少子化問題への対応から始まった。

数年前に厚生省が行った調査では，調査対象となった夫婦の半数以上が理想的には3人の子どもを持ちたいと答えた（厚生省 1993）。しかし，夫婦が現実に持つ子どもの数は1950年代から減少している。「1.57ショック」に対する反応は男女で大きく異なっている。日本社会での子育ての困難さを痛感している多くの女性にとってはこの数字は驚きではなかった。彼女たちによれば，出生率の低下は女性のみが仕事と子育ての二重の負担を背負わざるを得ない日本社会の必然的帰結であった。事態を重視した政府はこれ以後，育児支援のための政策に本腰を入れはじめる。

1990年8月，政府は14省庁からなる「健やかに子どもを生み育てる環境づくりに関する関係省庁連絡会議」を設け，翌年1月に報告書が出された。この連絡会議にさらに四つの省庁が加わり，92年6月に「健やかに子どもを生み育てる環境づくりに関する施策の推進状況と今後の方向」という報告がなされた。そして1993年9月，政府は子育て支援のための総合事業計画「今後の子育て支援のための施策の基本方向について」を明らかにした。これが文部，厚生，労働，建設の四省合意によって策定された通称「エンゼルプラン」である。エンゼルプランは94年度に計画が策定され，95年から10ヵ年計画で進められることになった。

エンゼルプランは，①子育てと仕事の両立支援の推進，②家庭における子育て支援，③子育てのための住宅及び生活環境の整備，④ゆとりのある教育の実現と健全育成の推進，⑤子育てコストの軽減，を基本的方向として挙げ，従来の縦割り行政の壁を破って総合的な施策をめざしている。この基本的方向に沿って推進される重点施策は次の通りである。①子育てと仕事の両立支援：育児休業給付の実施，多様な保育サービスの充実，②家庭における子育ての支援：地域子育て支援センターの拡充，母子保健医療体制の充実，③子育てのための住宅及び生活環境の整備：ゆとりある住宅の整備，④ゆとりある教育の実現と健全育成：教育内容や方法の改善，⑤子育てコストの軽減：育英奨学事業の拡充など。これらの施策は将来に向けてのものだが，児童手当制度のように従来から存在する施策も少子化の問題が大きく取り上げられるようになって，出産奨励策的意味合いが込められるようになっていく。

5.1 保育対策と児童福祉法改正

◎「1.57ショック」以後の保育対策

1.57ショック以降，出生率低下が政策課題としてはっきりと認知されるようになり，各種の審議会や会議が設置され，少子化に関して多数の報告書や提言が相次いで発表された。その主要なものを列挙してみると表4-14のようになる。

表4-14　少子化対策に関する活動・提言

1990年8月	14省庁「健やかに子どもを生み育てる環境づくりに関する関係省庁連絡会議」設置
1992年1月	14省庁連絡会議が「健やかに子どもを生み育てる環境づくりについて」とりまとめ
4月	経企庁「平成四年度版国民生活白書―少子時代の到来・その影響と対応」発表
5月	全国社会福祉協議会「地域における子育て家庭支援活動の展開―提言―」
1993年3月	18省庁「国際家族年に関する関係省庁連絡会議」設置
4月	これからの保育所懇談会「今後の保育所のあり方について」提言
7月	「子どもの未来21プラン研究会報告書」発表
9月	労働省「仕事と育児の両立のために―職業と育児等の両立に関する懇談会報告」発表
1994年1月	保育問題検討会「報告書」発表
3月	高齢社会福祉ビジョン懇談会「21世紀ビジョン―少子・高齢社会に向けて―」提出
7月	子どもみらい財団発足
12月	文部・厚生・労働・建設四大臣合意「エンゼルプラン」発表
1995年7月	社会保障制度審議会「社会保障体制の再構築に関する勧告」発表
1996年12月	中児審基本問題部会「少子社会にふさわしい保育システムについて(中間報告)」発表
1997年10月	人口問題審議会「少子化に関する基本的考え方について」発表
1998年7月	中児審「今後の児童の健全育成に関する意見―子育て重視社会の構築を目指して」
10月	経企庁「多様な選択ができるような社会をめざして」発表
12月	中教審「少子化と教育に関する小委員会」「少子化への対応を考える有識者会議」報告
1999年2月	内閣外政審議室「子どもの未来と世界について考える懇談会」報告

1992年になると，官民挙げて少子化対策，ウェルカム・ベビー・キャンペーン[33)]が開始された。厚生省は，「育児リフレッシュ支援事業」を新規事業として予算化した。これは，若い母親の育児不安が高まっていることへの対応で，保育所に子どもを預けず家庭で養育している母親の心身の疲労を癒し，精神的なリフレッシュを図る事業であり，一般家庭へも保育所の支援を広げ，母親の育児に関する不安を緩和しようとするものである。さらに，この年には，育児休業法の施行にともない，育児休業明けにスムーズに子どもを保育所に預けられるよう「年度途中入所円滑化事業」が開始された。

1993年予算案には，「保育所地域子育てモデル事業」「子育て支援短期利用モデル事業」が組み込まれた。前者は，保育所に育児の専門家と補助員を各一名置き，育児相談や地域の子育てサークルの支援などを行うものである。後者は，乳児院や母子寮などに子どもを短期間（原則1週間まで）預けることができるようにするものである。従来，この種の公的施設は利用条件が厳しかったが，これを大幅に緩和し，両親の「私的な理由」でも一時預かりが可能になった。

この年，「これからの保育所懇談会」の提言がなされ，これを受けて翌年1月には「保育問題検討会」の報告書が発表された。これは，保育問題検討会が，

「利用しやすい保育所」をめざし，多様化した保育ニーズに対応した保育制度のあり方について，措置制度を中心に議論し，その改善すべき点，問題点について論点を整理したものである。

1994年12月には，エンゼルプラン具体化の一環として，大蔵，厚生，自治の三大臣合意により，「緊急保育対策等五ヵ年事業」が策定された。その基本的視点は，「子どもを生むか生まないかは個人の選択に委ねられるべき事柄であるが，『子どもを持ちたい人がもてない状況』を解消し，安心して子どもを生み育てることができるような環境を整えること」とされた。緊急保育対策として，1995年度から1999年度までの5年間で，以下の諸事項を整備することとしている。

①低年齢児保育の促進

ゼロ歳児から2歳児までの低年齢児の保育を45万人から60万人に増やす。

②多様な保育サービスの整備

延長保育を2230ヵ所から7000ヵ所に，　一時保育を450ヵ所から3000ヵ所に増やす。放課後児童クラブを4520ヵ所から9000ヵ所に増やす。

③保育所の多機能化のための整備

多機能型保育所を5年間で1500ヵ所に増やし，保母配置を充実する。

④保育料の軽減

乳児や多子世帯の保育料を軽減する。

⑤子育てを地域ぐるみで支援する体制の整備

地域子育て支援センターを236ヵ所から3000ヵ所に増やす。

⑥母子保健医療体制の充実

乳幼児健康支援デイサービス事業を30ヵ所から500ヵ所に増やす。

このように，厚生省は矢継ぎ早に各種の保育対策事業をスタートさせた（表4-15)。しかし，保育行政には，地方自治体との連携が不可欠である。そこで，1995年に「地方版エンゼルプラン」として，「児童育成計画指針」が，各都道府県と政令指定都市に通知された。これは，国のエンゼルプランの大枠にしたがって，各自治体がそれぞれ事業計画を策定し，事業を推進していくための指針である。計画策定のための補助を国から受けることができ，1998年までにすべての都道府県で計画が策定された。しかし，施策の実施主体となる市町村で

表4-15　厚生省の保育対策事業

年　度	事　業　名　等
1990年6月	一時保育事業スタート
1991年9月	長時間保育サービス事業スタート
11月	企業委託型保育サービス事業スタート
1992年3月	年度途中入所円滑化事業スタート，育児リフレッシュ事業スタート
1993年4月	エンゼルプラン・プレリュード，保育所地域子育てモデル事業スタート
1994年4月	病後児デイサービスモデル事業スタート
7月	こども未来財団発足（駅型保育モデル事業，在宅保育サービス事業への助成）
8月	時間延長型保育サービス事業スタート
12月	エンゼルプラン発表，緊急保育対策等五ヵ年事業発表
1995年4月	産休・育休明け入所予約モデル事業スタート（年度後半での乳児入所枠確保）
6月	児童育成計画指針（地方版エンゼルプラン）通知
1997年6月	児童福祉法の一部改正
1998年6月	子どもと家庭を支援するための文部省・厚生省共同行動計画
1999年10月	厚生省「保育所保育指針について」通知
12月	少子化対策推進閣僚会議「少子化対策推進基本方針」（新エンゼルプラン）策定

の計画策定は順調ではない。1999年6月の厚生省の調査では，全国3252の市町村のうち，計画をすでに策定している自治体は304団体である。策定中の自治体もあるが，それを含めてもまだ20%に満たない状況で，地方版エンゼルプランの先行きが危ぶまれている。

◎少子化時代の育児観

少子化は，公的な文書に現れる育児観にも大きな変化をもたらした。子育ての共同化，社会化，男女の協力ということは，すでに1980年代から少しずつ言及されるようになっていたが，それが決定的になったのが1990年代である。もはや，家庭保育を強調する言説はみられない。女性が無償でケア役割を担う「日本型福祉社会」の限界が指摘され，将来の労働力不足に対しても，女性労働力の一層の活用が必要だといわれるようになってきた。女性が母親という役割だけに固定されることなく，就業と両立させながら子どもを生み育てられる社会をつくることが，最終的には社会全体にとってもプラスになることだという考え方が広く共有されるようになってきた。

何よりも，深刻な少子化の進行を前に，とにかく社会全体で子育てを支援していかなければならない，という状況があった。1990年代の保育政策のキーワードは「育児支援」といえるだろう。1990年代に多数発表された提言，報告書の中から，保育所に関わる重要なものを挙げ，その育児観が表れている箇所を引用してみる。そこに共通してみられる考え方は，次の3点である。第一に，育児は社会的な事柄である。ゆえに，子育ては，社会全体で支えていくべきものである。第二に，母親が育児と仕事を両立できるような仕組みを作ることが必要である。そして第三に，育児には母親だけでなく，父親も積極的に参加し，共同で行うべきものである。以下にいくつかの報告要旨を示してみよう。

○「これからの家庭と子育てに関する懇談会」報告書（1990年1月）

「子どもは人類の未来であり，子育ては未来社会の設計そのものである。今後，男女を問わず，また個々の家庭のみならず，国や地方公共団体，地域社会，学校，企業など社会全体で子どもの問題に真剣に取り組むとともに，子育ての喜びを享受できるようにしていくことが大切である。」

「各種施策は『子育ての男女共同化』が可能となるように支援するという観点から進めていくことが重要。」

○すこやかに子どもを生み育てる環境づくりに関する関係省庁連絡会議「健やかに子どもを生み育てる環境づくりについて」（1991年1月）

「子どもは夫婦のプライベートな存在であると同時に，明日の時代を担うという社会的な役割を有している。そのためにも，子育ての負担は親だけでなく社会としても負担すべきであり，特に，子どものある家庭と子どものない家庭との間の負担の不均衡といった公平の確保を図る意味からも，必要な支援策を講じていく必要がある。」

「家庭や子育てに対する相対的な魅力の低下をもたらした一因として，男性の職場中心主義による家庭の軽視や，家事・育児・介護等の負担を女性のみが担うことを当然視する意識が依然として存在していることが挙げられる。」

○厚相主宰・子どもと家庭に関する円卓会議「子どもと家庭アピール」（1991年12月）

「出産・子育てや家庭の問題が，単に個人的，私的なものではなく社会全体に係わることと受けとめ，父親が母親とともに日々の育児により大きくかかわっていくことができるよう，職場・地域環境づくりなど社会の仕組みや価値観を見直していくこと。」

○これからの保育所懇談会「今後の保育所のあり方について（提言）」（1993年4月）

「保育所は，仕事と子育ての両立支援，地域社会における子育て支援という観点から，これまでの実績を踏まえながら，保育サービス及び施設運営のありかたについて質的な転換を図っていくことが求められている。」

○厚生省「子どもの未来21プラン研究会」報告（1993年7月）

「男性にとっても，女性にとっても，『安心して子どもを生み育てられる社会』『育児と就労が両立できる社会』を実現することは，同時に国民一人一人が豊かさとゆとりを日々の生活の中に実感でき，多様な価値観を実現するための機会が等しく与えられた社会を実現することでもある。」

「豊かさとゆとりのある生活の実現ためには，家庭においても子どもを含めた家族全員が家事や育児に参画し，互いに個人として尊重しつつ家庭の発展のために協力しあう『家族全員参加型家庭』の方向が指向されることが望ましい。」

「子どもが将来の社会を担う存在であることや家庭や地域社会における育児機能の低下などを考えると，子育てに関しては，国や地方自治体をはじめとする社会全体で責任を持って支援していくこと，言い換えれば，家庭と社会のパートナーシップのもとに子育てを行っていくという視点が重要である。」

○労働省婦人局「職業と育児等の両立に関する懇談会報告」（1993年9月）

「仕事と育児等を両立し，両者を個人の人生の中で積極的に位置づけることを可能とする環境が整備されることは，こうした女性の働きたいという希望を実現し，充実した人生を送ることを可能にするという意味で，また，近年，若い世代を中心に家族とのふれあいを重視する男性が増加していることから，男性にとっても，仕事以外の育児等家庭生活に積極的に関わることにより，職業と家族的責任とのバランスのとれた豊かな生活を送ることを可能にするという意味で，個人の生き方の選択肢を増やすものであり，このことは個人の豊かな生き方を可能にし，幸福感を高めることになろう。またこれらを通じ，経済社会も活性化することが期待され，生活大国の実現をめざす我が国にとって，意義深いものと考えられる。」

○社会保障制度審議会「社会保障制度の再構築に関する勧告」(1995年7月)

子どもが健やかに育ち，女性が働きやすい環境づくりのために

「(要旨) 未来を担う子どもたちが健やかに生まれ育つ環境を整備する社会保障施策を講じなければならない。また男女双方が職業生活と家族生活の両立が図れるよう，労働時間の短縮・弾力化，育児・介護休業の定着普及と休業中の経済的支援，多様な保育ニーズへの対応，高齢者介護のサポートシステムの整備など，育児や介護等の社会的支援が総合的に講じられるべきである。」

◇児童福祉法の改正

相ついで出された報告や政策提言の多くは，育児への社会的支援の必要性を論じ，保育所のあり方についても変革を求める。それらに共通するのは，次のような指摘である。①保育所の措置制度は一定の歴史的役割を果たしてきたが，現在は多様な保育ニーズへの対応が十分にできなくなっているので，見直すべきではないか。②保育費用のあり方についても公平な負担を目指し，見直すべきでないか。③保育所は機能を拡大し，地域の子育て支援事業の中心的役割を担うべきである。

こうした提言を踏まえ，厚生省は，少子化社会への対応として，応急的な保育対策だけでなく，保育所のありかたそのものの検討も必要と考えるようになった。そこで，「これからの保育所懇談会」が設置され，1993年4月「今後の保育所のあり方について」と題した提言を発表する。これは，望ましい保育所像の提示であり，その後を受けて，「保育問題検討会」が保育所問題の根本的検討を行い，1994年1月「保育問題検討会報告書」を発表した。厚生省は，保育問題検討会への原案として，保育所利用児童のうち，第7階層（夫婦平均年収500万円以上）を親の自由な選択による入所にし，それ以下の世帯の児童に対し措置制度を残す，という案を提示した。しかし，保育問題検討会は，まとまった結論を出すには至らず，措置制度をいっそう充実することで社会環境の変化に対応するという意見と厚生省の原案を併記した形で報告書をまとめている[34)]。

児童福祉法の改正は，1980年代の行政改革の時代にも論じられ，1990年の「1.57ショック」，1994年の国連国際家族年と児童の権利に関する条約批准の折りにも多様な議論が行われてきた。そして，1997年に児童福祉法制定50周年を迎えることになり，厚生省は1996年３月，児童福祉制度の見直しを決定し，中児審での検討が始まった。

1996年12月，中児審は保育所制度の改革を盛り込んだ報告書を小泉厚相に提出する。報告書は，保育所については，利用者が保育所を選択できるよう改めるほか，乳児保育・延長保育など親のニーズに合ったサービスの提供を進めることが必要とした。保育料については，親の所得に応じた保育料負担に対して不公平という声が中堅所得層を中心に出ていることに配慮し，均一化することを提言した。

中児審報告書をもとに，厚生省は児童福祉法改正案をまとめた。保育所にかかわる主な内容は，①所得税額に応じて決まる保育料を，保育のコストや子どもの年齢に合わせて均一にする，②入所する保育所を市町村が決定する現行制度を改め，保護者が希望する保育所を選択できるようにする，の２点である。1997年２月，自民党社会部会はその骨子について了承した。翌日，厚生省はこの改正案の要綱を中児審に諮問する。同じ時期，首相の諮問機関である制度審も児童福祉法改正案要綱を了承したため，厚生省は具体的な改正作業に入り，３月，国会に上程された。以後の審議はスムーズに進み，６月３日，衆院の賛成多数で可決，成立した。この改正によって保育所への「入所措置」は「保育の実施」となり，行政処分ではなくなったのである（図4-9）。

図4-9　児童福祉法の改正（1997年）

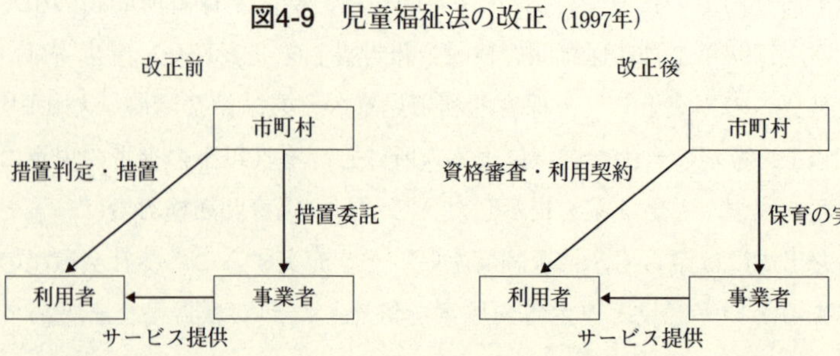

保育制度の改革と並行して，保育に携わる専門職の名称も変更すべきではないか，という議論がなされるようになる。1948年，児童福祉法施行令では，児童福祉施設において児童の保育に従事する女子を「保母」と規定している。その後長い間，保育に関わるのは女子が圧倒的に多かったため，名称に関して特に問題は生じなかった。しかし1976年，中児審が「保育に男性職員が参加することもある面においては望ましいこと」と指摘したため，翌年から，男子についても女子の規定を準用し，保育に従事できるよう，関係法令の改正がなされた。それ以降，法律上は男子の保育者も「保母」となったわけである。1997年には，総務庁が，保育に従事する男子の名称，または男女共通の名称を法令上検討するように厚生省に申し入れた。その理由を次のように説明する。まず，男性保育者が増加していること，そして育児は夫婦で行うものであり，家庭に代わって保育を行う保育所でも男子の進出を進める必要がある。そこで，社会的に求められた保育者の名称の創設が必要である。このような要望は関係団体からも出された。こうした声を受け，1998年２月，男女共通の名称として「保育士」とすることが決まった。

◎1990年代の保育政策

少子化の衝撃は，育児支援政策としての保育政策の展開につながった。「子育ては家庭と社会のパートナーシップで」という考えが，戦後ずっと根強かった「育児は個人的な事柄であり，家庭で母親が行うべき」という「家庭保育」重視の考えにとって代わった。1998年度の『厚生白書』は，長らく日本の保育政策に影響を及ぼしてきた「３歳児神話」を合理的根拠がないと断言した。家庭保育重視の結果として，「保育所は一部の困窮家庭のため」という「救貧施設」的な保育所観も1990年代に決定的に変化した。いまや共働きの家庭は一般的であり，保育所はごく普通の家庭が必要とする社会サービスになったのである。

これまで実施されてきた「育児支援」のための保育対策事業が，少子化の進行抑制にどの程度効果的なのかはまだわからない。親たちの多様化した保育ニーズへの対応はさらに必要になると思われる。社会環境の変化に「制度疲労を起こしている」として児童福祉法が改正され，措置制度が保護者による保育所

図4-10　1990年代の保育所運営費（措置費）予算の推移

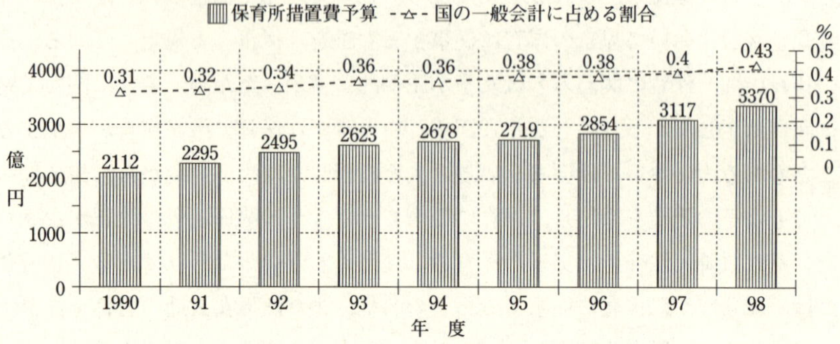

表4-16　1990年代の保育所数と入所児童数

年　度	1990	1995	1996	1997	1998	1999
施設数（ヵ所）	22,703	22,488	22,438	22,387	22,327	22,275
公　　営	13,371	13,184	13,112	13,051	12,946	12,849
私　　営	9,332	9,304	9,326	9,336	9,381	9,426
定　　員（人）	1,979,459	1,922,835	1,917,206	1,915,599	1,914,712	1,919,575
在所児（人）	1,723,775	1,678,866	1,701,655	1,738,802	1,789,599	1,844,244
在所率（%）	87.1	87.3	88.8	90.8	93.5	96.1
就学前児童人口千対定員（人）	228.2	244.6	245.8	246.6	246.8	248.0
就学前児童人口千対在所児童（人）	198.7	213.6	218.2	223.8	230.6	238.3

1.在所率＝在所児数÷定員×100
2.就学前児童人口は0～5歳人口に6歳人口の1/2を加えた数であり，人口については1995年までは総務庁統計局の国勢調査報告，1996～99年は同推計人口（総人口）による。
資料出所：厚生労働省「社会福祉施設調査」より作成

の選択方式に改められ，料金体系[35)]も改定された。しかし，なお保育所運営は柔軟性に欠けると不満の声が多い。それがいわゆるチャイルドビジネスの隆盛につながっている。

1998年7月，中児審は「今後の児童の健全育成に関する意見―子育て重視社会の構築を目指して」と題した意見を発表した。個別施策に対する意見として，父親の子育て参加の促進と並んで，企業における子育て支援を促進していくべきことが述べられている。中児審は「社会全体としても過度の仕事優先社会を見直し，子育て重視型の社会に転換していくことが必要」と指摘している。1990年代に展開された保育対策が子育て支援政策たり得るには，答申が指摘するように，価値の転換が必要だった。

5.2　育児休業法の成立

◎1990年代初頭の政治状況

第117回通常国会は1990年1月24日に解散となったが，その直前の1月20日，自民政調会労働部会育児休業問題等検討小委員会は育児休業制度に関する「中間的とりまとめ」を確認した。この「とりまとめ」は，「育児休業制度の確立を中心に，次のような制度等を普及促進するため，法的整備を含め，実行ある措置を講ずる」として，以下の事項を挙げた。①育児休業制度を確立すること，②介護休業制度の普及促進を図ること，③育児や介護のために職場をやめた人の再雇用制度の普及促進を図ること，④育児や介護をしながら働く人への勤務時間等の配慮を進めること。

衆院解散後，自民党は第39回衆院選に向けて同様の内容を公約した。半年前の参院選当時，『我が党の公約』（1989年6月）では，「男女機会均等法に基づき，雇用における男女の均等な待遇の確保対策を推進するとともに，育児休業制度および女子再雇用制度の普及促進等女子勤労者の労働条件の向上と福祉のための対策を推進します」と述べるにとどまっていた。衆院選にあたっては，男女雇用機会均等法とは別個に育児休業制度法制化を進める立場をより明確にしたと言える。

2月に実施された第39回衆院選では，自民党が解散時より20議席減らしたものの275議席を取り，安定多数を確保した。選挙後に召集された第118回特別国会では，海部首相が施政方針演説を行い，その中で特に育児休業制度にふれ，「育児休業制度の確立などに向け積極的に努力して参ります」と述べている。

1989年の参院選から1990年の衆院選にかけて，政府・自民党は育児休業制度に対して積極姿勢に転じた。この時期に発表された各種の報告書も，保育サービスの充実とともに育児休業制度法制化の必要性を指摘したものが多い。そして「1.57ショック」である。少子化が労働市場や経済全般，社会保障制度のあり方に深刻な影響を与えることを懸念し，政財界を中心に危機感は高まった。

厚生省はまず，将来の年金問題との関係で危機感を表明し，出生率回復のための対策を講じる組織を省内に設ける方針を明らかにした。1990年6月14日，衆議院社会労働委員会でも，子どもを増やす環境づくりを早急に実施することで，共産党を除く与野党が一致した。6月25日，労働省が婦人局長の私的懇談会として「仕事と家庭に関するビジョン懇談会」を設置することを発表した。この他にも各種の組織が相次いで設けられ，育児支援策の検討が開始される。育児休業制度法制化は，出生率の低下が問題となる以前から議論されてきた問題だったが，「1.57ショック」は追い風になった。

◎育児休業法案をめぐる状況

1990年4月20日，第118回特別国会において，社会・公明・民社三党と連合参議院の四会派は，1987年8月，1989年11月に次いで3度目の「育児休業法案」を参議院に提出した。そして5月11日には，同じく四会派で「育児休業手当特別会計法案」を参議院に共同提出した。その後，5月24日に参議院社会労働委員会に「育児休業制度検討小委員会」が設置された。会期末近くの6月22日，自民党，四会派，共産党は，それぞれの育児休業制度に対する取り組みを説明し，与野党とも育児休業制度法制化の方向で一致していることが確認される。

育児休業制度法制化に反対する財界の意向をくみ，消極的だった自民党の姿勢はかなり前向きに変わっていたが，財界は依然として反対の姿勢を崩さなかった。6月13日，日経連は「育児休業問題に関する見解」を発表し，改めて育児休業制度法制化に反対した。日経連「見解」は，「昨今女性就労者中に占める既婚者の比重が増しつつあることに鑑みて，企業としても女性の個人生活上最も重い役割の一つであり，かつ社会的にも重要な意味を持つ妊娠・出産・育児に対して適切な対応を志向していく必要がある」と述べ，環境整備の必要性を認める。しかし，「育児についての制度･施策導入について法制化による推進を行うことは，次の理由により賛同できない」として，個別企業の労使によって育児休業制度の要否，方法を定めるべきことを主張する。そして育児休業制度の法制化に反対する理由として，次の３点を挙げる。

①法制化により様々な職種において１年程度の休業取得が進むと思われるが，短期労働力供給市場が未成熟で，かつ，労働者派遣制度に厳しい制約のある現状では，代替要員の確保が著しく困難であり，企業の活動に支障が生じかねない。

②労働の提供のない不就労期間に対し形式・程度の如何を問わず，代替要員との人件費の二重負担を行うかどうかは個別企業の判断に寄るべきであり，一律に法で強制することは妥当でない。また，社会保険方式等の手段による場合も既存の児童手当等社会保障負担との整合が先決である。

③子どもの人格形成期における母親の役割については論をまたないところであるが，適用範囲を父親にまで拡大することは，社会慣行など現実面に照らして慎重な検討を加える必要がある。とりわけ，代替要員の確保が困難な中小規模事業所等にとって業務の停滞になりかねないことは十分考慮すべきである。

第118回特別国会では，育児休業法案に関する具体的審議はなされず，継続審査扱いとなった。10月12日から開かれた第119回臨時国会においても，育児休業制度検討小委員会が設置され，先の与野党合意を踏まえて審議が再開された。四党案は，①子どもが１歳になるまで男女労働者を対象に，②賃金の６割を育児休業手当てとして支給する，③原職または原職相当職への復帰，④事業主の違反に対し罰則規定を設ける，ことを主な内容としている。これに対し，自民党は，①対象は男女労働者，期間は１年間，②休業中は無給，③原職復帰は規定しない，④罰則規定は設けない，⑤中小零細企業は時間的猶予措置を設ける，という構想を示した。自民党案は経済界の反発に配慮したものとなっていた（表4-17）。

臨時国会は11月10日で閉会したが，小委員会は閉会中も審議を続けることとされた。12月７日，与野党各会派は育児休業法案を政府提案で次の国会に提出することで合意した。これにより育児休業制度法制化は実現に向かって動き出す。

表4-17　各政党の育児休業法についての考え方

	自民党案	四党案	共産党案
育児休業の対象者	生後一歳に達するまでの子を養育する人（父母いずれか）	生後一歳に達するまでの子を養育する労働者（父母いずれか）	生後一歳に達しない子を養育する労働者（父母いずれか）
育児休業期間	子が一歳に達するまでの間	子が一歳に達するまでの間	子が一歳に達するまでの間
不利益取扱いの禁止	（制度自体を否定するような不利益な取扱いは許されないはずである）	解雇その他の不利益な取扱いを禁止	不利益な取扱いを禁止
原職復帰	一律に法律で規定するのは適当ではない	育児休業を理由に，配置替えした場合には，育児休業終了翌日までに原職，原職に相当する職に復帰させなければならない	育児休業終了後，原職に復帰させなければならない
休業中の手当	ノーワーク・ノーペイの原則による	育児休業手当（賃金相当額の6割）を支給（費用負担：国，使用者，労働者各3分の1）	育児休業手当を支給（費用負担：使用者6，国4）中小企業事業主が育児休業手当以外に賃金を支払った場合，国が費用の半分を助成
代替要員の確保	（中小零細企業については今後十分検討する）		休業期間中は代替要員の確保等必要な措置の実施
その他の取扱い	中小零細企業については弾力的な措置を検討		
適用	（民間部門を念頭に置き，公務員についてはそれぞれの法体系で措置）	公務部門を含む	公務部門を含む
罰則の有無	罰則は設けない	有り（6ヵ月以下の懲役又は30万円以下の罰金）	

◇婦少審での検討

1990年12月14日，労働省は先の小委員会での合意を踏まえ，育児休業制度確立に向けての法的整備のありかたについて，婦少審に検討を依頼した。いよいよ具体的な制度構想の段階となったため，関係各方面の動きも活発化する。1991年1月28日，連合は「育児休業法制定を求める要請書」を労相に提出した。これは婦少審での審議をにらんだもので，これ以後も計5回要請書が提出された。2月28日，日本弁護士連合会も育児休業法案についての意見書を労相に提出し，育児休業中の6割の賃金保障，罰則規定，労働時間短縮型の制度の導入などを求めた。同様の意見書は日本労働弁護団（旧総評弁護団）からも提出された。

婦少審婦人部会での審議は難航した。育児休業制度は，労働者の権利を拡大したい労働側と負担を回避したい使用者側の利害が真っ向から対立する。審議における労使の対立点は，①男女を対象とするか女子のみとするか，②請求権とするかどうか，③育児休業を理由とする不利益取扱い禁止を規定するかどうか，④育児休業した労働者の原職復帰を規定するかどうか，⑤代替要員の確保をどうするか，⑥罰則規定を設けるかどうか，⑦育児休業中の経済的援助をどうするか，などである。

労使両者の歩み寄りはなかなか難しかったため，公益委員がそれまでの議論を土台として試案を作成し，それをもとに審議を進めるのが妥当ということになった。そこで，2月21日，公益委員より試案が提出された。労働側委員からは要求の相違が大きいとして意見書が出されたが，たたき台をもとにさらに審議が進められた。こうして，3月5日，婦人部会報告が婦少審総会に提出された。総会は，この報告をもとに「育児休業制度の確立に向けての法的整備のあり方」と題する建議をまとめ，小里労相に提出した。焦点となった育児休業中の所得保障と違反に対する罰則規定については，法案に盛り込まないこととした。最後まで納得しなかった労働側委員の意見は少数意見として附記された。

3月14日，労働省は婦少審の建議に沿って育児休業法案要綱を作成し，婦少審に諮問した。同月20日，婦少審の答申が提出される。要綱案は「婦少審の建議に鑑みおおむね妥当」であると認めるという内容だったが，労使各委員は意見を附記した。労働側委員は，実効確保を図る措置を盛り込むことが重要として，できるだけ早く生活保障措置を講ずること，職場復帰又は復帰後の労働条件等について不利益取扱いの禁止と罰則規定を求めている。これに対し使用者側委員は，「労務の提供が行われていないにもかかわらず，賃金若しくは類似の支給を企業に義務づけること，あるいは雇用関係が存続し，また任意性のある育児休業に対して保険ないしはこれに準じた制度を設けることは，必要がない」との意見を附記した。

◎育児休業法案の提出

婦少審の答申を得た労働省は法案の内容を固め，それは３月29日「育児休業法案」として閣議決定され，同日第120回通常国会に提出された。審議は４月12日，参議院本会議における小里労相の趣旨説明から始まった。労相は次のように述べ，育児休業制度の意義を説明する（松原 1996：52-3）。

「育児期の労働者が職業生活と家庭生活をそれぞれ充実して営むことができるような働きやすい環境づくりを進めることは，労働者福祉の増進の観点はもとより，我が国経済社会の発展のためにも重要なことであると考えます。」

育児休業法案は17条の条文と４条の附則から成り，以下のような内容のものだった。

①育児休業

労働者は事業主に申し出ることにより，一歳に満たない子を養育するための休業をすることができる。育児休業の期間の延長，変更は一回に限り行うことができる。事業主は，雇用期間が一年に満たない労働者など労使協定で育児休業する事ができないと定められた場合を除き，育児休業の申し出を拒むことができない。事業主は，労働者が育児休業の申し出をし，または育児休業をしたことを理由として，解雇することができない。事業主はあらかじめ育児休業中の待遇，育児休業終了後の賃金，配置などを定めるよう努めなければならない。

②勤務時間の短縮

事業主は育児休業をしない労働者に関して，労働者の申し出に基づく勤務時間の短縮などの措置を講ずる。

③小学校就学までの子を養育する労働者

事業主は一歳から小学校就学までの子を養育する労働者に関して，必要な措置を講ずるよう努めなければならない。

④指針

労働大臣は事業主が講ずべき措置に関して指針を定める。労働大臣は事業主に対し，必要な助言，指導，勧告を行うことができる。

⑤その他

この法律は平成4年4月1日から施行する。30人以下の労働者を雇用する事業所の事業主及び労働者については，平成7年3月31日までの間，適用しない。

この法案に対し，労働団体は反発した。連合は「育児休業法案の国会段階での対応について」と題する反対意見を発表した。連合が問題としたのは，特に以下の4点である。①休業中の生活保障措置が講じられていない，②罰則，現職又は現職相当職への復帰の保障を含む不利益取扱いの禁止が規定されていない，③休業期間の勤続期間への算入規定がないなど法の実効確保措置が不十分，④小規模事業所への適用猶予措置が盛り込まれている。

4月19日野党側は，自民党に対し共同申し入れを行い，育児休業中の所得保障と実効確保措置について強い不満を示した。自民党は野党側との非公式協議で，将来の見直し規定を法案に盛り込むことを提案した。野党側は「見直し規定は抽象的で，育児休業期間中の所得保障について検討することが明記されていない」と不満が強かった[36)]。合意が成らなければ継続審議になる可能性が強かったため，野党側も譲歩し，25日，自民党の修正案を受け入れることでまとまった。

六会派（自民，社会，公明，連合参議院，民社，参院クラブ）により政府提出案が修正され，法律の施行後の見直しの規定が法案に追加された。これにより，4月26日，育児休業法案は参院本会議で可決され，同日衆議院に送付され，5月8日衆院本会議で全会一致で可決成立した。12月には，国家公務員育児休業法等，育児休業関係5法も成立する[37)]。

◇残された課題

育児休業法は見直し規定を盛り込むことで与野党が妥協し，法案の成立を優先させたものだったので，成立当初からその不十分さを指摘する声が多かった。例えば，連合の松本惟子女性局長は，休業中の生活保障が認められないこと，休業を取得したことを理由とする不利益取扱いに対して禁止規定がないこと，従業員30人以下の事業所は法の適用が3年猶予されること[38)]，の3点を問題が大きいと指摘している[39)]。「小さい子をもった人ほど家計はかさむ。男性も取得できるためにも，生活保障はぜひ必要。また，年次有給休暇さえ，休んだ人が不利益な扱いを受けがちなのに，この部分が単なる企業の努力義務では，働く人は安心して休めない。それから，子どもを育てながら働く権利を事業所の規模で差をつける３年間猶予も問題。小さい企業で働く人ほど生計のために仕事を続けなければならない事情をかかえているはず。」

しかし，育児休業制度が法律として成立したことは大きな前進である。婦少審で婦人部会長を務め，法案要綱をまとめた赤松良子氏は，育児休業を男性も取得できるとした点，労働者が申し出たら雇用者は拒否できない「請求権」にした点，の二つは最も評価できる，と述べている[40)]。

1995年，日本はILO156号条約を批准し，同時に育児休業法を改正し，「育児・介護休業法」とした。これは，「少子・高齢化，核家族化が進む中で，家族の介護は育児の問題とともに，労働者が仕事を継続する上で大きな問題である」（労働省婦人局 1995：1）と認識されるようになったからである。これにより新設された介護休業に関する規定（11条～16条）は1999年４月から施行される。

1995年改正と前後して，所得保障に関して進展があった。1995年４月から育児休業給付金制度がスタートし，雇用保険から被保険者に対し，賃金の25％が育児休業給付として支給されるようになった。また，健康保険と年金保険の本人負担分は休業中は免除されることになった。

1997年には，男女雇用機会均等法の改正にともない，育児・介護休業法の改正が再度行われた。現行法の仕組みは以下の通りである。

①男女労働者は，期間を明示して育児休業を申し出ることにより，子が１歳に達するまでの間，育児休業をすることができる。

②育児休業の取得を理由とする労働者の解雇はできない。

③事業主は，あらかじめ，労働者の育児休業中の待遇，育児休業終了後における賃金，配置等について定め，また，労働者の育児休業の申出及びその後における職場復帰が円滑に行われるよう努めなければならない。

④事業主は，１歳に満たない子を養育する労働者のうち育児休業を取得しない者については，勤務時間の短縮等就業しつつ子を養育することを容易にするための措置を講じなければならない。

⑤事業主は，１歳から小学校就学までの子を養育する労働者について，育

児休業又は勤務時間の短縮等の措置に準じて，必要な措置を講ずるよう努めなければならない。

⑥育児休業に関し事業主が講ずべき措置について労働大臣は指針を定める。

⑦国は，育児休業後の労働者の職場復帰が円滑に行われるようにするための措置等を行う事業主に対し，必要な援助を行うように努めなければならない。

◇1990年代の育児休業制度

子どもが満1歳になるまで両親のどちらかが仕事を休める育児休業法が，1992年4月施行された。1986年の男女雇用機会均等法では，育児休業は企業の努力義務に過ぎなかった。それが労働者の権利として認められ，男女ともに取得することができるようになったのである。育児休業法の成立を促した要因は何だったのだろうか。

育児休業法制定過程を素材に，女子労働者の出産・育児をめぐる社会的保障を検討した森田明美（1994）は，育児休業法制度化の背景として，①女子労働力需要，②合計特殊出生率の低下，③国際的な女子労働者保護に対する動向，の三つを挙げる。そしてこれらを背景として直接的には政治状況の変化が，育児休業法成立の促進力となったと論じる。

1990年代初頭，将来的な労働力不足が予想されていた。長期的な出生率の低下により，新規に労働市場に参入する若年層が減少し，若年労働力供給が鈍化することが見込まれ，それを代替するものとして女子労働力への需要が高まりつつあった。また，女性の側でも，経済的理由から，あるいは自己実現のため，就労意欲は以前にも増して高まる傾向にあった。こうして女性の労働市場への参入は，使用者側，女性側双方の理由により増加してきたが，女性の就労継続の最大の障害の一つが育児だった。それを取り除く有力な手段として育児休業制度が注目されるようになっていたのである。

わが国では少子化の傾向が著しく，1990年には1989年の合計特殊出生率が1.57となっていたことが明らかになる。高齢化の進行に少子化が重なり，急速に生産年齢人口の減少が起きれば社会経済的影響は大きい。出生率の向上は国家的課題となった。子どもを欲しい人が，希望の人数だけ子どもを生み育てられるような環境づくりを行っていくことが必要だと考えられるようになった。また，女性にとって出産・育児が負担となっており，それが出生率低下の一因であるとして，女性の就労と育児の両立を支援する政策の必要性が指摘されるようになった。

国際的には，国連婦人の10年以来，家族的責任は男女で共同して担うべきだという思想が普及している。1981年に採択されたILO156号条約は，「各加盟国は，家族的責任を有する者であって職業に従事しているものまたは職業に従事することを希望するものが，差別を受けることなく，また，できる限り職業上の責任と家族的責任との間に抵触が生ずることなく職業に従事する権利を行使することができるようにすることを国の政策の目的とする」と規定する。同日採択されたILO165号勧告は，「家族的責任を有する労働者が就業に係る責任と家族的責任を調和させることができるような雇用条件を確保するため，国内の事情及び可能性並びに他の労働者の正当な利益と両立するすべての措置をとるべきである」と述べ，労働者の仕事と家庭の両立を国が支援していくことを求めている。ILO条約は，わが国が1985年に批准した女子差別撤廃条約と相互補完的な関係にあり，ILO条約を批准することは国際関係上必要なことだったが，そのためには，育児休業制度を含め国内法を整備する必要があった。

以上，三つの要因は育児休業制度法制化を促進したが，特に重要だったのは出生率の低下であると思われる。残りの二つの要因は，育児休業制度法制化を受け入れる社会的コンセンサスの形成に緩やかに貢献したと思われるが，決定的だったのは少子化の進行である。そして，それが参院選での与野党逆転以降の政治状況と結びついたのである。

育児休業に関する法案は，1967年に社会党が提出して以来，ほぼ毎年のように野党側から提出されてきたが，長い間法制化の目途が立っていなかった。それは，第一に，事業主側の反対が強く，第二にそれをうけた自民党が法制化に消極的だったからである。そのため，1985年の男女雇用機会均等法でも育児休業制度は事業主の努力規定にとどまった。

しかし，育児休業制度法制化の問題は，消費税の導入などのような与野党が正面から対立するようなテーマではなかった。社会経済状況の変化にともない，育児休業制度が必要になってきているという認識は与野党で共有されていた。問題は，実現方法や法制化の時期である。「行政指導では普及が進まないので，法制化で一気に育児休業制度を定着させるべき」という考え方と，「行政指導で徐々に普及させ，一般に普及したら法制化すべきだ」というレベルでの意見の対立である（糸久 1990：135）。

育児休業制度法制化が現実的になったのは1989年7月以降のことである。7月に自民党は参議院で議席を失い，与野党が逆転する。これによって自民党は参議院では野党提出法案を無視することができなくなる一方，政府提出法案を自民党だけでは成立させることができなくなった。しかし，衆議院で自民党が過半数を占めていることに変わりはなく，野党側からすれば，自民党と対決する形では，野党提出法案を参議院は通過させても成立にまでは持ち込めないことは明らかである。このような国会の状況では，与野党の全面対決はお互いに望ましいものではなかった。

四党共同法案に中心的に関わってきた社会党の糸久八重子参議院議員は，参院選後の野党側の考え方を次のように説明する（糸久 1990：134-5）。野党側は，参議院では与野党逆転したものの，それだけでは育児休業制度法制化は難しい。法案の可決にも共産党の同意が必要である。しかし共産党とは育児休業中の所得保障水準の問題で歩み寄りが難しい。次の衆院選で自民を過半数割れに追い込むのは現実には難しい。それならば自民党に選挙を意識させ，従来より法制化に積極的な姿勢を引き出す方が得策である。自民党にしても女性有権者にアピールし，支持層に取り込むためには育児休業制度の法制化は効果的だったと思われる。こうして，「与野党対決型」ではなく，「与野党話し合い型」で育児休業制度法制化をめぐる動きが進行しているところに，「1.57ショック」があり，それがその動きを加速させたと考えられる。

5.3 育児支援策としての児童手当

◇児童手当の拡充

1989年以来，児童手当について検討を続けている中児審の審議の参考にするために，厚生省は各界の関係者から意見を聴取した[41]。調査結果は1990年1月に発表された。それによると，支給対象について70%が「所得が低いなど必要性の高い家庭に限るべきだ」とし，41%が現行の第2子からではなく，「第1子から」行うべきだとしていた。また，第2子で月額2500円，第3子以降で5000円となっている現行の支給額については60% が「現行制度は低すぎる」と回答した。小学校入学までという現行の支給期間については，「現行制度でよい」が 38%，「中学卒業まで」が36%，「期間を短縮して額を手厚くする」という回答が16%だった。児童手当の目的については，「手当て支給に重点を置く現行制度を続けるべき」が19%，「児童館の整備や子育て支援，相談事業などに充てて行くべき」と「多目的方式」を望むものが74%となっていた。

「1.57ショック」は児童手当制度のあり方にも影響を及ぼした。1990年8月，厚生省は若い母親の出産意欲を促し出生率を回復すべく，①現在，第2子から支給している児童手当を第1子から支給し，額も引き上げる， ②子育てをしている家庭への税制優遇措置を大蔵省に求める，などの方向で検討を進めることにした。11月の次年度予算編成においては，児童手当制度が一つの焦点になった。出生率低下に対する不安を背景に，自民党の応援を仰いで手当額の引き上げを図りたい厚生省と，児童手当は人口増につながらず，財源の余裕もないとする大蔵省が対立する。また財界は「これ以上の事業者負担は困る。やるなら国庫負担にしてほしい」という態度である。10月半ばの日経連によるアンケートでは，「児童手当は出生率の向上に効果がないと8割の企業が考えている」との結果が出ていた。

出生率の低下に対する対策を検討してきた自民党の「児童と家庭問題小委員会」は12月，「子どもが健やかに生まれ育つ環境づくりについて」と題する報告書を発表し，その中で，現行の第2子からの支給を第1子からにすべきと提言した。期間は現行の就学前までを3歳までに短縮し，支給額は第2子までは5000円，第3子以降は1万円にすべきというものである。この提案の狙いは，児童手当を「薄く広く」から若い夫婦に集中的に支給することで出生率の向上を図るということにあった。

このような自民党の第1子拡大案に対し，大蔵省は「手当の増加が出生率の向上につながるか疑問がある。財政負担の増加をほかの予算の削減で補えるかなど総合的に考えて慎重に判断したい」[42]とした。厚相は「最大限の努力をしたい」と国会で野党議員に対して答弁した。

中児審は1990年12月に「今後の児童手当制度のあり方について」意見具申を行った。この意見具申は，人口構造が急速に高齢化，出生率は低下している状況で，長期的な視点に立って社会全体で次代を担う児童の健全育成を図ることが重要であると述べる。そして，核家族化，都市化の進行等にともなない，家庭内扶養のみに頼ることは難しい状況のなかで，世代間扶養の観点から，児童手当制度を通じて児童の養育に社会的支援を行うことが必要であると児童手当制度の意義を説明する。具体的な改革内容としては，３歳未満の時期に給付を重点化し，第１子から支給すべきと提言した。

政府部内での調整が図られ，２月の閣議決定を経て，「児童手当法案」が国会に提出された。法案は1991年４月24日成立した。この改正の概要は次の通りである。

①支給対象の拡大　　現行の第２子からを第１子からへ拡大
②支給期間の重点化　現行の小学校入学前を３歳未満へ
③支給額の増額　　　第１子，第２子は5000円，第３子は１万円

各種の育児支援政策にもかかわらず，少子化の傾向はその後も依然として続いている。政府のエンゼルプランを受けて，地方自治体のレベルでも，子育て支援に向けた地方版エンゼルプランの策定が行われ，独自の児童手当を新設する自治体も現れている。1998年２月，東京都は，３歳から６歳までの第３子以降に月１万円を支給する独自の児童手当を新設することを決めた[43)]。大阪市も人口の流出に歯止めをかけ，子育て層の定住を促そうと児童手当の拡充，出産一時金の増額などを打ち出した[44)]。また東京都港区は児童手当を条例化し，第３子以降の児童に６歳まで月額１万円の支給を行うことにしている[45)]。

1999年に行われた2000年度の国の予算編成でも児童手当拡充の動きが見られた。公明党は児童手当の拡充と奨学金の新設を求めた。児童手当については，①現在第１，２子が月額5000円，第３子以降が１万円になっている支給額をそれぞれ１万円，２万円にする，②支給期間を現行の３歳未満から16歳未満まで延長する，③所得制限をなくす，とした。この大幅な制度改正に必要な財源は約２兆9000億円と見積もられた。政府・自民党は難色を示し，代替案を提示した。それは，2000年度税制改正で年少扶養控除額を現行の48万円から38万円に

引き下げ，そこから生まれる約2000億円を児童手当の拡充に当てる，というものである。これを受けて，自民，自由，公明の三党は調整を重ね，最終的に公明党も譲歩し，児童手当の対象年齢を就学前までに拡大することで決着した。手当額は据え置くこととなった。

児童手当法改正案は，2000年5月19日，賛成多数で可決，成立した。その結果，2000年6月以降の児童手当制度の概要は次の通りである。

①支給対象　　現行通り，第1子から

②支給期間　　現行の3歳未満を小学校入学前までに拡大

③支給額　　　現行通り，第1子，第2子は5000円，第3子は1万円

この改正は中途半端なものとして評価が分かれた。支給期間の拡大によって，児童手当を受給できる子どもは約300万人増えたが，その財源を捻出するための年少扶養控除引き下げで，事実上増税となる子どもは約1600万人である[46)]。大蔵省によると，16歳未満の子どもが1人いる家庭を想定すると，年収約700万円で年8000円，約800万円で1万6000円の増税になるという[47)]。年少扶養控除額の引き下げは中堅所得層に厳しいものとなった。低所得者に相対的に有利な仕組みであるため，欧米では定額の児童手当方式が主流である。結局，2000年度の児童手当の拡充は，子どものいる家庭の間での財源のやりくりであり，育児支援としては一貫性のないものとなった。

◇1990年代の児童手当

児童手当をめぐる言説や政府の対応は，その時々の政策方針で変遷してきた。1960年代の児童手当をめぐる言説は，児童手当を多子家庭の防貧という社会保障の観点と賃金・雇用の観点から捉えるものが多い。児童手当の目的として，年功序列型賃金体系の是正と労働力の流動化による労働生産性の向上が重視され，それなりの位置づけが与えられていた。しかし，1970年代，財政状況が悪化すると児童手当は不要であるという意見が強まる。1970年代末からはいわゆる「日本型福祉社会論」が登場し，家族による私的扶養が強調される。そんな中，児童手当の支給額は据え置かれ，所得制限は厳しくなり，その位置づけがますます不明確になり，低所得者対策としての色合いが濃くなっていった。1980年代に入ると，高齢化との関連で児童手当が取り上げられ，将来，高齢化

表4-18 児童手当制度の事業実績

年　度	1990	1991	1992	1993	1994
支給対象児童の範囲の変更		第1子1歳未満，第2子以降5歳未満	第1子2歳未満，第2子以降4歳未満	3歳未満	
手当月額（円）	2,500	5,000	5,000	5,000	5,000
	5,000	10,000	10,000	10,000	10,000
所得制限（万円）	433.9	433.9	433.9	433.9	433.9
	691.7	691.7	691.7	691.7	691.7
支給児童数（万人）	368.7	293.9	265.3	248.4	248.5

1995	1996	1997	1998	年　度
				支給対象児童の範囲の変更
5,000	5,000	5,000	5,000	手当月額（円）
10,000	10,000	10,000	10,000	
445.2	452.4	452.4	452.4	所得制限（万円）
673.2	673.1	673.1	673.1	
227.5	224.8	215.8	220.9	支給児童数（万人）

1.1991年度以降，手当月額の上段は第1子，2子に対する手当月額，下段が第3子以降に対するものである。
2.所得制限の限度額は6人世帯の場合の年収。
3.所得制限限度額が二段に分かれているが，上段は児童手当の限度額，下段は特例給付の所得制限限度額である。
資料出所：『厚生白書』各年版，厚生省児童家庭局（1998）により作成

社会を支える児童の社会的扶養の必要性が強調されるようになる。1990年代になって出生率の低下が明らかになると，今度は育児支援策，より端的には出産促進の機能を期待されるようになる。1990年代の各種提言は，少子化に対する危機感を前提に，児童手当制度の拡充によって子育てコストの軽減を図り，育児を支援しなければならないと指摘するものが多くなった。

6　多様化する労働と改正雇用機会均等法

◇女性労働の実情

雇用機会均等法が施行されてから，女性労働にはどのような変化がもたらされたのだろうか。結論から先に言えば，男女を問わない求人が増加し，女性の

図4-11　女性雇用者数の推移（1960年～1995年）

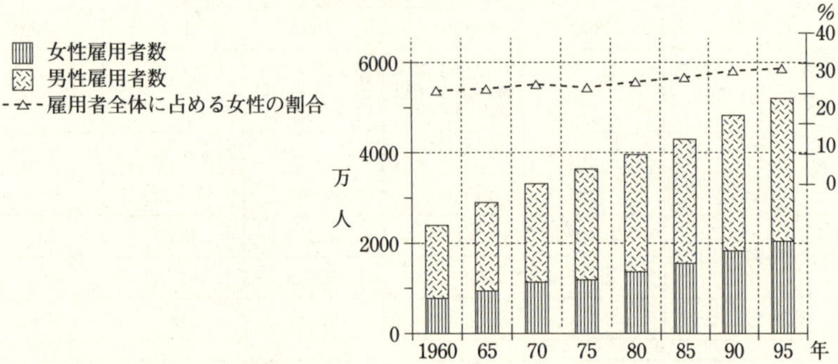

資料出所：総務庁統計局「労働力調査」

図4-12　年齢階級別女性労働力率の推移（1985年～1997年）

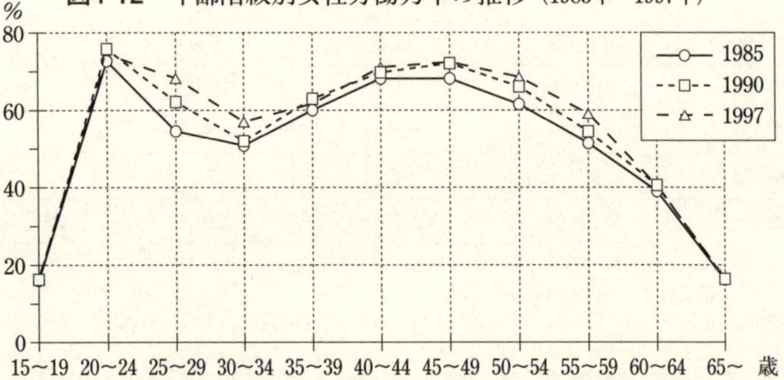

資料出所：総務庁統計局「労働力調査」

図4-13　年齢階級別女性の離職理由（1997年）

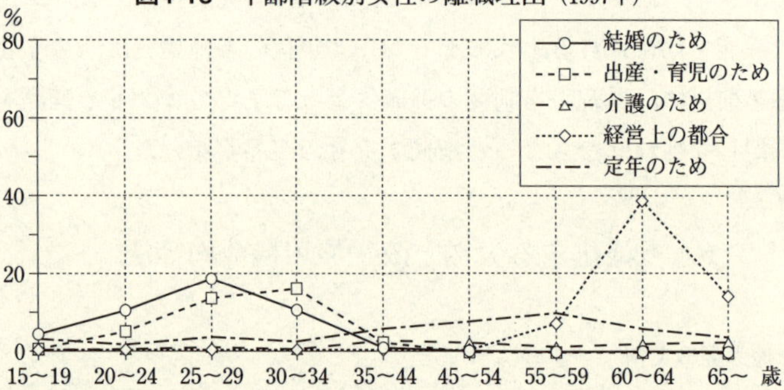

資料出所：労働省「雇用動向調査」

表4-19　一般労働者の賃金実態

	平均年齢（歳）	平均勤続年数（年）	決まって支給する現金給与額（千円）	所定内給与額（千円）	年間賞与その他の特別給与額（千円）
総　数	39.5	11.8	326.9	298.9	1,108.1
女　性	37.3	8.4	225.3	212.7	698.5
男　性	40.5	13.3	371.8	337.0	1,289.2

資料出所：労働省「賃金構造基本統計調査」（1997年）

表4-20　決まって支給する現金給与額の推移

年度	女性（千円）	男性（千円）	男女間格差（男性＝100）
1980	122.5	211.7	55.3
1985	153.6	274.0	56.1
1990	186.1	326.2	57.1
1995	217.5	361.3	60.2
1997	225.3	371.8	60.6

資料出所：労働省「賃金構造基本統計調査」（1997年）

職域も拡大したが，性別職務分離は解消されず，男女賃金格差も是正されず，労働力率のM字型も継続している。

女性雇用者数は1985年の1548万人から1995年には2048万人へと増加し，雇用者全体に占める女性雇用者の割合も35.9%から38.9%へと上昇した（図4-11）。しかし，こうして増加した女性雇用者が継続して就労することは依然として難しく，20代から30代にかけて就業を中断する状況は続いている（図4-12）。年齢階級別の離職理由を照らし合わせれば，労働力率がM字型のカーブを描く理由がわかる。M字型の谷は結婚，出産・育児による離職に対応している（図4-13）。

次に賃金についてみると，男女間の賃金格差は均等法施行以後もあまり改善されていない。一般労働者の平均的実態を男女で比較してみると，女性の平均勤続年数は男性より5年ほど短く（表4-19），決まって支給する現金給与額は男性の約60%，所定内給与額は約63%，その他の特別給与額は約54%となっている（表4-20）。

年齢階級別に見ると，男女間格差は年齢が上がるほどに開くことがわかる（図4-14）。男性は年齢と共に賃金も上昇し，右肩上がりの年功カーブを描くが，女性の賃金には年功カーブが見られず，30代半ばからほぼ平坦になっている。

図4-14　年齢階級別所定内給与額と男女間格差（1997年）

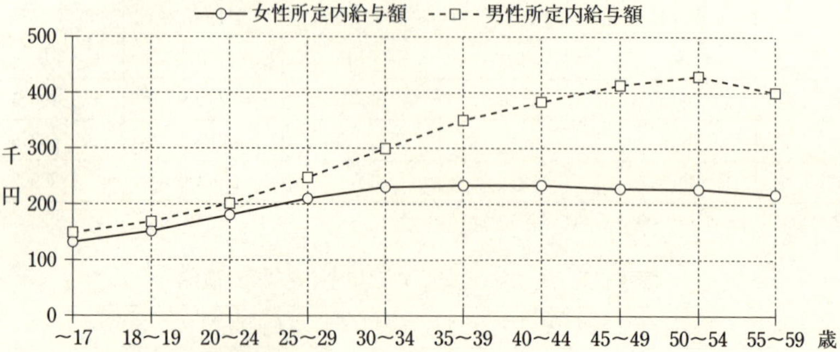

資料出所：労働省「賃金構造基本調査」

図4-15　女性労働者の学歴・年齢別所定内給与（1997年）

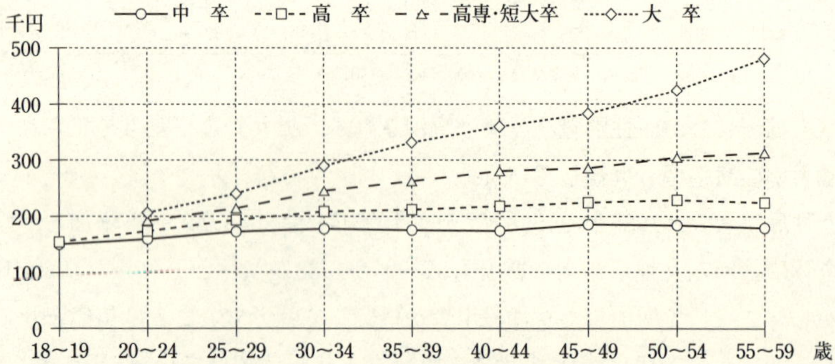

資料出所：労働省「賃金構造基本調査」

図4-16　企業規模・年齢階級別所定内給与額（1997年）

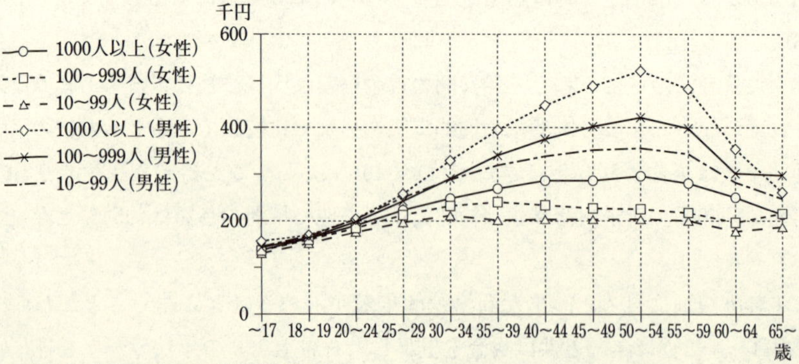

資料出所：労働省「賃金構造基本統計調査」

50代前半でその差はピークに達し，月額20万円ほどになる。

学歴別では高学歴になるほど年功カーブが現れるが，４年制大学卒の女性雇用者の数は相対的に少ないため，平均すると曲線の傾斜が緩やかになってしまう（図4-15）。結婚や出産で就労を中断する女性が多く勤続年数が短いこと，再就職するときは賃金の安いパートタイマーになる人が多いことも女性の賃金を引き下げている。

企業規模別に見ると（図4-16），男性の賃金は大企業になるほど年功カーブのピークが高く，企業規模が小さくなるにしたがって賃金の上昇が緩やかになる。女性の場合は，大企業でも男性ほど賃金は上がらず，男性との格差は非常に大きい。中小企業で働く女性の賃金は年齢が上がってもほとんど上がらず年功カーブは見られない。

次に，職業分野の分布にどのようなジェンダー・バイアスがみられるか確認してみる。職業分野ごとの性別年齢別構成の分布パターンでは，次のようなことがわかる（図4-17）。全体として女性が多いのは事務とサービス業である。

図4-17　性別職業分離の実態（1997年）

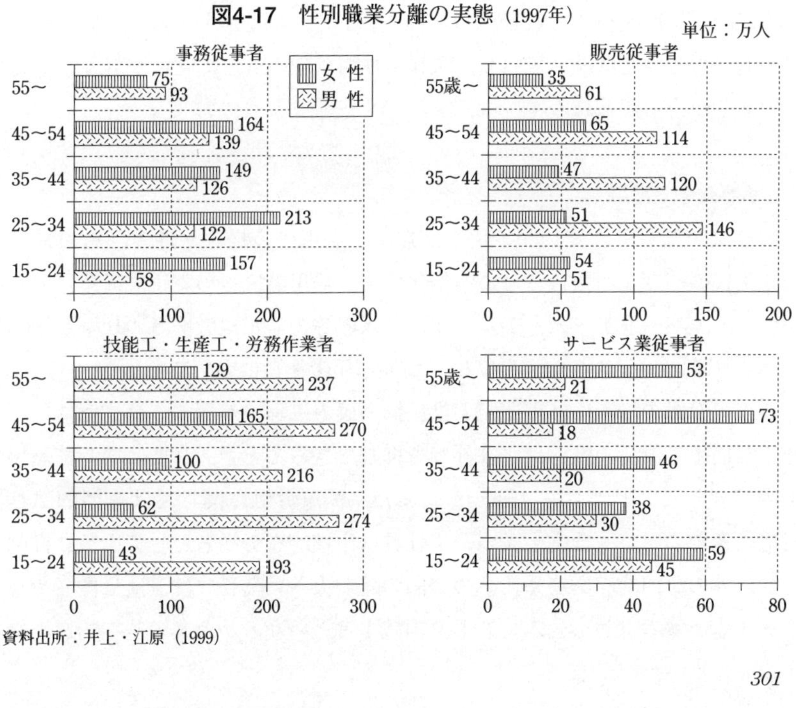

資料出所：井上・江原（1999）

表4-21　年齢階級別女性役職者の構成比（企業規模100人以上）

区　分	1987年（%）				1997年（%）			
	合　計	部　長	課　長	係　長	合　計	部　長	課　長	係　長
総　　数	100.0 (100.0)	100.0 (7.3)	100.0 (25.0)	100.0 (67.7)	100.0 (100.0)	100.0 (8.2)	100.0 (30.9)	100.0 (60.9)
20～29歳	5.0	1.1	1.5	6.7	3.4	0.0	0.2	5.5
30～39歳	26.4	14.6	16.8	31.2	25.7	8.4	20.2	30.8
40～49歳	39.0	29.3	44.8	37.9	39.5	27.9	41.3	40.2
50～59歳	26.9	43.1	32.5	23.0	28.2	48.5	33.9	22.7
60歳以上	2.8 (2.9)	11.8 (1.2)	4.3 (1.8)	1.2 (4.5)	3.1 (5.1)	15.1 (2.2)	4.3 (3.7)	0.9 (7.8)

資料出所：労働省「賃金構造基本調査」（　）内は職階に占める女性の割合

これに対し，男性は販売や技能系に多い。事務職ではどの年齢階層にも女性が分布しているが，サービス業では若年層と中高年層が多くなっている。男性の場合は，サービス業では若年層が多い。

管理職に占める女性の割合は均等法施行後10余年で多少増加した（表4-21)。係長職が減少し課長職の女性が増加していることは，全体としての女性労働者の地位向上を反映していると思われる。しかし，職階が上がるごとに女性の比率が低下する構造は続いており，現在の雇用管理のもとで女性が昇進することの困難さがうかがわれる。

◇多様化する雇用

均等法が施行された1980年代半ば以降，雇用の多様化が進み，その動きは1990年代のバブル崩壊後さらに本格化する。雇用者に占める正規従業員の比率が低下し，パートタイム，アルバイト，派遣等の非正規労働者の比率が増加している（図4-18)。この傾向は特に，女性雇用労働者に顕著である。

非正規労働の増大には需要側と供給側の両方に理由がある。企業側にとって非正規雇用労働者の魅力は，人件費を抑制できることと，必要に応じて雇用量を調節できることにある（図4-19)。また，派遣労働に関しては専門的業務に対応するためという理由も多い。正社員は中核的な労働者として少数に抑制し，それ以外の専門的な業務や仕事の繁閑の差が大きい業務には派遣労働者やパートタイム労働者で対応し，コストを削減するというのが企業の基本的な姿勢で

図4-18　雇用者の就業形態別割合の推移

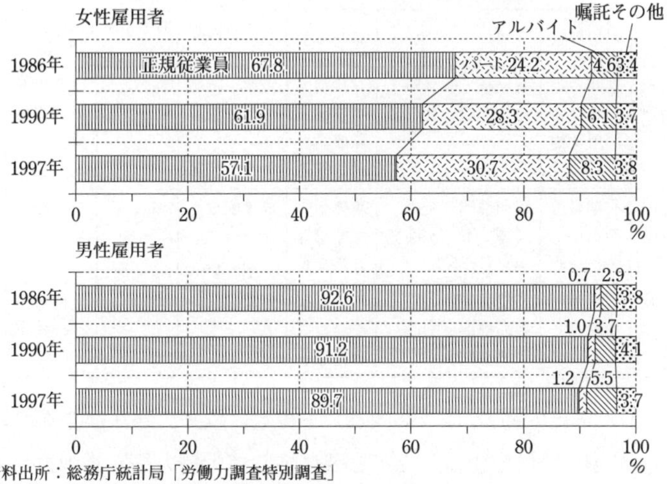

資料出所：総務庁統計局「労働力調査特別調査」

図4-19　非正規雇用労働者を雇う理由（複数回答、1994年）

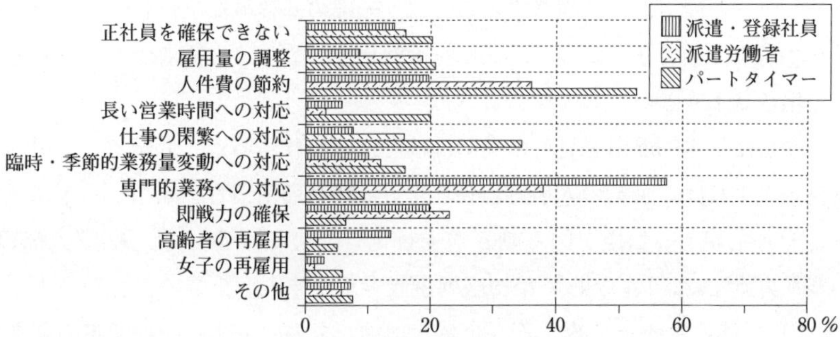

資料出所：労働省「就業形態の多様化に関する総合実態調査」(1994)

ある。供給側から見ると，非正規労働者の大半が女性であることにみられるように，仕事と家庭が比較的両立できる就労形態であること，税制や社会保険など社会政策が誘導する被扶養の地位の範囲内で働けることが大きいだろう。

日経連が1995年５月に発表した「新時代の日本的経営－挑戦すべき方向とその具体策」は，こうした経営側の考えを理論づけるものである。日経連の「新日本的経営論」は，雇用者を①長期蓄積能力活用型，②高度専門能力活用型，③雇用柔軟型，という３種類に区別し，それぞれの組み合わせによる効果的な雇用管理によって，①を中心とした従来の日本的雇用を見直すことを求めた。

表4-22　日経連の新日本的経営論

	雇用形態	対　　象	賃　　金	賞　　与	退職金・年金	昇進・昇格	福祉施設
①長期蓄積能力活用型グループ	期間の定めのない雇用契約	管理職・総合職・技術部門の基幹職	月給制 年俸制 職能給 昇給制度	定率＋業績スライド	ポイント制	役職昇進 職能資格昇格	生涯総合施策
②高度専門能力活用型グループ	有期雇用契約	専門部門（企画，営業，研究開発等）	年俸制 業績給 昇格なし	成果配分	な　し	業績評価	生活援護施策
③雇用柔軟型グループ	有期雇用契約	一般職 技能部門 販売部門	時間給制 職務給 昇格なし	定率	な　し	上位職務への転換	生活援護施策

これは，①の正規労働力（ストック型）を少数に絞り，残りは②③の非正規労働力（フロー型）で対応することで必要に応じて労働力を安く調達し，自由に調節できるシステムをめざすものである。今までの一括採用，終身雇用，年功賃金といった雇用慣行を適用するのはごく一部の基幹職に限定し，大半の労働者を②③のカテゴリーに含め，雇用を柔軟化，つまり，労働者側から見ると不安定化させようというものである。

こうした日本的雇用を見直す動向は統計にも現れている。労働省「雇用管理調査」によれば，企業の人事労務管理方針は終身雇用慣行を縮小し，年功序列から能力主義への転換を図る動きが進行化している（図4-20)。人事労務管理の基本方針では，「主として年功序列主義を重視する」企業の割合が低下し，「主として能力主義を重視する」企業が増加している。また，1993年の調査では，今後の採用・人事の基本的方針として「終身雇用を重視する」とした企業は31.8%だったが，1996年には18.9%に減少している。「終身雇用にはこだわらない」とする企業は逆に41.5%から50.5%に増加している。

それでは企業はどのような人材を求めているのだろうか（図4-21)。労働省「日本的雇用制度アンケート」によると，企業は今後の採用でも「新規･大卒男子」及び「新規・大卒女子」に重点を置く。中途採用では「スペシャリスト型人材の中途採用」を重視する企業が多く，「パート･アルバイト採用」も比較的重視されている。これらは日経連の類型にそれぞれ合致するものである。すなわち，少数の新卒男女が①長期蓄積能力活用型となり，従来の日本的な年功賃

図4-20　企業の人事労務管理の基本方針

① 採用・人事・給与

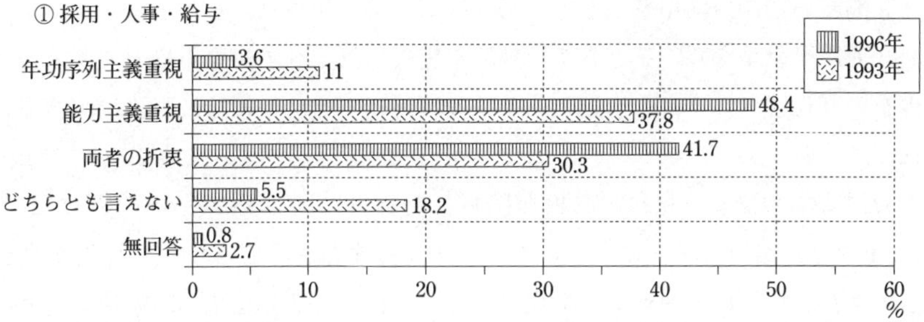

② 採用・人事

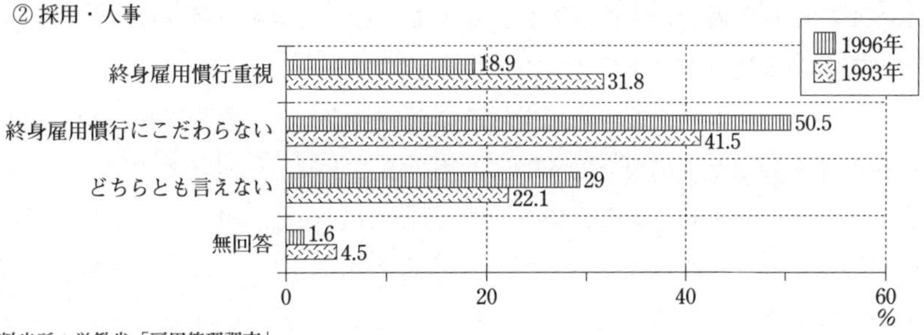

資料出所：労働省「雇用管理調査」

図4-21　企業の採用方針

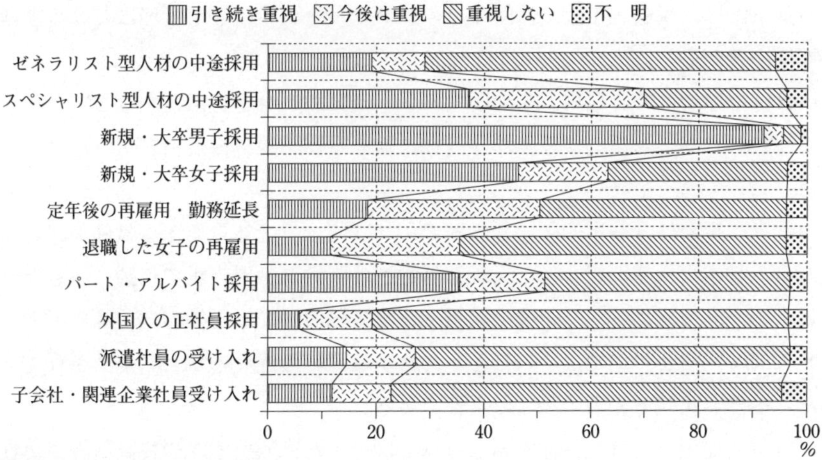

資料出所：労働省「日本的雇用制度アンケート」(1994年)

金体系の適用を受け，長期にわたって育成される。中途採用のスペシャリストは②高度専門能力活用型として，必要に応じて雇用され，パート・アルバイトが③雇用柔軟型グループとして短期的な需要に反応して労働市場への参入と退出を繰り返す。いずれも有期契約で賃金は昇給のない業績給，職務給が適用される。

労働市場のフロー化への転換が図られた背景には，次のような要因がある（竹中 2000：177）。第一に，フレキシブルな労働力を必要とする新技術が登場してきた。第二に，急速な高齢化により人口構成の歪みが生じ，年功型賃金体系の下で中高年者層の人件費の負担が大きくなってきた。第三に，転職に対する労働者の抵抗感が弱まってきた。

フロー型とストック型の最適な組み合わせによって，多様な属性や志向性，制約条件をもった労働力を効率的に活用することは，労働者の側にとっても有益であるという見解もある（島田 1994：173）。しかし，現在のこうした労働市場の流動化から予想される方向は，非正規労働の女性化，非正規労働と正規労働の労働条件の格差の拡大である。具体的には，新卒・若年女性へのパート拡大と賃金の抑制，雇用の不安定化である。非正規労働と正規労働の格差は男性労働者と女性労働者の格差とパラレルに論じられるべき問題である。非正規労働には女性が集中し，正規労働は男性中心だからである。このジェンダー格差の背景には，税制・年金・保険などの社会政策と企業の雇用管理における家族単位主義がある。

日本型雇用は終身雇用，年功序列賃金，企業別組合を特徴とすると言われる。こうした日本型雇用は女性差別とそれに重なる非正規労働差別を組み込んでいた。

欧米の組合は，基本的に同じ職種であれば同一賃金体系をとる職種別組合である。日本の企業別組合は市場から隔離され，内部労働市場で年齢にともなう賃金の上昇を求めてきた。その結果，正規労働者間では平等志向が強い反面，非正規労働者との間ではその格差があたかも身分の違いのごとく是認されてきた。その非正規労働者の多くは女性である。

日本的雇用慣行は生活保障給とセットになった家族ぐるみの終身保障で男性労働者を取り込む。その代償として男性労働者は使用者の意向に添う形で転勤もいとわず，長時間労働に従事し，それを家族がバックアップする。性別役割分業を前提にしてこそ成り立つ働き方である。社会政策も性別役割分業を背後から支える。妻の多くは専業主婦か，パートタイマーである。こうした正規労働者である男性の雇用と待遇が，非正規労働者を犠牲にすることで保障されているとしても，そのコストを担う非正規労働者が女性や単身者という縁辺労働者であるため，妻子を扶養する男性世帯主労働者の利益が優先されることは暗黙の了解になっている（八代 1999：63）。

日経連が構想するような雇用制度の流動化は，こうした構造を改革するものではなく，従来のシステムの下で日本型雇用の恩恵にあずからなかった者を顧みるものでもない（伊田 1998：30）。むしろ，家族単位の発想を所与のものとしたまま，中核労働者と縁辺労働者の配分を改め，大部分の労働者を後者のカテゴリーに含めようとするものである。

◎パートタイム労働

パートタイム労働者と一口に言っても，その概念は必ずしも明確ではない。各種統計でも定義が統一されているわけではないため，整合性がない面がある。そのため，「パートのようなもの」に関する複数の統計が独立に存在し，正確な労働の実態などは明らかになっていない。欧米では短時間労働者を指して「パートタイム労働者」と言うが，日本では残業をするパートなど，その定義に矛盾するパート労働者もいる。日本における「パートタイム労働者」の定義は大きく分けて三つある。

第一の定義では，本人の労働時間を基準とし，１日あるいは１週当たりの所定労働時間が正規雇用者に比べて短い「短時間雇用者」のことである。OECDの定義では週35時間以下の者とされる。総務庁統計局「労働力調査」にはこれらの者を対象とする集計があり，これが「パート」の統計として引用されることが多い。しかし，その中には季節的・不規則的雇用者も含まれる。

第二の定義は，１日あるいは１週間の所定労働時間が事業所における通常の労働者に比べて短い労働者である。労働省「毎月勤労統計調査」「雇用動向調査」は，このカテゴリーの者を対象とする。

第三の定義は，就業時間に関係なく，職場での呼称を基準とする。日常レベ

図4-22　短時間雇用者数の推移

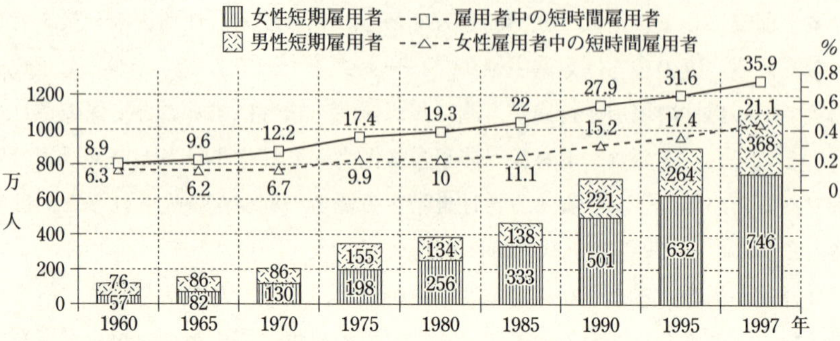

資料出所：総務庁統計局「労働力調査」

表4-23　女性雇用者及び女性パート労働者（週35時間未満）の増加

年度	女性雇用者数（万人）	女性パート数（万人）	雇用者増加のうちパートの占める割合（%）	
1960	639	57		
1970	1,068	130	1960～70年	17.0
1980	1,323	256	1970～80年	49.4
1990	1,795	501	1980～90年	51.9
1997	2,077	746	1990～97年	86.9

資料出所：総務庁統計局「労働力調査」

ルの表現では，この種のパートが一番なじみ深い。「パート労働者」と呼称されるが，労働時間が短いとは限らず，週35時間以上働く者も多い。労働実態よりも雇用形態の違いで区別される労働者である。「疑似パート」「呼称パート」「フルタイム・パート」などと呼ばれることもある。総務庁「就業構造基本調査」や労働省「雇用管理調査」で扱う「パート労働者」は，こういったタイプの雇用者である。

パートタイム労働者は戦後ほぼ一貫して増加しており，労働市場で不可欠の存在となっている。1960年には133万人だった短時間雇用者は1997年には1114万人になった（図4-22）。女性の比率が高いことは既に度々述べてきたが，1997年には短時間雇用者1114万人中女性は746万人となっている。週35時間未満の者だけでも，女性パートの増加は著しい（表4-23）。1990年初頭のバブル崩壊後もその数は大幅に増加している。パートタイム労働者の就業分野は販売・営業，サービス業など第 3 次産業が中心である（図4-23）。

図4-23　パートタイム労働者の職業別構成比（1995年）

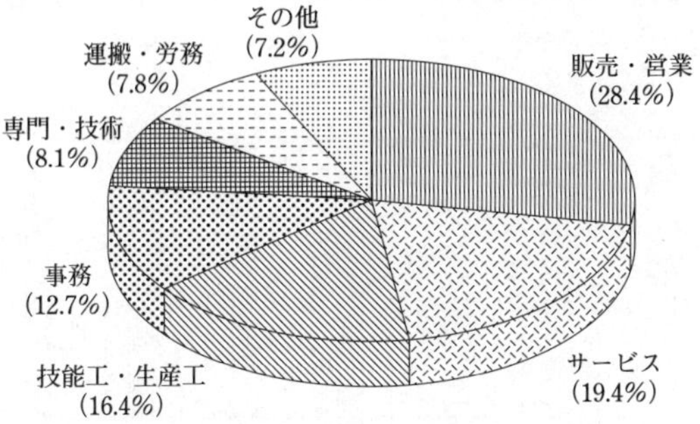

資料出所：労働省「パートタイム労働総合実態調査」(1995年)

増加を続けるパートタイム労働だが，雇用条件は一般に低い。パートは多くの場合，１年単位の有期雇用契約を更新する形を取っているため，繰り返し更新していたとしても勤続１年と扱われ，昇格や昇給がほとんどない。女性パート労働者の賃金は女性一般労働者の7割弱である（図4-24)。しかし，女性一般労働者の賃金と男性一般労働者の賃金にも格差があるため，女性パート労働者の賃金は男性一般労働者の43%である[48)]。しかも，正社員には現金給与以外のさまざまな福利厚生の付与による間接賃金がある[49)]。パート労働者は雇用保険，健康保険，厚生年金などの加入率も低い。

パートタイム労働者の平均勤続年数は伸びており，実労働時間も長い。しかし，正社員との待遇格差は縮小していない。実際の労働時間の長短にかかわらず，パートタイム労働者はフルタイム労働者との均等待遇が保障されない一種の「身分」となっているのである。

こうした労働条件にもかかわらず，女性を中心としてパートタイム労働者は増加している。それは，パート雇用の持つ柔軟さが理由であるが，その背後には二つの考え方があるだろう（図4-25)。一つは，パート雇用をポジティブにとらえる見方で，ライフスタイルに合わせた一つの働き方として積極的に選択するものである。もう一つは，正規雇用を希望するものの，採用されなかったため仕方なく選んだ非自発的パートか，雇用と家庭責任の両立が難しい状況で，選択せざるを得なかったといったネガティブなケースである。好きなときに好きなだけ働ける自由な働き方か，経営側に都合のよい安い労働力か，パートタイム労働には光と陰の両面がある。

図4-24　女性パートタイム労働者と女性一般労働者の賃金格差の推移

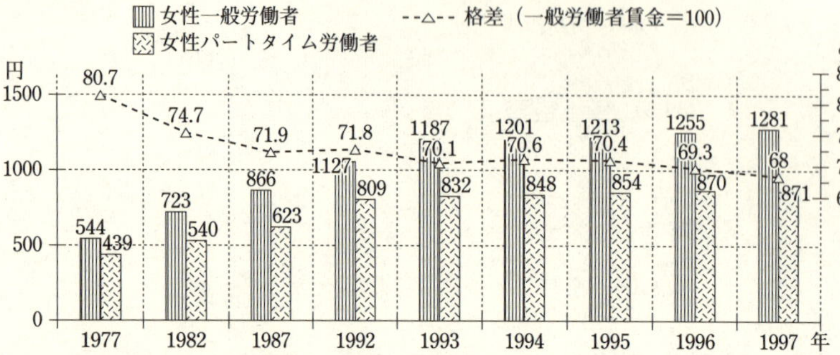

資料出所：労働省「賃金構造基本調査」

図4-25　パートを選んだ理由別労働者割合（複数回答、1995年）

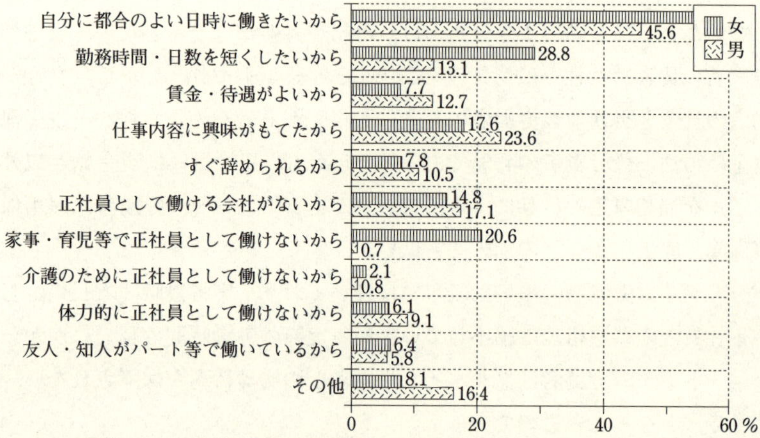

資料出所：労働省「パートタイム労働総合実態調査」(1995年)

◇パートタイム労働対策

パートタイム労働の増加にともない，さまざまな問題が表面化するようになった。特に深刻だったのは，労働条件に関する問題である。パートタイム労働者にも労基法や最低賃金法等の労働保護法は適用されるが，適正な労働条件が確保されているとは言えなかった。雇い入れの条件も不明確な場合が多い。事業主によっては，パートにはこれらの法律の適用がないという誤った認識を持つ者もおり，あるいは知っていてもパートタイム労働者には年次休暇や出産休暇を与えない等の法違反が多発している。また，極端な低賃金で雇用し，使用者の都合次第で退職金も支給せずに予告なく解雇するなどの取扱いも多かった。

こうした問題に対処するため，労働省は1982年，労相の私的諮問機関である労働基準法研究会に検討を依頼した。同研究会は1984年８月に報告をまとめ，パートタイム労働者の雇用に関する問題点を次のように指摘する。①労働関係法令がパートタイム労働者には適用されないと誤って認識している事業主がいる，②労働条件があいまいである，③一般労働者を想定した現行の労働関係法令がパートタイム労働者には合致しない面がある，④パートタイム労働者に対する雇用管理が不適切である。

労基研報告を受けて，同年12月労働省は「パートタイム労働対策要綱」(通達) を策定した。要綱は①労働条件を明確にするため雇入通知書を交付すること，②パートタイム労働者に適用される就業規則を作成すること，③一定の要件を備えた者へ年次休暇を付与すること，④１年を超える有期雇用契約の終了は30日前に予告すること，⑤健康診断を実施すること，⑥適正な雇用管理を実施すること，などを盛り込んだ。

しかし，パート労働をめぐる問題は依然として存在する。要綱による行政指導ではなく，パート保護法による法規制が必要であるという声が，パート労働者のコミュニティ・ユニオン[50)]や野党，研究者の間で高まった。1987年10月，労働省の委託を受けた「女子パートタイム労働対策に関する研究会」は「今後のパートタイム労働者のあり方について」という報告を発表し，その中でパートタイム労働に関する立法を提言した。しかし，翌1988年12月労働省「パートタイム労働専門家会議」は「今後のパートタイム労働対策の在り方について(中間的整理)」の中で，パート立法については引き続き検討を行うことが適当との見解を表明した。労使間のコンセンサスが得られなかったためである。10月には東京商工会議所が「パートタイム労働者の労働条件の最低基準は既に労働基準法・最低賃金法・労働安全衛生法などによって定められており，新たな法律を制定する必然性は乏しい」という見解を表明している。1984年の「要綱」策定時にも法制化が求められたが，同様の理由で見送られた経緯があった。

立法化には至らなかったが，パート対策の拡充強化が必要なことに対する認識は一致していたため，1989年６月「パートタイム労働者の処遇及び労働条件について考慮すべき事項に関する指針 (パートタイム労働指針)」が労働大臣告示として出された。指針は「要綱」の内容をさらに強化する形で，①賃金・賞与・退職金について一般労働者との均衡に配慮すること，②福利厚生施設の利用について一般労働者と同等の扱いをすること，③教育訓練を実施すること，④10人以上パート労働者を使用する場合にはパートタイム雇用管理者を選任すること，などを盛り込んでいる。指針の策定に平行して雇用保険法の改正が行われた。従来の雇用保険法ではパート労働者の位置づけがきちんとなされていなかったため，これを改め，被保険者として取り扱う基準が明確化された。これによって，週所定労働時間が22時間以上で1年以上継続雇用され，年収が90万円以上と見込まれる者は被保険者として取り扱われることになった。また，週33時間未満の者は短時間労働被保険者として区分されることになった。

こうした対策にもかかわらず，パート労働者の労働条件や待遇，福祉厚生をめぐる差別的な取扱いは続き，改善が十分とは言えなかった。その間にもパートタイム労働者は増加を続けた。こうした状況を背景に，労組の要請を受けた野党（社会・公明・社民連・連合参議院）が1992年2月パートタイム労働者に対する共同法案を国会に提出した。共同法案は一般労働者との差別的取扱いを禁止し，行政当局の是正勧告に反した場合には罰則を設けるなど，均等待遇の原則と差別是正を柱とした内容だった。野党案の提出を受けて，3月に衆議院労働委員会にパートタイム労働小委員会が設置された。小委員会ではパートタイム労働者の対する何らかの法的整備が必要であることが確認された。労働省は労使と公益側の三者から成る「パートタイム労働問題に関する研究会」を設置し，法制化の方向について検討を求めた。12月に出された報告書は，パートタイム労働市場を適正かつ健全に育成する必要性を強調した。そして，法律の規制の対象を，典型的なパートタイム労働者に限定し，労働時間の長い，フルタイム型のいわゆる疑似パートは対象から外すという考えを示した。

研究会報告をもとにして作成された政府案は，野党案とは本質的に異なるものである。野党案の主眼がパートタイム労働者に対する差別是正にあるのに対し，政府案は雇用管理の改善を中心としている。しかし，労働側が求めるような罰則付きの規制は使用者側の反対が強く，とうてい法制化の見込みはなかった。その意味で政府案は現実的なものではあった。政府案の内容ではパート労働の現状を固定するだけであり，法案は流してしまった方がよいという野党側の意見もあったが，長期にわたって要望が繰り返され，ようやく立法化に至ったという経緯もあり，修正を加えることで多少なりとも前進させようということになった。一方，政府の側もこの機を逃さず立法化したいと考えていたため，修正に応じる姿勢を見せた（大脇 1994）。その結果，①法律名と目的，②短時間雇用者の定義，③使用者の義務，④雇入通知書と就業規則作成における意見聴取，⑤助言・指導・勧告，⑥施行後の見直し，の6項目について修正が加えられた。

政府案は1993年6月10日参議院で可決，成立する。

1993年12月から施行された「短時間雇用者の雇用管理の改善等に関する法律」（パートタイム労働法）は，呼称にかかわらず1週間の所定労働時間が通常の労働者と比較して短い労働者を対象とする。同法3条1項は「事業主は，その雇用する短時間労働者について，その就業の実態，通常の労働者との均衡を考慮して，適正な労働条件の確保及び教育訓練の実施，福利厚生の充実その他の雇用管理の改善を図るために必要な措置を講ずることにより，当該短時間労働者がその有する能力を有効に発揮することができるように努めるものとする」と規定する。具体的な義務は指針に定められているが，主要な規定は ①労働条件通知書の交付，②就業規則の作成，③労働契約の更新拒否の事前通知，④該当者の雇用保険への加入，⑤優先的応募機会の付与，⑥通常労働者との均衡を考慮した労働条件の保障，⑦パート労働者の生活に配慮した労働時間・休日・休暇の設定，などである。また，所定労働時間が通常の労働者とほとんど同じ労働者，いわゆる疑似パートについて，指針は「通常の労働者としてふさわしい処遇をするよう努めるものとする」としている。

パートタイム労働法は罰則をともなわない事業主の努力義務と行政指導を中心とする法律であり，その実効性について評価は分かれる[51)]。とりわけ，通常の労働者と短時間雇用者の均等処遇原則が盛り込まれず，代わりに挿入された「均衡」概念の基準もあいまいなのは問題である。しかし，法律に「平等」という表現を入れることに対する抵抗が強いなかで，「均等を含んだ広い概念」として「均衡」を挿入した（大脇 1998：120）ことは，将来の改善の足がかりとして重要である。

パートタイム労働法には3年後の見直し条項が附則として加えられていた。

表4-24　パートタイム労働をめぐる動き

1984年	労働基準法研究会「パートタイム労働対策の方向について」を労相に報告 労働事務次官通達「パートタイム労働対策要綱の策定について」
1987年	労働基準法改正（パート労働者に対する年次有給休暇の比例付与制度を創設） （財）婦人少年協会・女子パートタイム労働対策に関する研究会「今後のパートタイム労働者のあり方について」報告
1988年	パートタイム労働問題専門家会議（労働省）「今後のパートタイム労働対策のあり方について（中間報告）」を発表
1989年	労働省告示「パートタイム労働者の処遇及び労働条件等について考慮すべき事項に関する指針」，労働事務次官通達「総合的パートタイム労働対策」について 「雇用保険法及び労働保険の保険料の徴収等に関する法律の一部を改正する法律」（短時間労働被保険者に関する職者給付の特例を導入） 日本弁護士連合会「パートタイム労働者の権利保障についての意見書」発表
1992年	衆議院労働委員会「パートタイム労働に関する小委員会」設置 野党「短時間労働者の通常の労働者との均等待遇及び適正な就業条件の確保に関する法律案」 パートタイム労働問題に関する研究会「今後のパートタイム労働対策の在り方について」
1993年	婦人少年問題審議会「『短時間労働者の雇用管理の改善等に関する法律（仮称）案要綱』について（答申）」 「短時間労働者の雇用管理の改善等に関する法律案」国会提出 パートタイム労働法施行

そこで，労働省は「パートタイム労働総合実態調査」を実施し，労働省女性局長の私的研究会である「パートタイム労働に係る調査研究会」が1998年8月，報告書をまとめた。報告の注目すべき点は，パートタイム労働者の処遇や労働条件を改善していくため，就業時間を自己規制する原因となっている所得税の非課税限度額など，税制や社会保険に関連する制度の撤廃も含めて見直す必要があると指摘したことである。研究会報告を受けて，女性少年問題審議会パート専門部会がパートタイム労働法の見直しの要否も含めた検討を開始した。

女性少年問題審議会は1998年2月「短時間労働対策の在り方」と題する建議を労相だけでなく，大蔵，厚生，自治の各大臣に対して行った。建議は，パートタイム労働を労働時間が短いことを除いては，労働条件の高低や雇用の安定性とは無関係な就業形態として労使が選択できるものにすることが必要であると論じる。そして，現在の雇用管理上の中心的な課題として，①労働条件をめぐるトラブルの防止，②通常の労働者との均衡を考慮した労働条件・処遇の確保，③パートタイム労働の就業実態に応じた合理的な雇用管理の確保，④特に有期労働契約の者について，希望・就業実態に応じた雇用の安定の確保，を挙げる。これらの課題への個別の対応策に加えて，建議はパートタイム労働者の就労調整に言及し，税制や社会保険など制度を極力個人単位に切り替えていくことが望ましく，抜本的な見直しが必要であるとした。

2000年6月現在，女性少年問題審議会の建議を踏まえ，労働省「パートタイム労働に係る雇用管理研究会」において「通常の労働者との均衡」をどのように図っていくかが検討されている段階である。パートタイム労働法改正の具体的な方向はまだ提示されていない。ILO175号条約及び182号勧告は，比較可能なパートタイム労働者とフルタイム労働者の賃金・労働条件は「同一」もしくは「同等」に取り扱われなければならないとしている。国際的な基準からも，パートタイム労働法を改正し，パートタイム労働者と通常労働者の均等待遇を保障していくことは重要である。そしてそれに併せて，建議が指摘するように，関連各制度の個人単位化が検討されなければならない。パートタイム労働の問題は，単に労働分野の問題にとどまらず，家庭と社会制度，労働市場を貫く家族単位主義の問題だからである。

◎派遣労働

正社員，パートタイマーに次ぐ第三の労働形態といわれているのが，人材派遣である。従来，職業安定法は労働者を他の会社に派遣することを禁じていた。1986年に成立した労働者派遣法は，派遣労働者の雇用と労働条件を確保し，かつ正規労働者の雇用が派遣労働に代替されないよう，業種を限定して労働者派遣を認めた。法施行後，派遣労働者数は1992年まで一貫して増加し，バブル崩壊後の人余りの時期に一度減少したが，その後再び増加傾向を示している（図4-26）。派遣労働業界が発展した1980年代後半はバブル好況下で極度の人手不足の時期だった。そのため企業は足りない労働力を補充するために派遣労働者を求めた。しかし，1994年以降の派遣需要の伸びは，企業が固定されない労働力を獲得する手段として派遣労働を見なしはじめたことにある。

パートタイム労働者と同様に，派遣労働者の増加も，労働者の供給側と需要側の双方に要因がある。労働者側は正規社員としての職が得られないなど消極的な理由，あるいは柔軟な働き方の一つとして積極的な理由から派遣労働を選択している。企業側が派遣社員を活用する理由には，雇用管理面のメリットと

図4-26　労働者派遣された派遣労働者数等

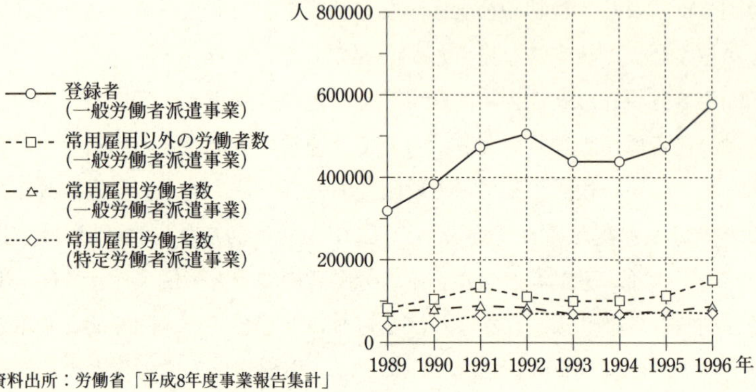

資料出所：労働省「平成8年度事業報告集計」

表4-25　派遣労働者の実態

（人，％）

	総　　数	登録スタッフ	パート・アルバイト等	常用労働者	不　　明
総　数	2,014 (100)	1,035 (51.4)	141 (7.0)	805 (40.0)	33 (1.6)
男　性	546 (100.0)	112 (20.5)	8 (1.5)	411 (75.3)	15 (2.7)
女　性	1,459 (100.0)	917 (62.9)	133 (9.1)	391 (26.8)	18 (1.2)
不　明	9 (100.0)	6 (66.7)	−	3 (33.3)	−

1.登録スタッフ：派遣労働者のうち登録制度を利用している者
2.パート：いわゆる正社員より1日の所定労働時間，1週の所定労働日数が少ない者
3.常用労働者：期間の定めなく雇用されている者，雇用期間が反復継続され事実上期間の定めなく雇用されている者と同等と認められる者
資料出所：雇用問題研究会「労働者派遣実態調査」(1997年)

して，①雇用需要の変動に対応できる，②派遣労働者の場合，税金・保険などの納付業務が不要である，③正規社員を派遣労働者で代替し組織のリストラを実行できる[52]，などがある。コスト面のメリットとしては，①募集費用・教育訓練費用を節約できる，②福利厚生費，賞与，退職金が不要である，③実労働時間に対してのみ給与を支給すればよい，などがある。

派遣労働には，派遣する労働者を常時雇用する常用型（特定労働者派遣事業）とあらかじめ労働者を登録しておき，企業から要請があったときだけ雇用して派遣する登録型（一般労働者派遣事業）がある。労働者派遣は，派遣元が雇用している労働者を，その雇用関係を維持したまま派遣先において労働に従事させるものである。そのため，ユーザーである派遣先企業と派遣された労働者の

間には，労働契約関係は生じない。三者間の特殊な法律関係のもとで，労働者の権利を保障するため，労働者派遣法は特別な規制を設けている。

「労働者派遣事業実態調査」（1997年）によると，派遣労働者の性別では女性の比率が圧倒的に高い（男性27.1%，女性72.4%）。雇用形態別では，女性派遣労働者は登録スタッフが多く，男性派遣労働者は常用労働者として派遣される者が多い。

1985年に制定された労働者派遣法は，一定の専門性を有するか，特別の雇用管理の必要性があるもので，政令で定める業務に限定して労働者派遣を認めている。当初は，対象業務は13業務に限定されていたが，その後改正されて16業務となった。派遣労働市場は順調に拡大し，1988年頃から，人材派遣業の業界団体などは適用対象業務の拡大を要望するようになった。その一方で，派遣労働者の労働条件や待遇をめぐるさまざまな問題も表面化しはじめる。予告もなく解雇された，休暇が取れない，賃金が少ないなどの相談が派遣労働者の組織に寄せられるようになった。賃金については，派遣先から派遣元に支払われる派遣料金のうち，3割から5割がマージンとして差し引かれるなどの実態があった。東京都の調査では，登録型の派遣労働者の平均賃金は1986年には1255円だが，1989年には1197円へと下がっている[53)]。人材派遣業界内の競争により，派遣元が低い労働条件で労働者を派遣することで競争力を高めようとする「ダンピング」類似の行為があった。

派遣労働者の待遇改善が進まないまま，1993年頃から規制緩和を求める動きは強まっていく。中央職業安定審議会（職安審）は，1994年1月，派遣労働の対象業務を60歳以上に限って拡大することを労相に建議した。高齢者の経験を生かし，柔軟な働き方の幅を広げることが目的とされた。1994年11月，日経連は，企業の事務部門で働くホワイトカラーの雇用の多様化を求めて，派遣労働者と裁量労働制の適用範囲の拡大を求める要望書を政府に提出した。政府の規制緩和5ヵ年計画に盛り込むことを求めたものである。こうした産業界の要望を背景に，人材派遣業の見直しを進めてきた職安審は1995年12月報告をまとめ，派遣労働の対象に研究開発，広告デザインなど12業種を追加することを労相に提言した。産業界や人材派遣業界には対象業務の原則自由化を求める声もあったが，待遇改善が不十分なまま自由化すれば，無権利状態の派遣労働者を増やすだけという労働側の反対が強かったため，「自由化」ではなく「拡大」に落ち着いた。

1996年，労働者派遣法は改正され，対象業務は26種類となった。一部の規制緩和論者が主張するように，規制緩和が雇用を増やすのかどうか，この点に関して定量的な分析はほとんどなされていなかった（野村 1998：174）が，その後も規制緩和を求める流れは続く。行政改革委員会は第二次答申「創意で造る新たな日本」（1996年12月）で，１年単位の変形労働時間制の規制緩和，裁量労働制の拡大などを打ち出した。労働契約期間は，パートなどの非正規雇用に限って，１年以内の有期雇用契約が認められてきたが，これを３年に延ばそうというものである。これにより，正規社員に対応させていた業務を有期雇用の非正規社員に代替させることが可能となる。裁量労働制は，実際の労働時間に関係なく，労使協定で定められた時間だけを労働したとみなす制度である。労働時間とそうでない時間の境が不明確な取材・編集などの業務に限定されているが，これをホワイトカラー全般に拡大しようというのが経済界の主張である。

規制緩和によって，参入しやすく退出しやすい労働市場を整備するというのが労働保護行政を監督する労働省の立場であったが，労働側からは「必要な時に必要な労働力を必要な期間だけ使える」使用者側に都合のよいシステムであると批判されていた。しかし，労組の組織率が低下し，全体としての労働運動が低調になる中で，労働側も有効な対策を打ち出せなかった。また，労働保護法制の規制が緩和されることで，最も影響を受ける非正規労働者の多くは未組織であり，規制緩和をめぐる政策論議に意思表示する余地はあまりなかった。

1998年５月，中職安審は，人材派遣の対象業務を原則的に自由化することを柱とした報告を行った。これを受けて労働省は労働者派遣事業法改正の要綱案を作成し，7月職安審に諮問した。10月には，改正法案が国会に提出されたが継続審議となり，翌1999年６月末，成立する。

改正された労働者派遣法は，港湾運送，建設，警備，医療などを除いて，派遣対象業務を原則自由化した。派遣期間については，改正前の26業種については従来通り，３年だが，それ以外は１年としている。派遣期間を超えた場合，派遣先企業が派遣社員を雇用するよう努力する義務が盛り込まれた。労働大臣の勧告に従わない場合には，企業名が公表される。派遣元は派遣労働者が社

表4-26　派遣労働をめぐる動き

1980年	労働省に「労働者派遣事業問題研究会」発足
1984年	中央職業安定審議会が派遣労働に関する立法化を提言
1985年	労働者派遣事業法成立，対象業務は13種類に限定
1986年	労働者派遣事業法施行，対象業務を16種類に拡大
1991年	派遣労働者が労働条件の改善を求めて労働組合を結成する動きが広がる
	労働省は派遣労働に関する苦情相談体制を整備
1993年	産業構造審議会総合部会が派遣労働の規制緩和を提言
1994年	日経連，派遣労働者の業種拡大を要請
	中央職業安定審議会が派遣労働の対象業務を60歳以上に限定して拡大することを提言
1995年	中央職業安定審議会が派遣労働の対象業務に12業種追加を提言
1996年	労働者派遣事業法改正，26業務に拡大
1997年	ILO181 号条約採択
1999年	労働者派遣事業法改正，対象業務を原則自由化

会・労働保険に加入しているかどうかを派遣先に通知する義務を負う。派遣元は業務に必要な範囲で労働者の個人情報を収集するが，これを適正に保管管理せねばならず，業務上知り得た情報を漏らすことも許されない。労働者は違法事案を労働大臣に申告できる。申告によって派遣元，派遣先から不利益な取扱いを受けた場合には，罰則が適用される。

こうした規定は，これまでの派遣労働の労働条件，待遇を改善することをめざすものであるが，実体のあるものにできるかどうかはまだわからない。派遣労働は，派遣元と派遣労働者，派遣先という三者からなる関係であり，相対ではない派遣先と労働者の関係が企業側の責任意識を低下させ，派遣労働者はさまざまな不利益を被っている。

これまでの労働者派遣事業には，以下のような問題点がある。

第一に，就業条件と労働者の権利保障の問題である。派遣労働の中心である登録型では，短期契約の反復が通常形態となっており，契約を更新してもらうため弱い立場にある労働者は契約外業務や残業をせざるを得ないことが多い。また，短期契約の反復であるが故に，社会・労働保険にも加入していない者が多い。派遣先は派遣労働者に対して労働時間や安全衛生，生理休暇などの権利を保障する責任を負っているが，それらの権利が十分に保障されているとは言えない。派遣先による不合理な中途契約解除も後を絶たない。

第二に，女性差別とセクシュアル・ハラスメントの問題である。派遣労働では，選ぶ側の派遣先企業の立場が強い。派遣労働者の多くは女性であるため，仕事の技量よりも「若くてきれいな人」などで選別したり，雇用関係のない派遣先企業には法が認めていない「事前面接」を，「打ち合わせ」「業務確認」などの名目で実施する企業も多い。派遣業界は俗に「35歳定年制」と称され，年齢が高くなるにつれ，仕事がなくなると言われる。派遣依頼に「20代，女性，未婚」という条件が付けられることもあるという。1998年には女性を容姿でランク付けした資料が大手派遣会社から流出するなどの事件もあった。

第三に，待遇の問題がある。派遣対象業務が限定されていた時には専門性を理由に賃金が一定のレベルで保障されていたが，競争が強まり，さらに自由化されることによって「値切られ」，賃金水準が低下している。これは社会保険制度のあり方にも関連する。社会保険料の事業主負担がない登録型の派遣労働者は，競争力を高めるため，低い料金で派遣される。女性が大多数を占める派遣労働の賃金水準の低下は女性労働者全体の賃金水準の低下につながる。雇用の多様化は，同一価値労働同一賃金の原則が確立されているところでは，柔軟な生き方・働き方の選択肢を増やすものである。しかし，日本のように正規労働者と非正規労働者の格差が大きく，それが是認されているようなところでは，結局，女性労働者の非正規化と賃金のダンピングを促進することにつながっている。

◇男女雇用機会均等法の限界

雇用機会均等法は雇用を五つのステージに分け，募集・採用（7条），配置・昇進（8条）における男女差別については企業の努力に委ね，教育訓練（9条），福利厚生（10条）及び定年・退職・解雇（11条）については強行規定をもって禁止としている。努力義務の部分は指針を定め，その内容を明らかにすることが定められていた（12条）。紛争処理の方法については，企業内の自主的紛争処理機関（13条），各都道府県の婦人少年室長による紛争解決の援助（14条）及び婦人少年室長が自発的に行う助言・指導・勧告（33条），機会均等調停委員会による調停（15条）などがそれぞれ規定された。

均等法施行以後，各都道府県女性少年室に寄せられる女性労働者及び事業主からの相談は増加傾向にあった。当初は均等法11条の定年・退職・解雇についての相談の占める比率が高かったが，1990年前後から7条関係（募集・採用）に

表4-27 各都道府県婦人少年室への相談

（%，件）

	1986	1987	1988	1989	1990	1991	1992	1993	1994	1995
7条関係（募集・採用）	17.0	13.7	14.1	24.0	29.5	30.0	20.1	28.9	48.1	55.8
8条関係（配置・昇進）	6.1	10.4	8.5	5.8	8.1	11.7	25.3	10.6	8.9	6.4
9条関係（教育訓練）	3.6	5.4	5.6	2.0	1.8	2.7	3.7	4.3	3.2	2.4
10条関係（福利厚生）	4.1	5.9	6.6	2.2	2.1	2.6	3.9	4.5	3.3	2.6
11条関係（定年・退職・解雇）	32.8	33.6	34.3	44.3	40.4	34.9	18.8	17.3	11.3	8.1
その他	36.4	31.1	30.9	21.7	18.2	18.0	28.1	34.4	25.2	24.7
計	100.0	100.0	100.0	100.0	100.0	100.0	100.0	100.0	100.0	100.0
年度別件数	9,458	7,225	9,130	10,970	10,912	9,458	10,348	9,451	19,740	18,553

資料出所：安枝（1998：190）

ついての相談が増加した（表4-27）。

不十分ながらも均等法が成立したことにより，男女不問求人の割合は増加していた。売り手市場と言われたバブル期には，女子学生の就職内定率も男子学生に並ぶようになった。しかし，景気が低迷すると一転，女子学生の就職は「氷河期」や「どしゃぶり」と表現されるように厳しさを増した。1994年の労働省の調査では，翌春卒業予定の女子学生の就職内定者は男子の半分強にとどまることが明らかになった。全体の募集総数は女子が6万4132人，男子が6万155人である。ところが，内定者数は女子が2万5293人（対募集人数比39%）に対し，男子は4万5545人（同76%）である。建前上は「男女とも募集」としておきながら，実際には男性優先で内定が出されていたことがうかがわれる。

婦人少年室特別相談窓口に寄せられた「女子学生の就職問題」に関する相談件数は1994年から1995年にかけて大幅に増加した（表4-28）。その内容を見てみると，企業は依然として女性を男性と対等の働き手として受け入れるつもりがないことがわかる。対等どころか，そもそも一人前の労働者とみなさず，個人的なあるいは極めて性的な質問を行う「面接セクハラ」も横行した。あまりにひどい就職差別に対抗するため，1994年に女子学生が結成した「就職難に泣き寝入りしない女子学生の会」がまとめた『就職黒書』には，そうした体験が多く寄せられている[54)]。

バブル崩壊後の1990年代初頭には，こうした悪質な就職差別があとを絶たな

表4-28　「女子学生の就職問題」相談内容

区　　分	1994年	1995年
相談件数	6,161	9,089
均等法第14条に基づく助言等による改善件数	1	0
均等法第33条に基づく助言等による改善件数	807	661
事案の内容別相談件数		
A　均等法関係	4,812	7,835
①女子であることを理由として応募の機会が与えられていない	1,936	2,635
②募集又は採用に関わる情報提供が男子に比べ不利に取り扱われている	1,320	2,234
③女子についてのみ募集または採用する人数の限度が設けられている	621	1,220
④女子についてのみ自宅通勤であること，浪人・留年していないこと等女子に厳しい募集・採用要件が付されている	630	948
⑤採用試験で女子が不利に取り扱われている	123	425
⑥その他均等法及びその趣旨に照らして問題である募集・採用に関する事案	182	373
B　その他（均等法関係以外の相談等）	1,349	1,254

資料出所：井上・江原（1999）

かったため，募集・採用で女性に不利な扱いをしないよう労働省が均等法の「指針」での規制を強めたり，文相が日経連会長と会談し，「採用枠の拡大と女子学生が不利益を受けないよう」要請を行ったりしたが，事態は改善されず，その後も就職シーズンには毎年のように女子学生に対する差別が問題となった。

根本的な対策としては，やはり均等法の強化しかない。募集・採用，配置・昇進など肝心な部分で差別を禁じていないという問題点の他に，均等法は，女性に対して男性と均等な機会を保障するという片面的な効力しか持たず，差別に対する事後的救済の仕組みも不十分であるという重大な欠陥があった。均等法にいう「均等」とは，「女子労働者をその意欲と能力に応じて男子労働者と等しく取り扱う」ことであり，両者を全く同様に扱うことではないのである。女性の進出を促す意味から「女子のみ募集」は均等法に反しないと解されている[55)]。また男女不問の求人で，実際には女性の採用が実際にはゼロだとしても，適した人材がいなかったと企業側が言えば追及は難しく，コース別人事管理も均等法上は問題なかった。しかし，こうした取扱いは男女の賃金格差をもたらす主要な要因である。均等法は紛争解決のため機会均等調停委員会による調停制度について規定していたが（15条），この調停は事実上「開かずの扉」だった。調停委員会での調停が開始されるためには，婦人少年室長が調停開始の必要性があると判断することと，相手方企業の同意が必要であり，それが障害となっていた[56]。均等法が施行されてから，調停が開始された例は1件しかない[57]。その1件も，調停を申請した女性たちがおよそ納得できないような，個別的救済に言及しない一般論的な勧告案が出されて終わっている。

◇男女雇用機会均等法改正

均等法の脆弱性については，各方面から批判が高まっていた[58]。もともと均等法は施行後適当な時期に見直すことが附則20条に規定されている。そこで労働省は1993年4月，婦少審に①均等法の在り方，②女性保護規定，③育児休業中の所得保障，④介護休業制度の法制化，について検討することを要請していた。③と④はそれぞれ1994年4月の雇用保険法改正，1995年6月の育児休業法改正で具体化された。

残る課題である均等法の改正が本格的に検討されるようになったのは，1995年10月25日に提出された男女雇用機会均等問題研究会「報告」以降である。同研究会は5名の学識経験者から成る労働省婦人局長の私的懇談会である。女性の雇用実態をまとめた「報告」は，均等法の弱点とされていた片面性について，「女子のみ」の取扱いを「解消されるべき措置」「望ましい措置」「関与する必要のない措置」「当面は解消すべきとまで言えない措置」の四つに分類し理論的検討を加えた。そして今後の法制度の選択肢として，両性を対象とした欧米並の性差別禁止法を提示したが，同時に次善の策として，現行の片務的な枠組みを前提とした法改正の可能性にも言及した。

この報告を受けて，婦少審は1995年10月から均等法と労働基準法の改正について審議を再開した。保護と平等をめぐる労使の対立と間に立つ公益委員という三者の関係は，均等法制定当時と同様である。均等法の見直しをめぐる主な論点は三つである。まず，雇用における男女平等の促進については，労働側委員は全ステージでの差別的取扱いの包括的禁止を求めていた。そしてそれに反した企業名を公表するなどの罰則を設けることも検討すべきだとした。使用者側の委員は，まず現行均等法の普及を徹底させるべきとし，全ステージにおける差別禁止には消極的だった。公益委員は国際的水準に照らして，高いレベルから均等待遇を考えていくべきであると考えていた。

次に，実効性の確保については，労働側が一方当事者の申請で調停が開始できるようにすることを求めた。調停を行う機関は，労使代表を含めた独立の機関とすべきであるとした。使用者側は現行法通り，使用者と労働者双方の同意が必要であると主張し，調停には公立中正な第三者があたるべきとの考えを示した。公益委員は，いずれにせよ現行制度は不十分であり，何らかの改善が必要であるとの立場である。

労使の対立が先鋭化した女性保護規定については，使用者側は均等実現の前提として労基法の女性保護規定撤廃を求めた。これに対し，労働側は時間外・休日労働，深夜業に男女共通の規制を設けること，家族的責任を有する労働者の保護を考慮することなどを主張した。

しかし1996年6月，労働側委員に代表を送っている連合が，女性保護撤廃に同意することで，雇用の各ステージにおける「禁止規定」導入に対する使用者側の譲歩を引き出す方針に転換したため，1996年7月17日に発表された婦少審「中間まとめ」では，労基法の女性保護規定撤廃と均等法の禁止規定について本格的に検討していく方針が示された。

1996年11月26日には，労使の委員と個別に話し合い，両者の妥協点を探った公益側委員により最終報告の素案が提示された。①募集・採用・配置・昇進における女性差別を禁止規定にする，②労基法の母性保護を除く女性保護規定を撤廃する，③セクシュアル・ハラスメント防止の推進，④是正勧告を受け入れない企業名を公表する，などが主な内容である。

婦少審は1996年12月17日最終報告をまとめ，「雇用の分野における男女の機会及び均等の確保のための法的整備について」と題する建議を提出した。その内容は公益委員案とほぼ同じである。均等待遇については，①募集・採用・配置・昇進を禁止規定とする，②教育訓練における差別禁止の対象範囲を限定しない，③差別是正勧告に従わない企業を大臣名で公表する，④一方当事者の申請で調停を開始する，⑤セクシュアル・ハラスメントの防止の推進，⑥男女格差縮小のためポジティブ・アクション措置，などが盛り込まれた。均等法の母性健康管理や労基法の母性保護については，①母性健康管理措置を事業主の義務規定とする，②多胎妊娠の産前休業期間を延長する，などとされた。労基法の女性保護規定については，①原則として女性のみの保護規定を撤廃する，②

育児・介護などを行う労働者については一定の範囲で深夜業の免除請求権を設ける，とした。

労働省はこの建議に基づき均等法及び関連法の改正案要綱を作成し，1997年1月14日，婦少審ほか四つの審議会に諮問した。各審議会からの答申を受け，2月7日の閣議決定を経て法律案は第140回通常国会に提出された。国会審議の焦点となったのは，女性保護規定の撤廃だった。衆議院労働委員会には700人近い傍聴人が詰めかけた。政府・自民党側は，平等の前提として規制の撤廃を主張したが，野党側は女性保護の撤廃によって時間外労働が「青天井」になることに強い懸念を示し，国際的な時短の流れに沿うためにも男女共通の規制を設けるべきであると主張した。女性を男性並みにするのではなく，男女共通の働き方を問うべきであるというこうした主張に対し，政府は規制に消極的な態度を変えず，中央労働基準審議会（中基審）に検討させることを約束するにとどまった。法案は5月21日衆議院本会議で可決されたが，政府が労働時間短縮対策を推進すること，保護規定撤廃による女性労働者の激変緩和措置などを含めた12項目の附帯決議がなされた。参議院労働委員会でも同様の14項目の附帯決議がなされ，6月11日本会議で可決され，成立した。改正雇用機会均等法及び関連の法律は，一部を除いて1999年4月1日から施行された。

◎改正均等法の概要

男女雇用機会均等法の改正により，表4-29のような変更があった[59)]。重要な改正点は次の通りである。①従来は雇用主の努力義務だった募集・採用，配置・昇進における差別的取り扱いが禁止された（雇均法5，6条），②教育訓練についてもすべて差別禁止の対象になった（同6条），③紛争の一方当事者の申請による調停開始が可能になった（同13条1項），④是正勧告に従わない企業名を公表するとした（同26条），⑤企業のポジティブ・アクションに対する国の援助を盛り込んだ（同20条），⑥企業のセクシャル・ハラスメント防止配慮義務を規定した（同21条），⑦女性労働者の母性健康管理を企業に義務づけた（同22，23条），そして⑧「女子のみ」の募集・採用などが均等法違反になることを指針の改正で明らかにした。

労基法の改正で，女性保護規定については，女性のみの時間外・休日労働に

表4-29　男女雇用機会均等法及び関連法改正のポイント

事項		改正後	改正前	施行期日
差別の禁止	募集・採用	禁止	努力義務	1999年4月1日
	配置・昇進	禁止	努力義務	
	教育訓練	禁止	一部禁止	
	福利厚生	一部禁止	一部禁止	
	定年・退職・解雇	禁止	禁止	
女性のみ・女性優遇		原則として禁止	適法	
調停		一方申請を可とする	双方の同意が条件	
制裁		企業名の公表	規定なし	
ポジティブ・アクション		国による援助	規定なし	
セクシュアル・ハラスメント		事業主の配慮義務	規定なし	
母性健康管理		義務化	努力義務	1998年4月1日

＜労働基準法＞

女性の時間外・休日労働，深夜業	規制を解消	就業を規制	1999年4月1日
多胎妊娠における産前休業期間	14週間	10週間	1998年4月1日

＜育児介護休業法＞

深夜業	育児または家族介護を行う労働者の深夜業の制限	規定なし	1999年4月1日

＜労働省設置法＞

地方支分部局の名称	都道府県女性少年室	都道府県婦人少年室	1999年4月1日

関する規制が撤廃された。深夜業についても規制を廃止したが，育休法で育児・介護などに従事する労働者は，一定の要件に合えば免除を請求できるとされた。

1997年改正によって，均等法は大幅に強化されたが，1986年均等法が持っていた問題点のいくつかは改正法にも残っている。第一に，「勤労婦人福祉法」を原型とする女性に対する福祉法的な性格が払拭されず，男女を視野に入れた雇用差別禁止法とはなっていない。女性労働者に対し，男性労働者と均等な機会を保障するという法の位置づけに変更がなく，女性に対する差別のみを禁じ，男女の性差別禁止法とはならない。第二に，旧均等法と同様にコース別雇用などの間接的な差別を排除できない。旧均等法は，女性に対する差別の有無を雇用管理区分ごとに見るため，区分が違えば待遇が異なっても均等法違反とはならない。改正均等法もこの解釈を踏襲したため，採用区分の設定の仕方次第で差別が不問に付される恐れがある。

改正法に固有の問題点は女性保護規定の廃止に際して，男女共通の保護規制を打ち出せなかったことである。旧労基法では，男性の時間外労働・休日労働は，労使協定（36協定）さえ結べば，その上限を法的に制限するものはなかった。行政指導で時間外労働指針が定められ，これを上回る労使協定には，助言・指導が行われるとされていたが，事実上は青天井である。女性労働者の時間外・休日労働の規制が撤廃されれば，男性と同様に，女性の労働時間も無制限に長くなることが懸念された。そこで，改正労基法では，きわめて不十分ではあったが，労働大臣が時間外労働の上限基準を定め，労使協定はそれに適合したものとならなければならない旨の規定がなされた。しかし，労基法自体，効力が弱く，現行の週15時間，年360時間というその基準も，国際的に見ると非常に長い。女性労働者に対しては，上限を年150時間とする３年間の激変緩和措置が定められたが，こうした対症療法的な措置ではあまり意味はない。３年間が経過し，男性並に時間外労働が求められるようになったら，現に女性が家族的責任を負っている状況では，女性労働者は著しく不利な立場に置かれることになる。必要なのは，上限基準を引き下げ，それを男女共通に適することである。深夜業についても同様である。深夜業に従事する労働者の労働条件整備のため，労使の自主的な努力を促進することが改正労働基準法の附則12条に盛り込まれたが，この規定がどこまで生かされるかは今後の課題である。

◇女性雇用管理の特徴

1986年の均等法施行以降も雇用における差別は後を絶たなかった。均等法の調停制度は無力であり，こうした差別に対処し得ないことが明らかになると，女性たちは解決を裁判の場に求めるようになった。雇用差別をめぐる訴訟は増加し，争点も多様化した。

(1)賃金差別　　賃金差別に関して注目すべき裁判には，日ソ図書事件（1992年），三陽物産事件（1994年），丸子警報器事件（1996年）などがある[60)]。

日ソ図書事件判決は，同一（価値）労働・同一賃金の原則を明らかにした。原告はロシア語書籍の輸入販売会社である日ソ書籍にフルタイムのアルバイトとして入社したが，徐々に仕事の内容が変わり，男性正社員と同様の責任ある仕事に従事していた。ところが，定年間近になって男性社員との間に大きな賃金格差があることを知り，不合理な賃金差別であるとして提訴した。日ソ図書には男女別の賃金表や手当の受給資格，コース別の雇用管理などは存在していなかったため，事実上の運用で生じた男女の賃金格差の合理性が焦点となった。判決は，原告が担当してきた職務を検討し，ある時点から原告は男性正社員と同等の責任を与えられていたと認定した。それゆえその賃金格差は「原告が女子であることまたは共稼ぎであって家計の主たる維持者でないことを理由としたものであり，労基法４条に反する違法な賃金差別である」と判断した。「同一価値労働・同一報酬」の理念を打ち出した注目すべき判決である。

三陽物産事件判決は「間接差別」に踏み込んだ判断を示している。三陽物産では基本給の中に本人給という名目の賃金がある。これは次のような基準で支払われていた。①家族を有する世帯主の従業員には実年齢に応じた本人給を支給する。②非世帯主又は独身の世帯主であっても，勤務地を限定しない従業員については，同じく実年齢に応じた本人給を支給する。③非世帯主及び独身の世帯主で，かつ勤務地域を限定している従業員については実年齢が26歳を越えても26歳相当の年齢給を支給する。

原告の女性従業員らはいずれも③のカテゴリーに入っている。原告らはこのような給与規則は労基法4条に違反するとして差額賃金の支払いを求めて提訴した。判決は，「世帯主・非世帯主」の基準について「被告は住民票上，女子の大多数が非世帯主に該当するという社会的な現実及び被告会社の従業員構成を認識しつつ，女子従業員に一方的に著しい不利益が生じることを容認して本人給の基準を制定したものと確認することができ，これは女子であることを理由として賃金を差別したものである」とし，本件給与規定が労基法４条に違反することを認めた。判決はまた「勤務地限定・無限定」の基準についても，「真に広域配転の可能性がある故に高い本人給を支給するという趣旨ではなく，女子従業員の本人給を低く抑えられる結果となることを容認して運用されたものである」と判断し，この基準についても労基法４条違反であるとした。この判決の意義は，一見性に中立的な基準による「間接差別」も「差別」であるとして，その是正への道を開いたことにある。

丸子警報機事件判決の意義は，臨時職員と正規職員の賃金格差を均等待遇原則に反する公序良俗違反とし，賃金に関する使用者の裁量の範囲について基準を示したことにある。この判決はわが国で初めて，パート労働者に対する賃金差別を違法とした画期的なものだった。パートなら賃金が低いのは当たり前，という日本の常識を覆し，雇用形態が異なれば差別も合理化されるとしてきた企業の雇用管理のあり方に一石を投じるものとなった。

長野県の警報器メーカーは，1974年から女性を2ヵ月更新の臨時職員として採用し，形式的に更新を繰り返すことで長期間にわたり雇用していた。これらの女性の平均年齢は52歳，勤続年数は20年以上になっていたが，賃金は同じ勤続年数の男性の6割ほどだった。1993年10月，女性臨時従業員28名がこの賃金格差を違法であるとして損害賠償を求めて訴訟を提起した。裁判では，原告側は，男性は正社員として採用するのに既婚女性は一律に2ヵ月更新の臨時従業員とし，同じ仕事内容にもかかわらず著しい賃金格差をつけたことは憲法や労働基準法に反すると主張した。一方会社側は，会社には労働者を採用する自由があり，正社員と臨時従業員の間で待遇の格差を設けることは社会一般に行われている行為であり，容認される行為であると反論する。

女性労働者の増加と共にパート労働者が増大しており，そのなかで労働実態は正社員と変わらないのに給与格差のある「身分としてのパート」が問題となってきていた。1990年代に入って，企業はパートタイマーへの依存をさらに強めた。パートの需要増大にもかかわらず正規労働者とパートタイマーの賃金格差は拡大傾向にある。そうしたなかで丸子警報器事件は，パート労働者の賃金差別をめぐる初の判決として注目を集めた。

第一審の長野地裁は，「景気変動等による合理化の必要性がある」として臨時従業員の制度自体は容認した。そして同一労働同一賃金の原則について「日本社会において年功序列賃金体系を基本に生活給の制度があり，同一労働同一賃金の基準が必ずしも単純に適用されていない」「しかも労働価値が同一であるかを客観的に評価することは困難である」と述べ，賃金格差が直ちに違法とはならないとする。その上で，同一労働同一賃金原則の基礎にある均等待遇の理念は「人格の価値を平等と見る市民法の普遍的な原理」であるとし，その理念に反する賃金格差は使用者の裁量を越えたもので公序良俗に反することがあるとした。こうした前提から，このケースでは，同じ労働をしているパート労働者には少なくとも正社員の8割の賃金が支払われるべきであると判断した[61]。

⑵昇進・昇格差別　　昇進・昇格差別に関する重要な判例としては社会保険診療報酬支払基金事件[62]がある。

社会保険診療報酬支払基金は，全国県庁所在地に支部を置いている特殊法人で，厚生省の指導・監督下にある。同基金では毎年男女同一の採用試験を行い，業務内容にも男女で差はなかった。1978年，基金は勤続年数だけを基準に男性職員を一律に昇格させ，女性職員については同じ勤続年数の者も昇格させず，そのまま据え置いた。女性職員らは昇格差別であるとして，男女平等の取扱いを求めて提訴した。

基金側は，男女格差を段階的に是正する旨の労働協約を組合と結んでいることを理由に「合理的な差別である」と主張した。また，労基法4条は賃金について男女差別を禁止したにすぎず，昇格に関する男女別の取扱いは本条に違反しない。男女雇用機会均等法も昇格・昇給についての男女平等は「努力義務」になっている。したがって，昇格・昇給に関して男女差別があったとしても民法90条（公序良俗）違反ではない，と主張した。

これに対し判決は，「労基法4条は男女の賃金差別を禁止するが，それ以外の労働条件についても合理的な理由のない差別を許容するものではない」「昇格を含む労働条件についての男女差別禁止は，憲法や労働基準法によって公の秩序として確立している」とし，「昇格などの労働条件面で男女を理由なく差別するのは不法行為にあたり，使用者は損害賠償の責任を負う」と原告の主張をほぼ認めている。

提訴から10年を経て出されたこの判決の意義は，第一に均等法が男女差別として禁止している内容以上のものを憲法や民法90条，労基法4条を根拠に認めたことである。判決は，賃金だけでなく，昇格を含むあらゆる労働条件について男女差別の禁止は公の秩序として確立しており，合理的理由なく差別することは違法であるということを明確にした。定年や結婚・出産退職，賃金をめぐる男女差別が民法の公序良俗違反となるという司法判断は70年代80年代を通じて徐々に確立されてきたが，昇格の差別も公の秩序に反するとして違法性を指摘した初めての判決であった。

一審判決に対し基金側は控訴したが，控訴審で和解が成立し，女性職員側の主張がほぼ認められた。その結果，女性職員らに和解金が支払われ，訴外の職員も含めて女性職員全員を対象に昇格差別が是正された。

(3)セクシュアル・ハラスメント　アメリカでは1970代半ばから「セクシュアル・ハラスメント」は公民権法第7編の性差別であるとして，行為者と使用者双方に対して裁判を提起する女性が増えはじめた。セクシュアル・ハラスメントとは「相手の意に反する性的な言動で，それに対する対応によって仕事を遂行するうえで，一定の不利益を与えたり，就業環境を悪化させること」で，一般にその形態によって，二つの型に分けることができる[63)]。ひとつは「対価型」もしくは「地位利用型」と呼ばれるものである。これは職務上の地位を利用し，または何らかの雇用上の利益の代償あるいは対価として性的要求が行われるものである。もう一つの類型は「環境型」と呼ばれる。これは性的なからかい，性的な言動，身体への接触などを繰り返すことによって不快な労働環境をつくることをいう。

日本でも事実としてのセクシュアル・ハラスメントはさまざまな職場に存在していた。しかし，それが女性の人権に対する重大な侵害であると認識されるようになったのは1980年代後半である。女性グループなどが先進諸国のセクシュアル・ハラスメントに関する法制を紹介するなどして，徐々に「セクシュアル・ハラスメント」という言葉が知られるようになった。しかし「セクハラ」は男性メディアによって「過剰反応」「被害妄想」などと揶揄され，その本質がきちんと理解されるには時間がかかった。

雇用機会均等法にはセクシュアル・ハラスメントに関する規定は全くない。しかし，これまで体験してきた職場での不快な性的体験を「セクシュアル・ハラスメント」という概念で問題化できることを知った女性たちは，法的救済を求めて裁判に訴えるようになる。日本においてセクシュアル・ハラスメントという概念を明確に請求原因に挙げた最初の裁判は沼津セクシュアル・ハラスメント事件である[64)]。上司のセクシュアル・ハラスメントにより精神的苦痛を受け，噂が広まったため会社にも居づらくなり，やむなく退職した女性社員が上司に対し謝罪と慰謝料を請求した。判決はセクシュアル・ハラスメントの概念には言及しなかったが，原告の訴えを認め，被告に慰謝料と弁護士費用の支払いを命じた。「環境型」セクシュアル・ハラスメントを理由に，加害者の損害賠償責任のみならず，会社の責任も認めた最初の裁判が福岡セクシュアル・ハラスメント事件である[65]。

女性社員は，1985年に出版社に入社した。その仕事ぶりが周囲から評価されるようになるにつれ，直接の上司である男性編集長が「男性関係が派手」などの私生活に関する性的噂・中傷を広めるようになった。女性社員はこのような上司の言動に抗議したが，上司は応ぜず，雑誌の編集作業にも支障をきたすようになった。女性社員は社長や専務にも事情を説明し，改善を訴えたが，「我慢するように」といった程度の反応で，事態は変わらなかった。その後，社長と専務が協議し，女性社員に退職するよう説得したため，やむなく1988年に依頼退職した。女性はこのような上司と会社の対応は単なる名誉毀損ではなく，セクシュアル・ハラスメントであり，女性の働く権利を侵害する不法行為であると主張し，加害者である上司及び職場環境の改善を怠った会社に対して損害賠償請求した。判決は原告の主張を全面的に認め，上司及び会社に損害賠償の支払いを命じた。加害者である上司については民法709条（不法行為責任）が適用され，会社については民法715条（使用者の責任）が適用された。直接の加害者だけでなく，会社自身も「労働者が人格的尊厳を侵されることなく，働きやすい職場で働けるよう，職場の環境を調整する義務を負っている」として会社の責任を認めた点が画期的である。

福岡事件で会社の「職場環境調整義務」が認められたことにより，被害者が救済される余地が広がった。これ以後，この判決に刺激される形でセクシュアル・ハラスメントに関する判例が蓄積されている（表4-30）。民法709条にもとづいて加害者の不法行為による損害賠償責任を認めるものが多いが，被用者が他人に「事業の執行につき」損害を与えた場合に，会社が使用者責任による損害賠償責任を負うとして，民法715条にもとづく会社の責任も認める判例も増加している。また，雇用契約上の付随義務として，使用者には信義則上職場環境配慮義務があるとして，使用者の債務不履行責任を肯定するという形で会社の責任を認めるケースも見られるようになってきた。

性に関することは被害者が声を挙げにくい空気があり，訴訟になったセクシュアル・ハラスメントは氷山の一角に過ぎないと思われる。1989年に「働くこ

表4-30　福岡事件以降のセクシュアル・ハラスメント裁判例

事件名	判決年月	概要
八王子(小学校)事件	東京地裁八王子支部(1996.4.15)	セクシュアル・ハラスメントを繰り返した上，クラス担任を外されるなど精神的苦痛を受けたとして，女性教諭が勤務校の校長を相手取り慰謝料などを求めていた訴訟。校長に慰謝料50万円の支払いを命じた。
金沢(建設会社)事件控訴審	名古屋高裁金沢支部(1996.10.30)	社長に性的関係を迫られ，拒否すると解雇されるなどセクシュアル・ハラスメントを受けたとして，女性社員が勤務先の建設会社と社長を相手取り慰謝料を求めた訴訟の控訴審。社長らに80万円の支払いを命じた一審判決を取り消し，社長らに計138万円の支払いを命じた。
東京（広告代理店）事件	東京地裁(1996.12.25)	上司のセクシュアル・ハラスメントで退職に追い込まれた女性が上司と勤務先の広告代理店を相手取り損害賠償を請求した訴訟。会社と上司に計148万円支払うよう命じた。
秋田県立農業短大事件	秋田地裁(1997.1.28)	出張先でセクシュアル・ハラスメントを受けたとして，研究補助員の女性が上司の教授に慰謝料を求めた訴訟と，教授が女性を名誉毀損で訴えた訴訟の統一公判。女性の訴えを退け，女性に60万円の支払いを命じた（控訴審では女性が逆転勝訴，教授に180万円の支払いを命じた)。
東京(派遣会社)事件	東京地裁(1997.1.31)	派遣会社の女性社員が派遣先の上司に性的関係を迫られ，抵抗すると暴行を受け，けがと精神的ショックで出社できなくなったとして上司に慰謝料を求めた訴訟。男性上司に180万円の支払いを命じた。
東京（チラシ広告会社）事件	東京地裁(1997.2.28)	女性社員が経営者からセクシュアル・ハラスメントを受け，拒否すると休暇を理由に解雇されたとして経営者に損害賠償を求めた訴訟。経営者に100万円の支払いを命じた。
京都（呉服販売会社）事件	京都地裁(1997.4.17)	更衣室で男性社員にビデオ盗撮され，さらにこの男性社員と男女関係があったかのような発言を専務にされ，退社に追い込まれたとする女性社員が，会社と専務に損害賠償を求めた訴訟。両者に約210万円の支払いを命じた。
国立療養所青野原病院事件	神戸地裁(1997.7.29)	上司がセクシュアル・ハラスメントを繰り返し，拒否するといじめをうけたとして国立病院勤務のパート女性が，上司の職場長と国に損害賠償を求めた訴訟。両者に計120万円の支払いを命じた（国と上司の控訴は棄却された)。
厚生農協連合会事件	津地裁(1997.11.5)	上司の男性からセクシュアル・ハラスメントを受けたとして，看護婦2人が男性上司と病院を経営する県厚生農業共同組合連合会に損害賠償を求めた訴訟。両者に計110万円の支払いを命じた。
横浜事件控訴審	東京高裁(1997.11.20)	上司からセクシュアル・ハラスメントを受けたとして女性社員が上司と会社などに損害賠償を求めた訴訟の控訴審。「女性が抵抗しなかった」などとして原告敗訴とした第一審判決を取り消し，計275万円の支払いを命じた。

表4-31　都道府県労働局雇用均等室に寄せられたセクシュアル・ハラスメント相談件数

年　度	1994	1995	1996	1997	1998	1999
件　数	850	968	1,615	2,534	7,019	9,451

とを性差別を考える三多摩の会」という女性グループが，全国の女性1万人を対象にセクシュアル・ハラスメントについてアンケート調査し，6500通の有効回答を得た[66)]。この調査によって深刻な被害の広がりと女性の受ける苦痛の大きさが明らかになった。調査では，ほぼ全員が何らかの不快な経験があったと答え，通勤・帰宅途上での不快な経験は90.5%にのぼっている。職場では，容姿や言動に対するいやがらせを60%が感じており，女性を一人前として認めない態度を経験したのは69.6%あった。視線，言葉，行為などにより，職場で性的な被害を経験したと答えた人は59.7%である。

1997年11月から12月にかけて，人事院が公務員を対象としたアンケート調査を実施した[67)]。この調査でも女性の多くが多様なセクシュアル・ハラスメントを受けていることが明らかになった。同じ年に労働省が行った調査でも，女性労働者の6割が職場においてセクシュアル・ハラスメントが見られると回答している。

官民問わず，職場におけるセクシュアル・ハラスメントは広く行われていることがこれらの調査からわかる。セクシュアル・ハラスメントという言葉が市民権を得て被害を訴えやすくなったのか，実数が増加しているのか必ずしも明らかではないが，公的機関に持ち込まれるセクシュアル・ハラスメントに関する相談も増加している（表4-31）。

アメリカでは，雇用機会均等委員会（EEOC）のガイドラインによって企業の指導が行われた。訴訟となったケースで巨額の賠償金が認められるなどしたため，企業側も予防策を重視するようになった。日本でも日経連が，経営者はセクシュアル・ハラスメントにどう対処すべきかを冊子にまとめたが，きちんとしたガイドライン，防止対策を持つ企業はまだ少ない。入社採用試験における「面接セクハラ」が問題となるなど，全体として女性労働者の人権に対する感覚が鈍い。

改正雇用機会均等法では「事業主は，職場において行われる性的な言動に対するその雇用する女性労動者の対応により当該女性労働者がその労働条件につき不利益を受け，又は当該性的な言動により当該女性労働者の就業環境が害されることのないよう雇用管理上必要な配慮をしなければならない」（第21条1項）というセクシュアル・ハラスメント防止に関する事業主の配慮義務が初めて規定された[68]。この条文を根拠に配慮義務を果たさなかった事業主の責任を法的に問えるのかどうかは，まだ議論がある。しかし，少なくともこの条項に違反した事業主は行政による報告徴収，助言，指導，勧告の対象となることが規定されている（同法25条）。これらの規定が適用されない一般職国家公務員については1998年11月，セクシュアル・ハラスメント防止の人事院規則が出された。

改正雇用機会均等法施行前に労働省が実施した調査では，企業の反応は二極化していることがわかる。大企業はリスクマネジメントの観点からセクシュアル・ハラスメント防止策に関心を示すようになってきているが，中小企業はそれどころではないというところが多く，防止策の整備は進んでいない（表4-32）。

職場におけるセクシュアル・ハラスメントの背景にあるものは，結局，労使双方に根深い性別役割分業意識である。女性を対等な労働者と見ない意識である。長い間男性中心の雇用管理を行ってきた企業は，増加した女性労働者にうまく対処できないことが多い。男性同様に企業を支える重要な労働力と考えることができず，女性労働者の能力をきちんと活用し，その能力を発揮させようとしていない場合が多い。そのため賃金などの労働条件も男性労働者とは格差がある。こうした企業の女性労働者に対する対応は，そこで働く男性労働者の行動に影響を及ぼし，セクシュアル・ハラスメントを引き起こす環境を形成する。女性労働者を対等に扱わない会社文化は，男性労働者に女性労働者を一段低く扱ってもよいという意識をもたらす。こうした環境と男性労働者自身の性別役割分業意識が結びつき，女性労働者に対する性的関心をそのまま言動にあらわしたり，半人前扱いして「女性的」とされる補助的・定型的な仕事を割り当てたりするのである。セクシュアル・ハラスメントは，男性中心の労働市場における女性の低い地位と，家庭における対等ではない男女の関係が結びついて，必然的に生じてきた問題である。

表4-32　セクシュアル・ハラスメント防止のための取組事項，取組状況別企業割合　(%)

取組事項	企業計	行っている	行っていない		不明
				うち，予定あり	
セクシュアル・ハラスメントに対する会社の姿勢，防止のための具体的対策等を社内規程等でとりまとめ，労働者に明示している	100.0	4.8	95.0	(20.0)	0.2
労働者が留意すべき事項に関し，労働者に対し，研修等により啓発している	100.0	17.4	82.4	(16.1)	0.2
苦情・相談体制を整備し，労働者に周知している	100.0	17.6	82.1	(20.5)	0.3
労働者からの苦情・相談があった場合には真摯かつ迅速に対応している	100.0	64.1	35.6	(27.9)	0.3
その他	100.0	2.0	97.8	(0.8)	0.2

(5000人以上規模)

取組事項	企業計	行っている	行っていない		不明
				うち，予定あり	
セクシュアル・ハラスメントに対する会社の姿勢，防止のための具体的対策等を社内規程等でとりまとめ，労働者に明示している	100.0	28.6	69.6	(88.8)	1.8
労働者が留意すべき事項に関し，労働者に対し，研修等により啓発している	100.0	54.2	45.3	(83.4)	0.5
苦情・相談体制を整備し，労働者に周知している	100.0	31.5	67.2	(86.0)	1.3
労働者からの苦情・相談があった場合には真摯かつ迅速に対応している	100.0	80.0	20.0	(91.1)	−
その他	100.0	2.4	97.6	(1.3)	−

資料出所：労働省「平成10年度女性雇用管理基本調査」

(4)働き方　　男女雇用機会均等法は，女性労働者が子育てや介護などの家族責任と仕事を両立させることができるよう，事業主が育児休業の実施その他の育児に関する便宜を供与することを努力義務として定めている。家族責任は女性のみが負うものではなく，男女でともに担うものであるとしたILO156号条約と第165号勧告は1981年に採択され，日本政府も1995年に批准した。この条約と勧告は，家族責任を担う男女労働者が差別されてはならないという考え方を前提とし，そのための具体的措置として二つのものを要請する（浅倉1999：166)。政府は家庭責任を持つ労働者固有のニーズに応えるとともに，全労働者を対象としてその労働条件の向上を図らなければならない。全般的な労働条件の改善が家族的責任の有無による就労上の差異を解消し，家族責任のある労働者の負担も軽減することにつながるからである。

しかし，長時間労働や単身赴任に象徴される滅私奉公的な日本企業の働かせ方はなかなか変わらない。家族的責任を有する男女労働者の特別なニーズへの配慮も，労働者全体の労働条件の向上も進んでいない。家族的責任を全うし得る働き方に労働条件を合わせるのではなく，今までの働き方を前提にそれを男女平等の名の下に女性労働者にも拡大している。人間らしい働き方を求める労働者の訴えに対し，裁判所の反応は鈍い。

家庭生活と仕事の両立を困難にする遠隔地配転の是非が問われたのが，ケンウッド事件[69]である。目黒区内の事業所に勤務していた女性社員に対し，ケンウッド社は片道1時間40分以上かかる八王子市内の事業所への異動を命じた。当時この女性は３歳の息子を保育所に預けて働いており，その送り迎えは夫と分担してなんとかやりくりしている状況だった。仕事の都合で迎えが間に合わないときには，知人に報酬を払って迎えに行ってもらい，帰宅するまでの間世話を頼んでいた。八王子へ転居すれば，苦労して作り上げた保育態勢を一から作り直さなければならず，転居せずに異動すればベビーシッターを雇うなど，本格的な二重保育が必要になり，給与のかなりの部分を保育費に回さなければならなくなり負担が大きい。このような異動命令は古参ＯＬである自分への「肩たたき」ではないか，という懸念もあった。そこで女性社員は，保育が不可能になることを理由に会社の配転命令に応じなかった。会社は女性社員を停職処分とし，停職処分期間満了後も出社しなかったため懲戒解雇した。女性社員はこの処分は違法・無効であると訴えた。その理由として，会社の配転命令は①保育を不可能にし，家庭を破壊するという不利益をもたらす，②雇用機会均等法28条１項の子どもの養育監護への事業主の配慮義務に違反する，③業務上の必要性に基づかない，④原告をやめさせようとする不当な目的によるものである，といった点を挙げている。会社側は彼女にとって労働条件が厳しくなることは認めたものの，会社にとって必要な人事異動だったことを強調したのである。

第一審の東京地裁は，会社側の主張を全面的に支持し，原告の請求を棄却した。裁判所は，「通勤について会社と話し合う余地があったし，転居することもできた。従業員という立場からすれば転居して会社に協力すべきだった」とも述べる。均等法28条1項については，原告が異動命令に従って八王子事業所において就労した場合には，事業主は育児に配慮する用意があったのであるから，会社側には同条項の違反はないとした。

原告は「家庭や育児と仕事の両立についてきちんと考える時代であってほしい」と控訴する。一審判決が「転居の可能性もあった」とした点について，原告側は①異動命令は転居をともなわないものとして発令されたもので，転居を要求するのは不当である　②夫に転居の義務はない。夫の協力が得られず単身赴任となった場合の不利益は重大である　③女性労働者の働く権利と居住移転の自由が侵害される　④異動命令は有子女性への肩たたきであり権利の濫用である，と主張した。

第二審の東京高裁は「今回の異動には業務上の必要性があり，女性が被る不利益は必ずしも小さくないが，受忍限度を著しく超えるとまでは言えない」とし，原審の判断を支持し，控訴を棄却した。女性だからといって，配置転換が家庭生活に及ぼす影響が著しいと認定されなくなってきた近年の判例の流れ[70)]に沿う判決である。

帝国臓器事件[71)]は，夫に対する単身赴任命令を受けた夫婦が，この命令は夫の子育ての権利と妻の働き続ける権利を侵害するものであると，配転無効と損害賠償を求めた裁判である。裁判所は配転命令が退職強要の手段であるなど不当な目的として用いられる場合や，労働者に著しい不利益をもたらす場合には，企業の権利濫用であり無効であるとの判断を示してきた。しかし，単身赴任の増加を反映し，最近では企業の業務命令の範囲を広く捉え，配転命令を有効とすることが多くなってきた。会社側の「業務上の必要」を広く認め「通常甘受すべき程度を著しく超える不利益」がないとして労働者側を敗訴させた1986年の東亜ペイント事件の最高裁判決[72)]以降，下級審判決にもその傾向が見られる。

このケースでは，原告は「共働きで子ども3人を養育しているため東京を離れられない」と名古屋営業所への転勤を拒否した。しかし認められず単身赴任し，6年間の別居生活を送ることになった。夫は育児ができなくなり，一人で家事と育児の負担を負った共働きの妻は健康を害してしまった。そこで家族全員が原告となって単身赴任による損害の賠償を求めて提訴したのである。

原告側は，①夫に対する転勤命令が妻に別居か仕事を辞めるかの二者択一を迫るものであり，女子差別撤廃条約等の趣旨にもとるものであること，②家族の同居は基本的人権であり，単身赴任を強いたことは家族全員に対する権利侵害であることなどを主張し，企業には労働者の生活に対する配慮義務があると訴えた。

第一審は，企業には労働契約上の信義則として労働者の生活に対する配慮義務があることを一応認めつつも「ローテーション人事施策の一環で，業務上の必要性があった。転勤先の名古屋は比較的便利な場所であり，これによって通常受ける不利益は甘受すべきである」とし，転勤命令は違法なものではないと原告の請求を棄却した。第二審も同様の判断を示した。男女ともに家庭と仕事を両立し，人間らしい生活を大切にしようという考え方が国際的にコンセンサスを得つつあるなかで，上告審がどのような判断を示すのか注目されたが，1999年最高裁も「転勤命令は業務の必要性に基づくもので，不利益は転勤に伴い通常甘受すべき範囲内のもの」として請求を退けた一審，二審を支持し，上告を棄却する。

◎1990年代の女性労働

日本では，家計支持者である男性の雇用を保障し，長期にわたって人材育成を行う長期雇用制度が確立されていた。家族手当，住宅手当など各種の手当を含む生活保障給が中高年で高くなる賃金の年功カーブは基本的に男性を対象としている。男女の労働条件に大きな格差をもたらしていたこのような日本型雇用システムに，1990年代半ばから変化の傾向が現れた。失業率が上昇し，労働市場の流動化が進行しはじめた。均等法成立から10年余りが経過し，実効性に欠けると批判されてきた雇用の各ステージにおける「努力義務」は「禁止」に改正された。景気の動向に左右されるものの，全体としては女性の就業領域が拡大し，従来男性しか配置されていなかった仕事へも女性が配置されるようになった。女性の賃金も少しずつ上昇した。それにより雇用システムを支えてきた夫婦の分業システムも変わりつつある。依然として男性との格差はあるものの，共働きが家計にとって合理的な選択になってきたからである。

1990年代後半からの不況は雇用システムの流動化をさらに促進すると思われる。ただし，それが家族単位モデルから個人単位モデルの移行につながるかどうかは疑問である。雇用の流動化は，年功型の家族賃金と終身雇用を保障され，中核ルートを進む世帯主男性労働者の範囲を多少侵食するかもしれないが，それを根本から覆すものとはなっていないからである。家族単位発想の下で，家族的責任をすべて妻に任せられる男性を基準とした働き方とそれを支える制度は強固である。パートや派遣という不安定な非正規雇用は，こうしたシステムを前提として，それと表裏一体のものとして増加しているのである。

7　家族単位モデルの動揺と改革の予兆

1990年代の公共政策には少子化と高齢化の進展が大きな影響を与えた。そして，1970年代半ば以降，徐々に公的な認知を獲得してきた男女平等の問題が，「男女共同参画社会」の実現に向けて，政府の政策課題として明確に位置づけられるようになった。女性の労働市場への参入は引き続き増大しており，「夫は仕事で妻は家庭」という性別役割分業を行う「戦後家族」を維持する客観的条件は失われつつある。少子化の進行は将来的には若年労働力の深刻な不足をもたらし，既婚女性を含めた女性労働力の活用がさらに重要性を増す。それにもかかわらず，社会保険や税制を中心として，こうした「戦後家族」を優遇する仕組みが公共政策の中に広く埋め込まれていた。男女平等という言葉に代わってジェンダー・フリーという概念が普及していくにつれ，すべての政策領域で家族単位モデルの問題点，現実との乖離が認識されるようになった。こうして，従来家族単位モデルに対応していた政策領域にも個人単位の考え方が見られるようになった（表4-33)。変化の兆しである。しかし，まだ問題の認識や改善の検討の段階にとどまっており，制度改正が行われてもそれは限定的で，抜本的に大きく制度が改められることはなかった。

ジェンダー平等への志向は，家族法，税制・年金，労働の分野に反映される。

家族法では婚外子差別や夫婦別姓の問題が注目されるようになった。しかし伝統的な家族像への根強い支持が改革の動きを阻んでいる。年金では，第3号被保険者制度，税制では配偶者控除制度が女性の生き方に中立的でないとして

表4-33　1990年代の公共政策

政　策　分　野	特　　　徴	対　応　モ　デ　ル
家族イデオロギー ・家族関連法 ・教育政策	 法律婚に固執しつつ多様な家族も認識 性別役割分業の見直し，役割の共有化	家族単位／個人単位モデル
年金制度	受給資格にジェンダー格差 拠出・受給が原則として個人単位 被扶養の配偶者は無拠出	家族単位／個人単位モデル
所得税制	課税単位が個人，配偶者控除あり	家族単位／個人単位モデル
ケアワーク ・保育政策 ・児童手当 ・育児休業	 役割の共有，社会化の必要性が公的に認知 低年齢児に低額・短期間の救貧的給付 法制化，しかし不十分な休業保障	家族単位／個人単位モデル
労働政策	年功型家族賃金の流動化，雇用の多様化 雇用機会均等法改正 男性優先の雇用，性別職務分離の流動化	家族単位／個人単位モデル

1)家族単位／個人単位は二つのモデルの要素が混在していることを意味し，前者の要素が強いということである。

批判されるようになった。しかし，制度が設けられてから10年以上たち既得権化しているため，改革には相当の抵抗が予想され，改革の必要性は指摘されても具体的な展望はまだ描けていない。

税制・社会保障制度と密接に結びついた労働の分野では，雇用機会均等法が強化され，雇用における男女平等を前進させた。しかし，賃金格差，性別職域分離はなお顕著である。1990年代には景気の低迷を受け，雇用の不安定化が顕著になった。女性が主体の非正規労働が増大し，周辺的な労働市場と中核的な労働市場の格差が拡大した。不況は男性の雇用が優先される傾向を助長している。

少子化の影響を最も如実に反映したのがケアワークに関わる政策である。育児に対する社会的責任，及び男性の責任が積極的に打ち出されるようになった。保育政策では家庭保育原則が強調されることはなくなり，代わって育児支援が主張されるようになった。厚生省は「育児をしない男を父と呼ばない」という挑戦的なコピーでキャンペーンを展開した。児童手当も出産奨励，育児支援といった役割が期待されるようになり，支給対象の拡大が行われた。育児休業法は不備な点を残しつつも，一応男女労働者を対象に法制化され，ケア役割を男女で共有する素地をつくった。

1990年代，徐々に高まりつつあったジェンダー平等への志向と少子化の衝撃が結びつき，家族単位モデルに依拠した日本の公共政策をこれまでになく揺さぶった時代である。出生率の低下は今後も続き，短期的には回復しないだろう。そして「男は仕事，女は家庭」という性別役割分業が，女性からは経済的自立の機会を奪い，男性からは生活者としての自立を損なうことが明らかになった以上，ジェンダー平等への動きも後戻りはできない。日本の公共政策が依拠するモデルが大きく変わるとすれば，それはこの二つの流れがさらに進んだときであり，それは近い将来である。

終　章

ジェンダー公正な社会をめざして

1　家族単位モデルに依拠する日本の公共政策

本書ではこれまで，ジェンダーに配慮した指標で構成される二つのモデル，家族単位モデルと個人単位モデルに照らして，戦後日本の公共政策の展開を跡づけてきた。ここでもう一度その政策展開を概括してみよう。

◎戦後復興期から1960年代

戦後改革により，民法上の家制度が廃止され，男女平等が規定された。戦後の高揚した空気の中で，新しい教育理念が語られた。男女共学制となり，民主的な家庭を築くための家庭科教育が男女共学で始まった。しかしこのような動きは，時代が安定するにしたがい「逆コース」と呼ばれる保守化の波にのまれていく。家族法は法律婚夫婦を単位とする家族を標準とし，同じ戸籍に入る婚姻家族を保護し，婚姻外の出生はスティグマをともなった。性別役割分業は高度経済成長時代の到来にともないさらに強調された。「男は仕事，女は家庭」という分業は，男女は生来異なった特質を持ち，それぞれにふさわしい役割があるという特性論を根拠に学校教育に取り込まれた。高等学校の家庭科は事実上女子のための主婦準備科目として，女子のみ必修が強化された。

年金については，国民年金制度の創設により，一応国民皆年金体制となった。国民年金は個人単位で設計され，自営業者の無業の妻にも被保険者としての独立の地位が与えられた。しかし，保険料の納付義務は世帯主にあり，給付水準の引き上げも夫婦2人分の個人年金をあわせた世帯としての年金額を基準として考えられた。制度は個人単位だが発想は世帯単位だった。被用者年金は給付水準が世帯単位で設定され，被扶養の妻については夫の年金に加給年金が加算された。この年金は配偶者という婚姻上の地位に連動しており，離婚によって無年金化する可能性があった。そのため被用者の無業の妻にも国民年金を適用するか議論となったが，技術的問題もあり，任意加入の道を開くにとどまった。被用者年金の被保険者である働く女性については，一般に勤続年数が短いことから保険料率が男性より低く設定されていた。公的年金制度全般を総括すれば，夫と被扶養の妻という夫婦（家族）単位の考え方が定着しつつあったと言える。

税制は，シャウプ勧告に基づく税制改正により，課税単位は戦前の世帯単位課税方式からから個人単位課税方式へ移行した。しかし，その例外として配偶者控除制度が創設されたため，実質的には担税力と納税者間の均衡は世帯を単位として考えられている。配偶者控除は給与所得者と専従者控除が求められる事業所得者の税負担の均衡を図ることを目的としていたが，妻の「内助の功」を評価するという側面もあった。雇用されて働く既婚女性はまだ少なかったため，世帯単位で税負担を考えて「専業主婦控除」を設けることに強い反対はなく，むしろ好意的に受けとめられた。

育児は母親を中心として個人の責任で私的に行われるべき事柄であり，基本的に公的支援の対象とは考えられていなかった。児童福祉法の成立により開設された保育所は，児童の生存権と母親の労働権を保障するものと考えられたが，その考え方は次第に変化していく。経済状況がよくなるにつれ，家庭保育の重要性が強調されるようになり，女性の就労に対する否定的意見，育児の社会化を抑制する論調が強まる。中児審をはじめとして，公的文書は両親と子どもからなる核家族を前提に，家庭での母親による養育を優先し，保育所の利用には消極的な姿勢を示す。しかし，現実には，家族形態の変化と女性の労働力化の進行により保育ニーズは高まる一方だった。

保育所とともに育児休業制度の整備を求める声も強くなった。そんな中で先駆的な取り組みも行われた。しかし，それはまだ例外的な事例で，育児は母親が家庭で行うもの，という考え方はきわめて強かった。1960年代に社会党が提出した育児休業法案は，二度とも審議未了，廃案となった。

1960年代後半には消費者物価が上昇し，高度経済成長により若年層を中心とした労働力の不足が生じる。生活費の構造も変化し，教育費や住宅関連費などの負担が中高年層になってから増大する傾向が強まった。こうした状況の中で児童手当の創設が検討されるようになった。この時期の構想が児童手当制度の目的として主眼を置いたのは，児童の生活保障や児童を養育する家庭の経済的安定ではなく，将来の労働力になる児童の資質向上だった。

経済成長を契機に，女性労働者はさらに増大し，雇用されて働く女性が増えた。また，その労働力供給構造も変化し，既婚女性の労働力化が進んだ。政府の労働政策はパートタイムを中心としてそれを促進した。しかし，男性が基幹的労働力であって，その雇用と労働条件の確保が優先される状況に変化はなかった。男女の賃金格差は極めて大きく，労基法の男女同一賃金原則は意味をなしていなかった。性別職業・職域分離も明確で，労働条件の悪い産業に女性労働者が多く，女性の多い職種は「女性職」としてさらに低く評価される傾向があった。世帯主男性労働者の雇用保障と表裏一体の形で女性は若年短期補助労働力として位置づけられ，結婚退職制・若年退職制などで短期の回転が図られた。こうした差別に対して労基法は無力であり，裁判所は民法に根拠を求めて差別是正を進めざるを得なかった。

◇1970年代

1970年代には，国連の国際婦人年を契機に，固定的な性別役割分業を改革し，さまざまな分野で男女の平等を実現していこうという機運が高まった。日本政府も国内行動計画を策定し，女性問題への取り組みの姿勢を見せた。こうした動きは国内の女性運動を活気づかせた。折しも女子のみ必修となった高等学校家庭科に関して，男女平等の見地から幅広い関心が集まる。こうした関心を組織化して家庭科の男女共修運動が開始された。しかし，特性教育を支持する声は強く，これを否定するに足る社会的コンセンサスは得られなかった。国民の性別役割分業意識が少しずつ流動化しつつあることは各種の世論調査などから読みとれたが，その動きは緩慢だった。家族法についても，大きな変更はなく，唯一，男女平等に配慮する形で離婚後の婚氏続称制度が創設された。変化の予兆を孕みつつも，1970年代には家族イデオロギーが大きく変わることはなかった。

年金については，分立している制度を統合する年金改革論議が盛んになり，女性の年金権についても検討されるようになった。国民年金制度が発足した時点ですでに発足していた被用者年金との間で調整が十分になされていなかったため，国民年金に任意加入とされた被用者の妻の年金について問題が表面化しつつあった。個人単位の国民年金に被用者の無業の妻を強制加入とするか，世帯保障的性格の被用者年金の枠内で妻の年金を保障するか，いずれにしろ難しい問題だった。1970年代の年金論議は，こうした問題の整理にとどまり，具体的改革案が提示される段階には至らない。

税制にも大きな変更はない。課税単位をめぐる議論は1960年代に引き続いて行われたが，二分二乗方式の採用は税制を混乱させるという不安が強く，適当ではないとされた。結局，所得種類間の不均衡を課税単位の変更で是正するという選択肢は消える。高まっていた納税者の不公平感に対し，政府は配偶者控除をはじめとする諸控除の引き上げで対応した。

働く女性の増加と高齢化社会の到来を背景に，子どもの育成を社会的に支援していこうという発想も見られたが，1970年代後半に登場した日本型福祉社会論は家族の機能を強調し，ケアワークに関わるすべての政策領域に強い影響を及ぼした。

この時期，保育需要は以前にも増して増大し，多様化していた。保育政策に関する政府の方針は揺れていた。厚生白書や中児審答申には，高まる保育需要へ何らかの公的対応をすることが必要であるという認識と，家庭保育を原則とし，公的な保育は特に事情のある家庭の児童を対象とする限定的なものにすべきであるという考え方が交互に立ち現れた。家計維持のためにやむを得ず働く女性だけでなく，主体的な選択として働く女性の存在にも考慮し，女性の就労を権利としてとらえ，それを保障するものとして保育所を考えよう，という論調もあった。しかし，日本型福祉社会論は，公的な社会保障を抑制し，その機能を家族で代替することを提唱し，その後の政府の政策の基調となった。こうして1970年代には保育需要の増大とそれへの対応の社会的要請が認識されながらも，育児を社会化し，公的に支援することのコンセンサスがなく，抜本的な保育改革は行われなかった。

育児休業制度の法制化に関しては，若干の進展があった。1972年に成立した勤労婦人福祉法には，努力義務としてではあったが，事業主が育児休業その他の便宜の供与を図ることが盛り込まれた。また，1975年には教員，看護婦，保母等の専門職を対象として育児休業法が成立する。男女差別を撤廃することを求める国際的な流れを受け，日本でも女性問題に取り組むための行動計画が策定された。しかし，家庭責任を男女が共同で担うという考え方は十分には受け入れられていなかった。行動計画において，消極的ながらも普及促進が図られた育児休業制度は，男性を視野には入れていない。家庭基盤充実構想の一環として自民党が提案した育児休業制度の適用拡大も女性のみを対象としており，保育所の整備とトレードオフの関係で女性を家庭に戻す意図があるのではないかと警戒された。

費用負担の問題で大蔵省と財界の反対が強く，なかなか進展しなかった児童手当制度は，1972年から実施される。新設された児童手当には，所得制限と第3子以降への支給という条件が付され，支給対象となったのはごく一部の家庭である。しかし，その後の所得制限の引き上げなどにより，支給対象の拡大が図られ，制度は徐々に定着していくかに思われた。ところが，オイルショック以降の深刻な財政危機の前に，児童手当縮小・廃止論が高まる。次代を担う子どもを社会全体で支えていこうという考え方は，子育ては親の責任であるという考え方と鋭く対立した。私的扶養を強調する日本型福祉社会論の登場もあり，児童手当制度は普遍的な育児支援制度として大きく育つこともなく，所得制限付きの手当支給による低所得者対策としての意味合いを強めていく。

石油ショック後，一時的に落ち込んだが，女性の雇用は引き続き拡大する。女性労働者の年齢は中高年にシフトし，既婚女性の就労が一般化した。産業構造の転換とサービス経済化の進展にともない，企業の需要と主婦の就労希望が結びつく形で女性パートタイム労働者が増加した。しかし，家計補助的な労働力と位置づけられたこれら女性パートタイム労働者の労働条件は著しく低く抑えられた。基幹労働力である男性の雇用と世帯保障的な家族賃金を確保する反面，縁辺的労働力としての女性は引き続き短期回転が促進された。若年定年制などの企業の差別的な雇用管理は判例の積み重ねによってある程度是正が図られたが，労基法以外に差別禁止の直接の根拠となる法律は存在しない。そのため包括的な雇用平等立法の必要性が次第に認識されるようになった。

◇1980年代

1980年代には性別役割分業を行う法律婚家族を維持・強化しようという動きと，個人の生き方の自由を尊重し家族の変容を受け入れようという動きが混在している。自民党の家庭基盤充実構想や民法改正による配偶者相続権の強化，婚外子相続分平等化の否定は前者の動きである。後者の動きは，1980年代半ばから次第に強まった。夫婦別姓や事実婚の選択，婚外子の平等化など，家族法が前提とする性別役割分業家族に対する異議申し立てが行われるようになった。しかし，こうした問題提起が法制度の改革をもたらすことはなかった。ただし，教育については変化がある。1970年代から国際的には家庭責任は男女で担うものとする考え方が認められるようになっていたが，日本では性の違いによる特性論が広く浸透しており，イデオロギー的にも実態としても女性のみが家庭責任を負う状況が長く続いた。しかし，そういった考え方に基づく女性必修の家庭科教育は，熱心な運動により，1989年に全面的に見直された。

年金制度は大規模な改革が実施され，国民年金を基礎とする基礎年金が創設された。これにより，すべての国民が同一基準による基礎年金を受給できるようになった。従来は任意加入だった被用者の無業の妻も，第３号被保険者として新国民年金の強制加入者となり，被用者である夫とは独立に，妻自身も年金受給権者となることが可能になったのである。第３号被保険者の費用負担については，新たに独自の負担を求めず，従来通り夫の保険料拠出によることにした。ただし，夫自身が妻の分まで加算された保険料を納付するのではなく，夫の加入する被用者年金が一括負担することになっている。女性の年金権確立といわれたこの改革で，無年金者の問題がある程度解消された。しかし，保険料を負担する共働き世帯と無拠出で同額の基礎年金を受給する専業主婦世帯の間に新たな不公平感が生じた。1980年代の年金制度改革は，年金の構成単位を世帯単位から個人単位へと完全に転換するものではなかった。給付の部分を見れば，確かに個人単位で年金権が確立されたが，婚姻上の地位が拠出を左右する第３号被保険者制度の存在は世帯単位の発想であり，加入者間の平等に大いに問題を残している。

税制でも大きな改革が1987年と1988年に実施された。給与所得者層の根強い不公平感・重税感を背景に，以前から続いていた課税単位の問題が本格的に議論された。その結果，二分二乗方式の代替案として配偶者特別控除が提案される。妻の収入が一定額を超えると世帯の手取りが逆転する「パート問題」への対応策でもあった。これにより被扶養の妻をもつ夫は配偶者控除と配偶者特別控除の二つの所得控除を受けられることになった。専業主婦優遇として批判も強かったが，消費税導入直前には，さらに控除額が大幅に引き上げられ，個人単位課税の例外がさらに強化された。

1980年代のケアワークをめぐる政策動向には，育児の社会的責任を認める考え方と，子育ては家庭の責任とする伝統的な考え方が混在している。

保育をめぐる公私の責任分担が不明確なまま，現実に増大し多様化する保育需要に対応する形で保育所は量的拡大を続けた。政府は家庭保育の原則を放棄してはいなかったが，乳児保育の要件を緩和するなど，育児の社会化を容認するかのような姿勢も見せた。しかし，国の行財政システムの見直しを図る動きのなかで，国庫負担率が引き下げられ，保育所の民営化，受益者負担原則の導入なども提言されるようになった。福祉予算の削減とそれを家族の役割強化で補完しようとする西欧型福祉国家見直しの動きのなかで，1980年代の保育政策は転換期にあった。

この時期，社会保障関連の審議会では，人口の高齢化による児童の社会的扶養の必要性が強調される。児童の育成は親の責任に属する個人的なことであるとは言いきれない，育児を社会的に支援すべきだ，という意見は，1980年代後半に強まった少子化傾向に対する警戒感と結びついて主張されるようになった。しかし結局，1980年代にも児童手当は大きく育たなかった。むしろ，改廃論議が高まるなかで，支給期間は短縮され，支給額は引き下げられた。子どもの養育に対する支援の必要性について国民的合意を得ることが難しかったことと，子育ては私事とする考え方が強いことが阻害要因である。また支給対象児童の範囲，支給期間と所得制限の設定により，児童手当は少数の多子家庭を対象とした防貧対策的色合いを強めていた。そのことも児童手当制度が国民一般の支持を獲得しえなかった原因の一つである。

育児休業制度は1980年代を通じて法制化には至らなかった。次代を担う子の育成は社会全体の責任であるので，企業は社会的責任の一環として育児休業制度を受け入れるべきだ，という労働側の主張は，コスト増を嫌う使用者側には受け入れられなかった。1986年の雇用機会均等法では育児休業制度の普及は使用者の努力義務とされるにとどまった。しかし，参議院での与野党逆転という1980年代末の政治状況の変化により，再び育児休業制度法制化への動きが始まる。

労働に関しては，労働力の供給側と需要側の要因が結びついて女性パートタイム労働者が増加した。一般労働者に関しては男女の賃金格差は縮小する傾向が見られた。しかし一般労働者とパートタイム労働者の格差は拡大した。性別職業・職務分離も解消されなかった。雇用機会均等法の成立は，一部の女性労働者を救済したが，労働市場内での均等待遇を性にかかわらず保障する枠組みとはならなかった。雇用機会均等法は，両性に適用される雇用平等法ではなく，男性が中核を占める労働市場に女性が参入することを促進するものであり，男性の働き方が基準となっていた。男女労働者が家族的責任を共同で担うことを可能にするような労働時間等のルールづくりもなされなかった。

◎1990年代

1990年代には，生き方の多様性を許容する新しい流れと伝統的な価値観の対立が見られた。若い世代を中心に，結婚観・家族観が変化しており，現実の家族のあり方も規範的家族像との乖離が目立ちはじめていた。そうしたことを背景に，家族法の見直しが始まった。しかし，国会では伝統的な価値観を擁護する自民党の反対が強く，民法改正は棚上げとなってしまった。教育の分野では男女共修の家庭科が始まり，教育現場でもジェンダー平等に配慮がなされるようになってきた。ゆり戻しもあったが，固定的な性別役割分業を変革することは公式の政策目標として認知されるようになった。

女性の社会進出，家族形態の多様化などの社会変化を反映し，社会保障上の権利を婚姻上の地位に連動させることは問題があると多くの国で認識されるようになった。日本でも同様の議論がなされ，社会保障制度を世帯単位から可能なものは個人単位へ切り替えること，第3号被保険者の制度を生き方や働き方に中立になるように見直すべきだ，という提言が各種の審議会からなされる。しかし，年金改革において第3号被保険者問題は先送りされた。

税制改正に際しては諸控除の整理や縮小が検討されたが，配偶者控除及び配偶者特別控除については大きな改革はなかった。配偶者控除制度は社会保障制度や企業の家族手当と結びついて，被扶養の妻が就労調整を行う主たる要因になっており，個人の婚姻や就労に関する選択に対し中立的でないという指摘は，年金制度と同様に，各種の審議会，税調の答申などでもあった。以前に比べて問題意識は高まったといえるが，具体的な改革にはまだ至っていない。

少子化は，公的な文書にあらわれる育児観にも大きな変化をもたらす。子育ての共同化，社会化，男女の協力，ということは，すでに1980年代から少しずつ言及されていたが，それが決定的になったのが1990年代である。もはや，家庭保育を強調する言説はみられない。女性が無償でケア役割を担う「日本型福祉社会」の限界が指摘され，将来の労働力不足に対しても，女性労働力の一層の活用が必要だと言われるようになってきた。女性が母親という役割だけに固定されることなく，就業と両立させながら子どもを生み育てられる社会をつくることが，最終的には社会全体にとってもプラスになることだという考え方が広く理解されるようになってきた。「1.57ショック」の影響は大きく，出生率を回復するため，育児支援政策が必要であるという認識が強まった。それは保育政策の転換につながり，育児休業法成立の促進要因となった。また，児童手当制度も育児支援としての役割が期待されるようになった。

児童福祉法が改正され，保育所は行政が「保育に欠ける」児童を「措置」するものから，親が選択するものへと位置づけが変わった。実際には公的保育の需要と供給がうまく合致せず，定員割れするところがある一方で，入所希望者が多く待機率の高いところがある。そのため，親が選択できる方式がどの程度意味があるのかは地域によって大きく異なる。需要と供給の不一致の間隙をぬってプライベートセクターによる保育ビジネスが盛んになってきている。家庭保育原則を放棄した保育政策の転換は，必ずしも公的保育の拡大を意味しておらず，受益者負担の名の下に親が保育サービスを購入することが「保育の多様化」とされる可能性もある。

児童手当にも育児支援策，より端的には出産促進の機能が期待されるようになった。1990年代の育児支援政策に関する各種提言の論調は，少子化に対する危機感を前提に，児童手当制度によって子育てコストの軽減を図り，育児を支援しようという点で共通していた。児童手当は2000年以降，増額と支給対象の拡大が図られる見込みである。

育児休業制度は1992年に制度化された。その背景には，女子労働力需要の増大，合計特殊出生率の低下，国際的な女子労働者保護に対する動向など，がある。そしてこれらを遠因として，参院選での与野党逆転以降の政治状況の変化が，育児休業法成立の促進力となった。休業中の所得保障，休業取得を理由とする不利益取扱い，小規模事業所に対する法適用の猶予などについて問題があったが，その後，1995年と1997年の二度の改正を経てこれらの点はいくらか改善された。しかし，休業中の所得保障の問題は依然として残っている。

1990年代は雇用が流動化が顕著になった。しかし，それはこれまでの日本的雇用を崩壊させるものではない。企業は基幹的業務に正規社員を配置し，定型的な業務には派遣労働者やパートタイム労働者などの非正規労働者で対応させることで減量経営を進めている。雇用の流動化は年功型家族賃金，長期雇用保障の対象とされる正規労働者の比率が低下している現象である。したがって，中核的部分では今なお高度成長期の産物である妻子を養う夫と専業妻の性別役割分業夫婦が標準的家族とされ，年功賃金や多様な企業内福祉を享受している。雇用の流動化，日本型雇用の見直しは，非正規労働の増大という形で少なくとも短期的には女性や若年層にしわ寄せをもたらしている。雇用機会均等法の改正は雇用平等に向けて重要な進展だったが，大多数の女性を周辺労働力として活用する多くの企業の方針を変更させるだけの実効性はなかった。

◇対応モデル

以上のような各時代ごとの特徴は表5-1のようにまとめられる。戦後復興期から高度経済成長期までは，すべての政策分野が家族単位モデルに合致している。経済成長が鈍化し，低成長に転じた頃から，揺らぎが生じたが家族単位モデルは堅持された。1970年代末から1980年代には家族単位モデルを強化する動きと個人単位モデルへの改革を求める動きが対立し，家族イデオロギーと労働政策の分野で個人単位モデル的な要素が見られるようになった。そしてその動

表5-1　ジェンダーの視点から見た戦後日本の公共政策の変遷

政策分野	1945～60年代	1970年代	1980年代	1990年代
家族イデオロギー ・家族関連法 ・教育政策	家族単位	家族単位	家族単位／個人単位	家族単位／個人単位
社会保障（年金）	家族単位	家族単位	家族単位	家族単位／個人単位
税制（所得税制）	家族単位	家族単位	家族単位	家族単位／個人単位
ケアワーク ・保育政策 ・児童手当 ・育児休業	家族単位	家族単位	家族単位	家族単位／個人単位
労働政策	家族単位	家族単位	家族単位／個人単位	家族単位／個人単位

きはさらに他の政策分野にも波及し，1990年代には制度改革の必要性が認識されるようになった。現段階では認識にとどまっており，家族単位モデルを個人単位モデルに切り替えるような大幅な制度改革はまだ行われていない。そのため，家族単位モデルが優位さを保ちつつ，個人単位モデル的要素が混在しているという状況である。

このような公共政策の展開は，「戦後家族」と密接に結びついている。「戦後家族」とは，「男は仕事，女は家庭」という性別役割分業を行う核家族のことである。1960年代は「戦後家族」の確立期，1970年代は「戦後家族」の定着と動揺の時期，1980年代は「戦後家族」の強化の時期，そして1990年代以降は「戦後家族」の超克の時期である。

性別役割分業は日本では経済成長の進展と共に登場し，定着した。1960年代は性別役割分業家族が理想的な家族像として大衆化し，「家族の戦後体制」として確立した時期である。現在につながる公共政策の大部分はこの家族を標準として形成された。女性＝結婚＝主婦という特性教育が行われ，税制と年金制度における「被扶養の妻」という存在が定着したのがこの時期である。高度経済成長期に主婦が一般化し，経済成長は若年労働力の代替労働力として主婦を求めた。こうして再生産役割を侵害しない範囲での女性の就労が増大していった。

女性の学歴が上昇し，自分で収入を得る女性が増え，男性との平等を求める意識が高まると，「戦後家族」の中核である性別役割分業は揺らぎ，その家族を基準とする体制も動揺する。折からの経済成長の鈍化と財政危機によって，家族は社会保障の担い手として期待されるようになった。特に重要だったのは主婦のケア役割である。1970年代後半から1980年代半ばは「戦後家族」の強化が図られた時期である。家族法や税制，年金で「主婦役割」を保護する施策が実施された。この時期には，家族を強化する動きに併存する形で，性別役割分業を克服し，男女の平等を追求しようという動きも生まれている。

1980年代後半から1990年代にかけては，混在していた二つの方向のうち，個人の自由と権利を認め，性による不平等をなくし，家族の変容を受け入れようという方向が徐々に強まった。戦後の公共政策は法律婚をした夫婦と子どもからなる核家族を基礎にしている。夫婦はこの基礎単位の中で性による役割分業を行い，法制度はそうした家族を支えてきた。しかし，社会は変化し，価値観の多様化が進んだ。性別役割分業は流動化し，離婚が増加し，法律婚も絶対的なものではなくなってきた。そうした現状に対応すべく，家族単位モデルから個人単位モデルへの転換が真剣に論じられるようになった。

そのような動きに対して追い風となったのが，少子化の衝撃である。合計特殊出生率の大幅な低下は，家族単位モデルに依拠した日本社会が女性にとって生きにくいところであることを浮き彫りにした。働く女性がこれだけ一般化したなかで，女性だけが家事や育児の責任を担う性別役割分業を維持することは不可能になっていた。少子化現象は，根本的な性別役割分業の変革がないままに，女性が家庭に加えてさらに仕事という二重の責任を負う状況から生じた，必然の結末である。

◎本書の成果と残された課題

日本の公共政策がジェンダーにどのようなインパクトを及ぼしてきたのかを明らかにする，というのが冒頭にあげた本書の目的である。個人単位モデルと家族単位モデルという対極的な二つの理念モデルを設定し，複数の政策領域を検討し，各政策領域の相対的位置を確認することで，ジェンダーの視点から見た日本の公共政策の全体像をある程度明らかにすることができたと思う。しかし当然のことながら検討が不充分な点がある。本書の課題は三つある。第一は分析対象とする政策領域を広げること，第二は各政策領域の考察を深めること，そして第三は政策領域相互間の関係を検討することである。

取り上げる政策領域を増やすことは公共政策の全体像の精度を高めるために不可欠である。家族イデオロギーを見るためには，本書で取り上げた家族法や教育課程以外に，婚外子の法的地位や片親家庭の子どもに対する児童扶養手当制度などを検討することが有益である。社会保険のジェンダー・バイアスを見るためには年金制度だけでなく，健康保険制度の検討も必要となる。また，ケアワークに関しても，乳幼児に対するケアワークだけでなく，老人も含めるべきであろう。したがって，今回は制度が創設された直後で効果が不明確なため取り上げなかった介護保険制度をめぐる政策動向なども対象とすべきであると思う。

また，政策の変化をもたらす環境の内容をより詳細に検討することが必要である。本書で取り上げた政策領域の中でも，変化が相対的に早い領域と遅い領域がある。その違いをもたらしているものが何なのか，社会経済的要因なのか，制度配置の問題なのかなど，検討すべき事柄はいくつもある。本書で提示した分析枠組は静的であり，変化自体を説明するものではない。したがって，各時代の対応モデルを表にまとめると，かなり大きな政策転換がない限り同じになってしまうという問題がある。本書では各政策の展開過程の叙述を中心としたため，何が変化をもたらし，あるいは変化を阻害したのか，という検討と整理は統一的になされていない。これは今後の課題である。

最後に，第二の課題とも関連するが，分析対象とする政策領域相互の関係を検討することが必要である。家族イデオロギー，税制，年金，ケアワークという四つの政策領域における「単位」のありかたは労働政策領域と相関関係がある。つまり，これらの領域で家族単位の制度設計がなされているか，個人単位であるかによって，女性の労働市場参加が変わるという関係がある。この点は多国間比較も含めて丁寧に実証すべきであると考えている。

2　現状の何が問題か

戦後50余年を経て，多くの政策領域で家族単位モデルと現実が適合しなくなり，公正と平等の観点から，個人単位モデルに改めるべきだという議論がなされるようになってきた。そして，実際に移行の動きが見えてきた政策領域もある。しかし，まだどの領域も完全に個人単位モデルに切り替えられてはいない。ジェンダーの視点から見ると，現状の何が問題で，何を克服すべきなのだろうか。若干の私見を述べたい。

2.1　家族イデオロギー

◎変化の諸相

戦後家族の変化はさまざまな側面に及ぶが，さしあたって次の諸点を指摘することができる。まず，家族形態の変化である。世帯人員数が減少し，世帯規模が縮小している。世帯の種類は大別すれば単独世帯，核家族と拡大家族に分けられるが，単独世帯が急激に増加し，実数としては増加し続けている核家族の割合を低下させている。母子・父子などの単親家族，意図的に子どもを持たない夫婦，同棲，事実婚，同性カップルなど，欧米諸国に比べれば多くはないが，結婚の形も多様化している。平均初婚年齢は男女ともに高くなり，晩婚化の傾向が見られる。それは晩産化をもたらし，少産化，少子化につながっている。欧米先進諸国に比して低かった生涯未婚率も上昇傾向にある。離婚も増加している。

次に，ライフサイクルの変化である。男女ともに平均寿命は伸びている。晩婚化にもかかわらず，産む子どもの数が少なくなってきているため，子育て後に夫婦が向かい合うエンプティ・ネスト期が長くなってきている。結婚年齢の上昇，離婚率の増加などにより，特に女性のライフコースは多様化している。

そして，家族をめぐる意識の変化である。「家」を継ぐ，というような伝統的な家族規範は薄らいでいる。家庭は経済生活の基盤ではあるが，休息，やすらぎなどを得る情緒的な生活の場としての役割が重視されるようになってきている。先に家族ありき，ではなく，個人のための家族，という考え方に共感する人が増えている。家庭を持つことへのこだわりも，若年層になるほど弱まってきている。結婚は必ずしなければならないものではなく，してもしなくてもよい選択的なもの，と考える人が増えてきている。また他人のそのような生き方を許容する人が増えている。家族内部の関係も，女性の就労増大を背景に，性別役割分業に否定的な考え方が女性を中心に強まっている。

こうした諸変化は，戦後の規範的家族像を内部から動揺させる。家族法システムや教育政策に埋め込まれ，反映されてきた家族イデオロギーはそうした変化に適合しなくなっている。それゆえ，こうした制度の改革は不可避であろう。

◇家族法システムの問題

憲法24条は，家族の中での個人の尊厳と両性の平等を規定する。家族に関する法律の規定は，新憲法のもとで戦後全面的に改正された。しかし，いまなお憲法24条の理念に反する以下のような性差別的な規定が残存している。

①　婚姻適齢　　現行民法は婚姻できる最低年齢に男女で2歳の差を設けている。これは女性の方が一般に早熟であるという生理的な違いに由来するもので，合理的な区別であるとされてきた。しかし，成熟度には個人差がある。仮に統計的に見て，性による成熟度の違いがあるとしても，それを根拠に法律で規定することは，統計的平均に合致しない個人にとって不公平である。そもそも婚姻最低年齢は，教育や職業訓練を受ける機会を逸しないように設けられたものである。女性の年齢を若く設定することは，結婚にあたって女性の経済的・精神的自立を前提としなかった明治民法の考え方につながる。つまり，男性は妻子を養うため精神的・経済的に自立できる年齢まで結婚すべきではないが，家庭に入る女性にはそれは必要ない，という考え方である。男女ともに婚姻最低年齢は満18歳とするのが妥当だろう。女子差別撤廃条約16条も「婚姻をする同一の権利」を確保する，と規定している。

②　待婚期間　　女性は離婚してから6ヵ月間は再婚できない。これは女性のみに課された再婚禁止期間である。男性は離婚の直後に再婚できる。この規定は，女性が妊娠した場合に，前の結婚と後の結婚の嫡出推定が重複することを防ぐためであると説明される。

かつてこの再婚禁止期間が女性差別であるとして訴訟が提起されたことがある。裁判所は一審，二審とも原告の請求を認めず，1995年に出された最高裁判決も待婚期間の規定は憲法に違反しないとした[1)]。二審の広島高裁は，この規定が国家賠償法上違反であるというには，この規定の目的に照らして不合理な規定であることが明白である場合に限るとする。それは次のような場合である。第一に，この規定が「父性の推定」の重複の防止を目的として設けられた規定ではなく，これに名を借りて，女性の再婚を嫌うという父権的思想から，女性の再婚をできる限り制限しようという不当な目的を持って制定されたことが明白である場合。第二に，再婚禁止期間を設けても「父性の推定」重複の防止にまったく役に立たず，かえって多くの弊害生じることが明白な場合。第三に，「父性の推定」の重複を防止するためには，女性の結婚の自由を制約せずにすむほかの方法があることが明白なのに，あえて再婚禁止期間を設けた場合。第四に，現行法の6ヵ月が「父性の推定」の重複防止という目的にとって不必要に長いことが明白な場合。

裁判所はこれらの場合に合致しないとして原告の請求を棄却したわけであるが，今日の医学の水準からみて，親子鑑定は容易であり，どちらの子どもかわからず混乱を招くということはありえない。また法律婚を認めなくても，事実上の再婚を阻止することはできない。したがって，女性と男性の結婚の自由についての差別であるこのような期間の設定は不要である。仮に待婚期間を設けるとしても，現行の半年は長すぎる。短縮すべきであろう。

③　夫婦同氏　　民法は夫婦同氏を規定し，結婚にあたって男女どちらかの改姓を求めている。形式的には男女平等なこの規定が，かつての「家」制度のもとでの慣行を背景に，実質的には女性に改姓を強いることになっている。かくして多くの女性は改姓によるさまざまな不利益を被ることになる。別姓が認められない現状で，その不利益を少しでも軽減するため，旧姓を通称として使用したり，事実婚やペーパー離婚を選択する人もいる。しかし，その選択にはさらなる不利益がともなう。事実婚では，法定相続権がない（民法890条），嫡出推定がなく（同772条）父の認知を必要とする（同779条），共同親権（同818条）でない，税法等の優遇がないなど，法律婚に比べて不利なことが多い。事実婚に関連した最大の問題は，事実婚から生まれた子ども（非嫡出子）のことである。非嫡出子は戸籍上にそれとわかるように記載され，嫡出子との関係では相続差別がある（同900条4号）。別姓を貫くためにはこうした不利益を甘受しなければならない，ということは正義に反するだろう。夫婦別姓の法制化が求められるのは当然である。

以上のような民法の規定は，個人の尊厳と両性の本質的平等に反するものであり，改められるべきである。しかし，こうした点を盛り込んだ民法改正法案は自民党内部の強い反対により，国会に上程されないまま現在に至っている。特に焦点となっている選択的夫婦別姓に反対する人々は「家族の一体感を損なう」「家族の崩壊につながる」と主張する。この主張はある意味で，別姓論の本質に迫るものである。夫婦別姓は単に女性が旧姓を名のれればよい，という便宜的なものだけではない。婚姻における男女の個人としての対等性の象徴なのである。選択制にもかかわらず，その導入がこれほど強い抵抗を受けるのは，別姓論に込められた女性が個人として尊重されたいという主張が脅威だからである。家族を社会の最小単位と見れば，それより小さい単位である個人の存在は問題にならない。だから家族の中の不平等は存在し得ないことになる。夫と妻でセットなら，その間での役割の強制や依存が，性によって固定化されていたとしてもそれは差別とならない。別姓の主張は，その分解できない最小単位であるはずの家族を個人に分解し，そこにある不平等や差別を顕在化させる恐れがあるのである。

家族の中に不平等，支配，抑圧があるのなら，それを可視化し克服すべきである。「家族の一体感」という曖昧な表現でその存在から目をそらすべきではない。家族ではなく個人を単位とすべきである。現行の家族法はジェンダー・バイアスを内在し，標準的家族以外の形態を選択することの自由を保障していない。不利益を承知で選択しろ，というのでは選択の自由を保障したことにはならない。人がどのような生き方をするか，他者とどのような関係を結ぶか，は個人の自由である。法の存在意義は個人の利益の保護にあるのか，社会倫理の維持にあるのか。確かに最低限の社会倫理は必要かもしれない。しかし，何が倫理的に正しいかは極めて相対的なことが多い。誰かにとって正しい生き方は他の誰かにとっては正しくないかもしれない。法は価値観の統一を図るべきではなく，異なる価値観の共存を保障すべきである。家族法は個人の自主性を尊重し，その人のライフスタイル選択に中立的でなければならない。

個人を基本単位とし，ライフスタイルに中立的な家族法を実現するためには戸籍制度の改革も不可欠である。戸籍は「一の夫婦及びこれと氏を同じくする子ごとに」編製されることになっている（戸籍法6条）。そして夫婦は同姓とされている（民法750条）ため，夫婦は必ず同戸籍である，同じ戸籍の者は同姓である，という2点が基本原則になっている。夫婦別姓を認めるとすれば，これらの原則を改めなければならない。選択肢は①別氏同戸籍，②別氏別戸籍及び③完全な個人登録制である。①別氏同戸籍は，夫婦同戸籍の原則は変えずに，同姓夫婦と同様に別姓夫婦も同じ戸籍として編製する方式である。②別氏別戸籍は，同氏同戸籍の原則を守り，同姓夫婦と子は今まで同様に同戸籍に，別姓夫婦については個別に戸籍を編製し，姓の同じ子をそれぞれの戸籍に記載する方式である。そして③個人別登録は，家族をまとめて登録する方式を改め，一人一つの登録簿を作成する方式である。

現行の家族単位登録制度からの変更を最小限にとどめようとするのが①別氏同戸籍方式である。同戸籍である以上，誰を戸籍筆頭者にするかという問題が生じる。夫婦の協議によるとすれば，現状ではほとんどの夫婦が夫を筆頭者とするだろう。それでは何も変わらない。筆頭者をなくし夫婦を連名にするということも考えられるが，戸籍筆頭者は身分変動の基準となるので，現行の仕組みを維持したままでは難しい。

②の別氏別戸籍方式は，個人別登録方式を理想としつつも別姓を実現するための現実的対応として提唱されている[2]。戸籍の変更が必要ではない同姓夫婦はそのままにし，別姓を望む夫婦だけ別戸籍を編製しようという案である。戸籍制度の中に二つの編製方式が併存することになり，戸籍事務を複雑にする恐れがある。

戸籍の機能とは，国民の身分関係の変動を登録することである。出生・死亡，親子関係，婚姻関係が記録され，証明できるようになっていることが戸籍に求められる機能である。それは家族単位で編製されなければ果たせない機能ではない。戸籍の名の下に不必要な序列を家族の中にもちこむ必要はない。今後，戸籍のコンピュータ化が進めば，どのような方式で入力されようとあまり意味のないことである。したがって，中途半端な②の方式よりも③個人別登録がすっきりすると思われる。諸外国の身分登録制度は多様であり，家族単位の登録どころか，一人の身分変動についてもばらばらに事件別に登録する国もある(表5-2)。それで支障はないのである。「家」制度をひきずる現行の戸籍制度に代わる登録制度として，人々の生き方を最も自由にする個人別登録を選択すべきである[3]。

表5-2　諸外国の身分登録制

人的編製方式		事件別編製方式	
個人別登録	家族別登録	完全な事件別登録	事件別登録 ＋欄外付記方式
スウェーデン オランダ	ドイツ（事件別及び家族別有），スイス，韓国，日本，台湾（夫婦別戸籍有）	アメリカ カナダ	イギリス，フランス，オーストリア，旧ソ連，中国，北朝鮮

資料出所：榊原（1992）

◎教育システムの課題

法制度とともに家族イデオロギーの形成，維持，再生産に大きく関わる教育システムにも克服すべき課題がある。以下，顕在的カリキュラムと潜在的カリキュラムに分けて簡単に指摘する。

学校において教科書等にもとづく学習指導を通じて公式に伝達される知識や技術が「顕在的カリキュラム」であるのに対し，学校という場のなかで児童・生徒たちがしばしば無意識に学んでいる知識が「潜在的カリキュラム」である。高等学校家庭科の女子のみ必修に見られたような，顕在的カリキュラムの中のジェンダー・バイアスは解消されつつある。しかし，潜在的カリキュラムの中にはさまざまなジェンダー・バイアスがあり，これが性別役割分業の克服の妨げとなっている。例えば，出席簿は男子が先で女子が後，学級委員長や生徒会長は男子で副委員長や副会長は女子がなる，といった慣行である。クラス内の係分担でも保健や清掃などの係は女子がなる，といった傾向が見られる。こうしたある意味でささいな日常の出来事が，「男が主で女が従」というメッセージを伝え，児童・生徒はジェンダー・バイアスを内面化してしまう。

教職員の配置状況もこうしたジェンダー・バイアスに作用する。一般に，小学校から高校・大学へと学校段階が上昇するにしたがい女性教員は減少する（図5-1）。女性教員の多い小学校でも管理職には男性が多い（表5-3）。担任も低学年には女性教員が多く，高学年になるほど男性教員が担当する傾向がある（表5-4）。中学校・高校では教師の性別によって担当教科に偏りが見られる（表5-5）。女性教員が担当する傾向が強いのは，国語，英語，家庭科である。これに対し，男性教員は社会・数学・理科に多い。こうした教職員配置の偏りも，個人差ではなく「男は」「女は」とステレオタイプな性差を強調する考え方に

図5-1　女性教員の割合

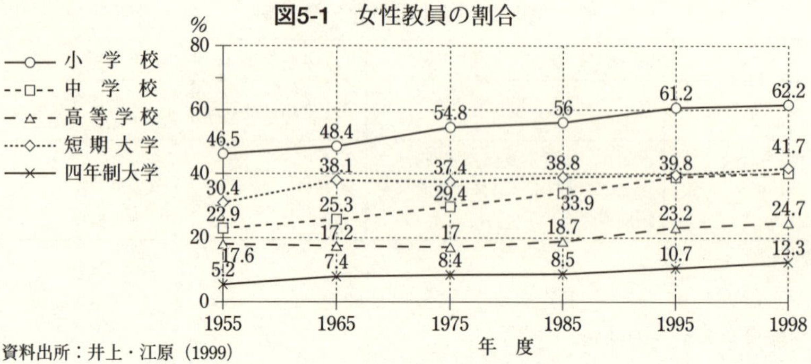

資料出所：井上・江原（1999）

表5-3　学校における女性管理職の割合

年度	校長（%）			教頭（%）		
	小学校	中学校	高等学校	小学校	中学校	高等学校
1975	1.5	0.2	3.2	3.1	0.5	1.1
1980	2.0	0.2	2.6	3.3	0.5	1.1
1985	2.3	0.3	2.4	4.3	1.4	1.2
1990	4.1	0.7	2.4	11.7	2.7	1.6
1995	9.6	1.9	2.5	19.3	5.5	2.9
1998	13.8	2.9	2.8	22.5	6.9	3.8

資料出所：井上・江原（1999）

表5-4　小学校教員の担当学年（1995年度）

（%）

性別	担任せず	担任あり						
		1学年	2学年	3学年	4学年	5学年	6学年	その他
女	23.7	15.4	13.7	11.5	11.0	9.6	8.8	6.3
男	38.9	3.2	4.9	8.1	9.8	14.0	16.3	4.7

資料出所：井上・江原（1999）

表5-5　中学校及び高等学校教員の担当教科（1995年）

（%）

学校段階	性別	社会（地理・歴史・公民）	数学	理科	音楽	美術（美術・工芸・書道）	保健体育	技術家庭（家庭）	英語	国語
中学校	女	5.7	9.1	5.3	10.9	6.7	8.8	12.3	17.6	21.6
	男	16.9	16.8	15.5	2.7	5.8	13.7	8.8	9.4	10.2
高等学校	女	6.2	5.5	4.2	2.8	2.3	7.4	15.2	21.7	21.7
	男	20.9	13.4	11.8	1.1	2.3	12.2	0.2	12.4	11.1

資料出所：井上・江原（1999）

表5-6　大学・短期大学への進学率　(%)

年　度	大　学		短期大学	
	女	男	女	男
1960	2.5	13.7	3.0	1.2
1965	4.6	20.7	6.7	1.7
1970	6.5	27.3	11.2	2.0
1975	12.5	40.4	19.9	2.6
1980	12.3	39.3	21.0	2.0
1985	13.7	38.6	20.8	2.0
1990	15.2	33.5	22.2	1.7
1995	22.9	40.7	24.6	2.1
1998	27.5	44.9	21.9	2.2

資料出所：井上・江原（1999）

図5-2　大学の関係学科別学部学生の割合

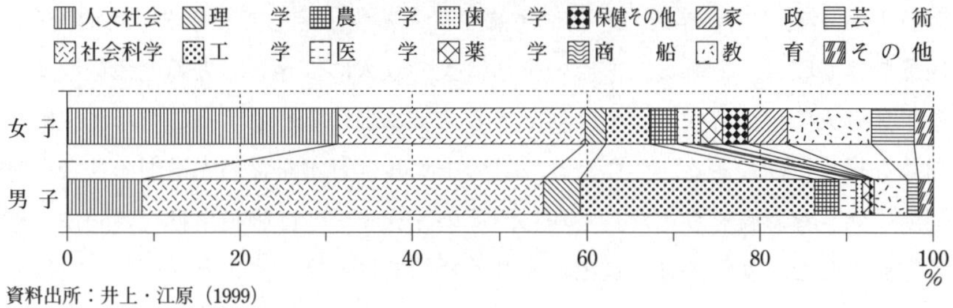

資料出所：井上・江原（1999）

結びつきがちである。

どのような教育を受けたかは，その児童・生徒の将来を決める重要な要素である。わが国では，形式的には教育機会の男女平等が保障されている。しかし，高等教育機関への進学率には男女格差がある。全体としての大学進学率は1960年代以降飛躍的に上昇しているが，男子は四年制大学へ進学する者が多いのに対し，女子は短期大学への進学が多い（表5-6）。専攻分野にも偏りが見られる（図5-2）。これらのジェンダー・バイアスはそれまでの学校生活や進路指導，家庭での教育期待の相違に由来する。そして進路選択に対する家庭効果と学校効果では後者のインパクトが大きい（中西 1998)。進路選択にはその生徒が内面化した性役割観が大きく影響する。その性役割の社会化・配分「装置」として学校が機能するのである。

教育における男女の実質的平等を達成するためには，顕在的カリキュラムの中のジェンダー・バイアスをなくすことは当然として，潜在的カリキュラムに対する教職員の自覚と意識改革が重要になってくる。教師自身が性別役割分業意識に無自覚ならばジェンダー・バイアスの再生産は続く。ジェンダー・センシティブな教育の必要性に対する認識はまだ薄く，1996年に策定された「男女共同参画2000年プラン」や1997年の教職員養成審議会答申など，いくつかの公的文書でようやく見られるようになってきたばかりである。

2.2　年　金

◎現行年金制度の問題

イギリスのベヴァリッジは，19世紀ビクトリア時代的な中産階級の家族を前提とした社会保障制度を提案した。彼がモデルとして想定した家族は，家計支持者である夫と家事専業の「近代主婦」である妻，そして妻と2，3人の子を扶養できる収入，である。家族の生活は夫の収入に依存し，夫の退職後に受ける年金も夫の現役時代の賃金に対応する。被扶養の妻や子はそこから派生的な利益を得るだけである。ベヴァリッジのモデルは日本を含め先進国の社会保障制度に大きな影響を与えた。しかし，その家族モデルは戦後半世紀の間に一般性を喪失した。女性の社会進出により，経済的に自立し，夫と対等の立場に立つ妻が増えた。また，離婚の増加や家族形態の多様化により「家族」を半永続的な単位として措定できなくなってきた。

このような社会変化を反映し，諸外国では男女対等な年金権の確立と実態に即した年金制度が求められるようになってきた。改革の速度は緩やかだが，被保険者の権利に関する男女差別の撤廃が重要な課題とされるようになり，社会保障上の権利を婚姻上の地位に連動させることは問題があると多くの国で認識されるようになった。それは，個人のライフスタイルの選択に中立的でないからである。

このような視点からわが国の年金制度を考えると，二つの問題点が挙げられる。第一にライフスタイルと保険料の問題である。第二に，年金給付に関する男女格差の問題がある。

1985年の改正により，いわゆる専業主婦の年金権が確立された。しかしここで新たな問題が浮上した。加入者間の水平的公平の問題である。片働きのサラ

表5-7　第３号被保険者の基礎年金負担をめぐる議論

	第３号被保険者は負担しなくてよい	第３号被保険者も負担すべき
負担の公平	・所得のある者が所得に応じて負担するのが社会保障制度の原則 ・片働き世帯から妻の分の定額保険料を徴収すると逆進的になる	・基礎年金費用は各人が負担すべき ・片働き世帯は共働き世帯に比べて夫の賃金が高い ・累進的な所得税・相続税，生活保護等があるので年金制度で所得再分配を行う必要はない ・主婦の家事労働を通じて帰属所得を生み出している
就業選択への影響	・就労選択への影響は税制や育児・介護等の必要性の方が大きい。第３号被保険者制度は育児・介護で就労を中断しがちな女性の年金額を高める機能をもつ	・現行制度は女性の就労に抑制的に働き，非中立 ・女性の賃金引き上げに対するインセンティブを弱める効果がある
専業主婦からの保険料徴収	・自己納付は未納者を生み，無年金者の発生につながる ・雇用関係のない妻の保険料徴収事務を夫事業主に課すのは適当ではない	・第1号被保険者と同様の自己納付か夫の事業主経由で夫の給与から源泉徴収するべき
改革案	・第３号被保険者の年収基準を引き下げる ・パート労働者の厚生年金適用を拡大する	・社会保険方式から税方式に転換し，第３号被保険者をなくす

リーマン世帯では保険料拠出は世帯単位であるが，給付は個人単位である。つまり片働き世帯の妻は，全く保険料を負担せずに，共働き世帯の妻と同等の基礎年金給付が受けられるのである。

早い段階から財政学や社会保障の研究者たちは，公的年金制度が専業主婦世帯を優遇していると指摘してきた[4)]。そして1985年改正で創設された第３号被保険者制度に対しては，他の分野の研究者達も批判を強めるようになった[5)]。

第３号被保険者が保険料を負担せずに基礎年金の給付を受けることについて，議論を整理すると表5-7のようになる。

まず，保険料の負担については，第３号被保険者は保険料を自ら負担することなしに基礎年金を給付できる仕組みになっているのは，働く女性と専業主婦の間で不公平である，という根強い批判がある。また，妻が第３号被保険者になっている片働き世帯の夫の賃金は高く，共働き世帯より裕福であるという観察がある[6)]。これは，妻が働かなくてもよい豊かな片働き世帯に共働き世帯が補助金を与えていることと同じであり，不公正だという指摘がある。

こういった批判に対し，第３号被保険者制度を支持する論者は[7)]，わが国の公的年金が依拠する社会保険は，「拠出は能力に応じ，給付はニーズに応じ」という原則にもとづくとして，負担能力のない被扶養の妻に保険料の拠出を求めないのは合理的だとする。そして，収入のない専業主婦に定額の国民年金保険料負担を求めれば，必然的に夫の賃金から妻分の拠出がなされることになるが，それは逆進的になると指摘する。また，公的年金には所得再分配の機能があり，保険料の拠出ができない者について，保険料を免除したり拠出があったと見なしたりするのは不合理であるとは言えないとする。しかし，第３号被保険者制度に批判的な論者は，収入がないのは学生も同じだが第１号被保険者として保険料を納付していることとの非整合性を指摘する。また，片働き世帯の妻は無収入ではなく，妻の家事労働は帰属所得を生み出していると論じる。そして，年金の所得再分配機能については，累進的な所得税・相続税，生活保護等の制度があるので年金制度でそれを行う必要はないとする。

次に，第３号被保険者制度の持つ就労抑制効果についてである。この制度があるため，被用者の妻は国民年金を納めなければならない年収の基準を超えないように就労時間を調整し，賃金引き上げに対するインセンティブが弱いと指摘し，女性の生き方に中立的でない制度として批判する。またこうした制度は事業主側にも被扶養のパートタイマーを優先的に雇用するインセンティブを与えている。厚生年金や健康保険の適用のない年収130万円未満のパートタイマーを雇用すれば，事業主はフルタイム労働者を雇った時には負担しなければならない保険料を免れるのである。そのパートタイマーの保険料は，結局のところ厚生年金の被保険者全体で負担することになる。年金制度はパート労働者を多数雇用する企業に隠れた補助金を与えているのと同じことになる。

制度の支持者は，就労の抑制効果は確かにあるが，それは「働くか働かないか」の選択ではなく，年収の基準を超えて働くかどうかの問題であり，女性の就労を妨げる最大の要因は女性が家事・育児・介護等の家族責任を担う社会慣行とそれを前提とした雇用システムである，とする。そして第３号被保険者制度は，そのような社会システムの中で低くなりがちな女性の年金を高める効果を有しているとして評価する。

批判者たちは第３号被保険者制度を廃止し，被扶養の妻からの保険料の徴収を提案する。具体的には第1号被保険者と同様に自己納付にするか，あるいは夫の賃金から直接に徴収すべきだとする。これに対しては，自己納付は未納者を生み，将来の無年金者発生につながるという反論，雇用関係のない夫の事業者に妻の保険料徴収業務を課すのは不適当という意見がある。そうした論者は，男女の就労条件を平等化して女性の就労を促進し，第3号被保険者制度の必要性をなくしていくことが重要であるとして，第3号の適用範囲の縮小（年収基準の引き下げ）とパート労働者に対する厚生年金の適用拡大を提案する。しかし，それに対しては，就労調整の境界となる年収の壁が下がるだけで，「被扶養パート」の奨励という方向は変わらないという批判がある。そのため基礎年金については全額国庫負担，すなわち社会保険方式から税方式にするという提案もある。

現行の遺族年金制度についても批判がある。それは次の3点に集約できる。第一に，第3号被保険者制度と関連するが，専業主婦に対して遺族年金を給付する費用を第2号被保険者が共同負担していることである。この第2号被保険者には単身の女性や共働きの女性も含まれ，不公平であるという指摘がある。第二に，共働きの妻の遺族年金の問題がある。すでに述べたように，妻に老齢厚生年金があっても額が低い場合には，夫の死亡時に遺族年金を選択する際，自分の保険料を全部いかすことができず，掛け捨てになることがある。第三に，遺族年金受給権の男女差の問題である。遺族基礎年金，寡婦年金は夫には支給されない。遺族厚生年金の受給に夫にのみ年齢要件がある。妻にのみ遺族厚生年金の中高齢寡婦加算がある。

離婚と年金の問題については，専業主婦が離婚すると基礎年金だけになり，老後の生活が著しく不安定になるのは不合理であるという指摘がある。婚姻が継続している状態であれば夫婦2人の年金で生活が維持できるように設計されているからである。

以上のように，現在の公的年金制度にはジェンダー・バイアスがあり，男性であるか女性であるかによってその効果が異なっている。第3号被保険者制度と遺族年金や離婚時の年金の問題に共通するのは，それらの制度の根底にあるのが専業主婦のいる片働きの家庭像であり，世帯を単位とした考え方だということである。妻は家庭外で賃金を得る職を得ない，夫婦は離婚しないという前提があるのである。

第3号被保険者が保険料を納付しなくても年金が受給できるのは稼得者である夫（の加入する被用者年金）が負担しているからである。遺族年金は主たる生計維持者の死亡によって所得がなくなる遺族の生活を保障しようというものであるから，妻や子だけに年金が支給されるのである。いずれの場合も夫が外で働いて賃金を得，妻は家事・育児を担当するという家庭像が前提とされている。

◎生き方で変わる年金

人のライフステージと年金の関係を図式的に見ると3期に区分できる。第1期は子として被扶養の扱いを受ける18歳まで，第2期は国民年金に強制加入となる20歳から60歳までであり，第3期は老齢基礎年金を受給できる65歳以上である。第1期はすべての人に共通の時期であるが，女性の場合は特に第2期の選択がそれ以後の年金との関わりを規定する（藤井 1993：189）。結婚や出産を機に離職するか就業を継続するか，という選択が年金についていくつものパターンを生み出すのである。

わが国の年金制度は結婚や出産で離職した被扶養の配偶者に「優しい」制度になっている。この点に関しては1997年現在の年金制度の下でライフパターンごとの年金額を試算した塩田（1997）がわかりやすい（表5-8）。塩田は1959年

【設定】
妻は1959年7月，夫は1956年11月生まれ。妻も夫も大学卒業後働き始める。60歳定年で退職。1991年まで20歳以上の学生は任意加入だったので国民年金には加入していない。平均標準報酬月額は，妻が26万円（ケース③は23万円，ケース④は18万円）。妻の退職日は3月31日付　再就職は10月1日。ケース④⑤⑧は結婚後に国民年金保険料は支払っていない。ケース③は再就職後は支払う。

【女性の生き方】
①結婚せずシングルで60歳定年まで働く。
②28歳で結婚，以後共働きで60歳定年まで働く。
③28歳で結婚（出産）退職。36歳で再就職，以後60歳定年まで働く。
④28歳で結婚（出産）退職以後専業主婦。夫は60歳定年まで働く。
⑤28歳で結婚（出産）退職。36歳で再就職，130万円を超えないパート勤務。
⑥自営，フリー（アルバイト等含む）のまま一生シングル。
⑦自営，フリー（アルバイト等含む）で28歳で自営業の夫と結婚して60歳まで共働き。
⑧自営，フリー（アルバイト等含む）で28歳でサラリーマンの夫と結婚。以後，専業主婦。夫は60歳定年まで働く。

表5-8　女性の生き方と老齢年金・遺族年金（年額）

	65歳以降の年金	妻と夫の合計	夫死亡後の年金
①	本　厚生　87万7800円 人　基礎　73万1500円　計160万9300円		（本人の老齢厚生年金のみ） 160万9300円
②	妻　厚生　87万7800円 基礎　73万1500円　計160万9300円 夫　厚生 129万4300円 基礎　73万8000円　計203万2300円	364万1600円	181万7600円 （２人の厚生年金　合計1/2）
③	妻　厚生　59万9300円 基礎　73万1500円　計133万800円 夫　厚生 129万4300円 基礎　73万8000円　計203万2300円	336万3100円	170万2200円 （夫の遺族厚生年金）
④	妻　厚生　8万1600円 基礎　73万1500円　計 81万3100円 夫　厚生 129万4300円 基礎　73万8000円　計203万2300円	284万5400円	170万2200円 （夫の遺族厚生年金）
⑤	妻　厚生　8万1600円 基礎　73万1500円　計 81万3100円 夫　厚生 129万4300円 基礎　73万8000円　計203万2300円	284万5400円	170万2200円 （夫の遺族厚生年金）
⑥	本人　基礎　73万1500円		（本人の老齢基礎年金のみ） 73万1500円
⑦	妻　基礎　73万1500円 夫　基礎　73万8000円	146万9500円	（本人の老齢基礎年金のみ） 73万1500円
⑧	妻　基礎　73万1500円　計 73万1500円 夫　厚生 129万4300円 基礎　73万8000円　計203万2300円	276万3800円	170万2200円 （夫の遺族厚生年金）

基礎は老齢基礎年金　厚生は老齢年金のこと
資料出所：塩田（1997：35）

7月生まれの妻と1956年11月生まれの夫という組み合わせで，以下のように8通りの女性の生き方を設定する。

第3号被保険者の有利さがよくわかるのは，ケース④である。ケース④は28歳で結婚後専業主婦となり，以後は国民年金保険料を払っていないが，払ってきた場合と同じ額の基礎年金を受ける。また，夫死亡後はシングルで働いてきた①や⑥より多くの年金が支給され，ケース③や⑤のように再就職して働いてきた人と同じ額になる。

明らかに現行の第3号被保険者制度は，被扶養配偶者としての生き方を選択するインセンティブを女性に与えている。

◇男女の年金格差

わが国の公的年金制度では，かつて性別によって異なった取扱いがなされていた。厚生老齢年金の支給開始年齢は，女性の方が5年早く，保険料率も男性と比べて低く設定されていた。女性に対する若年定年制などがあり，女性の保険料拠出が年金の給付に結びつかないことが多いことなどを考慮した結果である。今日では，このような男女差は撤廃されている。しかし，年金水準では依然として男女で格差がある。

図5-3　厚生年金　老齢年金の月額階級別受給権者数（1996年度末現在）

平均年金月額　　　男子 201,103円　女子 108,115円

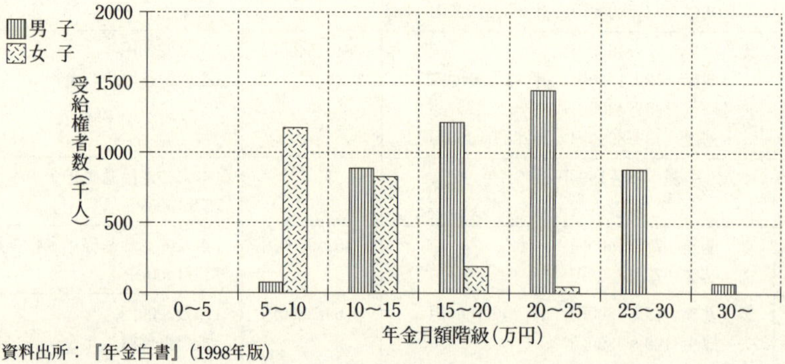

資料出所：『年金白書』(1998年版)

図5-4　国民年金　老齢年金の月額階級別受給権者数（1996年度末現在）

平均年金月額　　　男子52,228円　女子 41,928円

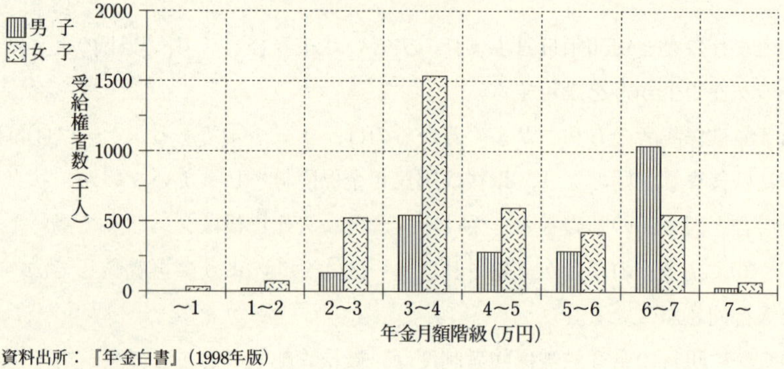

資料出所：『年金白書』(1998年版)

老齢年金についてみると，厚生年金の受給権者は男性が多く，国民年金の受給権者には女性が多い。これは被用者として年金受給権を得るまで働く女性が男性に比べると少ないからである。厚生年金の受給権を取得した女性も，その年金額は男性を大きく下回っている。女性が被用者保険に加入した期間が男性に比べて短いこと，年金額算定の基準となる報酬が低いことがその原因である。家事・育児・介護等による就労の中断は圧倒的に女性が多い。また，賃金構造は，家計支持者である男性への家族賃金と低水準の女性の賃金という二重構造になっていることが多い。

◎派生的権利から個人的権利へ

ジェンダー・バイアスのない公正な年金制度とはどのようなものか。その要件としては次の2点が考えられる。第一に，生き方に中立的な制度であること，第二に個別の事情に対応可能な制度であること，である。第一の要件と第二の要件は決して矛盾しない。生き方に中立的であるということは，就労するかしないか，結婚するかしないか，子どもをもつかもたないか，といった人生の選択が年金制度と結びついて有利になったり不利になったりしないということである。個別の事情に対応可能であるとは，離別や死別などによる経済状況の急変を防ぎ，介護・育児という無償の家庭内労働を評価できる制度のことである。

この要件を具体化するには，年金権分割方式の導入，家族除数の組み込み，介護・育児期間の算入などが考えられる。理想的には基礎年金の財源を税方式化し，第3号被保険者を廃止し年金権を完全に個人単位化するべきであると考える。しかし，社会保険方式から税方式への移行は，他の社会保障制度との関連もあり，容易には進まないと思われる。仮に，現行の社会保険方式を前提とした場合，男女の就労条件が必ずしも平等でなく，妻の夫に対する経済的依存度が高い現状において，個人単位化をつきつめることには無理がある[8)]。

そこで，年金権を分割するのである。片働き夫婦であろうと共働きであろうと，妻も夫も独立した被保険者として位置づけ，納付した保険料の2分の1ずつを各自の拠出実績とする。そうすれば離死別という事態にもある程度は対応できる。夫からの家庭内暴力を受けながらも年金がなくなることをおそれて離婚に踏みきれない多くの妻たちにとってもこうした制度は意味があるだろう。カナダやドイツでは離婚時の年金権の分割が法制化されている。

家族除数の組み込みとは，フランスの税制などで採用されているが，育児のように社会的に意味のある労働を社会保障の上で評価する仕組みである。保険料算出の基礎として扶養児童の数を考慮して家族除数を決定し，世帯所得をその除数で割る。そうすると，多子世帯の保険料負担が軽減されるし，シングルで子どもを育てている世帯の負担も軽減できる。また，育児や介護に従事している期間を保険料拠出期間と見なし，それに要する費用を国庫から負担するという方式もある。1999年の改正で，育児休業および介護休業期間中の厚生年金保険料負担が免除されることになったのは一歩前進だった。しかしこの制度の恩恵を受けられるのは条件に合致した一部の人間だけである。第3号被保険者制度の存在理由として，それが妻の家事・育児・介護などの家庭内労働を評価することになるから，という議論がなされることがあるが，そういった労働を行っているのはなにも専業主婦だけではないし，配偶者でない場合もある。担当する人間の属性にかかわりなく介護や育児という労働を具体的に評価することが必要なのであり，単に被用者の被扶養の妻という地位を評価すべきではない。

これまで日本の公的年金制度は，専業主婦のいる片働き世帯をモデルとして構築されてきた。数年ごとの年金改革も，そのモデルを放棄するものではなかった。しかし，現実には女性の就労状況は変化し，生涯にわたって全く就労しない専業妻は減少している。少子・高齢化の時代に女性労働力は重要であり，これからも女性の就労は増加していくと思われる。そういった実態の変化に対応し年金制度を見直していく必要がある。

派生的権利から個人的権利へ，社会保障の基本的考え方を転換していかなければならない。派生的権利とは自分以外の被保険者の被扶養者であることによって享受できる権利であり（浅倉 1994：31），これは婚姻によって生じることが多い。被用者の専業妻であれば，独自の保険料の負担なく給付が受けられる健康保険や年金，介護保険など，わが国の女性の社会保障上の権利の多くは，誰かの妻であることから生じる派生的権利である。一方，個人的権利とは，自らの名義で取得する固有の権利であり，婚姻上の地位や家族内での地位とは関係なく生じる。稼得者が夫のみという世帯が圧倒的に多かった時代には，派生的権利は，職業生活をしていないため社会保障の枠組みから排除された妻をカバーする意味があった。しかし，共働き世帯が主流となった今，派生的権利を中心とした社会保障制度は弊害が大きい。派生的権利は社会保障上の権利を婚姻上の地位に連動させるため不安定である。また被扶養というその枠内にいる限りにおいて安泰であるということから，性別役割分業の固定化をもたらし，女性の自立を損なう。

2.3　税　制

◎現行所得税制の問題

家族形態，結婚及び労働供給に関する税制の関与といった点から見ると，わが国の現行の税制は，伝統的な「家族」「結婚」を優遇する税制である。課税単位は原則として個人であるが，例外的な措置として配偶者控除の制度があり，家庭に所得のない妻がいればそれだけ夫の税金が安くなるという特典が与えられている。このような控除の仕組みは，「家事労働の評価」と説明されることがあるが，それは説得的ではない。共働き世帯も単身者も家事を行っているのである。専業主婦の家事労働のみが特別に評価されるいわれはない。そもそも，妻の家事労働で利益を得るのは夫であって社会全体ではない。同一の所得を得るものは均等に税を負担するという「水平的公平の原則」を放棄しても保護すべき特別の価値が，専業主婦の家事労働にあるとしない限り合理化できるものではない。わが国の税制は，夫が稼ぎ，妻が家庭を守るという伝統的な家族を前提とし，そのような結婚をしている夫婦を優遇するものである。

配偶者の就業形態の違いが世帯としての税負担の軽重につながる現行税制は，労働市場における女性の就業抑制の主要な要因となっている。1987年に配偶者特別控除が創設されたとき，世帯全体の手取り収入が逆転するという「パート問題」は税制上は解消された。しかし，現実にはパート労働者が意識する「収入の壁」が依然として存在している。1995年に労働省が実施した「パートタイム労働者総合実態調査」では，女性パート労働者の37.6%が，非課税限度額を超えそうになった場合就労調整を考慮する，と答えた。関係なく働くと答えた者は25.6%である。税制上は逆転現象が解消されたということが十分に理解されていないという側面もあるが，「壁」は税制以外の制度と組み合わさって確かに存在するのである。この壁は次のような要素から構成される。

①本人に税金がかからない限度額

②本人の社会保険料がかからない限度額

③夫の税金に影響

④企業の配偶者手当のカット

現在の非課税限度額は収入金額年103万円である。103万円から給与所得控除65万円と基礎控除38万円を控除すると所得はゼロになり，課税されない。また年収が130万円までは社会保険に加入する必要がない。厚生年金と健康保険では同一の資格要件が適用される[9)]。年収が規定以下なら自ら健康保険に加入せずに夫の被扶養者として医療給付が受けられる。また自ら厚生年金にも加入することなく国民年金の第３号被保険者となり，保険料を負担せず基礎年金が受けられる。妻の収入金額が103万円を超えると夫に対する配偶者控除適用がなくなる。配偶者特別控除の額は妻の収入金額によって変化する。収入が141万円以上であれば適用がなくなる。夫の勤める企業からの配偶者手当は，妻の収入が非課税範囲内である103万円以下であるか，社会保険の被扶養認定基準である130万円以下であることを要件としているところが多い[10)]。

こうした税・社会保障制度・賃金制度に誘導されて年収を一定額以下に抑え，被扶養の地位の維持できる働き方をするパート労働者は多い[11)]。先の労働省の統計では，就労調整を考慮すると答えた37.6%の者を100%として就労調整の理由を複数回答で聞いたところ，最も考慮していたのは税制上の控除だった(81.0%)。以下，健康保険の加入義務が生じる（42.3%)，配偶者手当がもらえなくなる（34.8%)，雇用保険の加入義務が生じる（13.3%)，その他（7.9%)，配偶者の会社に知られる（2.2%)，となっていた。

企業の配偶者手当は，大企業ではかなりの額を支給するところもある。そういった企業では妻の収入が制限を超えた場合のカット額も大きい。制限を超えないようにしようとするインセンティブがはたらくのは当然といえる。

世帯単位で見た場合の，収入と被扶養の地位の関係をまとめたのが表5-9である。

表5-9 パートタイム労働者の収入と被扶養の地位

パートタイム労働者の年収	配偶者本人（妻）			相手方配偶者（夫）		
	所得税	住民税	社会保険料	配偶者控除	配偶者特別控除	企業の配偶者手当
99万円以下	非課税	非課税	納付しない	受けられる	受けられる	受給する
99万円超 103万円未満	非課税	課税	納付しない	受けられる	受けられる	受給する
103万円	非課税	課税	納付しない	受けられる	受けられる	受給する
103万円超 130万円未満	課税	課税	納付しない	受けられない	受けられる	受給しない
130万円超 141万円未満	課税	課税	納付する	受けられない	受けられる	受給しない
141万円以上	課税	課税	納付する	受けられない	受けられない	受給しない

◎税法における世帯主義

税制が性別役割分業を前提に，被扶養の妻の座を厚く保護していることを見てきたが，このような制度は年金や社会保険制度とあいまって，個人としての女性の自立を妨げるシステムとなっている。このシステムの背後にあるのが「世帯単位の原則」である。繰り返し述べてきたように，配偶者控除や配偶者特別控除は稼得者本人ではなく，配偶者の事情によって控除を認める制度である。妻が非課税限度額を超えて働くかどうかは，妻自身が判断すべきことであるが，それが夫の税金に影響するため，世帯としての損得を考慮せざるを得なくなる。世帯単位は，それが夫の利益であっても，妻に自分の利益だと思わせる効果をもつのである（水田 1986：25)。税制改正で課税最低限の引き上げが検討される場合，想定されるのは夫と専業妻，子ども２人の「標準家庭」である。

世帯＝家族の中の個人を尊重せず，世帯をワンパックで考える姿勢は，国民年金や国民健康保険制度にも見られる。いずれも世帯ではなく個人が被保険者であるが，事務手続きは世帯を単位にしている。例えば，国民健康保険料の納付義務者は世帯主である。たとえ世帯主（夫）が別の保険（職場の健康保険）に加入していて，国民健康保険に加入しているのが妻だけであっても，保険証は世帯主の名義でつくられる。夫の名前の横に擬制の被保険者を表す「擬」の文字が押され，本来の被保険者である妻の名前は内側に印刷される。資格の得

表5-10　各国の諸控除，手当等

国　名	基礎控除	子ども扶養への軽減	片親への軽減
カナダ	税額控除	税額控除	税額控除
イギリス	所得控除	手当が基本	所得控除
オランダ	税額控除	手当が基本	所得控除
イタリア	税額控除	税額控除	税額控除
デンマーク	税額控除	手当のみ	割増手当
スウェーデン	所得控除	手当が基本	
オーストラリア	ゼロ税率	手当が基本	税額控除
日本	所得控除	所得控除	所得控除
アメリカ	所得控除	所得控除（低所得者には税額控除有）	複数税率表
フランス	ゼロ税率	N分N乗課税	所得控除
ドイツ	ゼロ税率	所得控除	

資料出所：片山（1991）

喪にかかわる各種の届出も「世帯主」の名前によって行われる。

世帯という言葉は戦前の住民登録制度に由来する。住民の居住状況を正確に把握する行政上の必要から，大正時代に「寄留簿」が世帯ごとに作成された。戦時中は配給制度のために世帯毎に編成された台帳が用いられ，これが戦後になって住民登録法により法的に根拠づけられた。その後，世帯を単位とするさまざまな制度を統一するために1967年に住民基本台帳法が制定された。戦前の家制度は廃止され，「戸主」はなくなったが，「世帯」及び「世帯主」という言葉によって，世帯を単位とする考え方は存続している。そして法律上は定義されていないにもかかわらず，「世帯主」=「主たる家計の維持者」=夫となって国民意識に浸透している。

◎税制と扶養家族

課税単位を個人に移行し，税制の中立性を高めるのが先進国の流れである。日本でも配偶者控除制度の問題が認識され，そのような改革への要望が高まっている。しかし，ただ単純に課税単位を個人にすればすむわけではない。世帯ごとの特殊な事情を完全に無視することは現実的ではないからである。少子・高齢社会の到来に伴い，介護や育児の問題に税制がどう対応していくのか，と

いうのが大きな課題となってきている。また，離婚の増加による単親世帯への税制上の配慮も必要になってきた。

少子化の進行により，日本でも育児に対する支援の必要性が認識されるようになっている。諸外国の税制における扶養児童の取扱は，①児童について所得控除を行う，②児童について税額控除を行う，③税制上の優遇措置は行わず，社会保障制度により対応する，の三つに大別される。累進課税方式の下では所得が高いほど所得控除の価値も高くなる。また，非課税の世帯には所得控除の便益が及ばない。そこで，諸外国では所得控除から税額控除へ，さらに税制ではなく，児童手当など社会保障制度による現金給付の方向へと移行する動きが見られる（都村 1992：237）。日本でも，児童手当を拡充する方向にあるが，その額はまだまだ小さい。

高齢の扶養親族の扱いは，扶養児童の場合と同様に，所得控除，税額控除，手当などが考えられる。わが国の場合は，在宅での介護に対する援助は社会保障制度ではなく，同居特別障害者控除等の所得控除によってなされてきた。しかし，すでに述べたように，所得控除は逆進的性格を有する。これも社会保障の現金給付と税制の調整を図っていく必要があるだろう。

最後に，先進諸国に共通する片親家庭の問題がある。欧米では，伝統的な核家族を代替するライフスタイルの一つになりつつあるとも言えるが，母子家庭の貧困化等の問題も指摘されている。離婚に際して，子どもは母親に引き取られることが多い。母親は子どもの養育と生計維持という二重の負担を負っているため，母子家庭の多くは低所得である。非課税世帯も多い。そうした家庭には所得控除や税額控除はあまり意味をもたない。こうした片親世帯が「貧困の罠」に陥らず，自立した生活を送るためには，税制上の考慮に加えて職業訓練や住宅補助など各種の社会保障政策を総合的に実施することが必要である。

◎望ましい税制

所得税導入当初，納税は戸主である男性が行い，女性は納税者でも控除対象者でもなかった。戦時中には妻が控除の対象に含まれるようになったが，これは戦争遂行のための政策的なものだった。戦後の新憲法の下では，男女の平等が規定され，税制は個人単位になった。しかし，世帯単位の思想は残り，妻の

「内助の功」を評価し，事業所得者との税負担のバランスをとるため配偶者控除が創設された。その後，配偶者控除に起因する「パート問題」解消のため，税制によって評価されるべき「内助の功」の内容について十分な議論がなされないまま，さらに配偶者特別控除が創設され，専業主婦を妻に持つ夫の控除額は倍増されることになった。

妻は家事や育児に専念するものとされ，これが税法に反映されることは「内助の功が認められた」と積極的に評価されてきた。しかし，女性も個人として自立して働く時代である。伝統的に女性が担ってきた家事労働を男女で共同分担し，可能なものは社会化していかなければならない。高齢化社会に備え，各自が税金や保険料を負担していかなければ社会は成り立たない。配偶者控除は必要以上に専業主婦世帯を優遇している。有配偶の就業者と無業者の間，有配偶者と無配偶者の間の公平性の観点からも配偶者控除制度は問題が多い。公平性の問題だけでなく，この制度は人々の就業行動や労働者の賃金率にも影響を及ぼしている。配偶者控除制度は廃止されるべきである。個人単位の原則を徹底し，稼得者本人の控除である基礎控除を引き上げるのが望ましい。

配偶者控除及び配偶者特別控除の廃止には根強い反発が予想される。恩恵を受けてきた専業主婦世帯にとっては増税と同じことだからである。したがって，当面の間は控除適用範囲の縮小で対応するしかない。全国婦人税理士連盟（1994）が提案するように，控除額を段階的に引き下げ，同時に基礎控除額を段階的に引き上げるべきだろう。あるいは，現在なし得る最低限の措置として，八田達夫（1994）が提案するように，高所得者層に有利な所得控除方式に代えて税額控除にすべきである。そして，税制以外の諸制度との連携を図り，男女の就労条件を平等化して女性の就労を促進し，配偶者控除制度の必要性をなくしていくことが大切である。

2.4　保育政策

◎保育サービスの課題

急激な少子化に直面し，政府は保育システムの多様化・弾力化を促進している。1999年には「少子化対策推進基本方針」が決定され，重点的に実施すべき対策の具体的実施計画，通称「新エンゼルプラン」がまとめられた（表5-11)。

表5-11　新エンゼルプランの目標値

	1999年度	目　標　値
低年齢児受け入れの拡大	58万人	2004年度　65万人
延長保育の推進	7,000ヵ所	2004年度　10,000ヵ所
休日保育の推進	100ヵ所	2004年度　300ヵ所
乳幼児健康支援一時預かりの推進	450ヵ所	2004年度　500ヵ所
多機能保育所等の整備	365ヵ所 (5年間累計)1,600ヵ所	2004年度までに 2,000ヵ所
地域子育て支援センターの整備	1,500ヵ所	2004年度　3,000ヵ所
一時保育の推進	1,500ヵ所	2004年度　3,000ヵ所
ファミリー・サポート・センターの整備	62ヵ所	2004年度　180ヵ所
放課後児童クラブの推進	9,000ヵ所	2004年度　11,500ヵ所
フレーフレー・テレフォン事業の整備	35都道府県	2004年度　47都道府県
再就職希望登録者支援事業の整備	22都道府県	2004年度　47都道府県
周産期医療ネットワークの整備	10都道府県	2004年度　47都道府県
小児救急医療支援事業の推進	118地区	2001年度　360地区
不妊専門相談センターの整備	24ヵ所	2004年度　47ヵ所
子供センターの全国展開	365ヵ所	1,000ヵ所程度
子ども放送局の推進	約1,300ヵ所	5,000ヵ所程度
子ども24時間電話相談の推進	16府県	47都道府県
家庭教育24時間電話相談の推進	16府県	47都道府県
総合学科の設置促進	124校	当面500校程度
中高一貫教育校の設置促進	4校	当面50校程度
「心の教室」カウンセリング・ルームの整備		2000年度までに5,234校を目途

政府は保育所は量的には十分な水準に達しているとの見解を表明しているが，保育サービスの課題は次の3点に集約できる。

第一に，保育料の高さである。1997年の児童福祉法改正では，従来10段階になっていた保育料が表5-12のように7段階となり，若干簡素化されたが，全体として引き下げられたわけではない。共働きの夫婦にとっては税金を払い，さらに2人の年収を基準に高い保育料を払うことになり，不満が強い。

第二に，認可保育所の入所時期が柔軟でなく，年度のはじめにしか受け入れてくれなかったり，空きがなかったりするため，産休明けや育休明けからの保

表5-12　保育所徴収金基準額表（2000年度）

各月初日の入所児童の属する世帯の階層区分			徴収金基準額（月額）	
階層区分	定　義		3歳未満児	3歳以上児
第1階層	生活保護法による被保護世帯		0円	0円
第2階層	第1階層及び第4～第7階層を除き，前年度分の市町村民税の額が次の区分に該当する世帯	市町村民税非課税世帯	9,000円	6,000円
第3階層		市町村民税課税世帯	19,500円	16,500円
第4階層	第一階層を除き，前年分の所得税課税世帯であって，その所得税の額の区分が次の区分に該当する世帯	40,000円未満	30,000円	27,000円（保育単価限度）
第5階層		40,000円以上140,000円未満	44,500円	41,500円（保育単価限度）
第6階層		140,000円以上370,000円未満	61,000円	58,000円（保育単価限度）
第7階層		370,000円以上	80,000円（保育単価限度）	77,000円（保育単価限度）

図5-5　保育所入所の待機状態

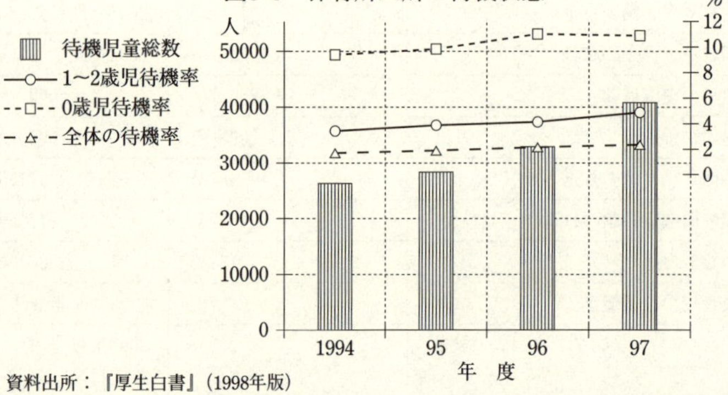

資料出所：『厚生白書』（1998年版）

育所確保が女性の職場復帰の障害となっている。入所を認める条件も厳しいため，定員に空きが出る保育所がある一方で入所待機を余儀なくされた児童の数も多い（図5-5）。認可保育所全体としては，利用児童が約161万人に対し，入所率が約85％と供給過剰になっているが，都市部を中心に低年齢児の待機が多くなっている（厚生省 1998：156）。

そして第三に，早朝保育や延長保育など，保育時間の柔軟な設定と産休・育休明けの入所受け入れが求められている。表5-13は，多様な保育サービスの実施状況をまとめたものである。障害児保育は公営，民営ともに25％を超える実

表5-13　特別保育の実施状況（公営・民営別）

区　分	合　計	公　営	民　営
保育所数	22,275ヵ所[100%]	12,879ヵ所[57.8%]	9,396ヵ所[42.4%]
定員	1,917,471人[100%]	1,099,528人[57.3%]	817,943人[42.7%]
入所児童数	1,736,281人[100%]	925,228人[53.3%]	811,053人[46.7%]
入所率	90.6%	84.1%	99.2%
産休・育休明け入所予約モデル事業	907ヵ所[4.1%]	248ヵ所[1.9%]	659ヵ所[7.0%]
低年齢児保育促進事業	1,879ヵ所[8.4%]	551ヵ所[4.3%]	1,328ヵ所[14.1%]
開所時間延長促進事業	5,672ヵ所[25.5%]	1,628ヵ所[12.6%]	4,044ヵ所[43.0%]
延長保育促進基盤整備事業	5,125ヵ所[23.0%]	1,039ヵ所[8.1%]	4,086ヵ所[43.5%]
地域子育て支援センター事業	997ヵ所[4.5%]	474ヵ所[3.7%]	523ヵ所[5.6%]
一時保育促進基盤整備事業	685ヵ所[3.1%]	128ヵ所[1.0%]	557ヵ所[5.9%]
障害児保育事業	5,904ヵ所[26.5%]	3,563ヵ所[27.7%]	2,341ヵ所[24.9%]
休日保育試行事業	84ヵ所[0.4%]	4ヵ所[0.03%]	80ヵ所[0.9%]

1．1999年4月1日現在
2．[　]は実施率：全保育所数に対する実施保育所の割合
資料出所：幼児保育研究会（2001）

施率だが，それ以外のものでは，公営の保育所での実施率が民営の保育所に比べおしなべて低いことがわかる。延長保育もまだ実施率が低く，産休・育休明け入所予約モデル事業もあまり進展していない。

延長保育や夜間保育などを必要とする親たちは，やむを得ず高い保育料を払って子どもを無認可保育所などに預けている。無認可保育所への依存率は1990年代に入ってからむしろ高まっている（表5-14，5-15）。最近増加しているのが，「駅型保育」と「ビジネス型保育」である。「駅型保育」とは，働く親が最寄り駅近くの保育施設に子どもを預け，電車で職場に向かうという都市型の保育サービスである。「ビジネス型保育」には全国展開の保育チェーンやベビーホテルがある。それらはファーストフード店のように，設備を規格化し，保育内容をマニュアル化し，社内トレーニングで養成するスタッフを時間給でシフト勤務させるという形態をとるものが多い。厚生省はこうした無認可施設を「公認」する検討を始めるなど，いわゆる「チャイルド・ビジネス」を育成する姿勢を打ち出しはじめた12)。「駅型保育」に対しては，保育室の賃借料と運営費の一部を助成するなどの事業も始められている。

表5-14　認可保育所と無認可保育所の施設数・入所児童数

年　度		1987	1992	1995	1996	1997	1998	1999
施設数	認　可	22,835	22,637	22,493	22,452	22,401	22,334	22,275
	無 認 可	6,168	7,256	9,195	9,310	9,387	9,644	9,691
児童数	認　可(A)	1,709,834	1,618,657	1,593,596	1,610,064	1,642,741	1,691,128	1,736,281
	無認可(B)	158,526	186,324	215,951	220,795	219,456	226,298	226,823
無認可依存率 B/A×100(%)		9.27	11.51	13.55	13.71	13.35	13.38	13.06

資料出所：幼児保育研究会（2001）

表5-15　認可外保育施設の状況（2000年現在）

区　分	施設数（ヵ所）	児童数（人）
認可外保育施設総数	10,174	236,162
事業所内保育施設	3,603	54,075
へき地保育所	1,318	22,033
ベビーホテル	838	20,576
上記以外の認可外保育施設	4,415	139,478

資料出所：幼児保育研究会（2001）

複数のベビーシッター会社を組織化して全国で画一のサービスを提供する会社や，企業内保育所の運営を企業に代わって行う人材派遣会社なども登場し，政府の少子化対策は，民間保育産業に大きなビジネスチャンスを与えることになった。財政負担を軽減したい政府や自治体にとっても，民間保育サービスが拡大するのは悪いことではない。しかし，保育サービスの購入者である保護者は，積極的に民間保育のプラス面を評価して選択してるとは言いきれない。

少子化の衝撃に端を発した急展開の「育児支援事業」だが，効果はまだわからない。真の育児支援策は，①保育所の充実，②所得保障のある育児休業制度の確立，③児童手当の拡充，これらが統一的になされるとともに，福祉・教育・文化環境の改善と人的資源の配置が財源の裏づけをもってなされるときにはじめて有効になる。そして男女の「働き方」の抜本的な改革が必要である。これまでのように，性別役割分業の枠内での未婚女性のフル活用と中断既婚者の補助的活用という雇用システムと，ジェンダーによる職域分離と分断的な賃金構造を放置したままで「保育の多様化・柔軟化」を進めていけば，「受益者負担」の傾向が強まり，アメリカなどに見られるように親の購買力に対応する形で保育システムが差別的に分岐されていくことにつながるだろう。

普遍的なサービスとして，親の所得に左右されることなく，一定水準以上の保育を，子どもの誰もが受けることができるようにするべきである。その際に重要なのは子どもの視点を中軸に据えることである。エンゼルプランが打ち出し，親の希望も多い早朝保育や延長保育，乳児保育の実施は必要かもしれない。しかし，それは親の都合であって子どもの希望ではない。保育の受け皿を拡大することは重要だが，スウェーデンのように，育児休業制度と休業中の所得保障を充実させることで，両親が自分で乳児を保育できるようにし，乳児保育の需要を減少させることも考えるべきである。もちろん，それが女性のみにケア役割を負わせることにならないよう，十分な配慮が必要であることは言うまでもない。

2.5 育児休業制度

◇所得保障の必要性

現行の育児休業法は，育児休業取得を理由とした解雇は制限しているものの，現職または現職相当職への復帰保障を含めた不利益取扱い禁止は明記していない。違反への罰則もなく，実効性の確保は十分とは言えないが，それでも育児休業制度の利用者は急増した。

森田（1994：74-5，1997：124-6）は1992年の育児休業法施行後に実施された各種の育児休業制度利用実態調査を比較し（表5-16），その利用の特徴を次のように整理している。

①育児休業の規定をもつ民間事業所は事業所規模が大きいほど率が高い（大95.2%，小45.1%）。

②育児休業利用率は民間事業所では事業所規模が小さい事業所で高い（大47.4%，小52.1%）。

また，会社から休業中に金銭に支給が毎月ある場合（56.8%）はない場合（45.1%）より高い。

③育児休業利用率は一般職国家公務員（72.1%以上），教育職員（90%以上）で高い。

④男子労働者の利用率は低い。

表5-16　育児休業制度及び利用実態関連調査比較

	①育児休業制度等実態調査（1992年度）	②女子雇用管理基本調査（1993年度）	③一般職国家公務員育児休業等実態調査（1992年度）	④全国公立学校教育職員育児休業等承認状況調査（1992年度）	⑤働く女性の就業と保育に関する調査報告（1992年度）
規定状況（就業規則・労働協約等何らかの規定根拠を有する事業所）	90.4%	50.8%	100%	100%	52.8%
休業時間（子が一歳に達するまで）	92.0%	91.3%	100%	100%	
休業中金銭の支給	32.7%（内本人負担分の社会保険料相当額79.5%）	32.3%（内本人負担分の社会保険料相当額76.3%）		100%（本人負担分の共済掛金相当額）	
育児休業取得者（%は育児休業取得者／出産者，育児休業取得者／配偶者出産）	女　3,126人 男　5人	女　48.1% 男　0.02%	女　72.1%（491人／4,845人） 男　(23人)	女　21,650人 男　(11人)	女　34.5%
取得育児休業期間		女　3～6ヵ月未満　33.0% 3ヵ月未満　25.7%	(女) 9ヵ月以上　41.9% 6～9ヵ月未満　18.8% 3～6ヵ月未満　20.9% 3ヵ月未満　18.4%	(女) 8ヵ月以上　72.7% 4～8ヵ月未満　20.9% 4ヵ月未満　6.9%	(女) 7～11ヵ月未満　24.4% 6ヵ月未満　61.0%
育児のための勤務時間の短縮等の措置	フレックスタイム　14.0% 時差出勤　8.7% 所定外労働の免除　38.3% 事務所内託児施設　0.9%	勤務時間の短縮等　41.3% フレックスタイム　15.0% 時差出勤　23.5% 所定外労働の免除　48.4% 事務所内託児施設　4.6%			
上記措置の利用		女 21.0%　男 0.2%	女　0.6%（298人）		女　6.7%

①労働省，1992年10月実施。　②労働省，1993年5月1日現在。　③人事院，実施。
④文部省地方課，実施。　⑤日本労働組合総連合会，実施。
資料出所：森田（1994）

⑤育児休業取得期間は利用率と同様の傾向が見られる。

⑥代替職員の採用は民間事業所で少ない（29.2%）。

⑦取得期間は，民間事業所は短い。

⑧民間事業所の勤務時間等の短縮等の措置利用者は，女子（21.2%），男子（0.2%）と多い。

以上のような特徴から考えると，やはり休業中の所得保障が重要だと思われる。育児休業法施行前に労働省が実施した調査[13]でも，会社で育児休業の権利がありながら取得しなかった理由の43.9%が「経済的に苦しくなるから」と答えている。連合の調査[14]でも，「(育児休業中は) 無給であるから生活が苦しい」という訴えが多く，育児休業中に預貯金を取り崩した者は70%近い。

また，男女ともに育児休業を取得する権利が保障されていても，実際には夫婦のうち収入の少ない方が休むことになり，ほとんどの場合それは妻である。所得保障がなければ，育児休業を取るということは「会社人間の夫と専業主婦の妻」という形を1年間経験することと，ほぼ同義になるだろう[15]。それでは家族責任を男女で共同して担うということにはならない。

所得保障の水準が上がれば，現在はまだまだ少ない男性の取得者も増えると思われる。また，民間事業所では取得期間が短く，育児休業の代わりに勤務時間の短縮等の措置を利用するものが多い。仕事の専門性の度合い，代替要員の有無なども関係しているだろうが，これも休業中無給になることが大きいと思われる。

育児休業はあくまでもひとつの選択肢である。1年間育児のために休業することが保障されるが，育児に専念したい人はそうすればいいし，早く職場復帰したい人はそうできるような条件が整備されなければならない。そのためには，育児休業制度単独ではなく，保育サービス，子育て支援のネットワークなどと有機的に結びつけ，女性労働者の出産・育児に対する総合的な対策として展開していく視点が重要である。そして，繰り返しになるが，子どもの視点も忘れてはいけない。

2.6 児童手当制度

◇低い給付水準

1971年に「最も遅れてきた社会保障」として成立した児童手当制度は，その後も紆余曲折を経つつも存続している。しかし，制度の拡充が問題になるたび，賃金形態としての家族手当との関係が問題になった。制度の縮小を求める勢力は，賃金形態としての家族手当が広く存在し，社会保障の児童手当の代替・補完機能を果たしているので児童手当は不要であるとする。

大塩まゆみ（1995）は，1980年代後半から1990年代にかけての賃金関係の統計資料を丹念に分析し，日本における賃金形態としての家族手当の実施状況を明らかにしている。それによると，日本企業の家族手当は以下のような特徴を有する。①家族手当を支給している企業の割合は大企業ほど高く，小企業ほど低い。②家族手当が所定内賃金に占める比率は小さい。近年の賃金体系の傾向としては，扶養家族の生計を考慮した生活給から職能給に移行しつつある。そのため家族手当の占める割合は縮小しつつある。③企業の家族手当は支給範囲が広い。④一定以上の収入を有する配偶者に対する支給制限をするところが多い。⑤社会保障の児童手当との併給を認める企業が多い。⑥世帯主である男性のみに支給し，女性労働者には支給しないとする企業が多い。母子家庭等，女性が世帯主であっても一切支給しないという企業は小企業ほど多い。

企業の家族手当は内容が多様で，社会保障を代替するものにはなりえない。母子家庭の女性労働者など，手当を最も必要とするところに支給されないことも多いため，公的な児童手当制度はやはり必要である。しかし，日本の児童手当制度は十分なものとは言い難い。給付期間が短く，給付額も低く，かつ所得制限がある。国際的な社会保障制度の一般基準としては，1952年にILO第102号条約（社会保障の最低基準に関する条約）が採択されている。この条約は，医療，傷病給付，老齢給付，失業給付，業務災害給付，家族給付，母性給付，傷害給付，遺族給付の9分野を対象としている。条約批准のためには9分野中，失業，老齢，業務災害，傷害，遺族の各給付のいずれかを含む3分野において基準を満たす必要がある。日本は，1976年に，失業，傷病，老齢及び業務災害給付の4分野について義務受諾し，条約を批准した。児童手当は家族給付に対応するが，同条約は家族給付の総価額の基準は，①ふつう成年男子労働者の賃金の3%にすべての保護対象者の子の総数を乗じて得た額，②①の賃金の1.5%にすべての居住者の子の総数を乗じて得た額，のいずれかの額に相当する，と定めている。現在の日本の給付水準はこれを満たすものとはなっていない。1991年の児童手当法改正時で支給額は1900億円だったが，この基準に当てはめると1兆1100億円必要だったことになる[16)]。

ILO条約は社会保障の一般的基準を示したものであり，日本の場合は欧米諸国との賃金体系の違いなど，単純に比較できない要因もあるため，基準との適合性のみを問題にしてもあまり意味はないだろう。しかし，制度の発足以来，さまざまに力点が変わったどの目的に照らしても十分に効果的だったとは言えない。1990年代には少子高齢時代に対する危機感から，子育て支援，出産奨励金的な意味も込められるようになってきたが，どの程度効果があるのかは疑問である。支給額と支給対象が拡大されない限り，児童手当の存在意義は薄いだろう。

2.7　労　働

◈女性労働力化政策から雇用平等政策へ

高度成長期以降，働く女性の数は増えている。当初は若年未婚女性が中心だったが，徐々に既婚女性の労働力化が進み，勤続年数も伸びていった。しかし，政府の女性労働力化政策は女性に家族的責任を負わせながら，安価な縁辺的労働力として労働市場への参入を促進するものだった。性別役割分業を変革することなく女性の労働力化を推進すれば，仕事と家庭の両立は非常に困難になる。そのため，女性は家庭生活に支障のない範囲で家計補助的に働くことを希望し，そのことは企業が女性労働者を低い労働条件で雇用することを正当化してきた。雇用における男女平等を真に確立するためには，前提となっている性別役割分業の変革を目指す雇用平等政策が不可欠である。固定的な性別役割分業のもと，世帯主男性の雇用を保障することが配偶者を含めた家族の生活安定につながるという家族単位の発想からの転換が必要なのである。そのためには男性が再生産領域にもっと参入すること，女性がもっと生産領域に参入することが必要である（図5-6）。

雇用平等政策には，直接的雇用平等政策と間接的雇用平等政策がある。前者は，雇用平等法等によって直接的に雇用における差別を排除し，均等待遇を保障する労働基準を確立することを目的とする。後者は，直接に市場領域を規制するのでなく，市場と家庭をつなぐ社会システムを改革することで，間接的に雇用平等の達成を促進するものである。

直接的雇用平等政策としては，第一に，包括的な雇用差別禁止の法律を整備

図5-6　女性労働力化政策と雇用平等政策の関係

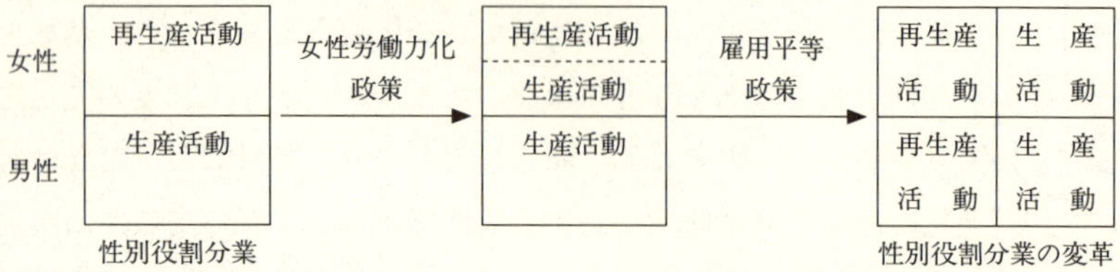

図5-7　男女の賃金格差の要因

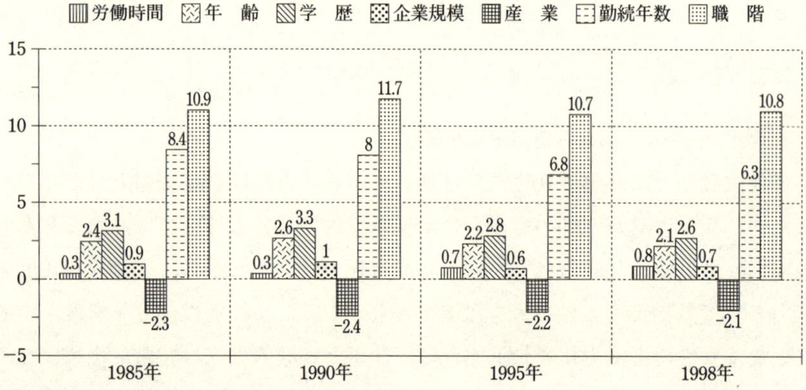

資料出所：総理府『男女共同参画白書』(2000年版) より作成

すべきである。直接的差別だけでなく，間接的差別も禁止し，罰則によって実効性を担保する。そして賃金については家族賃金をなくし，性別や雇用形態に関係なく，同一価値労働同一賃金原則を確立する。その際，欧米で展開されているコンパラブル・ワースを日本に適用することも一考に値する[17]。

男女の賃金格差をもたらす要因には，さまざまなものがあるが，それらがどの程度影響を及ぼしているのかを明らかにするため，男女共同参画室は「賃金構造基本統計調査」を用いて試算している（図5-7)。具体的には，比較可能な労働時間，年齢，学歴，企業規模，産業，勤続年数，職階（管理職への昇進の状況）の七つの要素について，それぞれが仮に男女で等しくなった場合，賃金格差がどの程度縮小するかをみた。1998年のデータでは，最も格差が縮小するのは職階である。次いで，勤続年数，学歴，年齢となっている。労働時間と企業規模はほとんど格差が縮小しない。産業については格差が拡大する。要するに，男女の賃金格差をもたらす要因の中で最も重要なのは職階と勤続年数である。女性が就業を中断せず継続できる環境と，昇進における平等が賃金格差を是正するために特に重要であると言える。

第二に，正規労働者と非正規労働者の格差を是正するため，ILO のパートタイム条約を批准し，現行のパートタイム労働法を強化すべきである。日本では，労基法，労働安全衛生法，最低賃金法等の労働保護法は基本的にすべての労働者に適用される。しかしこれらの法規は正規雇用者と非正規雇用者の均等待遇について直接規制することはない。労基法3条の均等待遇原則は「労働者の国籍，信条又は社会的身分」を理由とする差別を禁じるのみで，雇用形態の違いはその範疇にない。同様に，労基法 4 条の男女同一賃金原則も，「性」による差別を禁止するのであって，雇用形態が違えばその原則を直接適用できない。パートタイム労働法は，適正な労働条件を確保することを事業主の努力義務と規定するのみであり，実効性に欠ける。パートタイム労働法を強化し，正規雇用と非正規雇用の間の均等待遇を保障することで，望ましくない雇用形態とされてきたパートタイム労働を良好な雇用形態へと転換し，女性だけでなく，中高年の男性も仕事と家庭の両立を目指して主体的に選択できるようにしていく。そうすることが企業中心社会を変革する鍵となるだろう（大沢真理 1994 : 50）。

第三に，男女共通の時間外・休日労働及び深夜業の規制が必要である。大沢真理（1993）が指摘したように，日本は被扶養・パート就労の妻と会社人間の夫というカップルを基礎的な構成要素とする企業中心の社会である。そこでは男性は会社に忠誠を誓い，転勤や単身赴任，長時間労働もいとわぬ働き方が期待される。その期待に応えてキャリアを積んでいく者がいる一方で，過労死する者もいる。均等法以降に出現した女性エリートも，男性並みに働くか，その競争からリタイアするかどちらかである。そうでなければ補助的労働力として，フラットな年功カーブと単調な仕事に甘んじなければならない。ILO 156 号家族的責任条約の視点に立ち，男性並みを基準とするのではなく，女性の基準に男性の労働時間を引き下げ，子どもや要介護者を抱える男女労働者が働き続けられる水準にすべきである。

ILO の調査では，世界で最も長時間働く国民は，1 位がアメリカ，2 位が

表5-17　年次有給休暇の取得状況（1998年）

	平均付与日数	平均取得日数	取得率（%）
産業計	17.5	9.1	51.8
1000人以上	19.0	10.8	56.7
100～999人	16.9	8.3	48.9
30～99人	15.6	7.2	45.9
鉱業	18.0	10.8	59.9
建設業	16.5	6.9	42.0
製造業	18.2	10.8	59.6
電気ガス水道	19.8	15.4	77.7
運輸・通信業	17.2	9.3	54.2
卸小売・飲食店	16.9	7.0	41.2
金融・保険業	18.3	8.4	45.9
不動産業	16.3	7.8	47.6
サービス業	16.8	8.3	49.7

資料出所：労働省「賃金労働時間制度等総合調査」

日本だった。労働者1人当りの年間労働時間は，ヨーロッパでは1500～1600時間が主流である。ところが日本は1990年の時点では2031時間で，先進国中際だって長かった。その後減少し，1995年には1889時間となったが，それでもかなり長い。表5-17に示すように年次有給休暇の取得率が50%に満たない職場がか

図5-8　国別男性の家事参画度

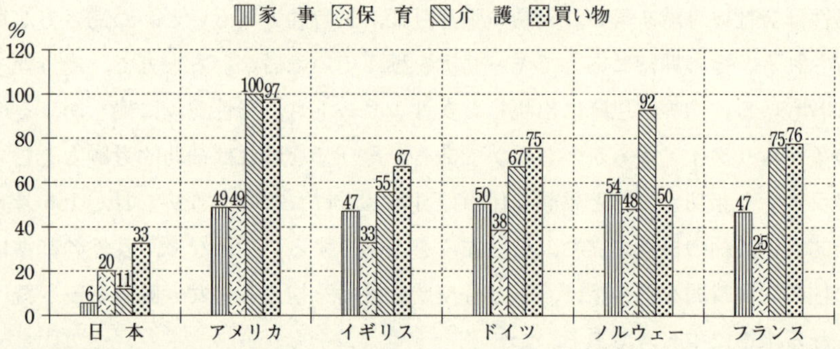

資料出所：総理府『男女共同参画白書』（1999年版）

図5-9　夫の育児参加状況

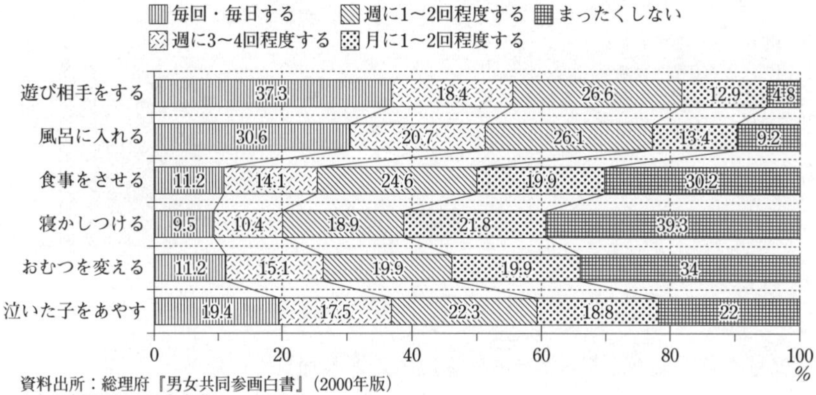

資料出所：総理府『男女共同参画白書』（2000年版）
1.夫の育児状況は50歳未満について集計

図5-10　夫の家事参加

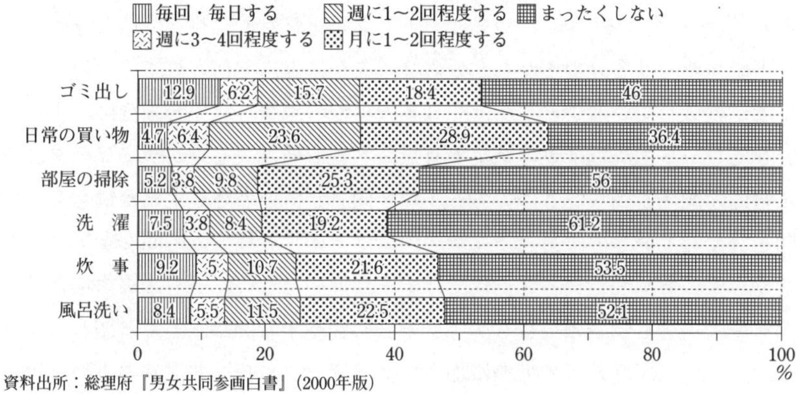

資料出所：総理府『男女共同参画白書』（2000年版）

なり存在することも，健全なことではない。こうした働き方をしていれば，生活時間の大半を労働に費やすことになる。

図5-8は女性が家事に費やした時間に対する男性が費やした時間の比率（家事参画度）を諸外国と比較したものである。国によって時間調査の対象や活動の定義が若干異なることを考慮しても，日本人男性の家事参画度はかなり低いことがわかる。性別役割分業意識の強い男性でも受け入れやすく，一番比率の高い「買い物」でも諸外国の水準には全く及ばない。アメリカ，ノルウェーでは介護に女性と同程度の時間を費やす男性が多いが，日本男性の場合はわずか

図5-11　ケアワークに費やす時間

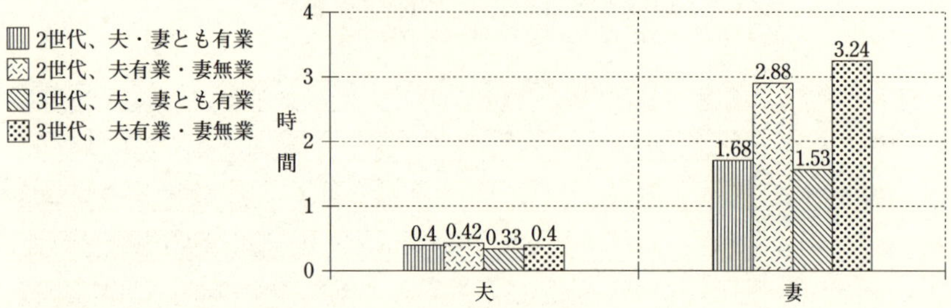

資料出所：経済企画庁「介護と保育に関する生活時間の分析」(1999)

11%である。家事に至っては6％とほとんど参加していない。

育児や家事の具体的内容を見てみると（図5-9，5-10)，育児に関しては「遊び相手をする」「お風呂に入れる」などを行っている夫は多いが，「食事をさせる」「寝かしつける」「おむつを変える」などを日常的に行っている夫は少ない。家事については3分の1から3分の2の夫がほとんど何もしていない。

妻が就労しているかどうかは，日本人男性の家事・育児参画度にあまり影響を与えない。図5-11は妻の就業の有無，家族形態と夫と妻がケアワークに費やす時間の関係を調べたものである。親と同居している専業主婦が最も多くの時間を費やしているのに対し，共働きの妻はその半分程度の時間をケアワークに費やしている。2世代と3世代ではあまり違いはない。一方，夫の場合は，妻が有業の場合も無業の場合もケアワークに費やす時間はほとんど変わらない。このことは，家庭外での労働に加えてケアワークを担う共働きの妻の負担が大きいことを意味する。こうした不均衡の是正には，性別役割分業意識の克服が重要だが，その前提として労働時間の短縮が不可欠である。

間接的な雇用平等政策としては，第一に，婚姻上の地位に連動した税制と社会保険の改革が必要である。これらの制度は女性が被扶養の地位に留まる働き方を選択するインセンティブを与えているからである。税制については配偶者控除と配偶者特別控除の廃止，年金については第3号被保険者制度を廃止し個人単位化する。育児については別途児童手当などによって配慮する。第二に，こうして社会保障制度を個人単位化した上で，介護や育児などのケアワークに従事した期間が資格期間に参入されるような措置をとる。第三に，家族的責任のため就労を中断した人が再就職するための教育訓練の機会を設けることも重要である。

3 ジェンダーの主流化

◇推進のための条件

前章までで詳細に論じたように，日本の公共政策には性別役割分業を暗黙の内に前提としたり，より積極的に助長したりするようなジェンダー・バイアスのある政策が存在する。政策手段やアウトプット，最終的な成果において，ジェンダーへのインプリケーションをもつあらゆる政策の総体を近年では「広義の女性政策」[18]という（大沢 2000：9-11）。ジェンダー・フリーな社会を実現するためには，そうした広義の女性政策に含まれるジェンダー・バイアスを見抜き，あらゆる分野で女性と男性に中立的な施策を実施していくことが必要である。制度や政策に含まれるジェンダーへのインプリケーションを掘り起こし，平等の視点からそれを是正していくことを「ジェンダー化」という[19]。政府全体の既存のシステムの中でジェンダー平等の視点を徹底していくことを「ジェンダーの主流化（gender mainstreaming）」という。具体的には，あらゆる分野の政策・施策・プログラムのすべての段階・過程においてジェンダー平等の視点を徹底するよう，政策過程の（再）構成，改良，開発，評価を行うことを言う。つまり「ジェンダーの主流化」とは，行政システムのあらゆる分野にジェンダーに敏感な視点を定着させることを意味する。

「ジェンダーの主流化」という言葉が広く知られるようになったのは1990年代である。1995年の第4回世界女性会議で採択された北京行動綱領は「あらゆる政策や施策にジェンダーの視角を主流化し，決定が行われる前段階で，女性と男性それぞれへの効果を分析すること」と述べ，ジェンダー主流化戦略の採用を繰り返し強調した。現在では多くの国の男女平等推進のための行動計画に「ジェンダーの主流化」戦略が盛り込まれるようになっている。現時点では概念が先行し，その中身にはばらつきがあるが，各国での実践が進むにつれ，共通の理解が形成され，行政の一つの大きな基準となると思われる。

わが国で，ジェンダーの主流化を進める上で，不可欠だと思われるのは，①

法的根拠としての男女平等法，②強力なナショナル・ウーマンズ・マシナリー（NWM）及びジェンダー・フォーカル・ポイント（GFP）の設置，③ジェンダー統計の整備，④ジェンダー分析の手法開発と実施の徹底，⑤関係機関のネットワーク化，である。

◎法的根拠

1999年に制定された男女共同参画社会基本法（表5-18）は，前文と第3条で「性別にかかわりなく，その個性と能力を十分に発揮することができる男女共同参画社会」「男女が性別による差別的取扱いを受けない」という表現で「ジェンダーからの解放」を目標として掲げる。第3条から7条で五つの基本理念を提示し，それを実現するための国と地方公共団体，国民の努力義務を規定する（第8・9・10条）。政府及び地方公共団体は男女共同参画基本計画を策定することとされる（第13・14条）。国はまた，ジェンダーに影響を及ぼす国の施策について，苦情処理のために必要な措置を講じなければならない（第17条）。

ジェンダーの主流化を推進するための根拠となる規定とされるのが，第8条（国の責務）と第15条（施策の策定等に当たっての配慮）である[20]。

男女共同参画社会基本法が成立したことは重要だが，基本法であるが故に個別的な内容や地域の特性に応じた具体的な施策については何も規定していない。基本法の理念を具体化する男女共同参画基本計画は，2005年末までの国内行動計画として2000年12月に策定された。ジェンダーの主流化推進のためには，基本法，国の行動計画の他に自治体が条例を制定することが重要だと思われる。

表5-18　男女共同参画社会基本法

目的・基本理念	男女が性別による差別的取扱いを受けないこと等男女の人権の尊重（第3条） 社会制度・慣行が男女の社会における活動の選択に対して及ぼす影響を中立的なものとするよう配慮（第4条） 国・地方公共団体・民間団体の政策等の立案・決定への男女共同参画（第5条） 家庭生活における活動と他の活動の両立（第6条） 国際的協調（第7条）
ジェンダーの主流化に関わる条項	国は男女共同参画社会の形成の促進に関する施策を総合的に策定，実施する義務を有する（第8条） 国・地方公共団体は男女共同参画社会形成に影響を及ぼす施策の策定・実施に当たって男女共同参画社会の形成に配慮する（第15条）

それは次の三つの理由による。第一に，地域の実態に合わせた施策を推進する法的根拠が必要である。ジェンダー平等の問題に対する反応は地域差があり，また女性の労働力化率や政策決定過程への参加の程度，女性問題への意識など，女性の状況も異なる。独自の条例制定は分権化の要請にも合致し，政策の実効性をあげるためにも必要である。第二に，ジェンダーの主流化へのコミットメントを自治体の行動計画より上位の条例として明確化することで，男女共同参画政策への全庁的な取り組みが容易になる。第三に首長の政治的意思の違いや財政状況等にかかわらず，男女共同参画政策の継続性がある程度保障される。

条例には，男女共同参画の基本理念を明記し，具体的な政策の根拠となる禁止規定，積極的格差是正措置に関する規定，苦情処理機関の設置と運営についての規定，女性センターなど拠点施設の位置づけに関する規定，などを盛り込むべきである。

1970年代以降，自治体の女性政策は中央政府の動きを後追いする形で進んできたが，一部の先進的な自治体では国よりも進んだ女性政策が展開されていた。内閣府男女共同参画局に改組される前の総理府男女共同参画室は関連施策について省庁間の連絡を行うのみで調整権限は有していない。しかし自治体のGFPは総合調整機能と企画機能を付与されたものが多かった。ジェンダーの主流化の推進には女性の政治参加が一つのキーとなるが，自治体レベルの方が地方政治の動向に関与する余地がある。こうした点から，地域差はあるとはいえ，自治体レベルのジェンダーの主流化の方が進めやすいと思われる。先進的自治体の取り組みが全体の底上げにつながり，国としてのジェンダーの主流化推進を支えることにもなるだろう。2000年以降，男女共同参画に関する基本条例を制定する自治体が増えている。こうした自治体の動きをネットワーク化するNGOの活動も活発化している（山下ほか 2001）。

◇NWMとGFP

現行のわが国の男女共同参画政策推進体制は図5-12のようになっている。ナショナル・ウーマンズ・マシナリー（NWM）とは，ジェンダーの主流化のための総合的な施策を実施する国内本部機構であり，各省庁の所管分野にとらわれない多部門的機構である。その業務の中心は他の行政機関が実施する事業や施

図5-12　日本のNWMの概要

男女共同参画社会の形成の促進に関する推進体制図

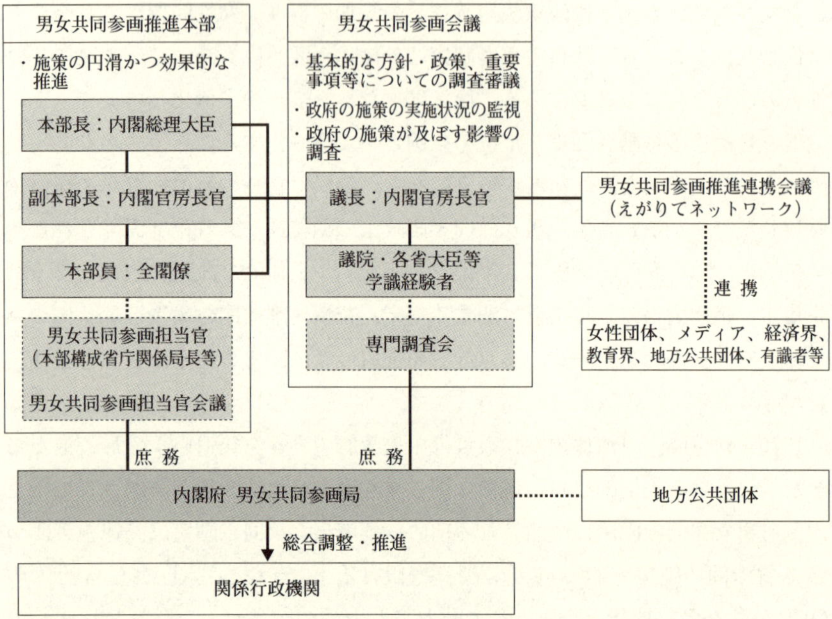

※内閣官房長官は、併せて男女共同参画担当大臣を命ぜられている。

資料出所：内閣府男女共同参画局ホームページ

策がジェンダー・バイアスのないものになるよう監視，調整し，必要に応じて修正することである。ジェンダー・フォーカル・ポイント（GFP）とは，関係各省庁に設置されるジェンダー平等政策担当部局のことである。NWMや各省のGFPや国内外の女性関連機関，NGOと連携し，調整を図っていくのが任務である。また当該省庁においてはジェンダー問題の専門家として政策のジェンダー分析や職員のジェンダー・トレーニングを担当する。この他の重要な業務として，ジェンダー関連の情報の整理・提供，調査研究の実施，広報等による啓発活動がある。

日本のNWMには，男女共同参画推進本部，男女共同参画会議，これらを支える事務体制が含まれ，国レベルのGFPは内閣府男女共同参画局であると考えられる。

中央省庁等改革基本法によって実施された中央省庁の改革により，男女共同参画審議会は権限が強化された男女共同参画会議に再編された。男女共同参画会議は内閣官房長官が議長を務め，関係する国務大臣12名及び学識経験者12名で構成される。学識経験者は議員全体の50％未満であってはならず，これらの議員はどちらの性も40％未満であってはならない。男女共同参画会議の任務は①男女共同参画に関する基本方針，総合的な計画等について審議すること（審議機能），②男女共同参画社会の形成の促進に関する基本的な方針，基本的な政策及び重要事項について，関係大臣に必要な意見を述べること（政策助言機能），③男女共同参画に関して講じられる施策の実施状況を調査し，及び監視すること（モニタリング機能），とされている。男女共同参画会議は必要に応じて専門調査会を設置することができ，現在は五つの専門調査会が設けられている。

男女共同参画局は，男女共同参画会議の事務局としての機能も担いつつ，従来の総理府男女共同参画室の業務を発展させ，男女共同参画社会の形成の促進に関する事項の企画立案，総合調整を行う他，男女共同参画基本計画の推進，他省の所掌に属しないものの企画立案及び実施を所掌する。同局は，局長，総務課，推進課，参事官から構成され，定員は37人，官房審議官を含めると38人である。

1995年の北京行動綱領は「H. 女性の地位向上のための制度的な仕組み」で国内本部機構の重要性を指摘し，それが効果的に機能するための条件として次の４点を挙げている。

(a)　政府内の可能な限り最高のレベルに位置づけ，閣僚の責任下に置くこと。

(b)　多極分散された立案，実施及び監視を促進する制度的な仕組みまたは過程を整備し，非政府機関及び地域社会の機関を巻き込むこと。

(c)　予算及び専門的能力の観点から充分な資源。

(d)　政府のあらゆる政策の開発に影響を与える機会。

この点に照らすと，日本のNWMは(a)(b)(d)を潜在的には満たす。あとは十分な権限と予算，人員である。そして再編された各省庁のGFPとの有機的なネットワークを強化することが鍵となるだろう。

◎ジェンダー統計の整備

単に性別で区分した統計ではなく，ジェンダーの視点に立って，ジェンダー・ギャップや差別を客観的に把握するために作成される統計，および統計理論をジェンダー統計という。ジェンダーの主流化を進めていくうえで，具体的な指標を設定することは決定的に重要である。その指標を提供するツールとしてジェンダー統計の整備が不可欠である。1995年の北京行動綱領でも，重点を置くべき分野としてジェンダー統計の整備とその体制づくりを挙げている[21)]。

日本の政府統計は先進国の中では比較的充実していると言える。人口・厚生統計，労働統計，教育統計などはある程度の性区分をもっている。しかし，ジェンダーを意識した政府統計の検討はごく最近始まったばかりであり，さまざまな場面での男女間の格差や差別，不平等の状況を把握するにはまだまだ不十分である。セクシュアル・ハラスメントやドメスティック・バイオレンスなどデータの蓄積が十分ではない分野が多い。そもそも，既存の政府統計には女性の多様な実態を把握するという問題意識が希薄で，性区分がなかったりデータの欠落や弱さがみられる。また性区分のある統計でも他の属性との多重クロス分析が浅く，多面的な把握ができていないことが多い。

ジェンダー統計の整備が不十分な理由は，以下の3点にまとめられる（伊藤陽一 1997：95-6)。第一に，ジェンダー統計自体が新しい考え方であり，理解が進んでおらず，注目も不足している。第二に，性区分をもったデータの収集が困難な分野がある。第三に，統計を生産するためのリソース（人員，予算）の制約がある。第二の点について敷衍すると，性別や個人の区分が曖昧なケース，プライバシーにふれるため調査が難しいケースなどがある。前者は，例えば経済活動等に関しては単位として世帯を用いた世帯統計である。一般に，世帯内での消費行動や意思決定などの個人行動を分離するのは難しい。また，世帯主＝男性という前提があり，女性世帯主や女性家族員の経済活動を正確に把握するのも困難である。後者は生殖や結婚・離婚，家族関係に関わるプライベートな事柄で，部外者が立ち入りにくい性質のものである。

第二の理由については特別な配慮と対処が必要となるが，ジェンダー統計の整備を阻害する第一と第三の要因については政府の姿勢で克服しうる。「男女共同参画2000年プラン」や「男女共同参画基本計画」では，取り組むべき課題

表5-19 ジェンダー統計のレベル

i	調査票が性区分をもたない
ii	調査票が性区分をもつが，統計原表は性区分をもたない
iii	調査票が性区分をもち，統計原表が
	(1) 統計と男性の区分のみをもち，女性の数値は利用者が引き算しなければならない
	(2) 総計と性別数値，あるいは性別数値のみをもつ
	(3) 以上に加えて，性別の比率，性比等をもつ
iv	調査票と統計原表とが性区分をもつが，統計報告書の摘要表（要約表）に
	(4) 性区分がない
	(5) 性区分がある
v	以上に加えて，
	(6) 国際比較表がある
	(7) 国際比較表がない
vi	利用者に便宜的なインターネット上の統計原表あるいは要約表に性区分がある

資料出所：伊藤陽一（1997）より作成

として男女共同参画にかかわる情報の収集・整備・提供を挙げている。これを単なるスローガンとしないためには，ジェンダー統計推進のためのフォーカル・ポイントを統計機関に置くべきである。また，機関ごとに断片的に保有している性区分のある統計を整理し，データベース化して広く利用可能なものとすることが望ましい。これについては，1992年から国立女性教育会館が既存の政府統計にもとづいてジェンダー統計のデータベース化に取り組み，1997年からオンライン情報サービスWINETで提供している。このデータベースは現時点では最も充実したジェンダー統計であるが，このデータベースを政府のイニシァティブでさらに内容を充実させていくべきである。統計がどの程度ジェンダーの視角を有し，利用者の便宜に配慮しているかは表5-19のようにまとめられる（伊藤陽一 1997)。iを最低レベルとし，viに近づくほど望ましい。そしてこうした統計による指標化の試みを政策評価から政策改定のサイクルへとつなげていくことが重要である。

◎ジェンダー分析手法の開発と実施の徹底

各省庁が政策を立案，決定，実施する過程で，ジェンダーの問題を必ず考慮するようにすることが必要である。ジェンダー分析の実施は，ジェンダー平等を達成するためだけではなく，表5-20にまとめたように，行政をとりまく現状に対応するためにも有効である。

表5-20　環境変化とジェンダー分析の必要性

背　　景	必 要 な 改 革	ジェンダー分析の役割と効果
行財政システムの硬直化 財政の悪化	行政活動全般の見直し 効率的行財政運営	効率的な資源配分 事業の見直し
地方分権の推進	自治体独自の主体的行政運営	住民の実態に関する客観的情報の提供
男女共同参画社会形成	政策過程のジェンダー化	職員・住民の意識改革
行政ニーズの多様化	アカウンタビリティの確保 フレキシブルな対応	住民参加による評価 透明性・公平性の確保

男女共同参画会議は，「政府の施策が男女共同参画社会の形成に及ぼす影響を調査」することとなっている。2001年1月の新体制移行後，男女共同参画に係る影響調査（ジェンダー分析）が速やかに実施されるよう，旧総理府男女共同参画室では，1999年12月に「男女共同参画影響調査研究会」を発足させ，検討を開始した。研究会は，1999年度は海外調査を実施してわが国での導入に向けた検討を行い，2000年12月に調査の手法等（調査の意義・必要性，調査の方法，調査体制の整備，実効性の確保）についての基本的な考え方をまとめた研究会報告書を公表した。

新体制に移行してからは，男女共同参画会議が「影響調査専門調査会」の設置を決定し，2001年5月から活動を開始している。同専門調査会は，政府の施策をはじめとして，あらゆる社会システムへ男女共同参画の視点を反映させる観点から，女性のライフスタイルの選択に大きなかかわりを持つ諸制度・慣行など，男女共同参画社会の形成に影響を及ぼす政府の施策などについて調査検討を行うことを目的とする。

7月までの会合では，特に女性のライフスタイルの選択に影響が大きい税制，社会保障制度，雇用システム等の重点領域について，それらを専門とする委員のリポートなどにより現状についての理解を深める作業が行われた。9月以降，2004年の年金改正の時期を視野に入れながら，女性と年金に関する検討委員会など，他の場における議論も考慮しつつ，モデルケースの研究と，自己評価の方法の検討が進められる。何らかの形でジェンダー分析が実施されることはほぼ既定だと思われる。分析結果を実際に政策にフィードバックする仕組みを整備できるかどうかがポイントになるだろう。

中央省庁改革の一環として，今年から政策評価が新省庁に義務づけられている。こうした政策評価とジェンダー分析の関係はどのように考えるべきだろうか。既存の政策評価では問題がなくても，ジェンダーの視点から見ると問題のある政策や施策もありうるだろう。リソースに制限があるなかで，全く別個に二つの評価を行うというのは現実的ではない。総務省の整理によれば，政策評価の一般的基準として次の5点がある。

「必要性」目的の妥当性や行政が担う必然性があるかなど

「効率性」投入された資源量に見合った結果が得られるかなど

「有効性」期待される結果が得られるかなど

「公平性」政策の受益や費用の負担が公平に配分されるかなど

「優先性」上記観点からの評価をふまえ，他の政策よりも優先的に実施すべきかなど

これらの評価観点を幅広くとらえ，ジェンダー統計を活用してジェンダーの視点を取り込むことは可能だと思われる。特に「必要性」と「公平性」はまさにジェンダー・イシューである。

◎ネットワーク化

ジェンダーの主流化は中央政府だけの取り組みでは達成できない。政府，自治体間の調整や連携，国内外の女性関連機関との情報交換，NGOからの意見聴取や政策過程への参加などをすすめ，女性政策に関わるアクターのネットワークを形成することが重要である。

1996年8月には国と国民各界各層との連携を強化するため，男女共同参画推進連携会議（えがりてネットワーク）が設置された。この会議は，有識者と各種団体を代表する委員79名（2001年3月現在）で構成され，政府の施策や国際的な動きについて情報交換の場として機能している。地方自治体でも地方版えがりてネットワークをつくろうという動きも出てきている。また，自治体の女性行政担当職員のネットワークも形成されつつある[22)]。女性政策に熱心な先進的な政令指定都市をコアとした周辺自治体との研修等を通じたネットワークや，有識者の研究会等，NGOを媒介としたネットワークが見られる。こうしたネットワークがさらに有機的に拡大していくことで，行政のセクショナリズムと

組織の壁を越えて，ジェンダーの主流化の推進に寄与するだろう。

4　ジェンダー公正な社会をめざして

日本の公共政策には，家族単位モデルから個人単位モデルへの移行の兆候が見られる。しかし，社会保障制度，税制，企業の労務管理を貫いた家族単位モデルは相互に連動しており，改革は容易ではない。個人単位モデルへの移行の促進要因となると思われるのは，少子・高齢化のさらなる進行である。高齢化は社会保障関係費の支出の増大をもたらし，財源政策の見直しが必要となる。その時が年金における第3号被保険者問題，税制の配偶者控除などの専業主婦世帯優遇政策見直しの契機となるだろう。また，出生率を回復させるためには，少子化をもたらしている諸要因を除くことが必要であり，育児支援政策の必要性が高まる。ケアワークの社会化，有償化の契機となり，それが性別役割分業の変革にもつながるだろう。

家族単位モデルから個人単位単位モデルへの変化を，女性の位置づけに焦点を当てて敷衍すると図5-13のようにまとめられるだろう。Ⅰ，Ⅱ，Ⅲは家族単位モデルの段階的な変化を描写したものである。第Ⅰ期は戦後から1970年代まで，第Ⅱ期は1970年代半ばから現在まで，そして第Ⅲ期は今後移行していくべき方向である。

第Ⅰ期には結婚の形態は法律婚が基本であり，それ以外の関係は法律上も社会生活上も不利益を甘受しなければならなかった。そのような婚姻制度のもとで大多数の女性は，戸籍筆頭者であり世帯主である男性が代表する共同体に包含され，序列化された。これらの女性たちのアイデンティティは妻・母親であることであり，その役割にふさわしい規範を内面化し，性別役割分業体制に組み込まれていた。税制や社会保障制度はこうした役割を担う女性を保護した。家事専業ではなく，雇用されて働くことがあっても，再生産活動は女性の専従領域とされ，男性の領域である生産活動への参加は本来の責任を果たした上での二次的なものと見なされた。性によるその分業は，女性には生まれながらに家事・育児を担当するにふさわしい特性があるとする考え方に根拠づけられており，そうした考え方は教育によって再生産された。また，このような特性論

図5-13　家族単位モデルから個人単位モデルへ

	Ⅰ	Ⅱ	Ⅲ
結　婚	法律婚主義	法律婚主義	脱法律婚主義
女性の生き方	男性に代表され包含される序列的関係	→ 男女相互依存的な対としての関係	→ 自立を基本とした個としての関係
妻の位置づけ	内助的良妻賢母	ベターハーフ	パートナー
男女の役割	固定的性別役割分業 稼得は男、ケアは女	相互乗り入れ 性別役割分業	男女役割共業 男女が稼得及びケア
女性の特性	家事・育児特性観	育児特性観	産む性としての特性
価値観	男性優位、女性蔑視	男女対等	男女対等
教　育	特性教育	対等教育	平等教育
社会保障・税制	世帯単位	世帯単位と個人単位の混在	個人単位

資料出所：神田（1992：223）をもとに加筆・修正

はしばしば男性優位，女性蔑視の価値観を内在させている。

第Ⅰ期から第Ⅱ期への移行は1970年代の性差別撤廃の国際的流れによって加速された。固定的な性別役割分業体制から相互乗り入れの性別役割分業体制への変化である。第Ⅱ期にも法律婚が優遇され，それ以外の形態は差別される。しかし男女の序列的関係は，相互依存的な対の関係に変化した。夫と妻２人で一つの単位という発想なので，その単位内に差別はないとされる。男女の役割分担が多少柔軟になり，相互の乗り入れが若干みられるが，基本的な分業体制に変化はない。家事に関しては女性の特性と結びつけられることは少なくなるが，育児と女性は「母性」により分かちがたく結びつけられている。男女は異なるが対等の存在であるとされる。教育もそうしたメッセージを伝える。就学機会の平等やカリキュラムの平等など，教育における制度的な平等は達成されているが，社会や家族の中に偏在するジェンダー・バイアスを見ぬき，それを克服していく姿勢を育てる教育は十分にはなされていない。税制や社会保障は第Ⅰ期の性別役割分業関係，女性をとりまく社会状況を前提としているので，女性の就労が一般化する状況に適合しなくなる。そこで家族単位の制度を個人単位に変える必要性が認識されるようになるが，既得権化した制度の改正は容易には進まない。

今後移行していくべき方向として，私が提示するのが第Ⅲ期である。これは精神的，経済的な自立を志向する個人が創り出す新しい時代である。単位は共同体ではなく個である。もちろん，家族という情緒的結びつきを否定するものではないが，基本は自立した個人である。カップルでセットという発想はなく，他者と関係を結ぶときも個が共同体に融解してしまうのではなく，個としての自律性を保持したまま平等の関係で結びつく。結婚の形態は多様化し，法律婚以外の関係を選択しても子が不利益を被ることはない。個人差を超える性差は妊娠・出産という産む性に限定される。そのためそこから導かれる固定的な役割分担はなく，すべての役割はジェンダー・フリーな視点から共有される。教育もジェンダー・バイアスの再生産を注意深く排除し，男女があらゆる分野に参加し，平等に扱われる社会の価値を伝達する。税制・社会保障制度は生き方に中立的な個人単位の制度である。

このような社会は現時点では実現性の乏しい理想でしかないかもしれない。しかし，理想を描くことをやめたら人間は前に進めない。役割や規範に規定された関係を超えたところに，男女の真の自由と平等があり，それは手に入れることができると私は信じている。

注

序章

1) フェミニスト・スカラーの研究以外を「メインストリーム」として一括りすることには批判もある。

2) Hewitt (1977), Cameron (1978), Castle (1978, 1985), Korpi (1978), Stephens (1979), Esping-Andersen (1985a, 1985b, 1987), Shalev (1983) など。

3) 欧米では，ジェンダーと国家の関係を扱った研究が増えている。一つは，政治・経済学などの新制度論者たちの研究である。それらの研究ではジェンダー化された利益の形成や社会政策の形成，女性運動などに国家が果たす役割の大きさが示されている（Jenson, 1986；Franzway, Court and Connell, 1989；Deacon, 1989；Valverde, 1991；Orloff, 1991；Skocpol, 1992；Koven and Michel, 1993；Sklar, 1993 など)。法学者の研究には，国家権力の表出である法がジェンダー関係を規定する作用について考察したものが見られる（Pateman, 1989；Smart, 1989；Mackinnon, 1989；Rhode, 1994；Fineman, 1995 など)。また，最近増えてきているのは Citizenship や民主主義とジェンダーの関係についての論考である（Vogel, 1991；Philips, 1993；Lister, 1997；Fraser, 1997；Voet, 1998 など)。

4) フェミニスト経済学の系譜については，久場 (1994, 1999), 竹中 (1998) を参考にした。

5) Rowbotham (1973), Delphy (1977) など。

6) Hartmann (1981), Beechy (1987) など。

7) Mies (1986), Mies et al. (1988) など。

8) 1990年には，新古典派，制度学派，計量経済学派，マルクス主義経済学派など多様な学派の研究者が結集し，国際フェミニスト経済学会（International Association for Feminist Economics）を設立した。

9) フェモクラット（femocrat）とは政府の中で重要なポジションをしめるフェミニストの官僚のことであり，オーストラリアで1980年代末から90年代にかけて使われるようになった言葉である（Yeatsman 1990：65)。フェモクラットによる行政をフェモクラシー（femocracy）という。詳しくは Watson (1990) を参照のこと。

10) Langan and Ostner (1991), Lewis (1992, 1995), Orloff (1993), O'Conner (1993, 1996), Sainsbury (1994, 1996), Lewis and Ostner (1994, 1995) など。日本では，欧米の議論を紹介しているものとして，杉本 (1993, 1997), 久場 (1994), 伊藤 (1995, 1996) 大沢 (1995, 1996), 竹中 (1998), 深澤 (1999), 堀江 (2001) などがあるが，日本を対象とした研究はまだ少ない。

11) フェミニストの批判を受けて，エスピン・アンデルセン自身も，1999年に出版された次著では「脱商品化」に加えて「脱家族化」の必要性を論じるようになった。

12)　伊田が「個人」でもいいところを「シングル」という語を用いるのは，「個人」が手垢のついた概念であること，「シングル」の方が結婚制度に対する批判のニュアンスが強いことによる。これに対応し，「カップル」という語も，結婚制度の「異性愛男女二人で一人」という「非個人性」を強調するため使っている（1995：4）。

13)　高齢者の介護は主要なケアワークであり，その担い手にはジェンダー・バイアスがかかりやす領域である。そのため高齢者介護に関する政策の分析は非常に重要であるが，本書では紙幅の関係から分析対象としない。この政策領域についてのジェンダーの視点からの分析は筆者の今後の課題である。

第１章

1)　「民法改正余話」『ジュリスト』936号95ページ。

2)　全国の成年男女5000人を対象に1947年１月実施。有効回収率95.1%。

3)　履修規定の変化と文部省の対応については詳細は拙稿（1996）参照のこと。

4)　中産審第70回総会でも「家庭の経営者」とは主婦を指すとされた。従来，「主婦」という言葉には夫の従属者という観念がともなうので，何かよい言葉はないかということで「家庭の経営者」という言葉にしたとの説明がなされた。「中央産業教育審議会の審議の状況」『産業教育』第９巻第７号，1959年。

5)　1967年10月４日「住民基本台帳事務処理要領について」。

6)　裁判で離婚が認められるには離婚請求を正当化する離婚原因がなければならない。このケースは，妻以外の女性との間に夫が子どもをもうけたことを知った妻が，怒って夫に暴力を振るったりしたため夫が家出をして浮気相手の女性との同居を開始し，妻との離婚を請求したという事案である。夫婦関係に破綻について夫の側にもっぱら責任があるとして，裁判所は夫の請求を認めなかった。この判決は有責配偶者からの離婚請求を認めない先例となった。最判昭和27.2.19民集６巻２号110ページ。

7)　大蔵省主税局「所得税の課税単位に関する問題点」(昭和35年５月20日)。

8)　臨時税制調査会『臨時税制調査会答申』(1956年12月)。

9)　税制調査会『今後におけるわが国の社会，経済の進展に即応する基本的な租税制度のあり方についての答申』(1964年12月)。

10)　この時期，税制に対する農家の自衛措置として農業法人が多数設立されていたが，税務当局が農地法の規定と法人の実態を検討し，法人とは認めがたいとの態度を示したため，自民党をまきこんで政治問題化した。

11)　例えば，北野（1961：220）は，「税法が妻の内助の功を一種の経費性を持つ労働の対価として，その控除性を考慮しようとする意図を有することを示唆するものということができる」「その法思想的意義は高く評価されなければならない」と積極的に評価する。

12)　上野（1984）による主婦論争の整理を参照のこと。

13)　戦後減少傾向にあった離婚率は1960年代以降上昇に転じた。

14) 「ホスピタリズム」とは，施設や病院で育てられた子どもにみられる発育上の問題のこと。
15) ボウルビィ自身は後に自分の「母性剥奪理論」を誇張していたと自己批判した。その点については鈴木（1986）が論じている。またボウルビィの理論の功罪について考察した専門書として，ラター（1979）（1984）がある。
16) 「入所措置基準」の変遷については厚生省の行政指導から詳細に読みとった鈴木政次郎（1980）を参照。
17) 糸久（1990：50-51）の中で紹介されている元全電通中央執行委員の坂本チエ子氏の言葉。
18) 10月19日，第39回臨時国会で衆議院社会労働委員会は「児童扶養手当法案に対する衆議院社会労働委員会の附帯決議」中で「児童手当または家族手当」の実現を要請，参議院社会労働委員会も同様の附帯決議を10月31日に行った。
19) 雇用主が労働者に対して，要扶養家族の人数に対応して支払う賃金を「家族手当」と称することがある。日本では，この「賃金形態としての家族手当」（北 1999）を支給している企業が多い。「賃金形態としての家族手当」は，第一次大戦中に始まった。戦時中の物価高騰で，高賃金を求めて労働者が企業を渡り歩くことなどによって労働力不足が生じた。そこで一部の企業では労働者の足止め策として家族手当を支給するようになったという。第一次大戦後には家族手当の支給はみられなくなったが，第二次大戦が始まると再び労働力不足が深刻になった。また，賃金統制令により賃金が凍結され，実質賃金が低下したため，実質賃金を保障する一つの方策として家族手当が支給されるようになった。第二次大戦後は，電気産業労働組合協議会が提案した生活保障を基本とする賃金体系が登場し，これが広く普及するようになった。電産型賃金体系は基準労働賃金と基準労働外賃金からなり，基準労働賃金の中心となる基本賃金は生活保障給，勤続給，能力給で構成されていた。生活保障給はさらに本人給と家族給に細分される。家族給，すなわち家族手当は扶養家族の順序と数に応じて支給された。
20) 例えば，以下のように各方面からの要望があった。1966年5月30日 第51回通常国会衆議院社会労働委員会，「児童手当」の早急な制定を附帯決議で要請，参議院社会労働委員会も同様の附帯決議を6月27日に議決。同じ日に衆議院は「児童手当法の制定に関する請願」を採択。8月3日全国知事会，「児童手当制度の早急な実現」を要望。8月4日総評，「66年度運動方針」中で「家族手当」創設を要望。8月25日制度審，「内閣総理大臣はじめ関係大臣との懇談における要望」中で「児童手当制度を創設すること」を要望。11月15日国民生活審議会，「経済発展に伴い確保されるべき望ましい生活内容及びそれを達成するための基本的政策いかんに関する答申」中で「児童手当」の早急検討を要望。この年，自民，社会，共産の各党も児童手当制度の創設を公約するようになった。
21) 佐藤首相，第59回臨時国会参院本会議において「児童手当懇談会の結論を得て，できるだけ来年度から実施したい」と答弁（8月6日）。園田厚相，第59回臨時国会参院社労委において「児童手当は総理も委員会そのほかで公約している問題であり，相当困難ではあるが，この制度の確立だけは必ずやりたい」と答弁（9月17日）。

園田厚相，第59回臨時国会衆院社労委で「私としてはこの児童手当制度だけは何とかして明年から発足させたい」と答弁（11月12日）。斉藤厚相，第60回臨時国会衆院本会議において「児童手当懇談会の答申が出れば これにもとづいて，この制度の一日も早い成立を期したい」と答弁（12月12日）。佐藤首相，斉藤厚相，福田蔵相，参院予算委において同様の答弁（12月14日）。斉藤厚相，衆院社労委においても同様の答弁（12月19日）。

22）詳細は，横山（1976）の家族手当年表の1968年度の欄を参照のこと。根本（1984：170）によれば，1969年９月までに独自の児童手当を実施する自治体は，３県70市2区40町22村にのぼったという。

23）1969年12月６日付『日本経済新聞』。

24）『第58回国会衆議院会議録第15号』（1968年４月24日）。

25）例えば，婦少審「中高年婦人の労働力有効活用に関する建議書」（1966年11月），婦人の地位に関する国内委員会報告「婦人の地位と現状」（1967年４月），経済審議会労働力研究委員会報告書「労働力需要の展望と政策の方向」（1969年12月）など。

26）東京地裁1966年12月20日判決。

27）「女子だけ結婚を理由に解雇することは男女の差別的取扱いであり民法90条の公序良俗に違反する」とした豊国産業事件（神戸地裁1967年９月26日判決），「職場結婚を解雇事由とするのは結婚の自由に対する制限，合理的理由がなければ解雇は無効」とした神戸野田奨学会事件（神戸地裁1968年３月29日判決），「職場結婚を退職事由とする誓約書を理由に辞職を迫ることは結婚の自由の制限になり，辞職の承認は無効」とした茂原市役所事件（千葉地裁1968年５月20日判決）など。

28）小野田セメント事件（盛岡地裁一関支部1968年４月10日判決）。高裁は退職はあくまで合意による労働契約の契約であり，無効とは言えない，とした（仙台高裁1971年11月22日判決）。

29）古河鉱業事件（前橋地裁1970年11月５日判決）。高裁，最高裁とも会社側の主張を認め既婚女性の整理解雇は違法ではないと原告の請求を棄却した（東京高裁1976年８月30日判決。最高裁1977年２月15日判決）。

第２章

1）主要な成果として①女性の政治的権利に関する条約（1954年発効），②人身売買及び他人の売春の搾取の防止に関する条約（1957年発効），③既婚女性の国籍に関する条約（1958年発効），④婚姻の同意，最低婚姻年齢及び婚姻登録に関する条約（1964年発効），⑤ILOの一連の条約及び勧告，⑥ユネスコの教育における差別禁止条約（1962年発効）など。詳細は国際婦人の地位協会編（1990）参照のこと。

2）この活動をまとめたものとして，国際婦人年日本大会の決議を実行するための連絡会編（1989）。

3）『第77回国会参議院法務委員会会議録第６号』（1976年５月18日）。

4）家庭科男女共修運動の詳細は，家庭科の男女共修をすすめる会編（1977）（1982）参照のこと。

5）例えば，『週刊文春』1976年12月23日号，30日号が全国高等学校長協会の決議について特集した記事の中で，同協会家庭部会理事長代行の松田氏は次のように述べている。「高校の家庭科というのは，料理や裁縫など技術的な授業もありますが，主眼は母性教育，すなわち保育学なんですよ。母親というものは，自分のお乳で育てるべきで，それによって愛情も芽生え，子供も健全に育つ。ところが最近は，すぐ託児所に預けたり，新聞を見ても捨て子の記事が多い。こういう生みっぱなしをなくすためにも，母性教育は必要なんです。」

6）『第75回国会参議院予算委員会会議録第15号』（1975年３月25日）。

7）『第77回国会参議院予算委員会会議録第７号』（1976年４月30日）。

8）『第78回国会参議院社会労働委員会会議録第２号』（1976年10月14日）。

9）『第78回国会参議院文教委員会会議録第６号』（1976年10月28日）。

10）『第80回国会参議院決算委員会会議録第２号』（1977年３月16日）。

11） 法律婚を重視する考え方は判例にも強かった。例えば，1972年大阪地裁は，未婚の女性教師Ｋ子さん事件で「未婚で働いている身では母親として失格」「幼稚園の教諭の身で園児の父と情交関係を結」んで「私生児という不幸な境遇に」子をおくこととなったのだから子に対する真の愛情は疑わしいと，養親から子どもを取り戻す彼女の人身保護請求を認めなかった。

12） 全国18歳以上の女性２万人と全国18歳以上の男性3000人，全国農家の60歳未満の主婦3000人を対象に，調査員による面接聴取で実施された。

13） 1973年に立法化された「みなし法人」は不公平税制の象徴となっていた。これは商店主ら青色申告者に認められている優遇制度で，個人自営業者を法人とみなして課税する方式。自営業者自ら給与所得者になることができるほか，専従者控除で妻や子どもも給与所得者とみなして，所得を家族人数分だけ分割できる。この分割した所得にはサラリーマンと同じ給与所得控除なども適用されるため，公平でないとの批判が強かった。

14） しかし，「少なくとも３歳までは母の手で」といった母性神話は依然として根強い影響力を持っていたと思われる。1979年には，小児科の立場から書かれた久徳（1979）がベストセラーになり，「母原病」という概念が広まった。子どもの問題は母の接し方に原因があるとし，保育所に預けて働くことには否定的なこの本は，働く母親達を動揺させた。1980年には続編が出版される。「母性神話」については，大日向の一連の研究（1988，1992，1999，2000）を参照のこと。

15） この勧告の採択を契機として，西欧諸国では育児休業制度の法制化が進んだ。イタリア（1971年），スウェーデン（1973年），フランス（1977年），西ドイツ（1979年）など。

16）『第68回国会衆議院社会労働委員会会議録第23号』（1972年５月９日）。

17） 1970年９月18日付『朝日新聞』。

18） 1970年10月３日付『朝日新聞』。

19） 1970年11月20日付『朝日新聞』。

20） 当初は５歳未満の児童を支給対象とし，1973年度からはこれを10歳未満に引き上げ，1974年度からはさらにこれを義務教育終了前の児童に引き上げる，というように段階的に制度を実施するとした。

21）『第65回国会衆議院会議録第11号』（1971年２月25日）。
22）『第65回国会衆議院会議録第11号』（1971年２月25日）。
23）民社党は義務教育終了前の児童に月額5000円，公明党は義務教育終了前の児童に月額3000円支給すると公約した。共産党は18歳未満の児童に月額4000円支給するとした。
24）『週刊社会保障』No. 922，1977年。
25）1977年（80.7%），1978年（78.4%），1979年（78.6%）である。労働省「賃金構造基本統計調査」。
26）結婚退職制に関しては山一証券事件（名古屋地裁1970年８月26日判決），名古屋放送事件（名古屋地裁1972年４月28日判決），妊娠・出産退職制に関しては三井造船事件（大阪地裁1971年12月10日判決），朝霞和光幼稚園事件（浦和地裁1973年３月31日判決）など。
27）伊豆シャボテン公園事件（静岡地裁1973年12月11日判決，東京高裁1975年２月26日判決，最高裁1975年８月29日判決）。
28）日産自動車事件（東京地裁1973年３月23日判決，東京高裁1979年３月12日判決，最高裁1981年３月24日判決）。
29）秋田相互銀行事件（秋田地裁1975年４月10日判決）。
30）女性行員に支払った賃金の差額が一行で億単位になったところもあったという（道田 1984：17）。

第３章

1）『第91回国会衆議院法務委員会会議録第16号』（1980年４月16日）。
2）夫婦同氏の強制を嫌い事実婚を選択すると，子どもが非嫡出子として住民票の記載上差別されるいう問題を争って提起されたのが武蔵野市住民票続柄差別記載裁判（1987年）である。法律婚を選択すると戸籍上夫婦どちらかの氏に決めなければならないが，仕事の上で戸籍名の使用を強要されることの当否を争ったのが氏名権侵害妨害排除要求裁判（1988年）である。
3）この意見書の内容を一般向けに解説したのが，東京弁護士会女性の権利に関する委員会（1990）。
4）最判1987年９月２日民集41巻６号1423ページ。
5）「ユネスコ総会，家庭科男女共学を決議」『家庭科教育』第54巻第７号，1979年。
6）「差別撤廃条約と男女の特性と家庭科」『家庭科教育』第55巻第１号，1981年。
7）『第93回国会参議院文教委員会会議録第２号』（1980年10月21日）。
8）1981年６月５日付『内外教育』。
9）日本弁護士連合会「『高等学校女子のみ必修』についての意見書」（1981年２月21日）。
10）情報1「文部省・外務省を訪ねて」『新しい家庭科 WE』1984年5月号。
11）この調査の時点で行動計画を策定していたのは24都道府県と2政令指定都市。
12）家庭科の男女共学実施状況は1984年当時で以下の通り。『家庭科研究』1月号，1986年。

①中学校の技術・家庭科　男子の家庭系列履修　1領域　9201校（89.5%）2領域以上　931校（9.0%），女子の技術系列履修　1領域 8501校（82.6%）2領域以上 1696校（16.5%）

②高等学校男子の「家庭一般」履修状況（公立校）全日制　182校（4.66%），定時制　128校（12.55%）

13）調査対象は，学識者，報道・評論関係，経済界，労働関係，婦人・青年，農林水産・自営業団体，年金実務・行政関係者等の有識者1000名。回答率は63.9%。

14）『第102回国会参議院社会労働委員会会議録15号』（1985年4月16日）。

15）『第102回国会参議院社会労働委員会会議録14号』（1985年4月12日）。

16）「座談会　年金改革と今後の年金制度」『ジュリスト』No. 810，18ページ。

17）1999年6月21日付『朝日新聞』。

18）インタビューの中で矢野年金局長（1999年当時）も，「三号制度は理屈でスパッと割り切れない，妥協の産物です」と認めている。そしてそれでも，主婦から保険料を取ることにしたら，無年金者が増えて混乱する，と述べた。「無年金になるのはその人の勝手ではないか」という記者の問いに対しては，「日本では，みなが同じような生活水準の社会を求めているのです。無年金の人が増えるのでは，国民の支持は得られないと思います」と反論した。1999年6月21日付『朝日新聞』。

19）4月18日，総評，同盟，中立労連，新産別，全民労協の労働五団体は税制改革に関する意見をまとめ，税調第二特別部会に提出した。サラリーマン層に対する思い切った所得税減税のほか，背広や靴も必要経費で落とせる実額控除制度の導入，妻の「内助の功」を評価して課税を緩和する夫婦合算課税（二分二乗方式）などの実現を求めた。

20）現在指摘されているような配偶者控除制度の問題点は導入前からある程度予想されていたが，それほど重視されていなかった。専門家の間でも配偶者特別控除による「内助の功」評価と「パート問題」解消の方が重視されていたようである。例えば，従来から配偶者に対する特別控除を提案していたという福田幸弘元主税局長は，税調委員を務めた金子宏東大教授との対談で，「二分二乗に代わるくらいの奥さんの貢献度を配偶者控除で考える。これでアルバイトの奥さんの方もよくなるでしょう。このような，婦人に対する配慮がこれから必要になりますね」と述べ，金子教授も同意している（福田 1980）。

21）1966年，同志社大学の大島正教授が，「サラリーマンに必要経費が認められないのは法の下の平等に反する」として，給与所得課税の違法性を訴える訴訟を起こした。「大島訴訟」別名「サラリーマン税金訴訟」と呼ばれ注目を集めた。1985年，最高裁は「給与所得についても，収入金額を得るための必要経費の存在を観念することができる」との見解を示した。

22）1988年6月10日付『朝日新聞』。

23）税調内部でも，はじめはサラリーマンの妻の内助の功にこたえるための「専業主婦控除」，と呼んでいたが，女性委員から「男女差別だ」という反論が出て，答申案では「片稼ぎ世帯に，配偶者特別控除」という表現になったという。

24）代表的なものとして，水田（1986）。

25) 1981年1月22日付『読売新聞』。
26) 1981年2月21日付『朝日新聞』。
27) 1981年9月7日付『読売新聞』。
28) 児童手当法第4条2項は,「父及び母がともに当該父及び母の子である児童を監護し,かつこれと生計を同じくするときは,当該児童は,当該父又は母のうちいずれか当該児童の生計を維持する程度の高い者によって監護され,かつこれと生計を同じくするものとみなす」と規定する。
29) これらの特例措置は,1985年の補助金等一括法において一年延長され,1986年まで行われた。
30) 1989年9月13日付『朝日新聞』。
31) 1983年10月には総評が全国の組合員を動員し,1ヵ月半に及ぶ労働省との交渉,座り込みを行った。全民労協は11月25日に実効ある男女平等法制の実現に取り組むという決議を採択した。同盟は12月22日に男女の機会の均等と待遇の平等に関する法律案及び育児休業法案の要点を発表した。
32) 百貨店等における女性活用については,女性職業財団(1987)をはじめとして調査研究が多数ある。
33) 調査対象は上場企業を中心とした有力531社,有効回答数は238社,回収率は44.8%だった。
34) 女性職業財団「コース別雇用管理に関する研究会報告」(1990)は銀行,証券,保険,商社の上場企業を対象とした調査。有効回答は148社だった。
35) 日本鉄鋼連盟事件(東京地裁1986年12月4日判決)。
36) 岩手銀行事件(盛岡地裁1985年3月28日判決)。第二審の仙台高裁(1992年1月10日)も,「世帯主は生計の維持者を指すと考えるべきだ」としたうえで「原告が主たる生計維持者であった」と認定し「妻たる行員に対する家族手当等の支給制限は労基法4条に違反し,民法上も公序良俗に反し,無効だ」と判断した。銀行側は「支給制限は社会通念に反せず,社会的許容性の範囲内だ」と主張していたが,「本件当時,東北地方の平均的住民の観念が支給制限を当たり前のこととして容認していたとしても,男女平等の憲法理念はあらゆる面で実現されねばならないため,そのような観念を男女不平等扱いの合理性判断の評価基準とするわけにはいかない」と退けた。銀行側は上告を断念し,判決が確定した。
37) 鳥取県教員事件(鳥取地裁1986年12月4日判決)。

第4章

1) 東京高決平5.6.23判時1465号55ページ。
2) 先駆けとなったのは井上(1986)。この本は姓にこだわる人たちの体験談を交えて「家」意識がいかに人々を抑圧しているかを浮かび上がらせた。この後,姓の問題,日本人の戸籍に対する意識などを法律学者の立場から論じた星野(1987),実践的なノウハウや資料をまとめた福島ほか(1989),福沢編(1989)などが出され,1990年代にはいるとさらに夫婦別姓に関してたくさんの本が出版されている。澤田(1990),諫山(1991),榊原(1992),福島(1992),高橋ほか(1993)など。

3) 1990年９月，20歳以上の5000人を対象に面接で行われ，有効回収率は75％だった。
4) 選択的夫婦別姓を支持する意見が，64の裁判所の他，団体･個人から90通。同姓を維持すべきとする意見が裁判所から15，団体・個人から29通寄せられた。1993年11月14日付『朝日新聞』。
5) 1993年11月20日付『朝日新聞』。
6) 1994年９月18，19日実施。全国約9500万人の有権者から3000人の対象者を選び，調査員が個別に面接調査。対象者の選び方は層化無作為二段抽出法。有効回答者数は2274人で，有効回答率は76％。回答者の内訳は男性47％，女性53％。
7) 「NHK 日本語読み訴訟」。最高裁1988年２月16日判決 最高裁民事判例集42巻２号27頁。
8) 関西の社会学者を中心とした「家族ライフスタイル研究会」（代表・野々山久也甲南大教授）が1993年に約300組の「非婚」カップルを対象に行った調査によれば，非婚を選んだ理由は（複数回答）女性の場合，「夫婦別姓を通すため」（89.3％），「戸籍制度に反対」（86.8％），「性関係はプライベートなことなので国に届ける必要を感じない」（70.8％），「性別役割分業から解放されやすい」（62.1％）の順。男性は「戸籍」（70.7％），「別姓」（64％），「相手の非婚の生き方の尊重のため」（63.3％）が多かった。
9) 1996年５月22日付『朝日新聞』。
10) 1997年６月12日付『朝日新聞』。
11) 257校回答，回収率93％。1993年11月12日付『内外教育』。
12) 1993年４月６日付『内外教育』。
13) 戦後50年間の家庭科教科書を分析した酒井（1995）によれば，1989年学習指導要領が告示された後の「男女共修前夜」の時期まで，家庭科教科書が離婚を取り上げたことはなかったという。ほとんどタブーとなっていた離婚に関する記述は，新教育課程が実施された1994年の教科書から急速に増加した。
14) 1997年６月27日付『朝日新聞』。
15) 1998年５月16日付『朝日新聞』。
16) 社会保険庁「1996年国民年金被保険者実態調査」（1997年11月21日）。
17) 調査は経済･労働界，報道･評論，女性団体，学識者など2175名を対象に実施され，1428名（回答率66％）が回答した。1998年５月15日付『朝日新聞』。
18) 調査は５月に全国17大学の大学生約3300人を対象に実施された。1998年７月11日付『朝日新聞』。
19) 1998年３月，全国の20歳以上の男女5000人を対象に実施，回収率は73％。
20) 1998年６月21日付『朝日新聞』。
21) 女性委員の一人である国広委員は審議にジェンダーの視点を取り入れるのに苦心したと述べている。「ジェンダー」という言葉を使うこと自体がはばかられるような状況で，「論点整理」の前文に「男女共同参画を目指した取り組み」という表現を挿入し，そこに「ジェンダーの視点に矛盾しない年金制度」という意味を込めたという。

22) 特に朝日新聞は，「女性の年金」(1998年５月20日，６月17日，６月18日)，「女性と年金改正」(1998年９月30日，10月１日)，「主婦と年金」(1998年10月22日)，「世帯単位制度を考える」(1999年８月12日，９月25日，９月26日）など，多くの紙面をさいて取り上げた。
23) 1999年５月17日付『朝日新聞』。
24) 1999年５月24日，５月31日，６月７日，６月21日付『朝日新聞』。
25) 1998年７月11日付『朝日新聞』。
26) 1998年７月11日付『朝日新聞』。
27) 実際，この問題に対する年金審議会の審議が低調だった理由の一つとして，過半数が現行制度を支持した前掲の総理府による世論調査の影響が大きかったという指摘もある。1998年10月５５日付『日経新聞』。
28) 1998年の報道では，自営業者の申告所得漏れは約1兆4000億円，追徴税額は2400億円余りに達していることが明らかになった。目立つ業種は貸金業，病院，風俗業，葬儀業などだった。記事は税制調査会の専門委員らが，1986年の厚生省の国民生活基礎調査データを使い，所得捕そく率を推計したことを紹介した。それによると，サラリーマンが97.8％であるのに対し，自営業は63.1％，農業に至っては34.7％だった。国税と地方税を合わせた徴税漏れは自営業で２兆2000億円，農業で3100億円に上るという。1998年11月17日付『朝日新聞』。
29) 1999年10月７日付『朝日新聞』。
30) 1993年７月24日付『朝日新聞』。
31) 1994年５月18日付『朝日新聞』。
32) 調査対象者は，学識者，社会保障団体関係，労働関係，企業･経済団体関係，婦人・青年団体関係，農林水産・自営業団体，税実務関係，行政関係，報道・評論関係の有識者1002名。有効回答者数は女性400名，男性295名の計695名。(財)21世紀職業財団（1994)。
33) 1992年８月，「ウェルカム・ベビー・キャンペーン」委員会が厚生省の後援で発足した。これは，出生率が低下し，「少子社会」が問題になる中で，出産･育児をしやすい社会環境を整えようと，ソニー名誉会長の井深大氏や元経済企画庁長官の高原須美子氏ら学識経験者や財界人を中心に結成された委員会である。子育てに関するアンケート調査をしたり，「赤ちゃんの歌」コンサートを開いたり，といった活動を行った。このキャンペーンは1994年の「国際家族年」まで展開された。
34) 厚生省案に対しては，措置制度による保育所制度の維持を求める一部関係団体の強い反対があったといわれる（山縣，1996：19)。
35) 認可保育所の保育料は児童の年齢，保護者の所得，居住する市町村により異なっている。
36) 1991年４月24日付『朝日新聞』。
37) これにより，日本の育児休業法は，①「育児休業法」(民間事業所対象)，②国家公務員育児休業法，③地方公務員育児休業法，④国会職員育児休業法，⑤裁判官育児休業法などにより構成されることになった。
38) 労働省の調べによれば，育児休業法の適用が猶予される小規模な事業所に勤める労働者は全体の約53.2%だった。つまり，労働者の約半数がこの法律の恩恵を受けられない，ということだった。1992年4月1日付『朝日新聞』。

39) 1991年5月9日付『朝日新聞』。

40) 1991年5月9日付『朝日新聞』。

41) この調査は1989年4月から5月にかけて，学識者，経済界，労働界，福祉，女性団体などの関係者1000人を対象に行われ，このうち574人から回答が寄せられた。1990年1月15日付『朝日新聞』。

42) 1990年12月14日付『朝日新聞』。

43) 1998年2月6日付『朝日新聞』。

44) 1998年3月16日付『朝日新聞』。

45) 1998年9月9日付『朝日新聞』。

46) 2000年5月4日付『朝日新聞』。

47) 2000年6月9日付『朝日新聞』。

48) 1997年の数値で，所定内給与額の男女間格差は63.1である。女性一般労働者とパート労働者の格差は68なので，68×0.631＝42.908，約43である。

49) 労働省「賃金労働時間制度等総合調査」によると，使用者が労働者を雇用することによって生じる労働費用の構成のうち，現金給与の占める割合は80%強である。現金給与以外の労働費用は法定福利費，法定外福利費，退職金等の費用に分けられる。法定福利費とは社会保険制度の保険料のうちの事業者負担額及び児童手当拠出金などを言う。法定外福利費には多様なものがあるが，住居，医療・保健，娯楽，慶弔などにかかわる費用が含まれる。退職金等の費用とは退職一時金及び退職年金の費用である。こうした企業内福祉費の大半は正社員のみを対象とする。

50) 日本の労働組合は企業別組合が主体であるが，1980年代半ばから，個人で加盟できる小さな組合が登場し，増加している。産業や職種，パートや常用という雇用形態に関係なく加入することができ，地域に基礎を置くこのような労働組合をコミュニティ・ユニオンという。現在，その数は全国で60以上にのぼる。

51) パートタイム労働法については，小嶌（1993），杉井（1993），本田（1993），など参照のこと。

52) 政府は派遣労働による正規労働の代替は禁止するとの立場をとっており，労働者派遣法もそのような趣旨のもと制定されている。

53) 1989年7月4日付『朝日新聞』。

54) 募集時の女性差別としては，資料を送らない，問い合わせに対応しない，セミナーに参加させない，女子のみに自宅通勤などの条件を付ける，等。面接時では，恋人の有無や性的体験，結婚の予定を聞く，服装や容貌を批評する，内定を条件に性的関係を要求するなど悪質なものもあった。1994年12月6日付『朝日新聞』。詳細は，就職難に泣き寝入りしない女子学生の会編（1996）参照のこと。

55) 1986年に出された通達は均等法は「男女の均等な機会と待遇の確保のため一定の措置をとることを事業主に義務づけ，もって女子労働者の地位の向上を図ることを目的として制定されたものである」とし，「男子が女子と均等な取扱いを受けていない状態については直接触れるところではなく，女子のみ募集，女子のみに対する追加的訓練等女子により多くの機会が与えられていることや女子が有利に取り扱われていることは均等法の関与するところではない」とする。1986年3月20日付婦発第68号，職発第112号，能発第54号。

56）均等法が施行されてから1995年までに103人（関係企業数は12社）の調停申請があった。このうち71人（関係企業数5社）については婦人少年室長が調停開始の必要性を認めなかった。

57）住友金属工業株式会社に勤務する女性7人が配置と昇進の差別を理由に調停を申請したケース。会社側は「社会的責任」を理由に調停開始に同意した。1994年3月調停申立て，9月13日調停開始，1995年3月3日調停不成立。

58）女子差別撤廃条約の実施状況を監視する国連の女性差別撤廃委員会（CEDAW）でも，日本政府による改善状況の報告に対し，均等法の実効性について批判が出された。1994年2月3日付朝日新聞。詳細については山下（1995）参照のこと。

59）均等法改正のプロセスと改正後の詳細については浅倉（1999）参照のこと。

60）日ソ図書事件（東京地裁1992年8月27日判決），三陽物産事件（東京地裁1994年6月16日判決），丸子警報器事件（長野地裁1996年3月15日判決）。

61）8割の基準が明確ではないとして原告・被告共に控訴したが1999年11月30日控訴審で和解。第一審判決後に契約更新を拒まれて事実上解雇された臨時従業員二人が地位確認を求めた裁判も，一審，控訴審とも原告側が勝訴し，職場復帰した。

62）社会保険診療報酬支払基金事件（東京地裁1990年7月4日）。

63）この分類は膨大な実態調査の結果からアメリカの法学者C.A.マッキノンが導き出したものである。詳細はMacKinnon（1979）参照のこと。

64）沼津セクシュアル・ハラスメント事件（静岡地裁沼津支部1990年12月20日判決）。

65）福岡セクシュアル・ハラスメント事件（福岡地裁1992年4月26日判決）。この裁判の詳細は，職場での性的いやがらせと闘う裁判を支援する会編（1992）を参照のこと。

66）不快に感じた経験を中心に約200項目について聞いたアンケートをもとに，『女6500人の証言』（学陽書房，1991年）がまとめられた。

67）「国家公務員セクシュアル・ハラスメント調査」（人事院1998年3月11日）。一般職非現業国家公務員が在籍する全省庁を対象として無作為に抽出した男女各2500人，計5000人の職員に対して調査票を配布し，3913人（男性2053人，女性1855人，性別不明5人）から回答を得た（回収率78.3%）。

68）事業主のセクシュアル・ハラスメント防止配慮義務を新たに設けることを企業側が受け入れた背景には，米国三菱セクハラ訴訟などがある。1996年，アメリカ雇用機会均等委員会は「女性従業員へのセクハラを放置した」として，米国三菱自動車製造を公民権法違反で連邦地裁へ提訴した。1998年，数百人におよぶ被害者に，総額3400万ドル（約49億円）の補償金を支払うことで和解した。

69）ケンウッド事件（東京地裁1993年9月28日判決，東京高裁1995年9月28日判決）。

70）既婚女性に対する木更津電報電話局から千葉電報電話局への配転命令は有効であるとしたNTT事件判決（千葉地裁1991年12月12日），有子有配偶の女性に対する大阪から東京への配転命令は有効としたチェース・マンハッタン銀行事件判決

（大阪地裁1991年４月12日）など。

71）帝国臓器事件（東京地裁1993年９月29日判決，東京高裁1996年５月29日判決，最高裁1999年９月17日判決)。

72）妻の就労，転居を望まない老親との別居を理由とする単身赴任は「通常甘受すべき程度のもの」と判断した。

終章

1）最判1995年12月５日，判事1563号81頁。

2）東京弁護士会「選択的夫婦別氏制度採用に関する意見書」(1989)，星野（1987）などが提唱。

3）大阪弁護士会「夫婦別氏採用に関する意見書」(1992)，福島（1992)，榊原(1992)，高橋・折井・二宮（1993）などが提唱。

4）城戸（1993，1995)，木村（1981，1985a，1985b，1990)，篠塚（1982)，都村(1989)，八田（1988a，1988b，1992，1993)，八田・木村（1993)，八田・小口(1992，1993)，丸山（1994)，八代（1983)，八代・大石（1993)，大石（1996）など。

5）労働経済学の分野では，樋口（1995)，大沢真知子（1993）などがある。社会政策の研究者では，大沢真理（1993)，塩田（1993，1995，1996，1997，1998，1999）らが積極的な議論を展開している。また，金城（1991）のような法学者，杉井(1995，1998）などの弁護士からの批判もある。

6）これをダグラス＝有沢の法則という。

7）第３号被保険者制度を支持する代表的論者としては堀（1995，1996，1997）を参照のこと。

8）実際，個人単位化を徹底した唯一の国であるスウェーデンでも，それを是正する改革がなされている。

9）2000年から導入された介護保険でも，被扶養の妻は保険料を負担しないことになった。

10）『労働経済動向調査』によると，従業員30人以上の企業の約8割が配偶者手当を支給している。このうち，配偶者手当の支給制限額を非課税限度額に設定している企業も約８割である。

11）パート労働者の就労調整については，八代・大石（1993)，樋口（1994，1995)，神谷（1997）参照。

12）1994年４月18日付『朝日新聞』。

13）労働省婦人局「平成２年度女子雇用管理基本調査結果報告書」1991年。

14）日本労働組合総連合会「『育児休業制度利用者の休業期間中の生活』調査集約結果および12名の事例紹介」1991年。

15）金城清子津田塾大学教授に対するインタビュー記事の指摘。1991年12月24日付『朝日新聞』。

16）『週刊社会保障』No. 1636，1991年，30ページ。

17）コンパラブル・ワースを適用しようという意見には賛否両論ある。反対派は，コンパラブル・ワースは職務給化につながり，新たな賃金差別を生むと主張する。職務給とは，賃金と仕事がリンクしていて，仕事が変わらない限り年齢や勤続年数にかかわらず同じ賃金が支払われる仕組みである。年功制のもとでは，初任給が低いが年齢と共に賃金は上昇していく。そのような賃金体系をとることで，生涯賃金としてトータルに見ると，企業は賃金原資を節約することができ，労働者も長期的な人生設計ができるという利点があった。しかし，若年労働力の不足によって賃金水準が上昇すると，初任給を低く設定できなくなり，企業側にとっての年功制の利点が少なくなってきた。そこで職務給への切り替えがもくろまれたのである。組合の強い抵抗で，職務給が広く普及することはなかったが，そうした歴史的経緯から，今も職務給に対する根強いアレルギーが残っているのである。

18)　狭義の女性政策は母子家庭対策や女性労働者対策など，直接に女性をターゲット・グループとする施策や政策目標に男女平等の推進を明示的に含む施策のことをいう。

19)　gender を動詞化して用いるこのような語法は，序章で紹介したフェミニストによる福祉国家研究の中で生まれてきた。既存のアプローチにジェンダー視点を組み込む，というような意味で使われている。

20)　第145回国会参議院総務委員会・衆議院内閣委員会での政府答弁。

21)　国連統計委員局や，INSTRAW（国際婦人調査訓練研修所），ILO（国際労働機構），UNDP（国連開発計画）などが中心となって，国際比較ジェンダー統計の整備が進められている。国連は1992年に最初の国際的なジェンダー統計集として『世界の女性 1970-1990—その実態と統計』をまとめ，1995年には改訂版を出版している。

22)　自治体女性行政の展開と自治体相互間，女性団体・NGO等との連携については，大西・江橋（1999）が参考になる。

参考文献

著者のアルファベット順

Abramovitz, M. 1988 *Regulating the Lives of Women: Social Welfare Policy from Colonial Times to the Present,* Boston: South End Press

赤松良子 1990 『改訂版 詳説男女雇用機会均等法及び労働基準法（女子関係）』女性職業財団

浅倉むつ子 1994 「女性と社会保障－派生的権利から個人的権利へ－（上）（下）」『行財政研究』19・20号

——— 1999 『均等法の新世界』有斐閣

阿藤 誠 1997 「少子化に関する我が国の研究動向と政策的研究課題」『人口問題研究』Vol. 53, No. 4

馬場信雄・鈴木寿雄・小笠原ゆり（1977）『改訂 中学校学習指導要領の展開 技術・家庭科編』明治図書

Beechy, V. 1987 *Unequal Work,* London: Verso＝1993 高島道枝・安川悦子訳『現代フェミニズムと労働』中央大学出版会

Bussemaker, J. 1997 'Citizenship, welfare state regimes and breadwinner arrangement' in F. Gardiner (ed.) *Sex Equality Policy in Western Europe,* London: Routledge

Cameron, D. 1978 The expansion of the public economy: a comparative analysis' *American Political Science Review, 4*

Castle, F. 1978 *The Social Democratic Image of Society,* London: Routledge and Kegan Paul

——— 1985 *The Working Class and Welfare,* Sydney: Allen & Unwin

男女共同参画審議会 1996 『男女共同参画ビジョン－21世紀の新たな価値の創造－』

Decon, D. 1989 *Managing Gender: The State, the New Middle Class and Women Workers, 1890-1930,* Melbourne: Oxford University Press

Delphy, C. 1977 *The Main Enemy: A Maternalist Analysis of Women's Oppression,* London: Women's Research and Resource Centre＝1996 井上たか子・加藤康子・杉藤雅子訳『なにが女性の主要な敵なのか：ラディカル・唯物論的分析』勁草書房

Esping-Andersen, G. 1985a *Politics against Markets: The Social Democratic Road to Power,* Princeton: Princeton University Press

——— 1985b 'Power and distributional regimes' *Politics and Society*, 14(2): 223-56.

——— 1987 The comparison of policy regimes: and introduction' in M. Rein,

G. Esping-Andersen and L. Rainwater (eds), *Stagnation and Renewal in Social Policy: The Rise and Fall of Policy Regimes,* Armonk: Sharpe
——— 1990 *The Three Worlds of Welfare Capitalism,* Cambridge: Polity Press＝2001 岡沢憲芙・宮本太郎監訳『福祉資本主義の三つの世界：比較福祉国家の理論と動態』ミネルヴァ書房
——— 1999 *Social Foundations of Postindustrial Economies,* Oxford: Oxford University Press＝2000 渡辺雅男・渡辺景子訳『ポスト工業経済の社会的基礎：市場・福祉国家・家族の政治経済学』桜井書店
Fineman, M. 1995 *The Neutured Mother, the Sexual Family, and other Twentieth Century Tragedies,* New York: Routledge
Franzway, S., Counrt, D. and Connell, R. W. 1989 Staking a Claim: Feminism, Bureaucracy and the State, Cambridge: Policy Press
Fraser, N. 1989 *Unruly Practices: Power, Discourse and Gender in Contemporary Social Theory,* Cambridge: Policy Press
——— 1997 *Justice Interruptus: Critical Reflection on the 'Postsocialist' Condition,* New York: Routledge
藤井治枝 1995 『日本型企業社会と女性労働』ミネルヴァ書房
藤井良治 1993 「年金と女性の自立」社会保障研究所編『女性と社会保障』東京大学出版会
深澤和子 1999 「福祉国家のジェンダー化－1980年代以降の研究動向（欧米を中心として）」『大原社会問題研究所雑誌』No. 485
福田幸弘 1980 「税制改革の視点」『税経通信』1980年3・4月号
福島瑞穂他 1989 『楽しくやろう夫婦別姓』明石書店
——— 1993 『結婚と家族』岩波書店
———他 1998 『セクシュアル・ハラスメント（新版）』有斐閣
福沢恵子編 1989 『現代のエスプリ261 夫婦別姓時代を生きる』至文堂
Geroge, V . and Wilding, P. 1994 *Welfare and Ideology,* New York: Harvester Wheatsheaf
Glendining, C. and Miller, J. (eds) 1992 *Women and Poverty in Britain: The 1990s,* Hemel Hempstead: Harverster Wheatsheaf
Goldberg, G. and Kremen, E. (eds) 1990 *The Feminization of Poverty: Only in America?,* New York: Praeger
半田たつ子 1981 「家庭科への疑問に答えよう」『家庭科教育』第55巻第5号
原田純孝 1988 「『日本型福祉社会』論の家族像－家族をめぐる政策と法の展開との関連で」東京大学社会科学研究所編『転換期の福祉国家（下）』東京大学出版会
——— 1992 「高齢化社会と家族－家族の変容と社会保障政策の展開方向との関連で」東京大学社会科学研究所編『現代日本社会6 問題の諸相』東京大学出版会

Hartman, H.　1981　The unhappy marriage of Marxism and feminism: towards a more progressive union' in L. Sargent (ed.) *The Unhappy Marriage of Marxism and Feminism,* London: Pluto＝1991 田中かず子訳『マルクス主義とフェミニズムの不幸な結婚』勁草書房に収録

働くことと性差別を考える三多摩の会編　1991 『女6500人の証言』学陽書房

八田達夫　1988a 「高齢化対策と直接税改革」『税務弘報』Vol. 32, No. 2

――――　1988b 『直接税改革』日本経済新聞社

――――　1992 「年金制度は破綻するのか」文藝春秋編『日本の論点』文藝春秋

――――　1993 「年金保険料は税か貯蓄か」『日本経済研究センター会報』2月15日号

――――　1994 『消費税はやはりいらない』東洋経済新報社

――――・木村陽子　1993 「公的年金は専業主婦を優遇している」『季刊社会保障研究』Vol. 29, No. 3

――――・小口登良　1992 「年金改革－市場収益率方式への移行」社会保障研究所編『リーディングス日本の社会保障3　年金』有斐閣

――――・小口登良　1993 「日本国政府の年金純債務」『日本経済研究』No. 25

Hewitt, C.　1977　'The effect of political democracy and social democracy on equality in industrial societies: a cross-national comparison' *American sociological Review,* 42(3)

樋口美雄　1994 「税・社会保険料負担と有配偶女性の収入調整」(財)長寿社会開発センター『高齢化社会における社会保障周辺施策に関する理論研究事業の調査研究報告書』

――――　1995 「『専業主婦』保護政策の経済的帰結」八田達夫・八代尚宏編『「弱者」保護政策の経済分析』日本経済新聞社

広田寿子　1979 『現代女子労働の研究』労働教育センター

久野万太郎　1983 『迫る年金改革』三信図書

――――　1985 『やさしい年金教室』同友館

本田淳亮　1993 「パート労働法の成立」『大阪経済法科大学法学研究所紀要』17号

堀　勝洋　1987 「低年齢児の保育政策」『季刊社会保障研究』Vol. 23, No. 1

――――　1995 「第三号被保険者制度と損得」『週刊社会保障』No. 1860

――――　1996 「女性と年金」『季刊社会保障研究』Vol. 31, No. 4

――――　1997 『年金制度の再構築』東洋経済新報社

堀江孝司　2001 「福祉国家類型論と女性の就労」『大原社会問題研究所雑誌』No. 509

ホーン川嶋瑤子　1985 『女子労働と労働市場構造の分析』日本経済評論社

星野澄子　1987 『夫婦別姓時代』青木書店

法務省民事局参事官室　1994 「婚姻制度等に関する民法改正要綱試案の説明」『ジュリスト』1050号

伊田広行　1994 「経済のサービス化の下での性別分離構造」竹中恵美子・久場嬉子編

『労働力の女性化』有斐閣
――――　1995　『性差別と資本制－シングル単位社会の提唱』啓文社
――――　1997　「社会保障の単位－家族単位は差別である」社会政策学会編『21世紀の社会保障　社会政策学会年報第41集』御茶の水書房
――――　1998a　『シングル単位の社会論－ジェンダー・フリーな社会へ』世界思想社
――――　1998b　『シングル単位の恋愛・家族論』世界思想社
――――　1998c　『21世紀労働論－規制緩和へのジェンダー的対抗』青木書店
――――　1999　「スウェーデンの男女平等－その歴史，制度，課題(1)(2)」『大阪経大論集』Vol. 50，No. 1, 2
池田祥子・友松諦道編　1997a　『戦後保育50年史　第４巻　保育制度改革構想』栄光教育文化研究所
――――　1997b　『戦後保育50年史　第５巻　保育運動と保育団体論』栄光教育文化研究所
ILO　1984　*Into the Twenty-First Century: The Development of Social Security 37*
井上治代　1986　『女の姓を返して』創元社
井上輝子・江原由美子編　1999　『女性のデータブック　第３版』有斐閣
諫山陽太郎　1991　『別姓結婚物語』創元社
石垣綾子　1955　「主婦という第二職業論」『婦人公論』1955年２月号→上野編〔1984〕
石野清治　1998　「児童手当法改正の思い出」厚生省児童家庭局編『児童福祉五十年のあゆみ』
石塚浩美　1995　「所得税における女性と家族－1940年代以降の配偶者控除制度史に関する考察」『横浜市立大学大学院紀要社会科学系列』第２号
磯野富士子　1960　「婦人解放論の混迷」『朝日ジャーナル』1960年４月10日号
ISSA　1989　*Equal Treatment in Social Security*
糸久八重子　1990　『育児休業法－四党共同法案と欧州諸国の法制』労働教育センター
伊藤周平　1995　「福祉国家とフェミニズム」『大原社会問題研究所雑誌』No. 440
――――　1996　『福祉国家と市民権－法社会学的アプローチ』法政大学出版会
伊藤陽一　1997　「日本におけるジェンダー統計－現状，問題，克服の方向－」『国立婦人教育会館研究紀要』創刊号
岩田龍子　1987　「マネジメントへの影響」花見忠・篠塚英子編『雇用均等時代の経営と労働』東洋経済新報社
Jenson, J.　1986　‘Gender and repuroduction: Or, babies and the state’, *Studies in Political Economy,* 20
児童福祉研究会　1978　児童福祉法研究会編『児童福祉法成立資料集成（上）』ドメス出版
女性職業財団　1987　『働く女性の能力活用研究会報告書－百貨店・チェーンストア』
――――　1990　『コース別雇用管理に関する研究会報告』(財)女性職業財団
戒能民江　1997　「女性の視点からみた戦後家族法」『法社会学』49

Kamerman, S. B.　1997　'Introduction' in S. Kamerman and A. Kahn (eds.) *Family Change and Family Policies in Great Britain, Canada, New Zealand and the United States,* Oxford: Clarendon Press
――――― and Kahn, A. J. (eds)　1978　*Family Policy: Government and Families in Fourteen countries,* New York: Columbia University Press
神谷隆之　1997　「女性労働の多様化と課題－税･社会保険制度における位置づけ」大蔵省財政金融研究所『フィナンシャル・レビュー』December-1997
金田利子　1997　「日本における『母性神話』の動向」日本保育学会編『わが国における保育の課題と展望』世界文化社
神田道子　1984　「変動期にある女性」女性学研究会編『女たちのいま　講座女性学 2』勁草書房
―――――　1992　「これからの女性の生き方」神田道子・木村敬子・野口眞代編『新・現代女性の意識と生活』日本放送出版協会
片山信子　1991　「所得税制と世帯形態」『調査と情報』151号
家庭科の男女共修をすすめる会編　1977　『家庭科，なぜ女だけ！』ドメス出版
―――――　1982　『家庭科，男にも！』ドメス出版
城戸喜子　1993　「被扶養の妻の基礎年金保険料」『週刊社会保障』No. 1750
―――――　1995　「年金財政の課題と将来」『週刊社会保障』No. 1850
木村陽子　1981　「厚生年金加入者間の収益率格差」『大阪大学経済学』Vol. 31, No. 1
―――――　1985a　「公的年金と所得の再分配－『年金制度改革案』をめぐって」社会保障研究所編『福祉政策の基本問題』東京大学出版会
―――――　1985b　「公的年金における妻のとり分をめぐって－予備的考察」『季刊社会保障研究』Vol. 21, No. 3
―――――　1990　「主婦と税制と社会保険－年金・医療・雇用」社会保障研究所編『21世紀の社会保障に関する研究　家族の変容と社会保障分科会』
金城清子　1991　『法女性学』日本評論社
―――――　1996　「選択的夫婦別姓の導入と戸籍制度」『女性学研究』No. 4
北　明美　1999　「児童手当制度の発展と家族賃金」『女性労働研究』No. 35
北野弘久　1961　「配偶者控除の法思想的意義」『税法の基本原理』中央経済社
小嶌典明　1993　「パートタイム労働と立法政策」『ジュリスト』1021号
国際婦人年日本大会の決議を実行するための連絡会編 (1989)『連帯と行動』市川房枝記念会
国際女性の地位協会編　1990　『女子差別撤廃条約』三省堂
国際連合　1995　『世界の女性1995―その実態と統計』日本統計協会
Korpi, W.　1978　*The Working Class in Welfare Capitalism: Work, Unions and Politics in Sweden,* London: Routledge and Kegan Paul
厚生省編　1968　『厚生年金保険二十五年史』厚生団
―――――　1971　『厚生白書－子どもと社会』
―――――　1973　『厚生白書－転機に立つ社会保障』

――――　1978『厚生白書－健康な老後を考える』
――――　1993『厚生白書－未来をひらく子どもたちのために：子育ての社会的支援を考える』
――――　1998『厚生白書－少子社会を考える：子どもを産み育てることに「夢」を持てる社会を』
厚生省児童家庭局編　1978『児童福祉三十年のあゆみ』日本児童問題調査会
厚生省児童家庭局監修　1992『児童手当法の解説』中央法規出版
厚生省児童家庭局編　1994『利用しやすい保育所をめざして　保育問題検討会報告書』
――――　1998『児童福祉五十年のあゆみ』
厚生省年金局編　1979『年金制度改革の方向－長期的な均衡と安定を求めて』東洋経済新報社
厚生省年金局他監修　1991『厚生年金保険解説』社会保険法規研究会
厚生省年金局監修　1994『年金改革のすべて　社会的背景と改正の全容』社会保険広報社
厚生省年金局　1998『年金改革　五つの選択肢』
厚生統計協会編　1999『保険と年金の動向』厚生統計協会
Koven, S. and Michel, S (eds)　1993 *Mothers of a New World: Maternalist Politics and the Origins of Welfare States,* New York: Routledge
小山進次郎　1959『国民年金法の解説』時事通信社
久場嬉子　1994「福祉国家とジェンダー摩擦」『季刊社会保障研究』Vol. 30, No. 2
――――　1999「経済学とジェンダー－フェミニスト経済学の新展開－」『女性学研究』No. 5
久貴忠彦　2000「相続と女性」佐々木静子編著『女性が変える生活と法』ミネルヴァ書房
熊沢　誠　1995「日本的経営と女性労働」基礎経済科学研究所編『日本型企業社会と女性』青木書店
国広陽子　1998「年金審議会の論議に参加して」『あごら』236号
久徳重盛　1979『母原病－母親が原因で起こる子どもの異常』教育研究社
――――　1980『続母原病－その克服のカルテ』教育研究社
Langan, M. and Ostner, L.　1991 'Gender and Welfare: Towards a comparative framework' in G. Room (ed.) *Towards a European Welfare States?,* Bristol: SAUS
Lewis, J　1984 *Women in England 1870-1950,* Brighton: Wheatsheaf
――――　1992 'Gender and the development of welfare regimes' *Journal of European Social Policy* 2(3)
――――　1993 *Women and Social Policies in Europe: Work, Family and the State,* Aldershot: Edward Elgar
―――― and Ostner, L.　1994 *Gender and the evolution of European Social Policy* ZeS-Arbeitspapier Nr. 4/94. Centre for Social Policy

Research, University of Bremen
——— 1995 'Gender and the evolution of European Social Policy' in S. Leibfried and P. Person (eds) *European Social Policy: Between Fragmentation and Integration,* Washington DC: Brookings Institution
Lister, R. 1990 'Women, economic dependency and citizenship' *Journal of Social Policy,* 19(4)
——— 1997 *Citizenship: Feminist Perspectives,* London: Macmillan
MacKinnon, C.A. 1979 *The Sexual Harassment of Working Women: A Case for Sex Discrimination,* New Haven: Yale University Press
丸山 桂 1993 「女性と税制・年金制度に関する歴史的考察」『女性労働』No.18
——— 1994 「女性の生涯所得から見た税制・年金制度」『季刊社会保障研究』Vol. 30, No. 3
松原亘子 1996 『詳説・育児介護休業法』労務行政研究所
道田信一郎 1984 『男女雇用の平等』新潮選書
Mies, M. 1986 *Patriarchy and Accumulation on a World Scale,* London: Zed Books
———, Bennholdt-Thomsen, V., Werlhof, C.v. 1988 *The Last Colony,* London: Zed Books＝1995 古田睦美・善本裕子訳『世界システムと女性』藤原書店
水田珠枝 1986 「専業主婦特別控除は女性への挑戦」『エコノミスト』5月27日号
文部省社会教育局 1969 『家庭の生活設計』全日本社会教育連合会
森田明美 1990 「現代家庭の児童養育問題」孝橋正一・平田マキ編『現代の家庭福祉』ミネルヴァ書房
——— 1994 「女子労働者の出産・育児をめぐる社会的保障の再検討」倉野精三編『現代生活論の課題』第一書林
——— 1997 「育児休業法をめぐって」日本保育学会編『わが国における保育の課題と展望』世界文化社
本沢巳代子 1998 「女性と年金制度」『法律のひろば』1998.4
村上貴美子 2000 「年金給付にみる配偶者概念と女性の年金権自立」副田義也・樽川典子編『現代家族と家族政策』ミネルヴァ書房
永峰幸三郎 1991 「労働市場と女子雇用」竹中恵美子編『新・女子労働論』有斐閣
中川俊一郎編 1964 『女子従業員管理の考え方と実際』日経連広報部
中西祐子 1998 『ジェンダー・トラック 青年期女性の進路形成と教育組織の社会学』東洋館出版社
中野実 1992 『現代日本の政策過程』東京大学出版会
Nelson, B. 1990 'The origins of the two-channel welfare state: workman's compensation and mothers aid' in L. Gordon (ed.) *Women, the State and Welfare,* Madison: University Wisconsin Press
根本俊雄 1984 「福祉政策の政治過程－児童手当制度の発展と展開」中邨章・竹下譲

編『日本の政策過程－自民党・野党・官僚』梓出版社
21世紀職業財団　1994『女性の能力発揮促進のための税制のあり方研究会報告書』
日経連広報部編　1990『セクシュアル・ハラスメント』日経連広報部
二宮周平　1993『家族法改正を考える』日本評論社
――――　1996『変わる「家族法」』かもがわ出版
――――　1997「家族法と性別役割分業－法的仕組みの現状と改革の方向」岩村正彦ほか編『岩波講座　現代の法⑾　ジェンダーと法』岩波書店
野村正實　1998『雇用不安』岩波新書
落合恵美子　1997『21世紀家族へ〈新版〉』有斐閣
O'Conner, J. S.　1993　'Gender, class and citizenship in the comparative analysis of welfare state regimes: theoretical and methodological issues' *British Journal of Sociology,* 44(3)
――――　1996　'From women in the welfare state to Gendering Welfare State Regimes' *Trend Report in Current Sociology,* 44(2)
――――, Orloff, A.S. and Shaver, S.　1999　*State, Markets, Families: Gender, Liberalism and Social Policy in Australia, Canada, Great Britain and the United States,* Cambridge: Cambridge University Press
OECD　1991　*Shaping Structural Change: The Role of Women*
小笠原ゆり　1982「高等学校教育課程の改定と家庭科」『家庭科教育』第56巻第5号
岡田正章　1980a「児童福祉法の変遷と幼保の関係」岡田正章他編『戦後保育史第一巻』フレーベル館
――――　1980b「保育所整備計画と保育所の拡大」岡田正章他編『戦後保育史第二巻』フレーベル館
――――　1980c「保育問題をこう考える」岡田正章他編『戦後保育史　第二巻』フレーベル館
大日向雅美　1988『母性の研究』川島書店
――――　1992『母性は女の勲章ですか』扶桑社
――――　1999『子育てと出会うとき』NHKブックス
――――　2000『母性愛神話の罠』日本評論社
大石亜希子　1996「女性と年金」『季刊年金と雇用』Vol. 15, No. 2
大西祥世・江橋崇　2000『自治体女性行政の比較研究』1999年度東京女性財団助成研究報告書
大蔵省主税局編　1988『所得税百年史』大蔵省主税局
大蔵省昭和財政史編集室編　1957『昭和財政史V　租税』東洋経済新報社
大蔵省財政史室編　1990『昭和財政史（昭和27―48年度）第6巻　租税』東洋経済新報社
大沢真知子　1993『経済変化と女子労働　日米の比較研究』日本経済評論社
大沢真理　1993『企業中心社会を超えて－現代日本社会を〈ジェンダー〉で読む』時事通信社
――――　1994「日本のパート労働とは何か」『季刊労働法』170号

――――　1995　「『福祉国家比較のジェンダー化』とベヴァリッジ・プラン」『季刊社会科学研究』Vol. 47, No. 4
――――　1996　「社会政策のジェンダー・バイアス」原ひろ子・前田瑞枝・大沢真理編『アジア・太平洋地域の女性政策と女性学』新曜社
――――　2000　「女性政策をどうとらえるか」大沢真理編『21世紀の女性政策と女共同参画社会基本法』ぎょうせい
大塩まゆみ　1995　『家族手当の研究』法律文化社
太田弘子　1994　「女性の変化と税制」野口悠紀雄編『税制改革の新設計』日本経済新聞社
太田弘子　1997　「女性と税制－配偶者控除等の検証」『税研』Vol. 13, No. 76
大武健一郎　1993　「女性をとりまく税制と課題」『女性労働』No. 18
大脇雅子　1994　「パートタイム労働法の概要と問題点」『季刊労働法』170号
――――　1998　「非正規雇用とパート労働者」関西女の労働問題研究会編『共生・衡平・自律　21世紀の女の労働と社会システム』ドメス出版
――――・中野麻美・林陽子　1996　『働く女たちの裁判』学陽書房
大脇雅子・中島通子・中野麻美　1998　『21世紀の男女平等法』有斐閣
Orloff, A.S.　1991　'Gender in early U.S. social policy' *Journal of Policy History, 3*
――――　1993　'Gender and the social rights of citizenship: the comparative analysis of gender relations and welfare states' *American Sociological Review,* 58(3).
Pearce, D.　1978　'The feminization of poverty: Women, work and welfare' Urban and Social *Change Review,* 11
Phillips, A.　1993　*Democracy and Difference,* University Park: The Pennsylvania State University Press
M.ラター　1979　『母親剥奪理論の功罪』誠信書房
――――　1984　『続母親剥奪理論の功罪』誠信書房
連合　1998　「年金改革討議資料」『賃金と社会保障』No. 1228
Rhode, D　1994　'Feminism and the state' *Harvard Law Review,* 107
労働省　1978　『労働組合基本調査三十年史』
労働省婦人少年局編　1965　『女子保護の概況』
労働省婦人局　1995　『パンフレット No. 88 育児・介護休業法のあらまし』
Rowbotham, S.　1973　*Women's Consciousness, Men's World,* Harmondsworth: Penguin
Sainsbury, D.　1994　*Gendering Welfare State,* London: Sage
――――　1996　*Gender, Equality and Welfare State,* Cambridge: Cambridge University Press
――――　1999　*Gender and Welfare State Regimes,* Oxford: Oxford University Press
坂口正之　1993　「戦後公的年金制策と女性の年金」竹中恵美子編『グローバル時代

の労働と生活－そのトータリティーをもとめて－』ミネルヴァ書房
酒井はるみ　1995　『教科書が書いた家族と女性の戦後50年』労働教育センター
榊原富士子　1992　『女性と戸籍　夫婦別姓時代に向けて』明石書店
澤田省三　1990　『夫婦別氏論と戸籍問題』ぎょうせい
瀬地山角　1996　『東アジアの家父長制－ジェンダーの比較社会学』勁草書房
社会保険庁編　1990　『国民年金三十年のあゆみ』ぎょうせい
社会保障研究所編　1975a　『日本社会保障資料Ｉ』至誠堂
――――　1975b　『日本社会保障資料II』至誠堂
――――　1988　『日本社会保障資料III（下）』出光書店
社会保障制度審議会　1995　『社会保障体系の再構築－安心して暮らせる21世紀の社会を目指して』
Shalev, M.　1983　'The social democratic model and beyond: two generations of comparative research on the welfare state' *Comparative Social Research* 6
柴田敏夫　1956　「狭められていく措置基準の是正を」『保育通信』1956年５号
篠塚英子　1982　「年金と女子労働－年金は子なし夫婦を優遇しているか」『日本の女子労働』東洋経済新報社
塩田咲子　1993　「現代フェミニズムと労働論の再構成－税･社会保障を通しての家事労働の経済的価値」社会政策学会年報第37集『現在の女性労働と社会政策』御茶の水書房
――――　1995　「国民年金第３号被保険者の保険料について－家事労働の評価にかかわらせて」『高崎経済大学論集』Vol. 37，No. 4
――――　1996　「日本型ジェンダーを問う－性別役割分業世帯優位の税･社会保障の改革を」『女性学研究』No. 4
――――　1997　『これでいいの？女性と年金』かもがわブックレット103かもがわ出版
――――　1998　「『1999年・年金改革』をめぐる言説について」『女性労働』No. 23
――――　1999　「21世紀へ－社会政策のジェンダー･バイアスは続く」『女性学研究』No. 5
――――　2000　『日本の社会政策とジェンダー　－男女平等の経済基盤－』日本評論社
就職難に泣き寝入りしない女子学生の会編　1996　『超氷河期だって泣き寝入りしない』大月書店
Siaroff, A.　1994　'Work, Welfare and Gender Equality: A New Typology' in D. Sainsbury（ed.）*Gendering Welfare States,* London: Sage
島田晴雄　1994　『日本の雇用－21世紀への再設計』ちくま新書
Simm, B.　1990　'Women and Welfare State: Between Private and Public' in C. Ungerson（ed.）*Gender and Caring,* Hemel Hempstead: Harvester Wheatsheaf
篠田　徹　1986　「男女雇用機会均等法をめぐる意思決定」中野実編著『日本型政策

決定の変容』東洋経済新報社
篠塚英子　1995　『女性が働く社会』勁草書房
Sklar, K.K.　1993　'The historical foundation of women's power in the creation of American welfare state, 1830-1930' in S. Koven and S. Michel (eds) *Mothers of a New World: Maternalist Politics and the Origins of Welfare States,* New York: Routledge
Skocpol, T.　1992　*Protecting Solders and Mothers*: The Political Origins of Social Policy in the United States, Cambridge: Harvard University Press
Smart, C.　1989　*Feminism and the Power of Law,* New York: Routledge
Smeeding, T., Torrey, B. and Rainwater, L.　1988　'Patterns of income and poverty: The economic status of children and the elderly in eight countries' in J. Palmer, T. Smeeding, B.Torrey (eds) *The Vulnerable,* Washington, D.C.: Urban Institute Press
Sokoloff, N. et al, (eds.)　1987　*Hidden Aspects of Women's Work,* New York: Praeger
Stephens, J.　1979　*The Transition from Capitalism to Socialism,* London: Macmillan
杉井静子　1990　「パートタイムの配偶者控除と女性の自立」婦人労働問題研究会編『婦人労働問題研究』
――――　1993　「パートタイム労働法をめぐって」『賃金と社会保障』No. 1108
――――　1995　「女性の自立を妨げる税金・年金・健康保険制度」『賃金と社会保障』No. 1146
――――　1998　「『女性の年金』不公平論を整理する」『賃金と社会保障』No. 1235
杉本貴代栄　1993　『社会福祉とフェミニズム』勁草書房
――――　1997　『女性化する福祉社会』勁草書房
鈴木政次郎　1980　「入所措置基準」岡田正章他編『戦後保育史第一巻』フレーベル館
鈴木佐喜子　1986　「母子関係論の展開」布施晶子・清水民子・橋本宏子編『双書・現代家族の危機と再生　2　現代家族と子育て』青木書店
職場での性的いやがらせと闘う裁判を支援する会編（1992）『職場が変わる　福岡セクシュアルハラスメント裁判』インパクト出版会
田多英範　1994　『現代日本社会保障論』光生館
高田正巳　1951　「保育所と幼稚園の関係」『児童福祉法の解説と運用』時事通信社出版局
高橋菊江・折井美耶子・二宮周平　1993　『夫婦別姓への招待』有斐閣
高橋柵太郎　1991　『詳説育児休業等に関する法律』労務行政研究所
高山憲之　2000　『年金の教室　負担を分配する時代へ』PHP 新書
竹中恵美子　1989　『戦後女子労働史論』有斐閣
――――　1998　「社会政策とジェンダー」社会政策学会編『社会政策叢書第22集』

啓文社
———— 2000 「規制緩和と女性労働」日本ジェンダー学会編『ジェンダー学を学ぶ人のために』世界思想社
————・久場嬉子編 1994 『労働力の女性化：21世紀へのパラダイム』有斐閣
田村和之 1992 『保育所行政の法律問題 新版』現代法選書14 勁草書房
田尾昌子・河村昭治郎 1966 『育児休職』青木書店
寺脇隆夫 1980 「児童福祉法制定の経緯と保育所」岡田正章他編『戦後保育史 第一巻』フレーベル館
Titmuss, R.M. 1958 *Essays of the Welfare State,* London: Allen & Unwin＝1979 谷昌恒訳『福祉国家の理想と現実』東京大学出版会
———— 1974 *Social Policy: An Introduction,* London: Allen & Unwin＝1981 三友雅夫監訳『社会福祉政策』恒星社厚生閣
利谷信義 1987 『家族と国家』筑摩書房
———— 1999 「家族法システムの研究」利谷信義編『現代家族法学』法律文化社
東京弁護士会編 1990 『これからの選択 夫婦別姓』日本評論社
都村敦子 1992 「税制及び社会保障における家族の取扱い－家族の変容･労働の変容への対応」金森久雄・島田晴雄・伊部英男編『高齢化社会の経済政策』東京大学出版会
上野千鶴子編 1984 『主婦論争を読む 全記録』I・II 勁草書房
後房雄 1990 「公的保障と集団的自助のダイナミズム－保育所づくり運動を手がかりにして」『グラムシと現代日本政治』世界書院
Valverde, M. 1991 *The Age of Light, Soap, and Water: Moral Reform in English Canada, 1885-1925,* Tronto: McClelland& Stewart
Voet, R. 1998 *Feminism and Citizenship,* London: Sage
和田八束 1990 『日本の税制』有斐閣
脇坂明 1997 「コース別人事制度と女性労働」中馬宏之･駿河輝和編『雇用慣行の変化と女性労働』東京大学出版会
鷲谷善教 1967 『私たちの保育政策』文化書房博文社
Wilensky, H. 1975 *The Welfare State and Equality,* Berkeley: University of California Press＝1984 下平好博訳『福祉国家と平等：公共支出の構造的・イデオロギー的起源』木鐸社
山田卓生 1990 「結婚による改姓強制」『法律時報』第61巻5号
山岸信雄･加藤智子 1998 「家族法改正から見た男女平等社会への道」『立法と調査』No 203
山下泰子 1985 「女子差別撤廃条約における男女平等－条約第十条（教育権）を中心に」『国際法外交雑誌』第84巻第5号
———— 1995 「批准後10年－女子差別撤廃委員会における日本政府レポートの審議」『国際女性』9号
山崎広明 1988 「厚生年金制度の『抜本改正』過程」東京大学社会科学研究所編『転換期の福祉国家（下）』東京大学出版会

八代尚宏　1983　『女性労働の経済分析』日本経済新聞社
―――――　1999　『雇用改革の時代　働き方はどう変わるか』中公新書
―――――・大石亜希子　1993　「女性の年金権と就業」『日本年金学会誌』No. 13
安枝英訷　1998　『労働の法と政策』第2版　有斐閣
Yeatsman, A.　1990　*Bureaucrats, Technocrats, Femocrats: Essays of the Contemporary Australian State,* Sydney: Allen & Unwin
横山文野　1996　『家庭科教育政策の変遷－教育課程における女性観の視角から』東京大学都市行政研究会研究叢書15
横山和彦　1976　「最後の社会保障・家族手当」副田義也編『社会福祉の社会学』一粒社
―――――・田多英範編　1991　『日本社会保障の歴史』学文社
幼児保育研究会編　2001　『最新保育資料集』ミネルヴァ書房
税制調査会　1960　『税制調査会第一次答申及びその審議の内容と経過の説明』
全国婦人税理士連盟編　1994　『配偶者控除なんかいらない!?』日本評論社

あとがき

1990年代は女性学・ジェンダー研究をめぐる環境が大きく変わった時期だったと思う。「ジェンダー」という語は研究者の間では常識となり，一般社会でも市民権を得つつある。国は「男女共同参画社会の形成」を目標に掲げ，地方でも行動計画が策定され，それぞれ女性政策の推進に本腰を入れはじめた。「ジェンダーと公共政策」という私の研究テーマを人に説明するのもずいぶん楽になった印象がある。

「ジェンダー」という語が普及したからといって，ジェンダーにまつわる問題が解消されたわけではなく，むしろ問題は山積している状況だが，それでも関心が高まったことには意義があると思う。本書脱稿後，自民党法務部会内に選択的夫婦別姓制度導入に向けた検討を行うプロジェクトチームが設けられた。2001年５月に実施された選択的夫婦別姓に関する世論調査で，「旧姓を名乗ることができるように法改正してもかまわない」と考える賛成派が42.1%に達し，反対派の29.9%を初めて上回ったことが背景にある。また，11月には厚生労働省が，厚生年金の給付額の基準を決めるためのモデル世帯を，「妻が一生専業主婦の世帯」から，「共働き世帯」に変える方針を固めた。2004年度の年金制度改正で導入をめざすという。女性の就労が一般化するなかで，一生涯専業主婦でいる女性が少なくなっている実態を踏まえたもので，年金制度の抜本的見直しとなる。さらに，離婚後に元夫の厚生年金（報酬比例部分）を元妻に分割する「年金分割」の導入も本格的に検討しはじめた。時間はかかるだろうが，「ジェンダー平等な社会」への歩みが確実に始まっていると思う。

私が女性問題に関心を持ち，研究者を志すようになったきっかけは法学部に進学した頃に読んだ一冊の本である。それは弁護士の角田由紀子氏が書かれた『性の法律学』である。氏は，男性社会の構造と思想の凝縮した表現である

「法」のなかで，女性がどう位置づけられているのかを，強姦や買売春，セクシュアル・ハラスメントなど「性」の側面から明らかにすることを試みている。私は性犯罪の判決文のあまりの性差別的内容に愕然とした。受験勉強的素直さで法律を学んでいた私には衝撃的な内容だった。性に中立的だと思っていた法制度とその解釈・運用のジェンダー・バイアスを知り，やり場のない怒りを感じた。その時の気持ちを原点に，10年近く学んできたこと，考えてきたことをまとめたのが本書である。

瀬地山角氏が著書『東アジアの家父長制――ジェンダーの比較社会学』の〈あとがき〉で，「思い入れや体験だけを熱く語る論文ではなく，理念を異にする人が読んでも，充分有益であるような，きちんと分析をともなったものを書きたい」と述べておられた。同感である。フェミニズムに出会った当初の私は，ビギナーにありがちな反応で，性差別的な社会の事象にやたらと憤慨していた。しかし，ただ悲憤慷慨するだけでは生産的ではない。やがて，なぜそのようなバイアスが生じているのか，それを明らかにしたいと考えるようになった。私は大学院に進学し，行政学を専攻した。性差別の構造は公私の空間を貫き偏在しているが，それを変革するには行政の影響力が大きいのではないかと思ったからである。そして，フェミニズムについてもきちんと理解するため，イギリスの大学院で女性学を専攻した。

社会科学に限らないかもしれないが，学問研究には「冷たい頭」で知的パズルを解く作業と，「熱い心」で現実の問題に取り組むという二つの側面がある。私にとっての「冷たい頭」は行政学，「熱い心」は女性学である。東京大学の大学院修士課程に在籍していた頃は，自分の「熱い心」がアカデミズムの世界で通用するよう，いかにして学問的な体裁を整えるか不十分な「冷たい頭」で苦心していた。しかし，博士課程の途中で留学したイギリスではそのプレッシャーから解放された。ヨーク大学女性学研究センターには様々な背景をもったmature student（社会人学生）が集まっていた。「女性学は女性の声を聞く学問でしょう？」という彼女たちの言葉に，私にとってはやはり「熱い心」がまず大切なのだと確信した。日本のアカデミズムでは，フェミニズムをやっているというと，それだけで特定の価値を信奉する人としてカテゴライズされ，その研究内容を軽視されてしまうような傾向があると思う。それを避けるため，できるだけ抑制的な研究態度を装うようなところが私にはあった。しかし，学生もスタッフもすべてフェミニストを自認する女性ばかりという女性学研究センターの環境で，シスターフッドとでも言うべき連帯感に力づけられた。自分の研究をメインストリームの学問的に位置づけられるものにしなければ，という強迫観念を捨てて，自分が本当にやりたいテーマをやろうという気になった。

本書は，私が2000年９月に，東京大学大学院法学政治学研究科に提出した博士学位論文『戦後日本の女性政策の研究――ジェンダーの視点から見た公共政策の展開』に大幅に加筆修正を行ったものである。この研究の意義は，戦後の公共政策を広範かつ包括的に分析し，ジェンダー視角から見た鳥瞰図を提示したことにあると考えている。より端的に言うと，公共政策のもつジェンダー・バイアスの暴露にある。バラバラに見たらわからない個別の事柄が，相互に結びつき，システムの中にバイアスとなって組み込まれていること，その含意を明らかにした。本書で取り上げた個々の事実は，すでに指摘されてきたことも多く，必ずしも目新しいものではない。しかし，日本の女性学にはこういう研究が必要だと私は思った。荒削りでも，全体像を見渡す試みを行うことにより，その後の研究につながるからである。労働政策や児童手当制度など，特定の政策領域を通史的に取り扱ったもの，あるいは1980年代の「専業主婦優遇政策」など，ある時期の複数の政策をとりあげた研究は存在する。しかし，通史的かつ複数の政策領域という，その両方に配慮した研究は管見の限り存在しない。本書が初の試みである。「家族」「個人」という「単位」の概念を用いることにより，個別の事柄がそれぞれの政策領域を越えて，「性別役割分業家族」という一つの再生産システムの形成と確立に関与してきた歴史的経過を，本書は包括的に説明しえたと思う。

もちろん不完全な点はある。本研究は論理を駆使し，因果関係を厳しく探求する研究とは言えない。公共政策がジェンダーに対してどのようなインパクトをもったか，どのように変化してきたかを明らかにすることに主眼を置いたため，その変化を規定したのは何か，戦後の各時期を通じて効いていた変数を摘出するというような考察は十分に行われていない。もう一つの問題点は，新たな労働力再生産システムのイメージについてである。終章で提示したジェンダー公正な社会の典型は，個人単位モデルに基づく政策体系を構築したスウェーデンを中心とする北欧諸国である。これらの国々は社会民主主義の福祉国家である。日本においてジェンダー公正な社会を実現するためには，社会民主主義型の福祉国家への移行が不可欠なのかどうか，についての考察が本書ではなされていない。現在の日本の状況，とくに高齢化と財政危機を前提とすると，社会民主主義型福祉国家の建設はかなり困難だと思う。そうだとすれば，社会民主主義のないジェンダー公正な社会がどのように可能なのかを考えなければならない。この点についての考察は，今後の課題としたい。

この研究が成るにあたって，多くの方々からご指導とご協力をいただいた。すべてのお名前を挙げることはできないが，この場を借りてお礼を申し上げたい。

西尾勝先生は，「行政学で女性問題をやりたい」という私の希望を理解され，常に的確な指導をしてくださった。森田朗先生は西尾先生を引き継いで指導教官となってくださり，博士論文審査の主査も務めていただいた。森田先生と一緒に審査にあたられた田辺国昭先生，北岡伸一先生，寺尾美子先生，馬場康雄先生には有益なコメントを頂戴した。研究室の仲間である打越綾子氏，伊藤正次氏，福本健太郎氏の博士論文に対するコメントは，今回の加筆修正にあたり大いに参考にさせていただいた。LSE の高安健将氏は，ロンドンでの資料収集に協力してくださり，エアメールで送った大量の原稿を読み，一つ一つ丁寧なコメントを返してくださった。ともに英国留学をめざした頃からの変わらぬ友情に心から感謝している。

本書のベースとなった博士論文については，東京女性財団から研究助成を受けた。また，出版については跡見学園女子大学から出版助成を受けている。就職前に助成の決定をしてくださった関係者の方々に感謝し，「お礼奉公」に務めたいと思う。

駆け出しの研究者である私が，本書を上梓することができたのは，ひとえに勁草書房の町田民世子さんのご理解があってのことである。フェミニズムを学びはじめた頃から，いつか研究を本にまとめることができたら町田さんに編集をお願いしたいと思っていた。全く面識のなかった無名の研究者の依頼を受けとめ，大部の学術論文の出版を強力に進めてくださった町田さんには厚く御礼申し上げたい。

最後に，私の研究者としての自立を気長に見守ってくれた両親と夫に感謝したいと思う。父からは，研究を自己目的化するのではなく，常に実社会と結びつける姿勢を教えられたと思う。三人の年子を育てながら大学院に戻った母の生き方は，私のキャリア選択に大きく影響している。結婚生活における私のフェミニズムの実践に，おおらかに付き合ってくれている夫・山口智久にも感謝している。

2002年3月

横山　文野

索　引

ア行

ISSA　175
ILO　66,117,174,389
　——第123号勧告　66
　——第165号勧告　292
　——第102号条約　386
　——第156号条約　200,290,292,336
　——第175号条約　315
青色申告者　44,46,51,268
秋田相互銀行事件　143,229
アブラモヴィッツ, M.　5
「家」制度　26-30,34,153,161,358,360
育児休業給付金制度　290
育児休業制度　23,63-67,116-123,147,195-201,226,234,283-293,344,347,350,352,382-385
育児休業法　120, 147, 194, 195, 198-201, 274, 283-291,323,341,345,347,351,352,383,385
育児手当　123,198,208
石垣綾子　49
石野清治　132
伊豆シャボテン公園事件　142
遺族基礎年金　257,367
遺族厚生年金　257,258,367,369
磯野富士子　49
伊田広行　17
市川房枝　98,99
1.57ショック　235,272,273,280,284,293,294,351
１万円年金　38
一般職　227,232
一般労働者派遣事業　316
糸久八重子　293
岩田龍子　224
岩手銀行事件　229
WINET　399
ウィレンスキー, H.　1
影響調査専門調査会　400
えがりてネットワーク　401
駅型保育　276,381
エスピン・アンデルセン, G.　3,6-11,13,14
M字型就労　84
エンゼルプラン　273-276,295,378,379,383
　——新エンゼルプラン　276,378,379
エンタイトルメント　6,16
延長保育　60,187,188,275,280,379-381,383
エンプティ・ネスト期　356
OECD　13,175,308
大河内一男　67
オーロフ, A.S.　11
オコンナー, J.S.　11
小野田セメント事件　88

カ行

改憲論　28
階層化　8,10
学習指導要領　20,30-32,97,155,253,254
革新自治体　60,63,130
隠れた補助金　190,194,366
家事参画度　391
課税単位　21,41-46,90,108,146,176-184,341,344,346,349,373
家族除数　371
家族政策　85,100,151,199,232,236
家族像　5,12,14, 26, 28, 34, 90,145,148,153,255,340,350,353,357
家族単位モデル　18,90,145,232-234,340-342,352-355,402
家族賃金　15,85,92,141,146,230,340,347,352,371,387
家族手当　6,67,76-79,126,134,143, 176, 229,351,386
家族の戦後体制　31,353
家族法　15,20,26,35,96,145,151,240,340,343,345,348,350,354,355,357
片親家庭　355,377

片働き世帯　148,176,365,372
価値観の多様化　236,256,354
学校効果　363
カップル単位　17
家庭科教育　24,31,91,155-161,253,343,348
家庭効果　363
家庭保育　55-59,62,110-115,123,187,190,233,276,281,341,349,351
稼得者単位課税方式　41,108
家父長制　3,91
環境型セクシュアル・ハラスメント　331
間接的雇用平等政策　387
間接的差別　387
間接母性保護　80
疑似パート　308,312
技術・家庭科　30,98,155,160
規制緩和　317
逆転現象　22,177,373
教育課程審議会（教課審）　20,30,99,158-160
教員の地位に関する勧告　66,117
教科書　254,361
近代主婦　90,364
勤労婦人福祉法　117,196,197,223,326,347
ケア役割　147,233,276,341,351,354,383
ケアワーク　11,15,23,51,90-92,110,146,186,233,272,341,349,355,392
経済審議会　68-70,79,84,264
結婚改姓　238,240,250
結婚退職制　87,89,141,345
ケンウッド事件　337
顕在的カリキュラム　361,363
現代主婦　90-92,146
権力リソース動員モデル　2,11
コインロッカー・ベビー事件　111
高学歴化　137,236
合計特殊出生率　206,236,272,291,352,354
公序良俗　87,142,230,329
厚生年金　36-40, 103-107, 164-176, 257-263, 309,366-372,374
国籍法　150,154,163
国民皆年金体制　36,38,40,343
国民所得倍増計画　68,79
国民年金　36-40, 103-107, 145-147, 164-176, 233,258-264,343,346,348,365-370
国立女性教育会館　399
国連国際婦人年　94-96,98,100,145, 161, 162, 219,345
国連婦人の10年　95,194,201,215,292
国連婦人の地位委員会　94,149
呼称上の氏　97
個人事業所得　44
個人単位課税方式　46,179,344,349
個人単位モデル　18,146,233,339,341,343,352-354,356,402
個人的権利　371,372
個人的自律　11
個人別登録方式　360
個人モデル　15
コース別人事制度　226-228
戸籍法　20,26,30,97,359
子育てコスト　273,297,352
五大改革　25,80
５万円年金　102-104
小山進次郎　37
雇用機会均等法　195, 201, 209, 214, 217-225, 232-234,320-326,330,330,334,341,350,352
雇用平等法　121,143,147,195,217-220,350,387
これからの保育所懇談会　274,278,279
婚姻家族　28,29,35,343
婚姻適齢　357
婚氏続称制度　96,100,147,345
近藤文二　67

サ行

サービス経済化　137,141,347
再婚禁止期間　152,241,244,357
財政構造改革会議（財革会議）　259
財政制度審議会　76,133,134,203
3歳児神話　281
三代戸籍　27
三否定の原則　28
三位一体の構造　86
三陽物産事件　327
シーロフ, A.　13
ジェンダー格差　13,145,306
ジェンダー化　3,6,14,393,400

ジェンダー統計　397-399,401
ジェンダーの主流化　393-395,398,401
ジェンダー分析　1,394,396,399-401
ジェンダー・フォーカル・ポイント（GFP）　395
塩田咲子　368
時間外労働　80,122,219,220,221,222,224,325,327
事実婚　101,163,238,246,251,255,256,348,356,358
児童手当　67-79,90,124-136,147,202-209,269,273,293-297,341,345,347,349,351-353,377,385-387,392
児童手当懇談会　72-75,124
児童手当審議会　75,124,125,135
児童手当法　73,124,127,128,131,133,206,295,296,386
児童福祉法　51-53,62,126,187,192,273,279-282,344,351,379,381
島田とみ子　168
シャウプ勧告　41,44,344
社会の子　135,136,202,203,205,208
社会保険審議会(保険審)　38,103,104,164,167,173
社会保険診療報酬支払基金事件　330
社会保障制度審議会（制度審）　68,135
社会保険制度調査会　36,39,68,69,76,103,105,127,131,167,173,204,206,264,272,274,279
社会保障長期計画懇談会　105
若年退職制　87,141,142,144,345
就業構造　23,81,137,165,308
従業上の地位　23,211
終身雇用　71,137,218,304,306,340
集団保育　56,58,115
住民基本台帳法　34,376
住民登録法　29,30,34,376
収斂理論　1,2,6
就労抑制効果　365
受益者負担　113,190,192,194,349,351,382
消極的破綻主義　153
少子化社会　149,279
職業及び家庭科　30
職業・家庭科　30
職能給　70,304,386
職場環境調整義務　332
女子差別撤廃条約　145,150,155,157,158,161,174,194,215,217,218,220,339,357
女子差別撤廃宣言　94,149,150
女性雇用管理　23,85,141,224,327,336
女性職　64,66,86,89,228,330,331,345
女性と年金の在り方に関する検討会　267
所得制限　79,124-136,203-209,295-297,347,349,386
所得税制　21,44-50,109,178,184,374
所得保障　65,119,120,129,198,287,289,290,323,352,383
白色申告者　46-48,50,51
進学率　69,93,126,252,363
シングル単位　16-18
人口問題　69,75,77,79,274
人材派遣　315,381
人的控除　21,22,109,147,177,182,183,268
新保守主義　149,187,190,233
スコッチポル，T.　6
すすめる会（家庭科の男女共修をすすめる会）　98,155,158,161,163
住友セメント事件　87,142,231
政策評価　399-401
税制調査会　42,44-47,108,176
性別職業・職務分離　23,232,350
性役割　4,5,161-163,363
セインズベリー，D.　1,14
世界行動計画　95,161
セクシュアル・ハラスメント　319,324,331-336,398
世帯主義　30,374
世帯主　30,34,36,40,44,90,143,230,328,340,374-376,386,398
瀬地山角　90
積極的破綻主義　153,239,244,256
ゼロ歳児保育　58,60-63
専業主婦の年金権　38,364
全国家庭科教育協会　31,159
潜在的カリキュラム　361,363
専従者控除　44,46-48,50,182,344
選択的夫婦別姓　245-250,256,359

全電通　64,65
総合職　227,228,232,304
早朝保育　380,383
総理府男女共同参画室　395,397,400

タ行

第一次主婦論争　49
待機率　351,381
待婚期間　242,357,358
第3号被保険者　24,168-171,176,257,261-267,348,350,364-372,392,402
退職勧奨　89,231,232
第二次主婦論争　49
第二次ベビーブーム　110,236
第二次臨時行政調査会（第二次臨調）　166,190,192,204
高原須美子　171
脱家族化　12
脱商品化　7-12
男女共同参画会議　396,397,399,400
男女共同参画基本計画　394,397,398
男女共同参画審議会　264,272,396
男女共同参画社会基本法　394
男女雇用平等法　121,144,147,218-220,225
男女差別撤廃　94,146,163
男女同一賃金　80,85,230,345,389
男女平等問題専門家会議　214,225
単親世帯　376
男性稼得モデル　12,15
小さな政府　149,190
地位利用型セクシュアル・ハラスメント　331
地方版エンゼルプラン　275,276,295
チャイルド・ビジネス　381
嫡出子　27,35,151,152,239-241,244,256,358
中央教育審議会（中教審）　33
中央産業教育審議会（中産審）　32
中央省庁等改革基本法　397
中央職業安定審議会　222,317,319
中央児童福祉審議会（中児審）　23,55,59,68,70,79,110-112,131,132,135,136,187-189,202-209,280-283,293,295,344,346
中核的労働市場　214,228
直接的雇用平等政策　387
直接母性保護　80
直系家族制　28
賃金形態としての家族手当　70,77,385,386
賃金構造　23,213,299,302,371,382,388
妻の年金権　6,38,39,103
帝国臓器事件　338
ティトマス, R.M.　2
デュアリズム　5,8,9
電電公社　63,66
東亜ペイント事件　338
同一価値労働同一賃金の原則　320
同一家族同一戸籍の原則　27
同一戸籍同氏の原則　27
特定労働者派遣事業　316
特例給付　204,207
ドッジ・ライン　25

ナ行

内閣府男女共同参画局　395,396
内助の功　48,49,147,152,179,183-185,233,344,377
ナイロビ将来戦略　201
中川善之助　27,101
ナショナル・ウーマンズ・マシナリー（NWM）393
日教組　63-67
日経連　77,87,195,207,218-220,284,303,317,321,334
日産自動車事件　142
日ソ図書事件　327
二分二乗方式　45,109,176-182,184,185,346,349
日本型福祉社会論　114,116,149,233
日本鉄鋼連盟事件　229
2万円年金　39
入所措置　63,188,280
認可保育所　194,379,382
妊娠・出産退職制　141
沼津セクシュアル・ハラスメント事件　331
ネルソン, B.　5
年金権の構成単位　20,21,24,165
年金権分割方式　371
年金審議会　173,257,259-262

年金制度　20,35-40,102-108,145-147,164-176,257-267,348,364-372
年金制度基本構想懇談会　105,164
年少扶養控除　270,271,295,296

ハ行

パートタイム労働指針　311
パートタイム労働専門家会議　311
パートタイム労働対策要綱　311,314
パートタイム労働法　313
パートタイム労働者　210, 213, 258, 302, 307-315,347,350,352,373,375
パート問題　177-179,349,373,377
配偶関係　23,138,139,210,212
配偶者控除　22,41,46-50,91,109,146,178,180,183,185,268,340,344,346,349,351,373-378,392,402
配偶者特別控除　22,178-185,233,268-271,349,351,373-378,392
派遣労働　302,315-320,352
派生的権利　371-373
働くことと性差別を考える三多摩の会　332
八田達夫　378
半田たつ子　98
非婚　101,237,252
非嫡出子　27,35,151,152,239-241,244,256,358
人づくり政策　55
被扶養配偶者　35,40,103,264,369
貧困の女性化　4
夫婦財産制　151,152,154,177
夫婦同氏　26,29,97,152,153,358
フェミニスト・リサーチ　1,3,5,7,16
フェモクラット　5
福岡セクシュアル・ハラスメント事件　332
福祉国家　1-14,16,147,149,349
父系主義　163
婦人少年問題審議会（婦少審）　117, 145, 195-197,214-222,225,270,286-288,290,323-325
婦人の就業に関する懇話会　117
婦人の十年国内行動計画　96
婦人問題企画推進会議　96
婦人問題企画推進本部　96,144,156,215
婦人問題企画担当室　96
父性の推定　358
物価スライド制　103,174
ブッセメーカー，J.　10
父母両系主義　163
古河鉱業事件　88
フレイザー，N.　5
「踏んだり蹴ったり」判決　35,153
別学制　254
別氏同戸籍方式　360
別氏別戸籍方式　360
ベビーホテル事件　186
北京行動綱領　393,397,398
保育需要　60,110,113,115,147,186, 187, 192,194,234,346,349
保育所措置費　54,192-194
保育所入所　54,192,380
保育所予算　23,52-55,62
保育七原則　55,56,58
保育に欠ける　52,53,62,63,189,351
保育ニーズ　51,54,58,63,116,275,279,281,344
保育の実施　187,188,280,381,383
保育問題検討会　274,275,279
法制審議会　27,29,151,177,237,240,243
法律婚　35,92,100,101,146,233,239,256,341,343,348,354,358,402-404
ボウルビィ，J.　57
法例　154
母子関係論　57,59,117
ポジティブ・アクション　324-326
ホスピタリズム　57
母性教育　98,160
母性神話　58,115
母性剝奪　57,63

マ行

丸子警報器事件　327,329
民法上の氏　97
無認可保育所　60,61,187,381,382
明治民法　26,29,151,357
メキシコ宣言　95
モデル年金　38,40,104,174,176,263

ヤ行

山崎広明　168
優生保護法　68
有責配偶者からの離婚請求　35,153, 239, 240, 244
有配偶化　137,209
有夫の女子　88
幼稚園　52,53,114,190,191
幼保一元化　53
与野党逆転　200,201,292,293,350,352

ラ行

ランガン, M. と L. オストナー　10
離婚率　235,356
リスター, R.　5
臨時行政改革推進審議会　192
臨時税制調査会　44
臨時法制審議会　27
ルイス, J.　12
連絡会（国際婦人年日本大会の決議を実行するための連絡会）　96,98,220,225,273,274,277
労基研報告　121-123,144,214,311
労働基準法　80,116,143,144,214,218,323,326, 329,330
労働時間の短縮　91,219,220,392
労働者派遣法　214,315,317,318
労働四団体　198,225
労働力率　23,31,211,212,298,299
老齢厚生年金　174,257,258,367,369

ワ行

我妻栄　27

著者略歴

1970年　宮崎県に生まれる
1994年　東京大学法学部卒業
2001年　東京大学大学院法学政治学研究科博士課程修了
現　在　跡見学園女子大学マネジメント学部専任講師
専　攻　行政学・女性学

戦後日本の女性政策

2002年5月20日　第1版第1刷発行

著者　横《よこ》山《やま》文《ふみ》野《の》

発行者　井村寿人

発行所　株式会社　勁《けい》草《そう》書房

112-0005 東京都文京区水道2-1-1 振替 00150-2-175253
（編集）電話 03-3815-5277／FAX 03-3814-6968
（営業）電話 03-3814-6861／FAX 03-3814-6854

三協美術印刷・牧製本

ISBN 4-326-60151-5　Printed in Japan

http://www.keisoshobo.co.jp